●近代経済学古典選集────13●

# ミーゼス
# 貨幣及び流通手段の理論

東 米雄 訳

日本経済評論社

# 第2版への序

　本書の第1版が12年前に公刊された時には，諸政府と諸国民は丁度世界大戦の悲劇を準備しつつあった。彼等は兵器廠に武器弾薬を集積することによってのみならず，はるかに多く，戦争イデオロギーを宣布し熱心に流布させることによって，戦備を固めていた。この戦争イデオロギーの最も重要な経済政策的内容はインフレーション主義であった。

　拙著はインフレーション主義の問題をも取扱い，その理論の不完全性を示そうと試みると共に，また近い将来我々の貨幣制度を脅かす危険にも論及した。このことは，通貨破局の準備者の側からする激しい攻撃を拙著に招いた。やがて間もなくこれらの攻撃者のある者たちは大なる政治的影響力を獲得した，そして彼等は自己の理論を実行に移し，自国民の肉体で実験することによってインフレーション政策の効果を試すことを得たのである。

　経済学が戦時および戦後の問題に対し無力であったという，多くの側から挙げられる主張程誤れるものはない。かくいう者は，理論経済学の文献を知らず，古い行政文書の抜粋から得たものを理論とする経験的・現実的・歴史的傾向の国家主義的『政治学者』の著作を経済学と思い誤っているのである。我々の科学に何が欠けているかを我々経済学者よりよく識っている者はなく，そしてその欠陥欠点を我々程痛切に感じている者はない。だが最近10年の政治が理論的洞察上必要としたものは，これを経済学から学ぶことができたであろう。科学的研究の確実な，そして理論のあらゆる愛好者によって承認された成果を『血の通わぬ抽象』として嘲笑し無視せる者は，科学ではなくして自分自身の足らざることを責むべきであった。

最近数年の経験の結果として学問の立て直しが必要になったという主張も，どうしてなされ得たのか理解し難い。我々が体験せる激烈急激な貨幣価値変動は，通貨の歴史を知る者にとっては何ら事新しい経験をもたらすものではなかった。貨幣価値変動も，その社会的付随現象もはたまた権力に陶酔せる政治家が両者に反応せる方法も，我々にとり新奇なものではなかったのである。多くの国家主義者にとってそれが新奇なことであったことは確かである。そしてこのことは恐らく，彼等の歴史主義が真正なものではなく，その重商主義的理念の宣伝の粉飾に奉仕するものに過ぎなかったことの最上の証拠であろう。
　あらゆる根本的な点では不変であるが，それにもかかわらず本書が今日最早，第1版が持っていたのと全く同じ形態をもって出版されていないことは，新しい事実が旧理論によって説明され得ないというような理由によるのではない。だが第1版の出版以来経過した12年の間に，科学は無視し得ない進歩を遂げた。また私自身流通論の問題に傾倒した結果は，多くの点で第1版と異なる結論に私を達せしめた。今日，資本利子理論に対する私の立場は当時と異なっている，もっとも資本利子の問題は間接交換の理論の一部分を成すものではないから，この第2版においても第1版におけると同じく，この問題を取扱うことを断念し，それを将来の研究に留保せねばならないのであるが，それにもかかわらず個々の箇所では流通論の中心にあるこの問題に論及する要がある。恐慌問題についても今日私は一つの点で異なった判断を下している，すなわち通貨学派の学説の発展継続として私の提唱せる理論が恐慌問題を説明するのに充分であり，それは第1版において私が仮定せる如く，恐慌問題を間接交換から説明する学説を単に補完するものではないことを，私は確信するに至ったのである。更に私は，静学と動学の区別が貨幣理論の叙述においても欠くべからざるものであることを確信した。第1版を書いた時，私はドイツの読者の間に誤解を生ぜしめないためには，両者の区別を断念せねばならぬと考えた。なぜなら少し以前に，アルトマンは広く読まれたある論文集に対する寄稿の中で，近代のア

## 第 2 版への序

メリカ学派の用語と異なる意味に静的および動的なる概念を,貨幣理論に対して用いたからである[1]。しかしながらその間に,近代理論における静学および動学の区別の意義は,いやしくもある程度の興味をもって科学の発展を追求するあらゆる人に知られるに至ったはずである。今日私はアルトマンの表現方法との混交を恐れることなく,静学動学の区別を安んじて使用することができる。貨幣価値変動の社会的付随現象に関する章を,私は叙述を一層明瞭ならしめるために,部分的に修正した。貨幣価値政策に関する章は第 1 版では長い歴史的論述を包含したが,すべての人は最近の経験によって,根本的議論を証明し得べき例を充分に持っているから,今はそれを省くことを得たのである。

1) Altmann, Zur deutschen Geldlehre des 19. Jahrhunderts (in "Die Entwicklung der deutschen Volkswirtschaftslehre im 19. Jahrhundert" Schmoller-Festgabe, Leipzig 1908)

新たに付け加えられたのは,現代の銀行政策の問題に関する一節と,簡単に国家主義の貨幣理論と貨幣政策とを論じた一節とである。数人の同僚の希望に応じて,数年前 "Archiv für Sozialwissenschaft und Sozialpolitik" の44巻に公にした『貨幣理論の分類』なる小論文をも,新たに手を加えかつ敷衍して採り入れた。その他の点については,貨幣および流通手段理論の問題にあてられた氾濫する新出版物を批判的に取扱うことは,私の意図する所ではなかった。科学においては,『真理はそれ自身と誤謬の標識である』というスピノザの言葉が妥当する。拙著は私自身の見解を基礎づけ,闡明し,その障害を除くために必要である場合にのみ,批判的議論を包含するに過ぎない。この任務を巧みに引受けた二つの功績豊かな研究[1]が存在するだけますます容易に,私は最近のドイツ文献の批評を省略することを得たのである。

1) Döring, *Die Geldtheorien seit Knapp*, 1 Aufl. Greifswald 1921, 2 Aufl. Greifswald 1922; Palyi, *Der Streit um die Staatliche Theorie des Geldes*, München und Leipzig 1922 (auch in Schmollers Jahrbuch, 45. Jahrgang). さらに G. M. Verrijn Stuart

の明敏なる研究 Inleiding tot de Leer der Waardevastheid van het Geld, 's-Gravenhage 1919. を参照せよ。

　流通手段政策の問題を取扱っている第3部の結章は，第1版からそのまま受継がれた。その述べる所は1911年の銀行政策的情況に関係する，しかしその理論的利用価値については現代の問題に対してもその意義を保持している。かくて新しき版の本書の結尾をなしている，すでに言及せる現代の銀行政策問題に関する論述は，その補完として役立つのである。この新たに付け加えられた論述においても，絶対的妥当性を要求する解決の提議が求められてはならない。その目的は単に問題の本質を示すものに過ぎない。可能な解決方法中個々の場合にどれが選ばれるかは，賛否両論が決すべき事柄である。ここで決定を下すことは最早理論の任務ではなくして政治の問題である。

　　ウィーン　1924年3月

　　　　　　　　　　　　　　　　　　　　　　　ルドウイッヒ・ミーゼス

## 第1版への序

　社会科学の問題に携わったほとんどすべての著述家は，多かれ少なかれ貨幣にも注目を注いだ。貨幣文献は無限に増加した。すでに数年前メンガーおよびシュタムハムマーは，貨幣学に関する研究を除き，貨幣に関する独立的著作および，科学雑誌に公刊された論文の数を，5,000～6,000をはるかに越えると評価した，しかも爾来各月ダースをもって数える新公刊物が生み出されている。それにもかかわらず貨幣問題は極めて最近まで，国民経済学の最も暗黒な章の一つにとどまった。

　40年前メンガーの出現と共に始まった国民経済学の変革は，貨幣学説にも痕跡をとどめずには通り過ぎなかった。メンガー自身近代的貨幣論の基礎を作り，次いでヴィーザーはその基礎の上に立って主観的価値論を貨幣価値論に役立たせた。まだ解決されざる貨幣理論上の問題を究めんとするいかなる試みも，今日メンガーおよびヴィーザーの研究から出発せねばならない。

　銀行理論の文献の状態は一層不満足である。古典学者の著作中に注目すべき萌芽が見出され，次いでそれは通貨学派によって発展せしめられた。何人もこの研究の意義をけなそうと試むべきではなかった，数十年来その誤謬を高慢に嘲笑することが一般に行われているが，軽率な批判家が信ずるであろうよりも，それらの中にははるかに多くの有用な思想が隠されていることが認められねばならない。もちろん通貨主義理論には，近代的価値論のみが与え得る有用な基礎を欠いている，のみならずそれは，銀行制度がまだ幼年期にありその主要問題の真の本質が研究者の目から免れがちであった時代に発生したものである。その誤謬の多くのものは，トゥークおよびフラートンによって正当に非難され

た。しかしこの2人の者が通貨主義理論の代わりに置いた所のものは，決して用うるに足る理論ではないのである。銀行主義理論は誤謬を蔵するのみならず，それは問題の提立からして誤っているのである。

　60年来銀行文献はかなり成果なきものである。大問題に極めて接近する記述的研究は無くはない，その中ではなかんずくバジョットの驚くべき造形的な著作が挙げられねばならない。一層深く進み，銀行理論の経済学上の問題をたずねることは，少数の者によって試みられたに過ぎなかった。著述家の多数は，全く銀行技術的，銀行組織的および銀行統計的資料の収集を越えるものではない。法学的および商業技術的考慮が，経済学的思考方法を欠くものを補おうとしたのである。貨幣学説が長い間鋳貨技術に関する報告のほかもたらさなかった如く，我々の銀行文献は，銀行券発行，小切手および振替取引，手形交換所および為替相場に関する雑多な知識以上のものはほとんど包含しないのである。

　この水準を越える少数中に，まず第一にウィクセルが数えられねばならない。彼は銀行理論において経済学的研究に課せられる大なる問題を認識し，私の考える所では成功を収めていないが，その解決を試みている。本著と同じく，彼もベーム・バヴェルクの資本利子論の基礎に立つことは決して偶然ではない。事実，ベーム自らは貨幣および銀行理論の問題に何らの注意も払わなかったが，その問題に通ずる道を開いたのは彼こそ最初の人であったのである。

　貨幣政策および銀行政策の問題は貨幣理論および銀行理論の問題と密接な関係にある。一方を取扱う者は他方を避けることができない。かくして本著も経済政策的問題に目を注がざるを得ないのである，そして本著は絶対に必要である以上に何らかの技術的細目と歴史的事件にわたることなくして，価値判断にとらわれぬ科学的論究が諸見解の闡明に寄与し得る範囲でできるだけ多く，経済政策の問題について述べようと試みている。それにもかかわらず，フィリボヴィッチ以後の科学が国民経済政策に対し果たさねばならぬ三任務のうち，第三のもの——経済発展の目標を独立的に提立すること——も全然等閑に付され

## 第1版への序

ているわけではない。経済的合目的性の問題が考慮される限り，それにも触れられた。しかしながら，経済発展の目標を科学的に主張することが可能なりやという今日熱心に論ぜられている問題にたずさわることは，問題の性質上無用のものと思われたのである。

多くの有力な学説が本著において批判されているが，そのことは貨幣理論の問題の数世紀にわたる科学的研究の結果が無限に貴重であることを，著者が認めないからではない。彼が非難し拒否する場合にも，後の著述家は以前の著述家に依倚する。彼自ら発見したと信ずるものも，以前の著述家に負っているのである。彼が受継ぎ，最上の場合において完成することを許されたものに対しては，それだけ余計に彼は以前の著述家に感謝せねばならないのである。

ウィーン　1911年12月

　　　　　　　　　　　ドクター　ルドウィッヒ・フォン・ミーゼス

# 目　次

第2版への序 ……………………………………………… i
第1版への序 ……………………………………………… v

## 第1部　貨幣の本質 …………………………………… 1
　第1章　貨幣の機能 …………………………………… 3
　第2章　価値測定について …………………………… 12
　第3章　貨幣の現象形態 ……………………………… 25
　第4章　貨幣および国家 ……………………………… 45
　第5章　経済財の範囲における貨幣の地位 ………… 57
　第6章　貨幣の反対者 ………………………………… 71

## 第2部　貨幣価値について …………………………… 77
　第1章　貨幣価値の本質 ……………………………… 79
　第2章　貨幣の客観的交換価値（購買力）
　　　　　の決定原因 …………………………………… 91
　　　　A　貨幣の客観的交換価値の歴史的
　　　　　　に伝来された基礎 ………………………… 91
　　　　B　貨幣供給と貨幣需要との比率の変動
　　　　　　によって惹起される貨幣の内的客観
　　　　　　的交換価値の運動 ………………………… 110
　　　　C　間接的交換取引の特質に根ざす貨幣
　　　　　　の内的客観的交換価値の変動の特殊
　　　　　　な原因 ……………………………………… 140
　　　　D　附　　説 ………………………………………… 152
　第3章　貨幣の客観的交換価値のいわゆる地域
　　　　　的差異 ………………………………………… 158
　第4章　数個の貨幣種類の相互的交換比率 ………… 168

第5章　貨幣の客観的交換価値およびその
　　　　変動の測定の問題 …………………………… 177
第6章　貨幣の内的客観的交換価値の変動
　　　　の社会的附随現象 …………………………… 185
第7章　貨幣価値政策 …………………………………… 207
第8章　国家主義（der Etatismus）の貨幣
　　　　政策 …………………………………………… 235
第9章　貨幣理論の分類………………………………… 251

# 第3部　流通手段とその貨幣に対する関係…… 275
第1章　銀　行　業　務 ………………………………… 277
第2章　流通手段の発展………………………………… 295
第3章　流通手段と貨幣需要 …………………………… 315
第4章　流通手段の貨幣への兌換 ……………………… 337
第5章　貨幣，流通手段および利子 …………………… 358
第6章　流通手段政策の諸問題………………………… 386
　　　　A　緒　　　言 ………………………………… 386
　　　　B　大戦前の時代における流通手段政策
　　　　　　の諸問題 …………………………………… 387
　　　　C　戦後の時代における流通手段政策の
　　　　　　問題 ………………………………………… 411
あ と が き ……………………………………………… 433

# 第 1 部
# 貨幣の本質

# 第1章　貨幣の機能

**1**　財貨ならびに役務の自由な交換が行われぬ経済状態においては，貨幣の存在する余地がない。孤立せる家長が貨幣を知らないのは，あたかも分業が家の閾を越えずまた生産と消費が閉鎖された家内経済の内部で完全に営まれる社会状態が貨幣を知らないのと同様である。しかし分業に基づく経済秩序においても，生産手段が社会化され，生産の指導と使用し得る程に成熟した生産物の個人への割当てが社会的中央機関の義務であり，かつ個人に帰属せる使用財を他人に帰属せる他の使用財と交換することが彼等に許されていない時には，貨幣は無用でありまた考え得られないのである。

貨幣の国民経済的現象は，分業的に生産が行われ第一次的な財貨（消費財）に対してのみならず，より遠次的な財貨（生産財）に対しても私有権の存する経済秩序を前提とする。かかる社会秩序においては生産の統一的な計画性ある指導を欠く，けだしかかるものは生産手段に対する支配なしには考え得られぬからである。すなわちそこには生産の無政府状態が存するのである。生産手段の所有者が何をそしていかに生産すべきかをまず第一に決定する。彼等はその際自己の欲求のためのみならず他人の欲求のためにも生産する，そして彼等の価値計算は彼等自身が生産物に付する使用価値のみならず，経済共同体の他の成員

第1部　貨幣の本質

の評価においてこれに認められる使用価値をも考慮する。生産と消費との調整は，種々なる生産者が自由なる取引によって財貨および役務を交換せんがために遭遇する市場において，行われる。市場の交換取引において，貨幣は一般的に使用し得る交換手段としての地位を占めるのである。

**2**　交換は直接にかもしくは間接に行われ得る。それによって，我々は直接交換を間接交換と区別する。

AとBは相互に商品mおよびnのある単位数を交換する。Aは商品nが彼に対して持つ使用価値の故にnを求める，彼はそれを消費せんと欲するのである。同様のことは，商品mを直接使用せんがために求めるBにもあてはまる。ここに直接交換の一つの場合が存在する。

二人以上の個人，三種以上の商品種類が市場にある場合には，間接交換も可能である。その時にはAは，消費せんと欲するためではなくして，消費せんとする第二の商品qと交換せんがために，商品pを得ることができる。Aが2単位の商品m，Bが2単位の商品n，Cが2単位の商品oを市場にもたらし，Aが各1単位ずつ商品nおよびo，Bがmとo，Cがmとnを獲得せんと欲する場合を仮定すると，この場合にも三商品の主観的評価が商品m，n，oの各1単位ずつ相互に交換されることを許すなら，直接的交換も可能である。しかしかかるまたは他の類似の前提が妥当しない限り——そしてあらゆる交換の大部分の場合にはかかる前提は必ずしも当たらない——間接交換は市場の必然的現象となる。直接的欲望のための財に対する需要と並んで，他の財と交換せんがための財貨の需要が現れる。[1] 例えば商品pは商品qの所有者によって欲せられ，商品qは商品pの所有者ではなくして，第三の商品rの所有者によって，商品rは商品pの所有者によってのみ欲せられるという簡単な場合を仮定すれば，かかる際にはこれらの人々の間の直接交換は全く起こり得ない。万一交換行為が行われるとすれば，それは間接的にのみ行われ得る，例えば商品pの所有者がpを商品qと交換し，しかる後かくして得られた商品qを新たに，しかも彼

— 4 —

## 第1章　貨幣の機能

によって自己の消費のために欲せられている商品 r と交換するということによって行われるのである。需要供給が数量的に一致しない場合，例えば分割し得ない財貨が種々なる人の所有に属する種々なる財貨と交換されねばならぬ際にも，事情は本質的には異ならない。

1) Wicksell, Über Wert, Kapital und Rente, Jena 1893, S. 50 f.

間接交換が必要となる場合は，生産における分業と欲望の分化が進むに従ってますます頻繁の度を加える。国民経済の現段階では，直接交換が可能であり，かつ実際に行われるのはすでに稀有の例外である。それにもかかわらず直接交換は今日でもなお無いとはいえない，例えば現物賃金を考えてみれば，雇主が自己の欲求の直接的充足のために労務を使用し，かつ賃金支払に必要な財をあらかじめ取引行為によって調達することを要せず，そして労務者が販売のためではなくして自己の消費のためにこの財を受取る場合には，それは直接交換の範疇に入る。上述せる種類の現物賃金は依然として広範囲にわたり農業において支配的である。しかし資本主義的経営様式の浸透および分業の発展は，農業においてもかかる賃金支払方法の重要性を次第に後退せしめつつある。

1) あらゆる交換の多数の場合に間接交換の必然性が根ざしているという認識は，極めて当然のことであった。それは実際国民経済学の最古の確実な成果の一つでもあり，我々はパウロの有名なローマ法典断編にすでにそれが明言されているのを見出す。『私が要求する所のものを汝が持っており，反対に汝が受取りたいと思うものを私が持っているということは，常にそして容易には同時に存在しないものであるから。』（パウロの勅令に関する第33書から——1. 1 pr. D. de contr. empt 18.1).

Schumpeter (Wesen und Hauptinhalt der theoretischen Nationalökonomie, Leipzig 1908, S. 273 ff) は貨幣の必要を直接に間接交換から証明し得ると考えるが，それは誤りである。その点について Weiß, Die moderne Tendenz in der Lehre vom Geldwert (Zeitschrift für Volkswirtschaft, Sozialpolitik und Verwaltung; XIX. Bd) S. 518 ff. 参照。

それ故市場には直接的消費のための財に対する需要と並んで，買手が自ら消費せずして新たなる交換によって他へ譲り渡さんとする財に対する需要が存在

第1部　貨幣の本質

する。爾後の交換を目的とするかかる需要があらゆる財に対して起こり得るものでないことは，自明のことである。交換行為によって最終目的，すなわち自己の使用のための財の獲得に近づく希望を得るのでなければ，個人にとって明らかに間接交換を行うべき理由が存しない。万一交換行為が成立せしめられる限り客観的に見て間接交換が市場の必然性であるということは，それだけでは未だ——それから直接利益が得られるのでなければ——個人をして間接交換を行わせることはできないであろう。そうなれば直接交換は不可能であり，間接交換には何らの魅力も存しない故に，一切の交換は全く行われぬであろう。獲得される財がそれと交換に引渡される財に比して一層売行が良く市場性が大である時に，それから利益を得ることができるが故に，個人は初めて間接交換に手を着けるのである。すなわち財の販路性は同一ではない，ある財には範囲の狭いそして時々の需要のほか存しないのに，他の財に対する需要はより一般的でありかつ永続的である。第一の種類の財を市場にもたらし，自己の特殊な欲求をみたす財と交換せんと欲するものは，それ故通常第二の種類の財を売る人に比して，目的を達する見込みが少ない。しかしもし彼が自己の市場性少なき財を市場性の大なる財と交換するならば，彼は目的に近づき，直接交換だけに限られている場合に比して一層確実にかつ経済的に目的を達することを期待してよい。かくしてその時々に最も販路性のある財が一般的に使用される交換手段，すなわち他の種類の商品を市場にもたらす者が誰でもまずそれと交換し，また市場にある他の財を獲得せんとする者がまずそれを手に入れることを利益とする財となる。交換取引市場における相対的に最も市場性のある商品が一般的に使用される交換手段になるという事情は，さらにこの商品と他の一切の商品との間の高められたる差異をもたらし，それはまたそれで再び交換手段としての前者の地位を固め拡げたのである[1]。

1) Menger, Untersuchung über die Methode der Sozialwissenschaften und politischen Ökonomie insbesondere, Leipzig 1883, S. 172 ff.; Grundsätze der Volks-

## 第1章 貨幣の機能

wirtschaftslehre, 2 Aufl., 1923, S. 247 ff.

　かくの如く取引の必要から，一連の商品が次第に，一般に使用される交換手段となったのである。この商品の範囲は，元来広汎であり国々によって異なっていたが，次第に狭められて来た。直接的交換の見込みが全く立たなくなるや否や，売却せんとする商品を一般により販路性のある財，できれば最も販路性のある財，さらにその中でも最も販路性のある財と換えることは，交換取引に関与する個人の誰でもがなす所の自然の努力に違いなかった。間接交換においてまず第一に獲得される財の市場性が大であればある程，目指す目的を迂遠することなく達する見込みは大となった。かくして必然的に，交換手段として使用される一群のより市場性の大なる財のうち，市場性の小なるものが次第に除去され，ついに最後には一般に交換手段として使用される唯一の財，すなわち貨幣が残るに至ったのである。

　交換手段の使用におけるこの発展段階，一つの経済財の交換手段としての専らなる使用は，今日までの所いまだ完全には達せられなかった。彼我遅速の差はあるがすでに早く，間接交換の発達は二つの経済財，すなわち二つの貴金属金および銀を一般に使用し得る交換手段として使用する結果を導いた。しかしながらここに至って，一般に交換手段として使用される財の範囲の絶えざる狭化の進展に，永続的な中断が現われた。数百年否数千年の永きにわたって，人間の選択は金と銀との間を逡巡した。この注目すべき現象の原因は，第一に二つの金属の自然的性質に求められねばならない。その物理的化学的性質が大なる類似性を示す如く，人間の欲望を充足する有用性もほとんど同じである。あらゆる種類の装飾品を製造する材料として，この二つのものは同様に使用され得た（貴金属の使用範囲を著しく拡大した近代工芸学は初めて，その使用性を著しく異なるものにしたであろう）。それにもかかわらず一つのもしくは他の閉鎖された経済領域においては，どちらかの金属のみが一般的交換手段として使用されるに至った。しかし交換手段使用におけるこのようやくにして達せられた統一も，国際取

## 第1部 貨幣の本質

引に結び付けられることによって経済領域の孤立性が影を潜めるや，通常再び失われた。経済史は，最初個々の家に限られていた経済領域が国民経済次いで世界経済へと漸次に発達する歴史である。しかし交換範囲がいかに拡張しても，もし二つの融合する経済範囲が同一の貨幣を使用するのでなければ，新たに，一般に使用される交換手段の二元性を結果した。最終的な決定は，人類の住む地域の最も重要なる部分が唯一つの取引範囲を形成するに至った時，初めて下されることを得た。けだし大なる民族共同体の交換組織に影響を及ぼし得る，異なる貨幣状態を持つ国民の新たなる加入は，その時に初めて全く無くなったからである。二つのもしくは数箇の経済財が全く同じ販路性を持ち，その結果，それらのうちのいずれもが他のものより交換手段職能に特に一層適当しているということがない場合には，貨幣の発展史における統一的傾向はもちろんその点で制限を受けたであろう。我々はかかる前提が二つの貴金属金および銀にあてはまるや否やはそのままにしておきたいと思う。その解答をめぐって数十年にわたり激しい論争の行われたこの問題は，貨幣制度理論に対してはかなり無意味なものである。なぜならば交換手段として使用される財の異なる販路性からだけでは，交換手段職能の統一化の契機が生じない場合にも，かかる統一化はそれにもかかわらず貨幣政策上の望ましき目標と思われたに違いないことは確かだからである。数種類の貨幣の同時的使用は一連の不利益を伴い，交換の技術を複雑にし，ために貨幣制度を統一せんとする努力を必然のものとした。

貨幣理論は数種の貨幣が相並んで機能することをあらゆる点で顧慮せねばならぬ。研究の成果に対し何ら不利益なきものとして許される場合にのみ，貨幣理論は唯一の財が一般的交換手段として使用されるかのごとき仮定から出発することが許される，しかし他の場合にはすべて，数種の交換手段の同時的使用を考慮に入れる必要がある。もしそれを怠るならば，貨幣理論はその最も困難なる課題の一つを回避せるものというべきであろう。

**3** 貨幣は財および役務の交換を媒介する取引財であると，貨幣の国民経済

## 第1章 貨幣の機能

的機能を簡単に規定することは，学問において認識の深さよりも豊富なる材料を求めるに熱心なすべての人々を満足させることができなかった。多くの学者は，もし貨幣に対し単に交換手段機能のみが認められるに過ぎないならば，経済生活における貨幣の卓越せる地位に関し充分なる考慮が払われていないと考え，なおそれ以外に半ダースもの『諸機能』を数え上げることによって初めて貨幣の意義を充分に評価し得たと信じた。あたかも財の自由なる交換に基づく経済秩序において，一般に使用される交換手段よりも一層重要な機能が存するかのような極めて素朴な見解である。

　メンガーの詳述せる後にあっては，その基本機能に対する貨幣の後続的機能の関係をこれ以上論ずることは，格別必要ではないであろう[1]。しかしながら最近に現われた貨幣に関する文献のあるものは，これらの後続的機能——その各各は多くの著者によって基本機能と同格に扱われている——を簡単に吟味し，それらがことごとく一般的交換手段たる貨幣の基本機能に還元され得ることを新たに示すことを適当のように思わせる。

　1) メンガー，前掲，Grundsätze 278頁以下。

　このことはまず第一に資本取引の媒介者としての貨幣の機能にあてはまる。それは最も明瞭に交換手段機能に包含される。けだし資本取引にあっては，現在財の将来財に対する交換が問題となるに外ならないからである。英米の文献では，支払延期の標準 (standard of deferred payments) として貨幣を論ずることが普通に行われる[1]。だがこの語は，国民経済の機構において占めるその他の地位と対立する貨幣の特殊な機能を強調せんがために創造されたものではなかった。それは貨幣価値変動の貨幣債務の内容に対する反応を論ずることを，経済学者に容易にするのに役立つのみである。この目的のためにはこの語は特に適当している。しかしこの語は多くの著者をして，貨幣価値変動の一般的な国民経済的結果の問題を，単に現存する債務関係の修正なる観点からのみ考察し，その他の意義を看過すの誤りに導いたことは，これを黙過すべきではない。

## 第1部 貨幣の本質

1) Nicholson, A Treatise on Money and Essays on Present monetary Problems, Edinburgh 1888, S. 21 ff; Laughlin, The Principles of Money, London 1903, S. 22 f.

時所を超越せる価値の伝達者としての貨幣の機能も，直ちに交換手段機能に還元することができる。メンガーは，一つの財の特に退蔵 (Thesaurierung) に適する性質，ならびにその結果としてこの目的のための広汎なる用途は，高められたる市場性の，それ故交換手段としての資格の最も重要なる原因の一つであったことを指摘した。[1] 一定の経済財を交換手段として使用する慣習が一般的となるや否や，ほかならぬこの財を保蔵することが，最も合目的であると思われる。ついでにいえば，国民経済発展の現段階では，財産投資としての貨幣の保蔵は何ら重要なる役割を演じないことである，利子および収益を生む財の獲得がそれに代わっている。[2] それに反し，今日でもなお貨幣は価値輸送手段として機能する。[3] この機能においても，財交換の媒介が問題となるに外ならない。アメリカに移住するヨーロッパの農夫は，ヨーロッパにある財産をアメリカのそれと交換せんと欲する。彼はヨーロッパの財産を売り，貨幣（もしくは貨幣で表示された為替）を携えて海を渡り，彼方で家および農場を買い求める。ここに我々は正しく貨幣によって媒介される交換の一つの適例を見るのである。

1) メンガー, Grundsätze 284頁以下。
2) 紙幣インフレーションおよびそれを促進するために発布された法律の非常状態によって推し進められた，金銀ならびに外国為替を集積し隠匿する傾向については，ここでは度外視される。
3) 地域間の価値運搬者としての貨幣の機能をなかでもクニース (Geld und Kredit, 1 Bd., 2. Aufl., Berlin 1885, S. 233 ff) は強調せねばならぬと信じた。

なかでも最近において貨幣の一般的支払手段としての機能に特別な注意が払われた。

間接交換は本来単一な交換行為を，究極において使用財を獲得せんとする交換当事者の意図によってのみ結合される二つの部分，二つの独立せる交換行為

## 第1章 貨幣の機能

に分ける。売却と購入とは，それによって二つの外見上相互に独立せる行為となった。しかしそれにとどまらない。売買取引において，売手の給付が先行し買手のそれが後続するという風に，両者の側の給付が時間的に分離すれば（信用買），取引の成立もしくは売手の給付——それは取引の成立と一致することを要しない——に対して，買手の側の給付が外見上独立的に対立する。同様のことは，あらゆる他の信用取引，なかでも最も重要なる信用取引たる貸付についても妥当する。単一的取引の二つの部分の間の，かかる外見上の関連の欠除は，二つの部分を独立せる過程と見なし，支払を特殊な法律行為として論じ，かくして貨幣に一般的支払手段としての性質を賦与するという誤りに導いた。これは明らかに不当である。『商品取引および資本取引を媒介する取引対象としての貨幣の機能，すなわちすでに貨幣価格と貸付金の解除を包含する機能が注目されれば………支払手段としての貨幣の優先的利用，いわんやその機能をなお特別に論ずべき何らの必要もまた何らの根拠もない。[1]

1) メンガー，Grundsätze 282頁および次頁。

　この場合，誤謬の根本は経済学にしばしば起こりがちなように，法律学的概念および思考方法を無批判に受入れたことに求められねばならぬ。未収の債権は法律秩序にとっては，支払義務の本源を全くもしくはある程度まで度外視することができまた度外視せねばならぬ孤立せる考察の対象である。もちろん，貨幣は法律秩序にとっても，一般に使用し得る交換手段に外ならない。しかし法律は貨幣に関係する機因をまず第一に，そしてたとえもっぱらではなくても主として，支払の問題から受取る。法律が貨幣とは何ぞやという問題に答えんとする時には，それは貨幣で表示された債務がいかにして弁済され得るかということを確定するために行われるのである。法律家にとって貨幣は支払手段である，しかし経済学者は，彼にとって貨幣問題は異なる外貌を持つ故に，始めから経済理論のあらゆる促進を断念せんとするのでなければ，この点において法律家に追従する必要はない。

第1部　貨幣の本質

# 第2章　価値測定について

**1**　価値および価格の尺度として貨幣を論ずることは広く世に行われている。しかしこの見解は全く誤りである。主観的価値学説の堵内では，価値測定の問題を提出する考え方は，全く存在の余地がない。古き経済理論においては，価値の測定を支配する原理を求めることは一定の意義を持っていた。客観的価値学説の基礎に立ち財価値の客観的認識の可能性を信ずる者，交換を目して等価の財貨の相互的交付と認める者は，必然的に，二つの交換される客体に含まれる価値量の測定が交換行為に先行せねばならぬという結論に到達する。その場合貨幣を価値の尺度と見なすことはもっともなことであった。

近代的価値学説の出発点はそれと異なる。近代的価値学説にとって，価値は種々なる財貨を支配せんと欲する経済人が個々の財貨単位に認める重要性である。あらゆる経済的行動は価値の重要性の比較を前提とする，しかしかかる比較の必要もまた可能性も，経済主体が数箇の財貨の間に選択を行わねばならぬという事実によって初めて与えられる。その際，個人が一財貨を他の主体の所有する財と交換せんと欲するが故にかかる決定を行わねばならなかったのか，それとも高次の財を種々に使用する可能性に直面するが故にかかる決定を行わねばならなかったのかは，何らの役割も演じない。買うことも売ることもしな

## 第2章 価値測定について

い閉鎖的家内経済の孤立せる家長も，孤島のロビンソンも，生産し消費しつつ，自己の支配する高低種々の順位の財貨を処理し，その際もし成果が消費を凌駕すれば，必ずや価値判断に導かれて保有財貨の変更を行う。評価の過程は，労働および麦粉のパンに対する交換が，パンを自ら製造することによって自己の家庭内で行われる場合たると，衣服のパンに対する交換が家庭の外で市場において行われる場合たるとを問わず，本質的には同一である。目的とされる生産物が労働および財の一定の消費を正当とするや否やの考慮は，経済主体にとって，交換に先行する所の，他に与えらるべき財の価値と得んと欲する財の価値との比較に，厳密に同じである。かかるが故に，あらゆる経済的行動はある意味で交換と呼ばれたのである[1]。

1) Simmel, Philosophie des Geldes, 2. Aufl., Leipzig 1907, S. 35; シュムペーター，前掲書50頁。

評価行為というものは，いかにしても測定し得ない。誰でもこの一片の鉄よりも価値が多く思われるとか，かの一片の肉よりは価値が少なく思われるとかいうことはできる。それ故いかなる人も，比較された価値の重要性の無限の系列をあげ得るが，それはただ一定の瞬間にのみ妥当するに過ぎない。けだしかかる系列は，欲望形成および財貨具有の一定の状態に結びつけられているからである。個人の状態が変われば，評価の段階 (skala) も変わる。

人間の一切の経済行為の軸点たる主観的価値判断は，経済対象の重要性を測るものではない，それは経済対象の重要性を順位の系列に置き，段階化する。個人の価値段階(スカラー)の上に，経済的取引は組立てられる。交換は，2個の財貨単位が2人の個人の価値段階で異なる順位を占める場合に，成立する。市場では2人の個人が財貨の相互的引渡によって，彼等の価値段階においてて引渡したものより順位の上の財貨と交換する可能性が最早存しなくなるまで，交換行為が行われる。個人が交換行為を経済的に行わんと欲するなら，当該の財貨量が自己の評価において，いかなる地位を占めるかを考慮すれば足りる。かかる段階

## 第1部　貨幣の本質

化される価値判断にあっては，測定ということを考慮する余地は全く存しない。価値判断は何らかの補助操作や迂遠的方法による支持を必要としない直接に明白な判断である。それによって，種々なる側から主観主義的価値論に対してなされた一連の異議も片付けられる。もし快感の度を測定することが人間心理のよくなし得なかったし，またよくなし得る所ではないという事情から，数量的に明確な市場の交換比率は結局感覚に還元されることは不可能であると推論するなら，かかる結論は余りに早まったというべきである。財貨の交換比率は交換に関与する個人の価値段階(スカラー)から出発する。Aは3個の梨，Bは2個のリンゴを所有する。Aは2個のリンゴの所有を3個の梨の所有よりも高く評価し，Bは3個の梨の所有を2個のリンゴの所有より高く評価する。かかる価値判断に基づいて交換行為が成立し，3個の梨が2個のリンゴと交換される。我々が個数計算を採用する時生ずる2対3という数量的に明確な交換比率の発生は，交換によって獲得される財貨量の所有がもたらす快楽が，交換によって他へ与えられる財貨量の所有がもたらす快楽よりもどれだけ大きいかということを，AとBが明らかに理解していることを決して前提としない。

　我々が近代的価値論の建設者に負うこの認識の普及は，極めて永い間特殊な障害によって妨げられた。前人未踏の道を大胆に前進し，伝統的な観念および思考方法をさまたげ，きたるべきジェネレーションに進むべき道を拓いた探究者が，多くの細目について自己の原則の首尾一貫せる実現に尻込みをするということは，必ずしも稀な現象ではない。その時には必要な修正を行うことは，豊富な収穫の後に落穂を拾う人々に任される。ここでも事情はよく似ている。主観的価値論の巨匠達は，価値測定の問題において，これと最も密接な関連のある一連の問題におけると同じように，その学説を徹底的に完成することをしなかった。このことはまず第一にベーム・バヴェルクにあてはまる，いずれにしても，それはこの著者に最も著しい。けだし我々が今論ぜんとする彼の論述は，他に採るべきそして我々の考える所によれば一層正しい解決のあらゆる要

## 第2章　価値測定について

素を漏れなく含みながら，ただ決定的な結論を引出すことのみ怠っている一つの体系に組み入れられているからである。

　我々が実生活で，資力が制限されているが故に同時に達することのできぬいくつかの快楽の間に選択を行わねばならぬ状態に立ち至れば，一方において一つの比較的大なる快楽，他方に多数の同種の比較的小なる快楽，この二者が択一的関係に置かれるという事情にしばしば立ち至ることを，ベーム・バヴェルクは指摘する。彼はいう，かかる場合の合理的な決定の能力が我々にあることは，誰しも疑わぬ所であろう。しかしかかる決定のためには，一つの種類の快楽が他の種類の快楽よりも大であるという一般的判断や，第一の種類の快楽が他の種類のそれより著しく大であるという判断では充分ではないことも同様に明らかである。むしろどれだけの比較的小なる快楽が第一種の快楽に相当するか，言葉を変えていえば，一つの快楽が他の何倍の大きさに当たるかということに，厳密に判断は向けられねばならぬと。この二つの命題の同一視の中に含まれた誤謬を発見したことは，チュエルの功績である。どれだけの比較的小なる快楽が他の種類の一つの快楽に相当するかという判断は，ある快楽が他のものの何倍に当たるかという判断と同一ではない。二つの判断は，一群の財単位の総量が与える快楽が，この財単位の個数と個々の財単位それだけが与える快楽との積が等しい場合にのみ，一致し得るであろう。かかる前提が妥当し得ないことは，ゴッセンの欲望飽満の法則から明らかである。私には1個のリンゴより8個のアンズの方がいい，しかし7個のアンズより1個のリンゴの方がいいという二つの価値判断は，ベームが次の如く確証する時それから引出している結論，すなわちかくして1個のリンゴの摂取による快楽は，1個のアンズの摂取による快楽の8倍よりは小であるが，7倍よりは大であるという結論の根拠を決して与えない。単に，1個のリンゴの快楽は7個のアンズの快楽の総和よりも大であるが，8個のアンズの快楽の総和よりは小であるという決定が許されるに過ぎない。

第1部 貨幣の本質

1) Böhm-Bawerk, Grundzüge der Theorie des wirtschaftlichen Güterwertes, (Jahrbücher für Nationalökonomie und Statistik, Neue Folge, 13 Bd, 1886) S. 48.
2) Cuhel, Zur Lehre von den Bedürfnissen, Innsbruck, 1907, S. 186 ff.; ワイス前掲書532頁以下。――ベーム・バヴェルクは彼自身が改訂したその主著の最終版の中で,チュエルによって行われた批判を反駁せんと努めたが (Böhm-Bawerk, Kapital und Kapitalzins, 3. Aufl., Innsbruck 1909–1912, II. Abt., S. 331 ff., Exkurse S. 280 ff) 問題を批判する新しい有益な観点を提出することに成功しなかった。

この解釈のみが,限界効用説の代表者なかでもベーム・バヴェルクによって発展せしめられた根本思想,すなわち財単位の効用したがってまた主観的使用価値は保有量が増加するにしたがって減少するという根本思想に,一致することができるのである。しかしそれと共に,経済財の主観的使用価値測定の一切の観念(イデー)が拒否される。主観的使用価値は如何にしても測定し得ないのである。

アメリカの経済学者アーヴィング・フィッシャーは価値測定の問題を数学的方法によって解決せんとすることを試みた。それによって彼は,他の方法を使用した先達以上の成功を収めるには至らなかった。彼もまた,保有量が増加するにつれて限界効用が減少することから生ずる困難に打ち克つことができなかった,そして広く流布せる意見によれば,経済学的研究に特に適当しているという数学的衣装は,犀利であるが技巧的な証明の弱点をわずかに包み隠すことがただ一つできたばかりであった。

1) Fisher, Mathematical Investigations in the Theory of Value and Prices, (Transactions of the Connecticut Academy, Vol., IX., New Haven 1892), S. 14 ff.

フィッシャーはまず第一に,各個の財貨(もしくは各個の役務)の効用はこの財貨(もしくはこの役務)の保有量の大きさには依存するが,他の財貨(もしくは役務)の保有量の大きさには依存しないと前提する。彼は効用の測定のために一単位を抽出するという彼の目的が,二つの限界効用の比率を決定することができる場合にのみ達せられることを明らかに解している。もし個人が1年の間に100個のパンを支配するなら,1個のパンが個人に対して持つ限界効用は,

## 第2章 価値測定について

150個のパンを支配せる場合よりも大である。かかる二つの限界効用の比率を数字的に定めることが問題である。フィッシャーは，第三の効用と比較することによって，これをなし得ると考える。彼はかかるものとして，毎年Bガロンが支配される油を選び，100番目のパンの効用と等しい効用を持つBの限界増加を$\beta$で表わす。最早100個ではなくして150個のパンが支配される第二の場合に関し，支配されるBの保有量が変えられなかったと仮定する。そうすると150番目のパンの効用は例えば$\frac{\beta}{2}$の効用と等しいであろう。ここまではフィッシャーの所論に同意することができる。しかし今やそれに続いて問題のあらゆる困難を軽率に無視する飛躍が行われる。すなわち彼はあたかも自明のことであるかのように，かくして150番目のパンの効用は100番目のパンの効用の半分に等しいと，簡単に付言する。何ら詳細に説明することなしに，彼は問題を平静に論じ続け，——その問題の解決はかの命題が正しいと認められるならば，格別困難を伴うものではない——最後に『ユティル util』と名づける1単位を抽出するに至る。かの命題によって全限界効用理論を無視し，近代経済学のあらゆる基礎理論と矛盾に陥ったことを，フィッシャーは全く気づかなかったように思われる。何故なら彼の結論は，$\beta$の効用が$\frac{\beta}{2}$の効用の2倍に等しい場合にのみ，意義を持つことが明らかであるからである。もし実際にそうであれば，二つの限界効用の比率を定めるために，あらかじめ長々しい推論を必要としなかったであろう，同一の結果はもっと早くに達せられ得たであろう。$\beta$の効用は$\frac{\beta}{2}$の効用の2倍に等しいとフィッシャーが仮定するのと同じ根拠をもって，格別論証することなくとも，150番目のパンの効用は100番目のパンと2対3の割合にあると仮定することができたであろう。

フィッシャーは$n$個の小量$\beta$もしくは$2n$個の小量$\frac{\beta}{2}$に分割され得るBガロンの保有量を頭に描いている。彼はこの保有量Bを支配する個人が，単位$x$の価値を$\beta$の価値と，単位$y$の価値を$\frac{\beta}{2}$の価値と同一に見ると仮定する。さらにフィッシャーは，個人が双方の評価行為をなすに当たって，$x$の価値を$\beta$の価

## 第1部　貨幣の本質

値と同一に見る場合も，$y$ の価値を $\frac{\beta}{2}$ の価値と同一に見る場合にも，いずれも B ガロンなる同一の保有量を支配するものなることを前提した。そこから彼は，$\beta$ の効用は $\frac{\beta}{2}$ の効用の 2 倍の大きさがあると，明らかに結論し得ると信じている。その誤りなることは明白である。個人は 1 度目は $x$（100番目のパンの価値）と $\frac{\beta}{2}$ との間に選択をなすべき地位に立たされる。しかし彼は，両者の間に決定を行うことが不可能であるのを見出す，すなわち両者を同じ高さに評価するのである。2 番目の場合には，個人は $y$（150番目のパンの価値）と $\frac{\beta}{2}$ との間に選択を行わねばならぬ。そしてこの場合にも彼は，両者の価値が等しいのを見出す。今や，$\beta$ の限界効用が $\frac{\beta}{2}$ の限界効用といかなる比率にあるかという問題が提出されねばならぬ。我々は，与えられたる保有量の n 番目の部分の限界効用が同じ保有量の 2n 番目の部分の限界効用といかなる比率に立つか，すなわち $\frac{B}{n}$ の限界効用と $\frac{B}{2n}$ の限界とはいかなる比率にあるかと自問することによってのみ，これを確定し得る。この目的のために，我々は保有量 B が 2n 個の $\frac{\beta}{2}$ に分けられていると考えよう。そうすれば (2n−1) 番目の部分量の限界効用は 2n 番目の部分量の限界効用より大である。次に再び同様の保有量 B が n 個の $\beta$ に分けられていると考えると，n 番目の部分量の限界効用は，前の場合の (2n−1) 番目の部分量の限界効用プラス 2n 番目の部分量の限界効用に等しくなることが明らかになる。すなわち n 番目の部分量の限界効用は，2n 番目の部分量の限界効用の 2 倍ではなくして，2 倍以上である。保有量が変わらない場合にも，数単位の限界効用を総計したものは，これらの単位数と単位の限界効用との積に同じではなくして，必然的にこの積よりも大きい。私の所有する 2 単位の価値は，かかる単位の一つの 2 倍の大きさではなくして，2 倍以上である。[1)]

1) ワイス前掲書538頁をも参照。

もし $\beta$ と $\frac{\beta}{2}$ を，その効用を無限に小なるものと呼んでよい程，小量なるものと認めるなら，かかる危惧を無視して差支えがないとフィッシャーは信じているのかもしれない。これがもし実際に彼の意見であったとすれば，それに対し

## 第2章　価値測定について

てまず第一に，無限に小なる大きさという，数学に特有な思惟形式は経済問題には適用し得ないことが明らかにされねばならぬ。一定の財貨量もしくは一定の財貨量に対する一定の増加が与える効用は，価値判断によって把握される程著しいものであるか，または評価する人にとって認められずしたがって価値判断において何らの顧慮も払われ得ない程，些少であるかどちらかである。しかしそのことを無視し，無限に小という概念の適用の許し得べきことを認めようとしても，それだからといってその論証が一層根拠あるものとはならぬであろう。有限なる大きさとして理解される二つの限界効用の比率を確かめることが問題であるならば，それを二つの無限に小なる限界効用と同一視することはもちろん許し難いのである。

　最後にシュムペーターについても言及されねばならぬ。彼は一定の財貨量の消費がもたらす享楽を単位となし，他の享楽をこの単位の倍数として表わさんと試みる。かかる価値判断は，その時には次のようにならねばならぬであろう『その財貨量の消費がもたらす享楽は，1日1個ずつリンゴを摂取することによって与えられる享楽の千倍である』。もしくは『その財貨量の代わりに，やむを得ざる場合には，私はかかるリンゴの1,000倍を与えるであろう』[1]。かかる観念を展開し，かかる判断を下すことのできる人間が，実際にこの世に存するであろうか。果たしてかかる判断に依存する経済的行為は存するものであろうか。そんなものは全く存しない[2]。シュムペーターもまた，価値の大きさを相互に比較し得るためには，価値の尺度を必要とするという誤れる前提から出発している。しかし価値判断は二つの価値の大きさの比較を決して内容としない。けだし価値判断とは，いくつかの欲望の重要性の比較に外ならぬからである。私はBよりAが好きだ（敬愛する）という判断が友情の尺度を前提しないと同じように，財貨 $a$ は $b$ よりも私にとって価値があるという判断は，経済的価値の尺度を前提としない。

1)　シュムペーター，前掲書290頁。

第1部 貨幣の本質

2) ワイス，前掲書534頁以下をも参照。

**2** 主観的使用価値を測ることが不可能であることから，それに『大きさ』を認めることも同様に可能でないことが直ちに結論される。この財の価値はかの財の価値よりも大であるということはできようが，この財はしかじかの価値を持つと主張することは許し難い。かかるいい方は，必ずや一定単位に関せねばならぬであろう，すなわちその本来の意義は，この単位が，確定さるべき量にどれだけ含まれているかを表わすにある。しかしすべてかかることは，価値に対しては無効である。

1) Kraus, Zur Theorie des Wertes, Halle 1901, S. 24 ff.

上述の考え方を首尾一貫して適用すれば，保有財貨の総価値に関する見解を修正する結果ともなる。ヴィーザーによれば，保有財貨は個数（もしくは部分量の数）とその時々の限界効用との積に等しい価値を持つ。かかる見解の根拠がないのは，それによると自由財の全保有量の価値は常に零とならねばならぬことからしても明らかである。それ故シュムペーターは異なる公式を提出する。それによれば，各部分量に，その位置に──それはもちろん任意に整序されているのであるが──応ずる強度の指数を乗じ，次いでこの積の総和が求められねばならぬ，すなわち積分されなければならぬと。この解決の試みは前述のものと共に，限界効用の尺度および価値の強度の存在を前提するという欠点を一つにする。かかる測定の不可能なることの証明は，どちらの提議も不完全なことを示す。我々は他の方法によってこの問題に打ち克つことを試みねばならぬ。

1) Wieser, Der natürliche Wert, Wien 1889, S. 24.
2) シュムペーター，前掲書103頁。

価値は常に評価過程の結果である。価値判断は，主体の福祉目的に対する二つの財複合体の重要性を比較する。具体的な評価過程にとって，主体と二つの財複合体（客体）は分割されざる要素として存在せねばならぬ。しかしそのこ

— 20 —

## 第2章 価値測定について

とは，それらがその他のあらゆる点においても，例えば物理的もしくは経済的な点においても，分割されざるものであることを決して前提としない。評価行為の主体は，機関が代理して行動する多人数（国家，社会，家族）たることもあり，客体は全体として支配されねばならぬ多数の財貨単位なることもあり得る。主体と客体はある評価過程においては，不可分の総体として現われ得るが，他の評価過程においては，前の場合に単一的な全体に融合しているその部分が，再び全く独立的となる。組織された単一主体として，すなわち国家として，その機関によって『軍艦』と『病院』との二つの財の間に決定を下すその同じ人間が，他の評価過程例えば『煙草』および『新聞』なる財貨の評価過程においては，個体的主体として問題になる。財貨についても事情は同じである。欲望の種類の順位ではなくして，具体的な欲望の順位が価値の段階にとって決定的であるということは，近代価値論の基礎である。そこから出発して，限界効用法則は，まず第一に分割し得る財複合体が評価される場合——かかる場合が圧倒的に多数である——に注目するという形式で発展せしめられた。しかし全保有量そのものが価値判断によって把握される場合も存在する。孤立せる家長が2匹の牛と3匹の馬を所有する。最も価値ある財貨を第一のものと名づけ，ついで次の価値を持つもの以下それに準じ，最終のものと名づけられる最少に評価されるものに達するなら，彼の価値段階の，問題となる部分は次のようになろう。1. 牛，2. 馬，3. 馬，4. 馬，5. 牛。もし我が家長が1̇匹の牛と1̇匹の馬とどちらを選ぶか決定せねばならぬとすれば，彼は馬を断念するより牛を断念する方にむしろ傾くであろう。もし猛獣が彼の持つ牛の中の1匹と馬の中の1匹とを脅かし，彼がただ1匹のみより救うことができぬなら，彼は馬を助けんと努力するであろう。しかし一種の家畜の全所有が問題になるならば，彼の決定は異なる結果となるであろう。もし家畜小屋が焼けるのを見ながら，一つの家畜小屋の住み手のみ救うことができ，他のものは破滅するに任せねばならぬ場合に，もし彼が3匹の馬の所有を2匹の牛の所有より低く評価するなら，

第1部　貨幣の本質

馬小屋の3匹の住み手ではなくして，2匹の牛を救わんとするであろう。1匹の牛と1匹の馬との間に選択を行わねばならぬ評価過程の結果は，馬の方を高しと評価した。それに反し，支配し得る牛の全所有と支配し得る馬の全所有との間に選択を行わねばならぬ評価過程の結果は，牛の所有の方を高しと評価したのである。

　価値は，常に具体的な評価行為を顧慮してのみ論じ得る，かかる場合にのみ価値は存在する。評価過程の外に価値は存しない，抽象的な価値なるものは存在しないのである。総価値については，評価の主体が一財貨の全保有量と他の諸経済とを選択するという地位に立つ一定の場合を眼前に描く時にのみ，論ずることができる。あらゆる評価行為と同様，この評価行為も全く独立的のものであり，個人は財貨単位の評価と関連する諸観念にあらかじめ立ち返ることを強いられない。この評価過程も他のあらゆるそれと同様，依存的な効用に対する顧慮によって導かれる。支配し得る最後の単位の効用たる限界効用は，総価値の評価過程にあっては，総効用と一致する，けだしこの評価過程は全保有量を分割し得ざる大きさとして把握するからである。このことは，その単位が無価値であり，すなわち他の自由財の単位と無差別に混合し，価値判断によって常に最終の地位に置かれる自由財の総価値についても，適用される。[1]

1) Clark, Essentials of Economic Theory, New York 1907, S. 41. をも参照。——上記の説明は，第1版では，総価値の問題に費やされた研究の結果を適切ならざる方法で総括したさらに二つの命題を包含していた。それは C. A. Verrijn Stuarts (Die Grundlagen der Volkswirtschaft, Jena 1923, S. 115) の正当なる批判を考慮に入れてここでは省略された。

**3**　上述した所から，貨幣の価格尺度いわんや価値尺度の機能を論ずる習慣が，いかに非科学的であるかが充分に明らかになるであろう。主観的価値は全く測られずして，段階化される。客観的使用価値測定の問題は経済学的な問題ではない。ついでにいえば，効用作用の測定はあらゆる種類に対して可能なわけではなく，せいぜい種類の内部においてのみ可能であり，しかも二つもしく

## 第2章 価値測定について

は数個の作用種類を結合せんとするや，ただに測定の可能性のみならず段階化された比較の可能性すらすべて失われることである。我々は石炭および薪の火力を測り，比較することはできるが，テーブルと書物の客観的効用作用を，決して共通の客観的尺度に還元することはできない。

客観的交換価値も測定されない。それもまた個人の段階的な価値判断から引出された比較の結果である。一定の財貨単位の客観的交換価値は，あらゆる他の財貨種類の単位で表現され得る。今日交換行為は通常貨幣によって媒介される，そしていかなる財貨も貨幣で表現された価格を持つ故に，いかなる財貨の交換価値も貨幣で表現され得る。この可能性は，交換取引発展の結果である価値段階(ヴェルトスカラー)の変形が価値判定技術の変更を強制した時，貨幣を価値表象手段たらしめた。

詳言すれば，交換の可能性は個人をして，彼の価値段階の順位を置き換えさせる。その価値段階において，『一樽の葡萄酒』なる財貨が，『一袋の燕麦』なる財貨よりも後順位にある主体は，もし市場で一樽の葡萄酒に対し，彼が一袋の燕麦よりも高く評価する財貨を得ることができるなら，順位関係を逆にするであろう。個人の評価における諸財貨の地位に対し，もはやその主観的使用価値がもっぱら決定的でなくして，その交付によって交換において購われる財の使用価値——もし後者が個人の評価において前者よりも優越する場合に——が決定的である。それ故個人は市場の価格状態を詳細に知ることに慣れねばならぬ，けだしかかる場合にのみ個人は最大効用を得ることができるからである。しかしそのためには，おびただしい錯雑せる交換比率に通暁する手段を必要とする。いかなる財貨に対しても交換され，いかなる財貨もそれと交換される一般的交換手段たる貨幣が，なかでもそれに適当している。個人にとっては，いかに彼が卓越せる取引関係の精通者であろうとも，もし彼があらゆる交換価値を還元する共通の分母を選ぶのでなければ，市場比率のあらゆる変動を辿り，それに応じて，交換比例を顧慮しつつある彼の価値段階(スカラー)の必要なる修正を行う

## 第1部　貨幣の本質

ことは全く不可能であろう。市場比例 (Marktrelation) でいかなる財貨も貨幣に変えられ，貨幣はいかなる財貨にも変えられる故，客観的交換価値は貨幣で計算される。かくして貨幣は価格表示者となる（メンガー）。企業家および消費者の経済的計算の構造は，貨幣で財価値の評価を行うことを土台とする。かくして貨幣計算は，経済を行うに当たって人智がもはやそれを欠くことを得ない手段となる[1]。人々がこの意味で価格の尺度としての貨幣の機能を語るならば，何らそれに反対すべき理由はない。しかしかかる誤解されやすい表現方法はむしろ避くるにしかざることはもちろんであろう。それは決して正確なものではない。けだし天文学上の方位決定をも星体の機能と呼ぶ習慣は無いからである。

1) 経済計算に対する貨幣の不可欠性については，拙著 "Die Gemeinwirtschaft, Untersuchungen über den Sozialismus," Jena 1922, S. 100 ff. 参照。

# 第3章　貨幣の現象形態

　　**1**　貨幣によって媒介される間接交換の実現は，必ずしも貨幣が物理的に授受されるという方法で行われることを要しない。同金額の，いつでも支払われる真正なる債権 (Forderung) の譲渡も，貨幣個片の現実的引渡に代わることができる。それだけではいまだ著しきもの，貨幣に特殊な点はない。しかしかかる種類の貨幣取引が非常にしばしば行われることは，貨幣の特殊な性質によってのみ説明されねばならない。そこにまず第一に，不特定債務の対象となるべき貨幣の優秀な資格がある。ほとんどすべての他の経済財の代替性は多かれ少なかれ狭く制限されたものであり，しばしば商慣習の人為的な規定によってのみ擬制されるのに反し，貨幣の代替性はほとんど無制限である。株式および分割債券の代替性のみが貨幣のそれに匹敵する。これらのものにあっても，貨幣におけると同様に，個々の証券を細分するのが困難である点にのみ，完全な擬制を阻止する契機が見出され得るであろう，だが種々なる制度によって，かかることは実地においては，少なくとも貨幣についてはあらゆる意味を失うように策が講ぜられている。より重要なのは貨幣の本質に基づく他の事情である。貨幣債権は債務者に対し行使されることなくして，数限りなく転々と譲渡され，貨幣によって媒介される交換行為の実現に使用される。遅かれ早かれそれを使

## 第1部　貨幣の本質

用し，消費する経済の手中に渡らねばならぬ他の経済財では，かかることはもちろんあり得ない。

　いつでも支払われる確実な債権——我々はそれを簡単に貨幣代用物と名づけようと思う——それが貨幣によって媒介される交換行為の実現に対して持つ特別の有用性は，その法律的および商業技術的完成によって一層高められた。銀行券の譲渡なる形式は，技術的に，多くの国々においては法律的にも，貨幣の譲渡と区別されない。外形の抹消が極めて進んだため，経済主体は取引において貨幣取引の実現のために使用されるおびただしい対象の中で，貨幣機能の担い手をその代理者と区別することが通常全くできない程になっている。門外者はここに現われる経済学的な問題を注意せずして，単に鋳貨，銀行券，小切手等の取引技術的，法律的性質をのみ顧慮する。銀行券が何らの文書行為なしに譲渡され，——鋳貨と同じように——端数のない額に分割されて流通し，それを譲渡した前人に対する償還請求が排除され，法律秩序がそれを貨幣同様解除手段として承認すること，これらすべてのことは銀行券をも貨幣と呼び，また銀行券と銀行における当座勘定——それは技術的により錯綜し，法律的にも他の性格を持つ行為によってのみ移転することができる——とを根本的に区別する充分な理由であるように思われる。それが日常生活の通俗的な貨幣概念の本源である。この通俗的な貨幣概念は出納官吏の知的水準に似つかわしく，かつ商業上の実際のある種の要求には全く適当するであろう。しかるにこの用語法は経済学の科学的術語にも引入れんと試みられた。それに対しては断固として反対されねばならぬ。

　貨幣概念に関する論争は，格別我々の科学の歴史の歓ぶべき章節に数えられるものではない。それは法律的，商業技術的考慮の過度のひろがりと，この単に術語的に過ぎぬ問題に認められた不当な重要性によって特徴づけられる。その問題の解決は自己目的と見なされた，そしてその際爾後の研究に対する合目的性の考量のみが問題であり，学問の特別な課題が問題でないことは全く看過

## 第3章 貨幣の現象形態

されたように思われる。かくして論争は必然的に無益に終らざるを得なかった。我々が貨幣と貨幣に外見上類似する取引対象との間に概念的な仕切を建てんと試みようとするならば，我々はその際我々の研究が目指す目標をのみ考慮せねばならぬ。我々が我々の任務の核心と認めるものは，貨幣と爾余の経済財との間に存する交換比率を規定する法則の演繹であり，これのみが貨幣の経済学的理論の任務なのである。この問題の本質に，我々の表現方法も適合したものであらねばならぬ。取引において貨幣の如く使用されるおびただしい対象の中から一定の集団を引出し，それのみに認められる貨幣なる特別の称呼の下に，それを，その名前を拒まれた他のものと画然と対立させるならば，このことは研究の爾後の進行を容易ならしめるように行われねばならぬ。いつでも支払われる確実な債権として，取引において貨幣類似的に使用される対象に貨幣なる名称を否認し，貨幣代用物なる称呼を与える所以は，正にかかる考慮なのである。

債権 (Forderung) は財貨ではない[1]。それは経済財に対する支配力獲得への道である。このことが経済における債権の全本質ならびにその地位を規定する。債権そのものは経済主体による直接の価値評価の対象物ではない。その評価は他の経済財から派生する間接的なものである。請求権 (Forderungsrecht) の評価には二つの要素が含まれる。第一に債権がそれの獲得に対して要求権を与えるところのその財貨の価値評価であり，第二は債権によって問題の財貨を事実的にも獲得する，大なるもしくは小なる蓋然性である。もし請求権が一定期間の経過後に初めて請求の権利を与うるものであれば，第三の要素としてさらにこの事情を顧慮する必要が加わる。12月31日に期限の到来する10袋の石炭引渡を要求する権利は，この年の1月1日には10袋の石炭の価値に従って評価されずして，1年後に獲得さるべき10袋の石炭の現在価値に従って評価される。このことは債権の評価にその『良否 (Güte)』が同時に考慮されるという事実と同様，あらゆる人にとにかく熟知されている。

1) Böhm-Bawerk, Rechte und Verhältnisse vom Standpunkte der volkswirtscha-

第1部　貨幣の本質

ftlichen Güterlehre, Innsbruck 1881, S. 120 ff.

　以上のことはもちろん貨幣で表示される債権についても妥当する。もしそれが即座に支払われ，その確実性に関し何らの疑いも存せず，その回収にいかなる種類の支出も伴わないならば，その債権は現金同様に見なされ，取引において貨幣の如く授受される。[1] かかる何時でも支払われ，人間の予見によれば絶対的に確実な，そして法律的意味において流動的な債権のみが，取引においてそれが表示されている貨幣に代わるのである。他の債権，例えば信用の疑わしい銀行の銀行券もしくは相当期間後に初めて支払期日の到来する債権等もまたもちろん取引の対象である。それらも同様に一般的交換手段として使用され得る。しかる時には，それらは我々の術語に従って貨幣である。何故ならその評価は独立的のものであるから，すなわちそれらの債権は，それらが表示される貨幣額と同価に評価されることもなく，その評価はそれが表わす請求権の価値に一致することすらもないからである。かかる債権の交換価値はむしろ，我々の論述が先に進むにつれて学ぶであろう特殊な因子によって同時に規定される。

1) Wagner, Beiträge zur Lehre von den Banken, Leipzig 1857, S. 34 ff.

　我々が貨幣代用物と名づけた何時でも支払われる確実な貨幣債権をも，貨幣の概念の中に入れんとする試みは，もちろん決して不当ではないであろう。全く排斥すべきは，貨幣代用物の一定範疇，通常銀行券，補助貨等を貨幣と呼び，それを当座勘定の如き他の範疇に画然と対立させる一般に拡がった慣習のみである。[1] それは何ら明白な根拠なくして分類するものというべきであろう，何故なら例えば銀行券を当座勘定から区別するものはすべて，取引技術的ならびに法律的には重要かもしれないが，経済的には意味のない全く外面的な附属物であるからである。それに反し，あらゆる貨幣代用物を例外なく単一の貨幣概念に一般的に含ませることには，重要な根拠が挙げられる。何時でも支払われる確実な貨幣債権が貨幣機能に対して有する意味は，他の経済財で表示される債権とは全く異なることが指摘され得るであろう。交換財引渡を請求する債権は

## 第3章 貨幣の現象形態

遅かれ早かれ実現されねばならないが，貨幣引渡の債権では，このことは必ずしも当たらない。かかる債権は久しく転々流通し，その際これを実現せんと試みられることなくして，貨幣の地位に代わり得る。貨幣を必要とする者は，かかる債権の獲得によって全く満足せしめられ，貨幣を与えんとする者は，全く同様にそれをも使用することができる。それ故貨幣の供給には貨幣代用物の供給も，貨幣の需要には貨幣代用物の需要もまた算入されねばならぬ。パンに対する高まれる需要を，支配し得るパンの量を増加することなしに，パンで表示される指図証券の発行増加によって充足することは不可能であるが，このことは貨幣においては実行し得る。かかる特殊性を考慮し，それに相応して貨幣概念を拡張せねばならぬといわれるのである。

1) 例えば Helfferich, Das Geld, 6 Aufl., Leipzig 1923, S. 267 ff.

上の如き議論の重要性を論争することなく，我々は合目的性の根拠から，貨幣概念を狭義に用い，貨幣代用物なる特殊な概念を立てることに賛成する。それが実際的であるか否か，対象を整理するに当たり他の処置によってより大なる概観性が得られるのではないかということは，読者の判断に委ねられねばならぬ。我々には，貨幣理論の困難なる問題を解決に導くことは，この方法によってのみ可能であるように思われる。

**2** 貨幣の経済学的観察——それは経済的要素にのみ注意すべきであり，法律的差異はそれが経済的機能に対しても意味を持つ場合にのみ，そしてその範囲内でのみ，注目することを許される——は，貨幣概念を制限する際にも，事物の法律的定義および区別ではなくして，経済的本質に即さねばならぬ。我々は貨幣に対する指図証券および他の貨幣債権を貨幣と認めぬことにいったん賛成したのであるが，その場合，貨幣債権の厳密なる法律的概念のみが考えられてはならない。法律的用語の意味の貨幣債権と並んで，法律的には債権でないが，それにもかかわらず——何らかの機関がこの対象をあたかもそれが自己に向けられた債権をあらわすかの如く取扱う故に——取引において貨幣債権と見

## 第1部　貨幣の本質

なされる対象が問題になる。[1)]

1)　ラフリン，前掲書516頁以下。

　ドイツ帝国において1873年7月9日の貨幣法に基づき鋳造された補助貨幣は，疑いもなく法律秩序の意味における貨幣債権ではなかった。皮相な判断者はもしかすると，それが銀，ニッケルもしくは銅を素材とし，全く貨幣個片の外見を持つ円板形に作られた故，それを貨幣と呼ぼうとすらするかもしれない。だが経済学的観察にとっては，これらの補助貨幣は帝国金庫に対する指図証券に外ならない。1909年6月1日の形態における貨幣法第9条第2項は，少なくとも200マルクの銀貨もしくは少なくとも50マルクのニッケル貨および銅貨の払込に対し，請求により金貨を交付する金庫を指定することを連邦参事会に委任した。ライヒスバンクの一定の金庫はかかる機能を委託された。貨幣法の他の規定（第8条）は，帝国（ライヒ）が何時でもかかる兌換を実際に行うことができるように用意した。すなわち銀で鋳造される補助貨幣の総額は帝国人口1人当たり20マルク，ニッケルおよび銅で鋳造される補助貨幣の総額は2マルク半をこえることを許されなかった。この額は立法者の見解によれば，小額鋳貨に対する取引の需要と合致し，したがってこれらの補助貨幣は需要を超過する量が発行されるおそれがなかった。1枚の補助貨幣（もしくは補助貨幣の一定額）のあらゆる所有者に対し，兌換を請求する主観的な権利を認めることはもちろんなされなかった，すなわち支払能力の制限（第9条第1項）はそれに対する不充分な代償を提供するにとどまった。事実はしかしドイツ帝国において――このことは一般に知られている――，補助貨幣は帝国宰相によって指定された場所で何らの困難なく交換された。その流通額が1億2,000万マルクをこえることを許されなかった帝国国庫証券 (Reichskassenschein) も，補助貨幣と全く同様な意味を持っていた。それもまた（1874年4月30日の法律第5条），帝国主金庫として機能するライヒスバンクにより，帝国の計算で何時でも要求によって現金と兌換された。各人が銀貨は20マルクまで，ニッケルおよび銅貨は1マルクまで受領すべき義

## 第3章 貨幣の現象形態

務があったのに反し,帝国国庫証券受領の強制は私的取引において存在しなかったことは,枝葉の問題である。帝国国庫証券も,法的解除能力が与えられなかったにかかわらず,各人によって支払において進んで受領された。

金本位の採用より1907年10月1日すなわち流通廃止の日までの期間におけるドイツターレルは,他の例を提供する。この期間を通じ,ターレルは法律的立場から見れば法貨 (Kurantmünzen) であった。我々は法律的術語に由来するこの用語を我々に無用のものとして斥け,ターレルはこの時代に貨幣であったかをたずねてみよう。それに対する解答は否定であらねばならぬ。ターレルが取引において交換手段として使用されたということは正しい。しかしターレルは,一般的交換手段たる貨幣に対する指図証券としてのみ交換手段であった。なぜならライヒスバンクも帝国あるいは各邦あるいは他の誰もが兌換の義務を負わなかったにもかかわらず,帝国政府の出納掛りとして機能するライヒスバンクは,帝国政府の委任を受け,常に取引においてターレルが公衆によって要求される以上に流通することがないように配慮したからであった。この目的を,ライヒスバンクは支払に際し公衆にターレルを押付けることを避けるという方法で達した。このことは,ターレルが銀行および帝国に対しても強制通用力を持っていたという事情と共に,ターレルは何時でも貨幣に換えられ得るマルクの性質を与えるに充分であり,その結果国内において完全に有効な貨幣の代用物として流通したのである。銀行券を金ではなくしてターレルに兌換し――法律の原文によってライヒスバンク理事会にその権限が賦与されていたのであるが――金の輸出を妨害するため,プレミアを徴収してのみ金を交付せんとする不当な要求が,繰返しライヒスバンク理事会に対してなされた。しかしライヒスバンクはかかるまたはあらゆる類似の提議に対して常に拒否的な態度をとった。

すべての国家が,ドイツ帝国ほど――その貨幣および銀行組織はバムベルガー,ミカエリスおよびゼートベールの如き人々によって特徴づけられた――明瞭にそして要領よく補助貨幣制度を整頓したのではなかった。立法中のあるも

## 第1部　貨幣の本質

のにあっては，近代の補助貨幣政策を支配する根本思想が隠れており，それを指示するのは難しいかもしれない，しかし同一の精神があらゆる立法に共通している。法律的には補助貨幣は，支払能力を一定の最大額に限定することによって特徴づけられる。通常更に，鋳造され得る数量の法律的制限が加わる。経済的には補助貨幣なる概念は全く存しない。そこには単に，取引において貨幣に代わるところの貨幣で表示される請求権の集団の内部に，小額の貨幣取引を実現すべき特殊な下位集団があるのみである。補助貨幣の流通への投下とその流通の法的規整の特色は，補助貨幣が役立つ目的の特殊性から説明される。銀行券の所有者には銀行券兌換を要求する主観的権利 (das subjektive Recht) が認められるのに反し，補助貨幣の交換は多くの国家において，政府の考量に委ねられているが，それは銀行券および補助貨幣が経過した異なれる発展経路から説明さるべきである。補助貨幣は小額取引における価値低き財貨の売買を容易にせんとする必要から生じた。その歴史的発展の詳細はまだ不明であるが，少数の例外を除き[1]，それに関して記述されたすべてのものは，貨幣学的および度量衡学的立場からのみ利用し得べきものである。だが補助貨幣の起源は常に貨幣にまで溯及するという一つのことだけは，確実に認めることができる。貨幣を小額鋳貨に分割することの技術的困難こそ，種々なる失策や失敗せる試みの後に，我々が今日行っているような問題の解決に導いたのである。多くの領域において，この過渡期中小額取引には時として一種の表象貨幣 (Zeichengeld) が恐らく用いられたのであろう。しかしそれは，二つの独立せる貨幣種類が並行して一般的交換手段としてのつとめを果たすという大なる不利益をもたらした。それ故，そこから生ずる弊害を防止するため，小額鋳貨は巨額取引の鋳貨に対し確定的な法律的比率に置かれ，小額鋳貨が取引によって必要とされる量以上に増大することを妨げるのに必要な，予防手段が講ぜられた。この目的のためにとられた最も重要な手段は，補助貨幣の鋳造を多分取引によって小額売買のために必要とされるであろう量に，法律的に確定的に制限するか，もしく

## 第3章 貨幣の現象形態

はかかる拘束がなくとも厳重にその制限を守らせることである。それと同時に,私的取引における法的支払能力を,一定のあまり高からぬ額に制限することが並び行われる。これらの規定をもってしては不充分なることが証明される危険は大であるとは思われなかった,それ故補助貨幣が何時でも交換されるように法律的に配慮することは全くなされなかったか,もしくはそれをなしても単に不完全にすなわち所有者の兌換を要求する権利を明言することなく行われたかどちらかである。しかしどこにおいても今日流通から突き返される補助貨幣は,国家もしくは他の機関例えば中央銀行によって,何らの面倒なく受領され,かくしてその本質が貨幣債権として特徴づけられている。このことが一時的に行われず,補助貨幣の事実的交換の停止によってそれが必要以上に流通に送り出されることが試みられる場合には,補助貨幣は信用貨幣もしくは物品貨幣とすらなるに至った。その時には補助貨幣はもはや何時でも支払われる貨幣債権として貨幣と同様に評価されることなく,特殊な評価の対象となる。

1) Kalkmann, Englands Übergang zur Goldwährung im 18. Jahrhundert, Straßburg 1895, S. 64 ff.; Schmoller, über die Ausbildung einer richtigen Scheidemünzpolitik vom 14. bis zum 19. Jahrhundert (Jahrbuch für Gesetzgebung, Verwaltung und Volkswirtschaft im Deutschen Reich, XXIV Jahrgang, 1900, S. 1247-1274); Helfferich, Studien über Geld-und Bankwesen, Berlin 1900, S. 1-37.
2) 物品貨幣,信用貨幣および表象貨幣の概念については,さらに本章3を見よ。

銀行券は全く異なる発展過程を経過した。それは常に法律的にも債権と見なされた。銀行券を貨幣と同価に維持するためには,それが何時でも貨幣に兌換されるように配慮されねばならぬという意識は,決して失われなかった。銀行券の現金兌換の停止は銀行券の経済的性格を一変するという事実も,注目を免れ得なかった。しかし量的に重要性の少ない小額取引の鋳貨については,このことはよりたやすく忘れられることができた。さらに補助貨幣の小なる量的重要性は,その即時的兌換がそれ自身の兌換金庫 (Konversionskasse) を設定することなくとも維持されるという結果を伴った。かかる特殊な基金の欠除は補助

## 第1部　貨幣の本質

貨幣の真正なる本質を隠蔽するに役立ったであろう[1]。

1) 補助貨幣の本質については, Say, Cours complet d'economie, Politique, Troisième édition, Paris 1852; 1 Bd. S. 408; Wagner, Theoretische Sozialökonomik, Leipzig 1909, II Abt., S. 504 ff. 参照。1860年のベルギー補助貨幣法の基礎となった報告および議事録中に極めて有益な論述が見出される。代議士パーメッツ (Pirmez) の報告において, 法貨との交換の処置が講ぜられている近代の補助貨幣の地位が次のように規定されている。『この性質により, この個片は最早単に貨幣であるのみならず, 証券すなわち支払約束となる。所持者は最早単に個片に対する所有権（物権）を持つばかりでなく, 彼は個片の全名目価値につき国家に対し債権（対人権）を持つ, すなわちその兌換を請求することによって何時でも行使し得る権利を持つのである。補助貨は貨幣ではなくなり, 信用用具 (une institution de crédit) すなわち金属に刻印された銀行券となる。』(Vgl. Loi decretant la fabrication d'une monnaie d'appoint……précédée de notes sur la monnaie de billon en belgique ainsi que de la discussion de la loi à la Chambre des Représentants, Bruxelles 1860 S. 50).

オーストリア・ハンガリー国の貨幣制度を観察することは特に極めて有益である。1892年に開始された通貨整理は, 現金兌換の法律的採用による形式的終結に決して達したのではなかった, 君主国(モナルキー)の法律的本位はその最後までいわゆる紙幣本位にとどまった, 何故ならオーストリア・ハンガリー銀行は, 無制限に法的支払能力を持つ銀行券の現金兌換の義務を免れていたからである。それにもかかわらず1900～1914年間のオーストリア・ハンガリー国の本位制度は, 金本位もしくは金核本位と呼ばれねばならなかった。けだしオーストリア・ハンガリー銀行は進んで, 金を取引の用に供したからである。オーストリア・ハンガリー銀行の法律の字句によれば, 銀行券兌換の義務を負わなかったとはいえ, 何人に対しても外国為替およびその他の金で支払われる外国市場宛の債権（小切手, 銀行券等）を, 観念的な上方の金現送点以下の価格で交付した。かかる事情では, 輸出のために金を必要とする者は誰でも, かかる種類の債権を得ることをえらんだのは自明のことであった。なぜなら, その方が費用のかかる金

## 第3章　貨幣の現象形態

の現送よりももちろん安全であったからである。年来人民が銀行券および補助貨幣の使用を好んでいた故に,極めて例外的にしか金を必要とされなかった国内取引のためにも,オーストリア・ハンガリー銀行は何ら法律的義務を負わないにもかかわらず,銀行券と交換に金を提供した。しかしこれらすべてのことを銀行は,決して一時的にそしてその処置の影響を認識することなくいわば偶然にやったのではなく,オーストリアおよびハンガリーの国民経済に金本位の利益を与えんとして,意識的に計画的に行ったのである。この際両国の政府は——銀行のこの政策は政府の発議(イニシアテイヴ)に帰すべきであった——力の限り銀行を支持した。しかしまず第一に,銀行は適当な利子政策の遵奉によって,自ら,何時でもこの自発的に引受けた銀行券の現金兌換を直ちに実行し得るように配慮せねばならなかった。銀行がこの目的のためにとった手段は,原則において,他の金本位諸国の発券銀行が用いた手段と少しも異ならなかった。かくしてオーストリア・ハンガリー銀行の銀行券も貨幣代用物以外の何物でもなかった,すなわち貨幣はオーストリア・ハンガリー国においても他の欧州諸国と同じく貴金属,金であった。

1) 銀貨グルデンはオーストリア・ハンガリー国において,1873～1907年のドイツ帝国の銀貨ターレルと同じ意味を持っていた。それは法的には法貨であったが,経済的には貨幣債権であった,なぜなら発券銀行は実際には何時でも要求次第それを兌換したからである。
2) 私の論文 "Das Problem gesetzlicher Aufnahme der Barzahlungen in Österreich-Ungarn" (Jahrbuch für Gegetzgebung, Verwaltung und Volkswirtschaft im Deutschen Reich, XXXIII, Jahrgang, 1909, S. 985-1037); "Zum Problem gesetzlicher Aufnahme der Barzahlungen in Österreich-Ungarn" (ebend. XXXIV. Jahrgang, 1910, S. 1877-1884); "The Foreign Exchange Policy of the Austro-Hungarian Bank" (The Economic Journal, Vol. XIX, 1909, S. 201-211); "Das vierte Privilegium der Österreichisch-Ungarischen Bank" (Zeitschrift für Sozialpolitik und Verwaltung, XXI. Bd., 1912, S. 611-624). を参照。——クナップの貨幣国定説側の活発な宣伝に力を得た瀰漫しつつあるインフレーション主義的潮流に影響されて,オーストリア・ハンガリー銀行は,外国為替の交付価格を時々引上

第1部　貨幣の本質

げることによりすでに1912年以来少しくその政策をゆるめた。世界大戦の勃発と共に，オーストリア・ハンガリー銀行は直ちに事実上の現金支払を停止した。

**3**　経済学的貨幣理論が通常利用するのを常とする用語は，法律学的なものであって経済学的なものではない。それは種々なる貨幣種類およびその代理者の法的特質に目標を向けねばならなかった著述家および政治家，商人および裁判官等によってつくり上げられたものであった。かかる用語は貨幣制度の私法的ならびに公法的側面の認識のためには極めて有用であるが，経済学的研究にはほとんど利用し得ない。法律学に認めらるべき任務と経済学に認めらるべき任務とが，貨幣制度の領域におけるほどしばしばそして不利な影響をもって混交した所がないということは，しばしば看過された。経済学的概念に法律学の尺度をあてはめることは誤りである。法律学的用語は貨幣および支払手段に関する法律学上の研究の成果と全く同様，経済学によってその研究の対象と見なされねばならぬ，すなわち経済学は法律学上の用語を批判する任務は持たないが，それを自己の目的のために利用する権能は持っている。このことが何らの不利なく行われ得る場合には，経済的演繹において法律的術語を用うることを躊躇すべき理由はない，しかし自己の目的のためには，経済学は特別な用語をつくらねばならぬ。

　貨幣として使用され得るのは，商品学の意味における商品例えば貴金属金もしくは貴金属銀であるか，または貨幣でない他の対象と工芸学的には少しも区別されず，それが貨幣として使用される決定的な要素がむしろ法律的特性である対象か，どちらかである。社会的機関によって行われる捺印により特殊な権能を与えられた1枚の紙が，工芸学的観察にとっては，同じ捺印を無権能者によって与えられた他の1枚の紙と何ら異なる所がないことは，真の5フラン銀貨が，『そっくりの模造』によって作られたものと何ら区別されないのと同様である。区別は，かかる個片 (Stuck) の作成を規定し無権能のものを不可能にする法律規範の中にのみある。しかしあらゆる誤解を除くため，法律は単に個

## 第3章　貨幣の現象形態

片の発行を規定することはできるが，これらの個片に現実にも貨幣すなわち一般的交換手段としての地位を賦与することは国家の権力範囲外にあることを，明白に述べておきたい。国家はその打印によって単に，それが当該の商品のその他のものの評価に依存せぬ独立な評価に服し得るように，これらの金属片あるいは紙片を爾余の大量の同種の商品から際立たすことができるだけであり，かくして他の個片がもっぱら商品の性格を保持するのに，一商品種類の法律的に権能づけられた個片は取引において一般に使用し得る交換手段として使用され得るような前提を作るのである。国家はこれらの権能づけられた個片を一般的交換手段たらしめることを目標とする一連の手段をもとることができる。しかしこれらの個片は，国家がそれを命ずるが故に貨幣となるのではない，けだし交換取引に関与するものの慣習のみが貨幣をつくることができるからである。

我々は商品学の意味においても同時に商品である貨幣を物品貨幣 (Sachgeld)，それに反し法律的に特に権能づけられた個片から作られ何ら工芸学的特殊性を示さぬ貨幣を表象貨幣 (Zeichengeld) と名づけたいと思う。第三の範疇として信用貨幣 (Kreditgeld) なる名称をもって，ある自然人もしくは法人に対する請求権を包含する貨幣を呼びたいと思う。しかしこの債権は何時でも支払われかつ確実なものであってはならない，この場合にはその価値とそれが表示される貨幣額との間には何らの差異も生じ得ず，取引に関与する個人によって特別な評価の対象とされることはないであろう。むしろ債権の期限は時間的にどのようにしてか延期されていることを必要とする。表象貨幣が原理的に可能であることはほとんど争われ得ないであろう，その存在可能性は貨幣価値形成の本質から生ずる。しかし表象貨幣がかつて歴史にすでに現われたかということは別の問題である。この問題は無雑作に肯定するこはできぬ。物品貨幣の範疇に入らぬ貨幣類型の圧倒的多数は，疑いもなく信用貨幣に帰属すべきである。詳細な歴史的研究をまって初めてこの点が明らかにされ得るであろう。

この用語は世間一般に行われているものに比べれば，より合目的であろう。

## 第1部　貨幣の本質

それは個々の貨幣類型の価値形成の特質を明瞭に表現するように思われる。それは人々の好む硬貨および紙幣なる区別よりも，疑いもなく正確である。硬貨の中には金属貨幣以外に，補助貨幣および1873～1907年のドイツターレルの如き鋳貨も包含され，紙幣の中には通常，紙で作られた表象貨幣および信用貨幣のみならず兌換し得る国家紙幣および銀行券も包含される。この用語は門外者の用語法に由来している。『硬貨』が今より一層しばしば貨幣であって貨幣代用物でなかった以前においては，その用語は恐らく今日より幾分適切であったであろう。それは，金属貨幣をそれ自身価値ある対象と見，紙製の信用貨幣を常に変則と見る大衆の素朴な不明瞭な価値概念にも適当していたしまた今でも適当している。しかし科学的にはこの用語は全く無価値であり，限りない誤解と歪曲の源である。事物の外面的現象に視線を固定させ，単に外面的形象が同じである限り本質の異なるものを同じものとして取扱い，反対の場合に本質の同じものを異なれるものとして取扱うことは，経済学的研究の犯し得る最大の誤謬である。美術史家，貨幣学者，工芸学者の目には，銀貨の自由鋳造の中止前と中止後の五フラン銀貨の間にはもちろん何らの本質的差異も存しない，それに反し彼等にとってオーストリアの銀貨グルデンは1879～1892年の間においても根本的に紙幣グルデンと異なるように見えるのである。銀行小使や郵便為替配達人の知的水準に似つかわしい，かかるまたは類似の着眼点が，科学的議論において今日もなお一つの役割を演ずるということは，経済学の最も曖昧な点の一つである。

　三つの貨幣類型を区別するのは用語的な遊戯ではない。上に展開された概念の有用性は，次の理論的研究において示されるであろう。

　物品貨幣において決定的な特徴は，工芸学的意味における商品を貨幣として使用することである。これがいかなる商品であるかは，重要ならざるものとして，理論的研究はこれを無視してよい，だが問題の商品が貨幣であり，貨幣は正にその商品であるということは，しっかり把握されねばならぬ。それに反し

## 第3章 貨幣の現象形態

表象貨幣にあっては，打印 (Stempel), 表象 (Zeichen) のみが決定的である。ここでは表象をになう素材ではなくして，表象そのものが貨幣である。いかなる素材が表象をになうかは，全く枝葉のことである。最後に信用貨幣とは，一般的交換手段として使用される将来支払期限の到来する債権である。

**4** 物品貨幣，信用貨幣，表象貨幣の区別そのものは拒否されず，その正当性ではなくして単に合目的性が争われるに過ぎぬとはいえ，現代の自由に鋳造し得る法貨および過去の世紀の金属貨幣が物品貨幣であるとなす主張は，多くの著述家なお一層大衆によって断固として拒否されている。最古の貨幣が物品貨幣であったことは，一般に否認されない。また鋳貨はしばしばはるかな過去において従量的に (al marco) 使用されたということも承認される。しかしすでに久しき以前から貨幣はその性格を変えたと，主張されている。すなわち1914年以前にドイツおよびイギリスにおいて貨幣であったのは，金ではなくしてマルクおよびポンドであった。現在においては，『法律秩序によって権力的に，価値単位で表わされる一定の「通用力」を賦与された，表象づけられた個片』が貨幣であると(クナップ)。『貨幣本位とは価値尺度として採用された価値単位 (グルデン，フラン，マルク等) に対する称呼であり，「貨幣」とは価値尺度として機能する価値単位と見なされる表象 (鋳貨および紙幣) に対する称呼である。銀もしくは金それとも両者が同時に貨幣本位および貨幣として機能すべきかという論争は，無用の論争である。けだし銀も金もかつて貨幣本位および貨幣として機能したこともなく，また機能することもできないからである』(ハムメル)。[1]

1) 特に Hammer, Die Hauptprinzipien der Geld-und Währungswesens und die Lösung der Valutafrage, Wien 1891, S. 7 ff.; Gesell, Die Anpassung der Geldes und seiner Verwaltung an die Bedürfnisse des modernen Verkehrs, Buenos-Aires 1897, S. 21 ff; Knapp, Staatliche Theorie des Geldes, 3 Aufl., München 1921, S. 20 ff.

かかる奇妙な主張の吟味に着手する前に，我々はついでにその発生について簡単に述べたいと思う。本来，より正確には発生という代わりに再生というべ

第1部　貨幣の本質

きであろう。けだしそこでは，最も古きそして最も原始的な貨幣理論と極めて類似する学説が，問題になっているからである。その学説と同じく現代の名目的貨幣理論も，貨幣理論の主要問題（単純に唯一の貨幣問題といってもよい）すなわち貨幣と他の経済財との間に存する交換比率の説明につき，この問題を解決せんとする試みと解釈し得るただの一言をもいうことのできぬ無能力によって特徴づけられている。経済学的な価値および価格問題は，これらの著述家にとっては存在しない。彼等はいかにして市場の交換比率が発生するか，それが何を意味するかを熟考することを，かつて必要と思ったことはなかった。そこでは彼等の注目は，1ターレル（1873年以来）1グルデン銀貨（1879年以来）が国家の打印を帯びぬ同じ重量，純分の銀の量と原則的に異なるという現象に，偶然向けられるのである。彼等は同様のことを『紙幣』において見出す。これは彼等に理解し難く思われる。そこで彼等は謎を解き得る理論を求める。しかるに価値および価格問題を知らない故に，奇妙な災難がその際彼等の上にふりかかる。彼等は貨幣とその他の経済財との間の交換比率の形成についてたずねることをしない，それは彼等にとって明らかに自明のことであると思われる。彼等は問題を異なる公式で表わす，すなわち3個の20マルクが20ターレルに，後者に含まれた銀が前者に含まれた金より少ない市場価格しか持たないのに，どうして等しくなるのかと。そして彼等の答は次の如くである，貨幣の通用力を定めるものは国家，法律，法秩序であると。貨幣史の最も重要な事実を熱心に注意からそらすことにより，謬論の精巧な体系が建てられる，だがその構造たるや，価値単位なる言葉によって本来何が意味されるかという問題が提出されるや直ちに崩壊するものである。しかしかかる穿鑿的な問題は，経済学の中心たる価格理論について少なくとも初歩を知る者のみが提出し得る。他の者は価値単位の『名目性』によって満足する。それ故この理論がインフレーション主義的見解との近似の故に，なかんずく少し以前に未だ『安価なる貨幣』に夢中になっていた人々を同感させればさせる程，門外者の間に大なる共鳴を得たに

## 第3章 貨幣の現象形態

相違ないことは驚くに当たらない。

あらゆる時代にそしてあらゆる人々の間で，主要鋳貨は重量品位を吟味せずに個数で授受されたということはなく，単に金属個片としてその重量純分を詳細に顧慮した上授受されたという認識は，貨幣史研究の確実なる成果と見なすことができる。鋳貨が個数で受取られる限り，それはその金属板が問題の種類の鋳貨にとって普通な純分と適当な重量を呈示することを，確実に期待してのみ行われたのであった。このことを推測すべき理由を欠く場合には，人々は秤の使用と純分の決定に立ち返った。国家財政的考量は，取引における鋳貨の通用力を任意に規定する権利を造幣権主に与える理論を，主張させる結果となった。鋳貨の重量および純分を随意に定めんとする政府の努力は，政府による鋳造と同様に古い歴史を持つ。フランス王フィリップ六世は，好む如くまた良いと思うように貨幣を作り，相場を与え，価格を定める (de faire telles monnayes et donner tel cours et pour tel prix comme il nous plaist et bon nous semble) 権利を，明確に自己に要求し，また彼と同じように，中世のあらゆる君主達は考えかつ行動した。お気に入りの法律家達は思い通りに鋳貨を悪化させる王の権利を哲学的および実証的に基礎づけ，君主によって確定された鋳貨の名目価値のみが標準的であることを証明せんとした。

1) Luschin, Allgemeine Münzkunde und Geldgeschichte des Mittelalters und der neueren Zeit, München 1904, S. 215; Babelon, La théorie féodale de la monnaie (Extrait dos mémoires de l'Academie des Inscriptions et Belles-Letters, Tome XXXVIII, 1$^{er}$ Partie), Paris 1908, S. 35.

だがあらゆる官庁の命令および禁止，価格規則および刑罰の脅迫にかかわらず，取引は，名目価値ではなくして金属価値のみが鋳貨の評価に関し考慮さるべきことを固執した。造幣権主および市場主の打印，布告ではなくして，金属純分が交換における貨幣個片の通用力を決定した。あらゆる貨幣が無雑作に受取られたのではなくて，その重量品質の故に信用のある一定種類のみが受取ら

第1部 貨幣の本質

れたのである。債務契約では，一定貨幣種類による返還が約定され，貨幣鋳造に変動がある場合には金属価値による履行が要求された[1]。あらゆる財政上の影響にかかわらず，結局法律家の間でも，金銭債務の支払の際には金属価値——彼等は内面的優良性 (bonitas intrinseca) と呼んだ——が顧慮さるべしとの意見が支配的になった[2]。

1) バブロン，前掲書30頁および次頁における重要な引用箇所。
2) Seidler, Die Schwankungen des Geldwertes und die juristische Lehre von dem Inhalt der Geldschulden, (Jahrbücher für Nationalökonomie und Statistik, Dritte Folge, VII. Bd., 1894) S. 688.

鋳貨の改悪は取引をして新しい（より軽い）鋳貨に古い（より重い）鋳貨と同じ購買力を与えさせることはできなかった[1]。鋳貨の価値はその重量品位が減少するにつれて低下した。価格規則も，改悪の結果として生じた貨幣個片の購買力の減少を考慮した。かくてシュレジヤのシュワイドニッツの陪審官は，その都度造幣監督官を通して最近鋳造のプフェニッヒ銅貨を提出させ，その価値を確定し，しかる後に都市の参事会と最年長者と共同して売らるべき目的物の価格を定めた。売りに出された何らかの品物を購入するために，デナリウス貨が新たに鋳造される時，年々市民の決定によって行われる制度の一形式 (eine forma institutionis que fit per civium arbitrium annuatim tempore quo denarii renovantur pro rerum venalium qualibet emptione) が13世紀の中葉にウィーンから我々に伝えられた，そしてこれが1460年から1474年まで新しい鋳貨が採用される時に維持された商品および労務に対する価格規則である。類似の手段は同様の機会に他の都市においてもとられたのであった[2]。

1) 昔のロシアの状態について Gelesnoff, Grundzüge der Volkswirtschaftslehre, übers. von Altschul, Leipzig 1918, S. 357. を参照。
2) ルーシン，前掲書 221 頁および次頁。
註）古代ローマの貨幣
刻印された貴金属の使用が一定量の貴金属の存在を確定することを最早何ら

## 第3章 貨幣の現象形態

容易にしない程,鋳貨制度の混乱が進んだ場合には,取引は国家の定むる貨幣制度に依拠することを全くやめ,自ら貴金属の尺度を作った。大取引では地金および商業通貨 (Handelsmünzen) が使用された。かくしてジェネヴァの商品市をおとずれるドイツの商人連は,地金の純金を携帯し,それをパリの市場重量に従って支払の代わりに与えた。これが,商人の間に普通行われる 3,765 グラムの純金に対する名称に外ならぬマルケンスクド (Markenskudo, Scutus marcharum) の起源であった。大市取引が次第にリオンに移った15世紀の始めに,純金マルクは計算単位として大市の商人達の間に広く採用され,その結果人々はこの価値量で建てられた大市からのまたは大市宛の手形を受取った。類似の経路で古きベネチヤのリーレ・ディ・グロシー (Lire di grossi) が発生した。[1] 近世初期の数世紀いたるところの大商業地に発生した振替銀行を,我々は権利者による貨幣鋳造権の濫用から貨幣制度を解放せんとするもう一つの試みと認めることができる。これらの銀行では,振替取引の基礎として,精密に規定された純分を持つ鋳貨もしくは地金が役立った。銀行貨幣 (Bankgeld) は物品貨幣の最も完全な形態であった。

1) ルーシン,前掲書155頁,Endemann, Studien in der romanisch-kanonistischen Wirtschafts-und Rechtslehre bis gegen Endes des 17 Jahrhunderts, Berlin 1874, 1. Bd., S. 180 ff.

ところが名目論者によって,次のように主張される。少なくとも近代国家においては一定の技術的に定義し得べき商品単位が貨幣単位として使用されることなく,法律によって作られたというより外はない名目的な価値量が貨幣単位として使用されると。価値論的批判に一瞬たりとも耐え得ないかかる曖昧模糊たる表現方法に関わることなく,我々は単に,1914年以前にマルク,フラン,ポンドは一体何であったかとたずねてみよう。無論それは金の重量以外の何物でもない。ドイツでは金本位ではなくしてマルク本位が通用したと主張することは,つまらぬ屁理屈ではないであろうか? 法律の原文によればドイツには

## 第1部 貨幣の本質

金本位が支配し，マルクは単に$\frac{1}{2,790}$キログラムの純金に対する名称である計算単位に過ぎなかった。私的取引において何人も金地金および外国金貨を支払として受領する義務がなかったことは，それを変え得るものではない。けだし専門家のみによって行われ得るそして仔細な予防手段を要する金の重量純分の吟味の必要を個人に免れしめることこそ，正に貨幣制度の領域における国家の干渉の意義および目的であるからである。貨幣個片の製作に際しその範囲だけ法律に定むる重量品位からの偏差が許される狭い誤差の範囲は，流通する貨幣に対する摩滅範囲の確定同様，取引に関与する各人による秤および硝酸の使用がなし得るよりはるかによく，貨幣個片の完全なる重量を維持する目的に役立つ。また逆に，近代貨幣法の根底たる自由鋳造権は，鋳造せられざる金属と鋳造された金属との間に価値の差異が発生するのを防止する。個々の貨幣個片における微細な差異が総計され，それによって重要性を帯びる国際的な大取引では，鋳貨は個数ではなくして重量によって評価される。すなわちこの時には鋳貨は金属片として取扱われるに過ぎないのである。国内取引においてはかかることが起こらないことは，理解するに難くない。大なる取引は，国内では，それに相当する金額が実際に引渡されるという方法で行われるのではなくして，究極のところ中央銀行の金属準備に帰着するところの債権の転付によって行われる。

　銀行の金属準備の中では鋳造されざる貨幣金属は，形式的にも貨幣制度の本質にふさわしい地位を占めている。

　かくて現代の鋳貨についても，貨幣代用物，表象貨幣もしくは信用貨幣でない限り，鋳貨は純分および重量を公に証明された地金に外ならぬという命題が妥当する。[1] 自由に鋳造し得る金属貨幣がその取引に使用される近代国家の貨幣は，古代および中世の諸国民のそれと全く同様，物品貨幣である。

1) Chevalier, Cours d'économie politique, III., La monnaie, Paris 1850, S. 21 ff.; Goldschmidt, Handbuch des Handelsrechts, 1 Bd., 2 Abt., Erlangen 1868, S. 1073ff.

# 第4章　貨幣および国家

**1**　市場における国家の地位は取引に関与する他の主体の地位と少しも異ならない。他の主体と同じく国家もまた交換取引を結ぶが，その交換比率は価格法則に従う。市民に対する公共的法律的高権から，国家は自己のために強制的な寄与を徴する権利を導いて来る，しかし他のすべての点については，あらゆる他の経済主体と同様に社会的な交換取引に順応する。買手および売手として国家は市場の情況に適応せねばならぬ。もし国家が市場に存する交換比率のあるものを変えんと欲するなら，市場の手段をもってのみこれをなし得るに過ぎない。すなわち国家は価格形成が依存するところの要素に，影響を及ぼすことに努めねばならぬ。自由に行使し得る権力手段を市場外に豊富に有することにより，国家は通常他の経済主体よりも，このことをよりよく達成することができる。国家は需要供給に最も強烈な影響を与え得る故に，市場の最も烈しい動揺は国家に源を発する，しかし国家自身は市場の法則に服し，価格形成の原則を否認することができない。交換比率を形成する要素を変えるのでなければ，いかなる国家の命令も，生産手段の私有権を基礎とする経済制度の限界内では，交換比率を変更することを得ない。

王や共和国は再三これを誤認した。売品の価格に関するディオクレティアヌ

## 第1部　貨幣の本質

スの勅令 (das diokletianische edictum de pretiis rerum venalium)，中世の価格規則，フランス革命の最高価格は，交換取引に対する命令的干渉の最も顕著な実例である。それらは，その効力が空間的に国家領域によって制限され，外国がそれを無視したがために失敗したのではなかった。同様な命令が孤立国家では望み通りの成果を収めるに違いないと考えることは誤りである。それは国家の地理的ではなくして，機能的な限界性の故に失敗したのである。社会主義的国家においてのみ，それは生産および分配の統一的組織の枠内で目的を達することができるであろう。生産および分配の調整を個人にゆだねる国家では，かかる干渉は何らの成果を挙ぐることなく消え去るに違いない。

　かくの如く，貨幣を法律秩序および国家の創造物となす見解は維持し難い。市場のいかなる現象もこの見解を是認しない。交換取引に法律を命ずる権力を国家に帰するならば，それは貨幣が流通する社会の根本原理を認めていないのである。

1) 特に Neupauer, Die Schäden und Gefahren der Valutaregulierung für die Staatsfinanzen, die Volkswirtschaft und die Kriegsbereitschaft, Wien, 1892, S. 1 ff; クナップ，前掲書1頁以下を参照。

**2**　交換に際し両当事者が各々の義務たる給付を直ちに履行し，貨幣と商品が同時に授受される時には，通常国家の裁判高権が干渉すべき機縁は生じない。しかし現在財が将来財と交換される時には，他方の当事者が契約の条件を遵守するにもかかわらず，一方の当事者がその負う所の義務の履行を遅滞するという場合が起こり得る。この場合には裁判官に訴求することができる。最も重要なる場合として信用買もしくは貸付を問題にすれば，裁判官は貨幣で給付すべき債務がいかにして弁済され得るかを判決せねばならぬ。かくして，交換取引では貨幣とは何であるかを，当事者の意思を解釈して定めることが彼の任務となる。法律秩序にとって貨幣は一般的交換手段ではなくして，一般的支払手段（解除手段，免責手段）である。しかし貨幣はそれが交換手段なる故にのみ支払手

## 第4章 貨幣および国家

段となったのである。そしてまたそれが交換手段である故にのみ，貨幣は法律秩序によって，貨幣で表示されていない債務——協約の原文の定める方法でそれを履行することが何らかの理由で債務者に不可能な——を履行する手段にもなるのである。

貨幣が法律秩序によって未決の債務の決済なる観点からのみ観察されることから，貨幣の法律的定義に対し重大な結果が生ずる。法律秩序の意味する貨幣は，必ずしも一般的交換手段ではなくして，法的支払手段である。貨幣の経済学的概念を定義することは，決して立法もしくは法律学の任務ではあり得なかった。いかにして貨幣債務が完全な効力をもって支払われ得るかが確定されるとしても，それに拘泥すべき理由は存しない。取引においては，確実な何時でも支払われる貨幣債権が貨幣の代わりに貨幣代用物として授受されるのが常である。取引によって承認された貨幣代用物の通用力を法律的にも認可しようとしないならば，それは奸策の入り込む道を開くことを意味するであろう。そのことは，奸策は寛容すべからず (malitiis non est indulgendum) の原則に反する。のみならず小額の支払に補助貨幣を使用することなくしては，技術的にもほとんど用が弁ぜられぬであろう。銀行券にも支払手段の性質を賦与することは[1]，この銀行券が取引によって貨幣と等価に取扱われる限り，債務者および他の支払受領者に決して損害を与えるものではない。

1) イギリス1833年 (3 William IV c. 98)，ドイツ，1909年6月1日の法律第3条。

しかし国家は他の対象にも支払手段の性質を賦与することができる。あらゆる任意の対象が法律によって支払手段と宣言され得る，そしてこの命令は裁判官および裁判所の執行機関を拘束する。しかし強制通用力の賦与は一つの物をいまだもって経済学における貨幣にはしない。一財貨は交換取引に関与する者の慣習によってのみ一般的交換手段となり得る，そして彼等の評価のみが市場の交換比率を決定する。国家によって支払能力を賦与された対象を，取引が貨幣として使用することは可能である，しかしそうせねばならぬということはな

## 第1部　貨幣の本質

い，それを拒否することもできるのである。

　国家がある対象を未決の債務に対する支払手段として宣言する時には，三つの場合が可能である。第一にその支払手段は当事者が契約締結の際に心に期した交換財と同一であるか，もしくは弁済の瞬間に交換価値がそれと等しいかどちらかのことがある。例えば国家が金を，金で表示される債務に対する法的支払手段として宣言するか，もしくは金と銀の比率が $1:15\frac{1}{2}$ である時代に，金で表示される債務はすべて $15\frac{1}{2}$ 倍の量の銀の交付によって弁済され得ると宣言する場合である。かかる規定は単に当事者の申合せの推定的内容を法律的に公式化するのみであり，それは一方または他方の当事者の利益を害せず，経済政策的に中立である。もし国家が当事者の申合せに従って交付さるべきものより高いもしくは低い交換価値を持つある対象を支払手段として宣言する時には，事情は異なる。第一の場合は無視し得る，重要なのは第二の場合であり，それに関しては無数の歴史上の実例を挙げることができる。既得権の保護を最高の原理となす私法的秩序の立場からは，国家のかかる処置は決して是認され得ない，社会政策的もしくは財政的な原因が時にそれを正当とすることがあるだけである。けだしこの場合は，常に債務の履行に関するのではなくして，その全部的もしくは部分的な廃棄に関するからである。取引においてはその表示されている貨幣額の半分の価値しか認められぬ紙幣が，法的支払手段と宣言される時には，それは畢竟法律の故に債務者がその義務の半分を免除されることに外ならない。[1]

　1)　クニース，前掲書第1巻354頁以下。

　一つの物に法的弁済手段の性格を賦与する国家の命令は，以前に基礎づけられた，貨幣で表示されている債務の履行についてのみ適用される。しかし自由取引は昔からの交換手段を固持することもあるいは新しい交換手段を自ら作り出すこともできる。そして国家の定むる支払手段に絶対的な弁済能力を賦与する規範から少なくとも将来は効力を剥奪するために，法律により当事者に許容

## 第4章 貨幣および国家

された処分権の及ぶ範囲では,この新しい交換手段を支払延期標準 (standard of deffered payments) ともなそうとする。複本位派がドイツにおいて勢力を占め,その結果そのインフレーション主義的実験の実行される可能性が予期されねばならなくなった時,長期の債務契約には金約款が現われた。最近の貨幣減価時代も同様の結果をもたらした。国家が一切の信用取引を不可能にしようとするのでなければ,国家はかかる契約規定を承認し,裁判官にそれを顧慮するように指令せねばならぬ。そして同様に国家は,自ら経済主体として取引に関与し,売買をなし,借入貸付を行い,支払を授受する場合にも,取引の一般的交換手段を貨幣として承認せねばならない。したがって一定の対象に無制限の支払能力を賦与する法規範は,取引自身がこの対象を一般に使用し得る交換手段に高めなければ,旧債務の返還に対してのみ効力を保持するに過ぎない。

**3** 貨幣制度の領域における国家の活動は,本来貨幣の作製に限られていた。できるだけ同様の外観,重量,純分を持つ地金を供給し,かつそれに何人によっても困難なく国家の鋳造の表象と認められる余り容易に模倣されぬ打印を附することが,国家の造幣活動の第一の任務であったしまた今日でもそうである。時代が経過するにつれ,そこから貨幣制度の領域における拡大された権力的地位が国家に生じた。

造幣技術は極めて緩慢に進歩したに過ぎなかった。最初のうち,鋳貨の打印は単に素材の真正さの,時にはまた純分の証拠に過ぎなかった,それに反して重量は交換の度毎に特別に精査された。もっともこのことは研究の現状では単に推測し得るのみであり,それに,発展はいたるところ同一というわけには行かなかったであろう。かくして後に至って,その中では具体的な貨幣個片が代替し得ると見なされる一定の鋳貨品種が区別された。次いで品種貨幣 (Sortengeld) から平行本位が発展した。ここでは二つの鋳貨体系,金製および銀製の物品貨幣の並行が存する。いずれの体系の内部でももろもろの鋳貨は統一的全体を形づくる,すなわちそれらは相互に一定の重量比率に立ち,そして国家の

## 第1部　貨幣の本質

法律は，同一の金属ではあるが異なれる品種の鋳貨をその鋳造比率に従って代替し得るものとして取扱う次第に成長せる取引の慣習を是認することにより，もろもろの鋳貨をそれと同一の比率で法律的に関連せしめる。その範囲では何ら国家の深い干渉なくして発展が完成された。これまで国家が貨幣制度の領域においてなした所のものはすべて，貨幣を取引の使用のために整備することであった。造幣権主として，国家はその鋳貨がどこから発行され，いかなる金属を含有するかをすべての人々に容易に識別させるような打印を施した，一定の重量純分を持つ貨幣を手ごろの形で供給した。立法者として国家はこれらの鋳貨に法的支払能力を賦与し——このことがいかなる意味を持つかは今説明した——，裁判官としては法律を適用した。しかしこれだけにとどまらなかった。貨幣制度に対する国家の影響はおよそ2世紀以来，より大となっている。直ちに明確に理解されねばならぬことであるが，現在でも国家は何かある対象を簡単に一般に使用される交換手段すなわち貨幣となす権力は持っていない。今日でも一つの財貨を交換手段たらしめるものは，交換取引に関与する個人の慣習のみである。しかし国家がそれに及ぼし得る，また事実及ぼしている影響はより大となっている。これが大となったのは，第一に交換取引に関与する経済主体としての国家の意義が増大したこと，国家が今日では買手および売手として，賃金支払人および租税徴収者として，過去の世紀におけるよりも一層重要となっていることによるのである。しかしそれは特に強調されねばならぬ著しい点ではない。市場取引に対する関与が著しくなればなる程，経済主体が貨幣財（Geldgut）の選択に対してより大なる影響を及ぼし得ることは明らかであり，このことが一定の経済主体，国家において異なることを想像すべき何らの理由も存しない。しかし今日国家はそれを超えて，貨幣財の選択に対し特別な影響力を持っている。しかしてそれは交換取引における国家の地位もしくは立法者および裁判官としての地位に帰せられるものではなく，造幣権主としての国家の公共的地位および流通する貨幣代用物の性格を変更する国家の権力に帰せら

## 第4章　貨幣および国家

れるものである。

　通常貨幣制度に対する国家の影響は，立法者および裁判官としての国家の地位に帰せられるのが常である。未済の債務関係の内容を命令的に変更し，新しい債務契約を強制的に一定の方向に指示することを得る法律は，国民経済において使用される貨幣財の選択に決定的な影響を与えることを国家に可能ならしめるとなすのである。この見解の最も極端な代表者は今日クナップの貨幣国定説に見出される，しかもこの見解にとらわれていないドイツの著述家は極めて少ないのである。例えばヘルフェリッヒを参照してみれば，彼は一般的交換手段としての機能が，それだけで貨幣を基礎づけ，一方的給付の対象および一般的な財産権上の債権の対象ともしたか否かは貨幣の発生に関して恐らく疑わしいであろうと断ずるが，ある国家においては一定の貨幣品種が，他の国家においては貨幣の総体が，──強制的に賦課された一方的給付および貨幣で表示される債権がこれらの一定の対象で履行されねばならず，もしくは履行され得るが故にのみ[1]──，そもそも貨幣であり同時に交換手段として機能するということは，我々の経済組織にとって全く疑問の余地なきものと見なすのである。

　1)　ヘルフェリッヒ，前掲 Das Geld 253頁。

　かかる論述には恐らく同意し得ないであろう。それは貨幣制度の領域における国家の干渉の意義を誤解している。国家は一つの対象を，貨幣で表示される債務の弁済に法律的意味において有効な手段と宣言するが，交換取引に関与するものの権利である一般的交換手段の選択に影響を及ぼすことはできないのである。貨幣本位の歴史は，本位政策的手段を実行せんと意図する国家が，目指す目的を達するために通常他の手段を選んだことを我々に示している。旧貨幣種類の支配の下に発生した債務の弁済のために換算比率を法律的に確定することは，他の手段をもって実現された本位変更により初めてその意義を得る従属的手段たるに過ぎない，それ故公課は将来新しい貨幣種類によって納付すべしとの規定，および補充的に貨幣で納付され得る給付はこの貨幣種類でのみ清算

## 第1部　貨幣の本質

さるべしとの規定は，新本位への移行の結果であり，したがってかかる規定は新しい貨幣種類が取引においても一般に使用される交換手段となっている時にのみ，実施し得るものであることは論をまたない。本位政策的手段は単に法律的規定，債務契約および公課制度の内容に関する法的規範の変更にのみ尽きるものではなく，それは造幣権主としてのならびに取引において貨幣の地位を代理し得べき，いつでも支払われる債務の発行者としての国家の行政的活動に出発せねばならぬ。その場合には予防手段が必要となるが，その予防手段たるや立法会議の議事録や官報の辛抱強い紙面に書かれることを必要とするものばかりでなく，往々にして大なる財政的犠牲を払って現実的にも遂行されねばならぬものである。その国民を貴金属的物品貨幣本位から他の本位に移行せしめんと欲する国家は，この意図をそれに相応する私法的および財政法的な規則によって表明することで足れりとなすことはできず，取引において使用される貨幣種類を，新しいものによって代えねばならぬ。全く同じことが，信用および表象貨幣本位から物品貨幣に移行する場合にも妥当する。かかる任務を負わされたいかなる政治家も，かつてただの一瞬たりともそれを疑ったものはなかった。決定的な方策は移行比例の確定および租税基礎の賦与ではなくして，新貨幣の必要量の供給と旧貨幣の回収である。

1)　通常『紙幣』に関してのみ用いられるこの用語をここに使用しても危険はない。

このことを二，三の歴史的実例によって一層詳細に確かめたいと思う。まず第一に本位制度を法律的規定によって左右する無益さを，複本位法の失敗によって。複本位法によって国家は大なる課題を解決し得ると信じた。数千年にわたり人間は金および銀を並行して物品貨幣として使用した。しかし平行本位 (Parallelwährung) すなわち二財貨の同時的な貨幣使用は一連の不利益を伴う故に，この慣習を永く固執することは次第に重荷となった。然るに取引に関与する個人の中からは，自動的な救治が期待されない故に，国家は干渉しようと欲する。国家は一撃でこの問題の結び目を断ち切ることができると信じている。

## 第4章　貨幣および国家

以前に品種本位を除去するため，ターレル貨で弁済さるべき債務は2倍の半ターレル貨もしくは4倍の4分の1ターレル貨の交付によって弁済するも差支えなしと宣言した如く，いま平行本位を除去するために，二つの貴金属の間に確固たる換算比率を定める。例えば銀で支払わるべき債務は，同じ重量の$\frac{1}{15\frac{1}{2}}$の金で弁済しても差支えなしとする。かくすることによって人々は問題がもたらす困難を予感することすらなく，その問題を簡単に解決し得たと信ずる。しかし結果は案に相違した。グレシャムの法則が記述するところの，価値不等の貨幣個片の法律的等置の結果が現われる。あらゆる債務支払およびそれに類する場合に，市場によってよりも法律によって高く評価された貨幣のみが使用され，法律が偶然に現在の市場比例を平価に選んだ時には，少し遅れて，くわしくいえば貴金属価格の次の変動の際に同じ結果となる。貨幣種類の法律的比例と市場一般に行われる比例との間に差異が生ずるや否や，この作用は生じざるを得ない。それ故平行本位は，立法者が意図した如く，複本位 (Doppelwährung) とはならずに，交替本位 (Alternativwährung) となるのである。

かくして目下のところ，二つの貨幣種類の間に一応選択が行われたのであった。しかし国家がそれを行ったのではなかった，反対に国家は一方の金属に有利な決定を全く意図せず，むしろ両者が取引において並行的に貨幣として使用されることを望んだ。金属金および銀の相互的代替性を宣言し，その際市場比例に対し一方を過重評価し他方を過小評価した国家規範は，貨幣職能に対する両者の使用性を差異あるものとした。その結果は一方の金属の消失，他方の金属の進出であった。立法者および裁判官としての国家の干渉は全く失敗に帰した。かくて，国家ではなくして交換取引に関与する個人の総体のみが，一財貨を一般に使用される交換手段すなわち貨幣となし得ることが，赫々と示されたのである。

しかし立法者としてなし得ないものを，国家は一定の限界内で造幣権主として行うことができる。交替本位が永久的な単一金属主義にとって代わられた時，

## 第1部　貨幣の本質

国家は造幣権主として干渉した。それは種々な方法で行われた。国家が交互する単一金属主義の一時期のさなかに、他の金属への復帰を自由鋳造権の廃止によって排除した場合には、移行は目立たずかつ簡単であった。情況が一層簡単であったのは、近代国家が貨幣本位法の制定に着手し得る以前に、すでに一方もしくは他方の金属が取引そのものにおいて優越な地位を占め、したがってすでに一般に普及せる状態を認可するより外には何もなすことが法律に残っていない国々であった。国家が取引をして、貨幣として使用される金属を他の金属と代えさせんとする場合には、事情ははるかに困難であった。この場合には国家は新貨幣金属の必要量を調達し、それを旧貨幣金属と交換に経済主体に交付し、かくして取引から引上げられた金属の受領量を補助貨幣に変えるか、もしくは、非貨幣的目的のためにせよ貨幣鋳造のためにせよ、外国へ売渡すかせねばならなかった。新帝国建設後のドイツ貨幣制度の改革は、一つの金属的物品貨幣本位から他のそれへの移行の適例と見なされる。周知の如く改革には諸々の困難が伴い、それはフランスの戦争賠償の助けによって克服されたのである。この困難は二つのもの、すなわち金の調達と銀の処分とであった。本位変更の決定が下された時、解決されねばならぬ問題は外ならぬこの問題であった。帝国は各市民に対し銀貨およびそれに変わる債権を金および金債権と交換することにより、金本位への移行を完成したが、それに応ずる私法および公法規範がそれに伴って変更されたに過ぎなかった。1) それに続く数十年間に貨幣制度を改革したオーストリア・ハンガリー、ロシア、およびその他の諸国においても、本位変更は同じようにして行われた。これらの諸国においても、問題は全く金の必要額を調達し、経済個体によってこれまで使用された交換手段と引換えに、それを将来のために手交することであった。この過程は極めて単純化された、そしてはるかに一層重要なのは、旧表象貨幣もしくは信用貨幣を代表する貨幣個片を——それを何時でも新しい貨幣種類と兌換される債権に変えることによって、根本的にその経済的性格を変えたが——全部もしくは一部将来について

## 第4章 貨幣および国家

も流通させることによって，本位変更に必要な貨幣額の数量が著しく低下せしめられたことである。このことはその行為に外面的には異なる外観を与えたが，その本質に変わりはなかった。この方法を選んだ国家の本位政策上の手段の核心が，それに適当せる金属量の調達に存したことは，恐らく否認し得ないであろう。

1) Helfferich, Die Reform des deutschen Geldwesens nach der Gründung des Reiches, Leipzig 1898, 1. Bd., S. 307 ff.; Lotz, Geschichte und Kritik des deutschen Bankgesetzes vom 14. März 1875, Leipzig 1888, S. 137 ff.

国家が立法者として取り得る規定の本位政策的意義を過重評価することは，物品貨幣から信用貨幣への移行の際に起こる諸現象を皮相的に観察することにのみ帰せられねばならぬ。かかる移行は通常国家が支払期限なき貨幣債権を貨幣と同じ権能を持つ支払手段として宣言するという方法で行われた。その際，本位変更を遂行し物品貨幣から信用貨幣へ移行することは，通例意図されたのではなかった。大多数の場合には，国家はかかる規定によって単に一定の財政政策上の目的を達せんと欲したに過ぎなかった。国家は信用貨幣の創造により自己の資力を拡張しようとしたのである。かかる計画を遂行せんとするに当たり，この貨幣の交換価値の減少は，国家にとって望ましく思われるはずは全くあり得なかった。それにもかかわらずグレシャムの法則の効果を解放することにより，本位変更を実現したのはこの価値減少に外ならなかった。だが現金支払の停止すなわち銀行券の何時でも兌換される性質の廃止が信用貨幣本位への移行を媒介する目的をこれまで持っていたと主張しようとするのは，全く事実に即しないであろう。この結果は常に国家の意思に反して生じたのであり，国家の意思によって生じたのではない。

取引のみが一財貨を一般に使用される交換手段にまで高めることができる。国家ではなくして，市場で交換する者の総体が，貨幣を創造する。したがって一財貨に一般的弁済能力を賦与する国家の命令は，この財貨をまだもって貨幣

## 第1部 貨幣の本質

となすことはできない。国家が信用貨幣を創造する場合には——このことは一層高い程度において表象貨幣の創造にあてはまるのはもちろんのことである——，次の如き方法でのみこれをなすことができる，すなわち取引においてすでに貨幣に代わって何時でも貨幣に兌換される確実な債権として，それ故貨幣代用物として流通する対象を，その性格の特色を形成する何時でも兌換されるという性質を除去することにより，独立的評価の対象となすという方法によってである。しからざる場合には，取引は国家の信用貨幣の強制に対して身を守るであろう。問題の個片があらかじめ取引において貨幣代用物として流通することなくして，直接に信用貨幣を流通せしめることは決して成功した例めしがないのである。[1]

1) Subercaseaux, Essai sur la nature de papier monnaie, Paris 1909. S. 5 ff.

繰返し繰返し過重評価された国家の貨幣制度に対する影響は上に述べた範囲に及ぶだけである。すなわち国家がなし得るのは，造幣権主としてのその地位によって，次には貨幣代用物の性格を変更し，何時でも兌換される貨幣債権としての性質をそれから剝奪する所の，その権内にある権力によって，なかでも，本位変更の費用を支弁することを可能ならしめるその財政的資力をもって，一定条件の下に取引をしてある貨幣種類を放棄させ，新しいそれを採用させることである。それがすべてである。

# 第5章 経済財の範囲における貨幣の地位

1 経済財は人間の欲望に直接役立つものと単に間接的にのみ役立つものとの二つの集団，すなわち享楽財（第1次財）と生産財（高次財）とに分けられるのが常である[1]。しかし貨幣をこれらの二つの集団の一つに編入せんと試みると，直ちに打ち克ち難き障害に突き当たる。貨幣が享楽財でないことは，格別詳細に説明することを要しない。しかし貨幣を生産財と呼ぶことも同様に不当のように思われる。経済財のこの二分法をもって万遺漏なきものと認めるものは，もちろん貨幣をどちらかの集団に編入することに甘んじなければならぬ。かかる困難な立場に経済学者の大部分は陥ったのである。貨幣を享楽財と呼ぶことは全く不可能と思われたから，貨幣を生産財と名づけるより外に仕方がなかった。このかなり恣意的な方法の基礎づけは，極めて簡単にやってのけられた，例えばロッシャーは貨幣が『あらゆる取引の最も優れた用具』であることを指摘するので充分だと考えた[2]。

1) メンガー，前掲 Grundsätze der Volkswirtschaftslehre 20頁以下。Wieser, Über den Ursprung und die Hauptgesetze des wirtschaftlichen Wertes, Wien 1884, S. 42 ff.
2) Roscher, System der Volkswirtschaft, 1 Bd., (24. Aufl., ed. Pöhlmann, Stuttgart 1906) S. 123.

## 第1部　貨幣の本質

ロッシャーに反対して，クニースは貨幣をも分類に入れるために，かの2分法——生産手段と享楽手段——に代えるに生産，享楽，交換手段の3分法をもってした[1]。この点について遺憾ながら敷衍するところ少ない彼の見解は，ほとんど顧慮されずかつしばしば誤解された。かくしてヘルフェリッヒは，売買がそれだけでは財生産行為ではなくして，（個人間の）財移転行為であるというクニースの論証を，次の如き主張——我々は同様にして輸送手段を生産手段の中に分類することに反対し，輸送はそれだけでは財生産行為でなくして，（地域間の）財移転行為であるといい得ることによって，反駁したと考える。財の変形は貨幣によって媒介される所有権の変更と同様に，輸送によっても生じないというのである[2]。

1)　クニース，前掲書第1巻200頁以下。
2)　ヘルフェリッヒ，前掲 Das Geld 221頁および次頁。

この点について一層深い関連の洞察を困難ならしめるものは，明らかに『Verkehr』という言葉の二重の意義である。Verkehr を，我々は第一に経済的取引 (Wirtschaftlicher Verkehr) すなわち取引する経済単位の側における財および労務の交換の意味に用い，さらに次に人，財および報道の空間的移転の意味に用いる。この語によって表わされる2群の事実は，このドイツ語の名称以外には何らの共通点をも持たない。したがって広義の Verkehr——それによって交換における財の移転が意味される——と狭義の Verkehr すなわち空間的移転とを区別して用いることによって[1]，言葉の二つの意義の間に関係をつけようとしても，それは是認され得ない。日常の用語もこの点に関し二つの異なった意義を区別するが，狭義の概念と広義の概念とは区別しない。共通の称呼の起源は，往々にして生ずる二つの意義の混交と同じように，交換行為が——必ずしも常にというわけではないが——しばしば空間的移転を伴い，またはその反対が行われるという事実に恐らく帰せられ得るのであろう[2]。だがもちろんそのことは，科学をして本質上無関係な現象の間に内的関連を構成させる根拠とはならな

## 第5章 経済財の範囲における貨幣の地位

い。

1) 例えば Philippovich, Grundriß der politischen Ökonomie, II. Bd., 2 Teil (1-3, Aufl., Tübingen 1907), S. 1; 同様に Wagner, Theoretische Sozialökonomie, II. Abt., I. Bd., Leipzig 1909, S. 1. を参照。
2) より古き意味——いずれにしても古文学にもっぱら慣用された意味——は商人的取引, 商品の売買の意義であった如くである。グリム辞典第12巻の1891年に出版された分冊は, 奇妙なことにもまだ空間的移転の意味について知る所がない。

人, 財および報道の空間的移転が生産に数えらるべきことは, それが娯楽旅行の如く消費現象と見られない限り, 本来疑問の余地なきところであろう。とはいえ二つの要素がかかる認識の障害をなしていた。第一に, 生産の本質に関し広くひろまった誤解である。素朴な見解は生産過程を目して, 以前にはまだ全くそこに存在していなかった物質をつくり出すこと, すなわち言葉の真の意味における創造とする。かくしてそのことから, ややともすれば生産の創造的労働と財の単なる空間的移転との間に対立が生じがちになる。だがかかる見解は全く不当である。事実, 生産において人間に与えられる役割は, 人間の自然力を本源的な自然力と結合し, この合一された力の共働から一定の希望された物質形態を自然法則的に作り出すことにのみ存するのである。生産において人間のなし得る一切のものは, 物の空間的移動であり, 爾余のことは次いで自然が配慮する。かくして空間的移転を生産過程となす見解に対する一つの危惧は解消する。

1) Mill, Principles of Political Economy, London 1867, S. 16; ベーム・バヴェルク, 前掲 Kapital und Kapitalzins 第2部10頁以下。

第二の困難は財の本質に対する不完全な認識から生ずる。人間の欲望充足に役立つ, 物の有用性に関しては, 他の自然的性質と並んで空間における位置もまた決定的であることを, 人は看過するのが常である。工学的に全く同性質の物も, それがその場で享楽もしくはその後の加工に間に合わなければ, 異なれる財貨種類の個体と呼ばれねばならない。位置という要素は, これまで一財の

— 59 —

## 第1部　貨幣の本質

性格を経済財もしくは自由財と決定するためにのみ顧慮されたに過ぎなかった。荒野における飲料水と泉に富んだ山岳地方の飲料水とは，同じ化学的および物理的性質と渇をいやす同じ能力を持つにもかかわらず，人間の欲望充足目的に全く異なった有用性を持つという事実に対し，目を覆うことは恐らく不可能であったであろう。荒野を旅する人の渇をいやすことができるのは，正にその場で享受に間に合うように存在する水のみである。しかしながら経済財の集団の中ですら，位置の要素を顧慮されたのはこれらの財の一部分についてのみであった。すなわち自然もしくは人間によって定着された財，その中でもまず第一にこれらの財の最も重要な範疇たる土地についてであった。動産については人人はそれを度外視して差支えないと信じた。この見解は商品学と一致する。顕微鏡をもってしては，プラーグに貯蔵されている甜菜糖とロンドンに貯蔵されている甜菜糖の間に何らの差異も発見され得ない。しかし経済学者が二つの砂糖量を異なる財貨種類と見なすなら，彼の態度はその立場からして一層正確である。厳格にいえば，直接に消費もしくは使用に供され得る場所にすでにある経済財のみが，第一次財貨と呼ばれ得るに過ぎない。すべて他の経済財は，例えそれが工学的意味においてすでに使用可能のものであるにしても，それは補完財たる輸送手段と結合して初めて第一次財貨に移され得る高次的財貨と見なされねばならない。かく見れば，輸送用具は直ちに生産財たることが明らかになる。『生産とは』とヴィーザーはいう『福祉の一層有利な，遠い (entfernt) 条件の利用である』。我々が "entfernt" という用語を，その転化した意味だけではなくして，その本来の意味に解しても，少しも妨げないのである。

1) ヴィーザー，前掲 Wirtsch, Wert 47頁，ベーム・バヴェルク，前掲書第2部131頁および次頁，Clark, The Distribution of Wealth, New York 1908, S. 11.

我々は今，国民経済において空間的移転にいかなる地位が与えられるかを見た。空間的移転は一種の生産であり，輸送手段はそれが娯楽用ヨットの如く享楽財でない限り，生産財に数え入れらるべきである。同様のことが貨幣につい

## 第5章　経済財の範囲における貨幣の地位

て妥当するであろうか？　貨幣が国民経済においてなす職能は，輸送手段のそれと同列に置かるべきであろうか？　決してそんなことはない。貨幣がなくとも生産は可能である。封鎖的家内経済は組織された国民経済と同じく貨幣を知らない。その製造に貨幣の使用が不可欠な前提条件であるといい得るような第一次財貨は，どこを探しても我々はこれを見出すことができない。

　いうまでもなく経済学者の多数は貨幣を生産財に加えるのを常とする。だが論拠は何らの妥当性をも持っていない，決定的なものは論証であって，名前ではないのである。大家(マイスター)に対する尊敬は重々いだくにしても，この問題における彼等の立場の基礎づけは極めて不完全であったといわざるを得ない。最もこれが著しいのはベーム・バヴェルクにおいてである。上で言及したように，クニースは享楽手段，生産手段という経済財の普通一般の2分法の代わりに，享楽，生産および交換手段の3分法を推奨した。通例ベームはクニースの業績に最大の顧慮を払い，他の道を進むことを余儀なくされる場合には，いつも批判的にクニースについて最も詳細に論ずるのを常とする。しかるにこの点については彼はそれを無視することができると信じている。躊躇することなく彼は貨幣を社会資本の概念の中に入れ，したがって将来の生産に役立つべき生産物と明言する。貨幣が生産の用具ではなくして，交換の用具であるという異論については，ベームはちょっと言及しているに過ぎない。しかもそれに反駁を加える代わりに，彼はまず生産者および商人のところに『在荷』として貯蔵されている享楽財を『中間的生産物』と認めず『完成享楽財』と認めようとする学説の反駁を長々と挿入している。需要地に財をもたらして初めて生産の最終的行為が完成され，その実現以前には生産物の『享楽成熟 (Genußreife)』について正当にはまだ語り得ないことを，この演繹は適切に立証する。しかし我々のテーマに対し，この演繹は何ら寄与する所がない。すなわち正に最も決定的な瞬間に思想の連鎖が絶ち切れているのである。ベームは荷車および馬が――その助けによって農夫は穀物や薪を我が家へ運ぶ――矢張り生産手段ならびに資本に算

## 第1部 貨幣の本質

入さるべきことを証明した後,付け加えて『論理的には一層広汎な国民経済的な「家庭への運搬 (Heimführen)」物および装置,運ばるべき生産物そのもの,街路,鉄道,船舶および商業用具たる貨幣が資本に加えらるべき』であるという[1)]。これはロッシャーにおけると同じ飛躍である。その際,人間の欲望充足目的のために物の有用性を変更することである空間的移転と,経済的範疇たる交換との間の差異は無視されている。そして生産に対するその意味において,貨幣を無雑作に鉄道および船舶と同一視することは適当でない。明らかに貨幣は,帳簿および相場表,店舗設備および取引所建物がそうであるような意味においても商業用具ではないのである。

1) ベーム・バヴェルク,前掲書第2部131頁以下。さらに Jacoby の学説史的論述 Der Streit um den kapitalsbegriff, Jena 1908, S. 90 ff; さらに Spiethoff, Die Lehre vom Kapital (Die Entwicklung der deutschen Volkswirtschaftslehre im 19. Jahrhundert, Schmoller-Festshrift, Leipzig 1908, IV) S. 26 参照。

ベームの議論も反駁されずにはいなかった。ジャコビーは,ベーム・バヴェルクが生産者および商人のところに,在荷として貯蔵される享楽財ならびに貨幣を社会資本に数え,かくして社会資本があらゆる実証的,法的規範に依存せぬ純経済的範疇であるとする見解をなお維持することに対して反対する。何故なら『商品』としての使用財 (Gebrauchsgut) および『貨幣』は流通経済的な国民経済にのみ特有なものであるからである[1)]。『商品』の生産財的性格に反対するものである限り,この批判の根拠なきことは上述した所から明らかである。疑いもなくこの点において正当なのはベームであって,彼の批判者ではない。第二の点,貨幣を分類に入れることについては事情が異なる。もちろん資本概念に関するジャコビーの論述も是認さるべきではなく,ベームの側の反駁が恐らく正当と認められるであろう[2)]。だがこのことはここでは問題にならぬ。我々は目下のところ財の性格規定の問題にのみ関心を持つのである。その点についてもベーム・バヴェルクは彼の主著の第2部の第3版においてジャコビーに反

## 第5章 経済財の範囲における貨幣の地位

対している。複雑せる共同経済的国民経済もまた，分配さるべき生産物に対する何らかの種類的な (generisch) 貨幣的性質を持つ (geldartig) 指図証券を，恐らく全くは欠き得ないであろうことを指摘せねばならぬというのが，彼の意見である。[3]

1) ジャコビー，前掲書59頁および次頁。
2) ベーム・バヴェルク，前掲書第2部125頁註。
3) ベーム・バヴェルク，前掲書第2部132頁註。

この論難的批評の目標は，我々の問題の解答に達するのとは異なった方向にある。それにもかかわらず，ここで述べられた考えが我々の課題にとっても利用価値があるか否かが検討されねばならない。

いかなる経済制度も生産の組織と並んで生産物分配の組織をも必要とする。個々の消費者に対する財の分配もまた生産の一環をなすこと，したがって我々は交換取引を実現すべき物的要具 (die sachlichen Instrumente) それ故取引所建物，帳簿，書類等の如きもの，さらにこの取引が基礎を置く法的秩序の維持に役立つすべてのもの，例えば裁判所建物の設備，私有財産制度を保護すべき機関の装備，牆垣，塀，錠，盗難に対して安全な金庫等も生産財に数えねばならぬこともまた，もちろん疑問の余地がないであろう。社会主義的社会においては，この範疇になかでもベームの種類的指図証券 (generische Anweisung) の如きものが属するであろうが，それに対しては我々は無論『貨幣的性質を持つ』という述語(プレデイケート)を拒絶したい。けだし貨幣は指図証券ではない故に，指図証券についてそれが貨幣的性質を持つことを主張するのは適当でないからである。貨幣は常に経済財であり，債権について——指図証券はその一つである——それが貨幣的性質を持つということは，権利および関係 (Rechte und Verhältnisse) を財と見なす古い慣習に復帰することに外ならないであろう。ここでは我々はベームに反対するのに，彼自身の典拠を挙げることができるのである。[1]

1) ベーム・バヴェルク, 前掲 Rechte und Verhältnisse vom Standpunkte der volks-

# 第1部　貨幣の本質

wirtschaftlichen Güterlehre, 36頁以下。

だが我々が貨幣をかかる『分配財』したがって生産財に数えることを妨げるのは，——同様の異議はのみならず貨幣を享楽財に分類することにも適用されるが——次の如き考量である。一つの享楽財もしくは生産財の喪失により人間に対して欲望充足の一つの脱落が生ずる，すなわち彼等はそれだけ貧しくなる。また一つのかかる財の増加によって人間の具有状態はより良くなる，すなわち彼等はそれだけ豊かになる。同様のことは決して貨幣の喪失もしくは増加については，いわれ得ない。国民経済の支配下にある生産財もしくは消費財の現在量の変動は，貨幣の現在量の変動と同じく，価値の変動を招来する。しかし生産財もしくは消費財の価値の変動が欲望充足の脱落もしくは増大に対し何らの影響を及ぼさないのに反し，貨幣価値の変動は，人間の具有状態が同一であるように，貨幣現在量を貨幣需要に適合させる。貨幣量の増大が住民の福祉を増大させ得ないことは，その減少が福祉を減少させ得ないのと同じである。それ故かかる立場から見れば，貨幣職能に使用される物財は，実際においては，アダム・スミスが呼ぶところの何物をも生産しない死せる資財 (dead stock, which ……produces nothing) なのである。[1]

1) Smith, An Inquiry into the Nature and Causes of the Wealth of Nations, Ausgabe Basel 1971, II. Bd., S. 77.

我々は間接交換がある種の前提の下では市場の必然的現象であることを指示することができた。財はそれ自身のためにではなくして，それを将来の交換に使用せんがためにのみ欲求され，交換によって獲得されるという現象は，我々の市場取引から消え去ることはあり得ない，けだし市場取引が必然であることに対する前提条件は，あらゆる交換行為の圧倒的多数について妥当するからである。間接交換の経済的発展は，一般に使用し得る交換手段の発達，貨幣使用の発生および完成を導く。経済制度 (ökonomische Institution) としての貨幣は我々の経済秩序の欠くべからざる機関である。しかし経済財としては，貨幣は

## 第5章 経済財の範囲における貨幣の地位

土地台帳,監獄および小銃の如き社会的分配装置の物的構成要素ではない。全経済秩序がその組織原理の一つとして貨幣使用に基礎を置くとしても,総生産の結果のいかなる部分も貨幣量の協力に依存するものではない。

生産財は価値をその生産物から得る。しかし貨幣はそうではない。何故なら社会の成員の福祉の増大は一定の貨幣量の支配に依存しないからである。貨幣の価値形成を支配する法則は,生産財の価値形成および享楽財の価値形成を規定する法則と異なる,前者が後者と共通にするものは,経済的財貨価値の基礎,大なる主要法則のみである。かくしてクニースによって提唱された経済財の生産手段,享楽手段および交換手段の3分法は充分に正当と認められる。けだしいかなる経済理論的用語も第一に価値論的研究の準備を促進すべきものだからである。

**2** 我々が貨幣の生産財に対する関係を研究したのは,単に用語的興味からなしたのではなかった。その研究において重要なのは,最終的結果ではなくして,証明の進行によって発見された,貨幣を他の経済財から区別する貨幣の特殊性である。一般的交換手段のこの特色は貨幣価値ならびにその変動の法則を研究するに当たり,より綿密に顧慮されるであろう。

しかし我々の演繹の結果たる,貨幣は生産財でないという断定も,必ずしも意義を持たぬものではない。貨幣が資本であるか否かの問題に答えることは,我々に役立つであろう。だがこの研究もまた自己目的ではない。むしろそれはこの書物の第3部において資本利子と貨幣利子との関係についてなされる今後の研究の結果の確実性に対する試練となるであろう。もし両者が一致するなら,我々は高度の蓋然性をもって,我々の論述が我々を誤謬に導かなったことを認めることができるのである。

貨幣の資本に対する関係の研究は,まず第一に,経済学において資本概念の規定について支配する見解の相違によって最大の困難に逢着する。実に資本の定義について程,はなはだしく学者の見解のわかれているところはない。提出

## 第1部　貨幣の本質

された多くの資本概念のいずれのものも一般の承認を得るに至らなかった，否以前よりも一層，資本理論の争いは今日激烈を極めている。我々は多数の甲論乙駁する資本概念の中からベーム・バヴェルクのそれを取出し，彼を手掛りとして貨幣の資本に対する関係を研究しようとするが，そのことは第一に，今日真面目に資本利子の問題に携わろうとつとめる者はベームを手掛りとする以上によくこれをなすことができぬという事情からだけでも，是認され得る，もっとも研究の結果は研究者をして最後に——そして究極においては必ずしもベームがこの問題に傾倒した努力に負うのではなくても——ベームのそれとは著しくかけ離れた結果に到達させることがあるかもしれないが。さらにベームがそれをもってその概念規定を基礎づけあるいは彼の批判者に対して弁護したあらゆる重要な論拠も，この選択を支持する。しかし決定的なものと思われるのは，同様な明瞭さをもって展開された第二の資本概念がないという事実である[1]。この後の理由は特に重要である。けだしこの論究は何らか術語的なもしくは概念批判的な成果を明るみに出す目的を追うものではなくして，単に貨幣利子と資本利子との関係に関する今後の研究を批判的に吟味せんとするものにとって重要である二，三の点を明らかにすることに役立つべきものであるから，我々にとっては正確な分類に到達することよりも，事物の本質に関する不明瞭さを避けることの方が重要だからである。貨幣が資本概念に入れらるべきや否やについて，人は見解を異にし得る。かかる概念の形成は全く合目的性の問題に過ぎず，その場合には見解の相違が起こりがちである。しかし貨幣の経済的機能については，見解の完全なる一致が達成されねばならぬ。

1) このことはメンガーおよびクラークの論述についてすら妥当する。のみならずメンガーもしくはクラークの資本概念から出発する研究は，この点についても第3部第5章に取扱われている諸問題についてと同じく，結局ベーム・バヴェルクの資本概念から出発する研究と同じ結果に達するに違いない。

ベームが在来の科学的術語に従って区別する二つの資本概念のうち，いわゆ

## 第5章 経済財の範囲における貨幣の地位

る私有資本もしくは営利資本の概念は，より古いそして広義の概念である。彼に至って初めてこの本源的な基本概念から，狭義の概念として社会資本もしくは生産資本の概念が分離した。従って我々は我々の研究を論理的に私有資本もしくは営利資本と貨幣との関係の吟味から始める。

ベームが私有資本もしくは営利資本と呼ぶのは，財獲得の手段として役立つ生産物の全体である[1]。貨幣もこれに数えらるべきことは，全く疑いを容れなかった。これとは全く反対に，資本概念の科学的発展は利子を生む貨幣額という意味を出発点とする。徐々に資本概念は拡張され，最後にそれは，近代科学が大体において日常の用語とほぼ一致して使用している形態を取るに至ったのである。資本概念の漸次的発展は同時に貨幣の資本機能認識の進歩をも意味する。通俗的な見方は，貸付けられた貨幣額が利子を生む，正に貨幣が『働く』事実によって直ちに満足する。しかしかかる常識は科学的な観察方法を永くは満足させなかった。科学的な観察方法は貨幣自身が果実を生まないという事実によって，この常識に反駁を加える。貨幣は貨幣を生み得ない (pecunia pecuniam parere non potest) という簡潔な形の命題をとって，後に数百年否数千年の永きにわたり利子問題に関するあらゆる議論の基礎とされたその認識は，すでに古代において一般的となっていたものであり，そしてアリストテレスはそれを新しい教義としてではなく周知の常套語としてポリティカのあの有名な箇所に採り入れたのであろう[2]。自明のことであったにもかかわらず，貨幣の物理的非生産性に対するこの洞察は，資本および資本利子の問題を提出する途次の必然的な段階であった。貸付けられた貨幣額が『果実』を生み，しかもこの現象を貨幣の物理的生産性によって説明することが可能でないなら，他の説明原因を見出すことが試みられねばならない。かくてこの説明原因へ達する途次の次の歩みをなすものは，貸付が行われた後，債務者が通常借入れた貨幣額を他の経済財と交換し，また貨幣を貸付けることなくしてそれから利得を得んと欲する貨幣の所有者もまた，同様のことをなすという観察である。次いでここから段階

第1部 貨幣の本質

的に，上に言及した資本概念の拡張および貨幣利子問題の資本利子問題への発展が生ずる。
1) ベーム・バヴェルク，前掲書第2部54頁および次頁。
2) I, 3, 23.

この次の進歩がなされるまでにはもちろん数百年が経過した。まず初めに，資本理論の発展に停頓が現われた。人々は前進しようとは全く望まなかった，彼等がそれまでに達し得たもので全く充分だったのである。何故ならあるものの解明ではなくして，あるべきものの擁護が科学の目標であったからである。輿論は利子の取得を排撃した，そしてギリシャ人およびローマ人の法律は後に至ってそれを寛容したとはいえ，少なくともそれは低劣なものと見なされ，古典的古代のあらゆる著述家は競って利子の取得を道徳的に弾劾した。ついで教会が利子取得の禁止を受継ぎ，聖書の章句によって支持せんとした時，このテーマを公平に論ずる根底は全く奪われた。この問題に注目したすべての研究家は，初めから利子取得の恥ずべきこと，不自然なこと，是認すべからざることを確信し，利子に反対する新しい根拠を探し出すことに最高の使命を認めた。すなわちその眼目とする所は，利子の存在の解明ではなくして，その排斥の理論を基礎づけることであった。かかる事情では貨幣の非生産性の学説は，利子排撃の著しく有力な論拠として無批判に著述家から著述家へと受継がれ，かくしてそれはその内容のためではなくして，人々がその学説から引出す結論のために，利子論発展の途上に横たわる障害とならざるを得なかったのである。古き教会法的利子理論の崩壊の後，新しい資本理論の建設に着手された時，この学説は進歩の原動力となった。それはまず資本概念，同時にまた利子問題の拡張を強要する。通俗的見解および学者の用語において，資本は貸付けられた貨幣額から『蓄積された保有財貨 (angehäuften Gütervorräten)』となるのである。[1]

1) ベーム・バヴェルク，前掲書第1部16頁以下，第2部23頁以下。

我々の問題に対し，貨幣の非生産性の学説は異なる意義を持つ。それは私有

## 第5章 経済財の範囲における貨幣の地位

資本の埒内における貨幣の地位を明らかにする。何故に我々は貨幣を資本に数えるのであるか？ 何故に貸付られた金額に利子が支払われるのか？ それを貸付けることすらせずに，いかにして人々は貨幣額を，収益を生ずるように使用することができるのか？ これらの問題に対する解答は疑いの余地があり得ない。貨幣はそれがいずれかの他の経済財と交換される時にのみ，私経済的営利の手段である。この点において貨幣は，その所有者自身によっては消費されず交換によって他の財もしくは生産的な用役獲得のために使用される故にのみ私有資本の一構成要素である享楽財に，比較され得る。その享楽財と同様，貨幣そのものは営利の手段ではない。貨幣もしくはかの享楽財と交換に得られる財にして初めて然るのである。『遊んで』いる貨幣すなわち他の財と交換されることのない貨幣は，資本の部類に入らず，何らの果実をも生まない。貨幣が営利資本の構成要素であるのは，貨幣が経済主体にとって他の資本財獲得の手段である故にのみであり，かつその範囲においてのみである。

3 ベーム・バヴェルクが社会（生産）資本の意味に用いるのは，将来の生産に役立つべき生産物の全体である[1]。貨幣は生産財に含まれ得ないという，上に述べた見解を変えなければ，貨幣は社会資本にも入らない。ベームは彼以前の多数の経済学者と同様に，もちろん貨幣を社会資本に数え入れている。かかる態度は貨幣を生産財となす見解の論理的な帰結であり，それによってのみ支持される，それ故我々は貨幣が生産財でないことを証明せんとした時，この態度をも攻撃したのである。

1) ベーム・バヴェルク，前掲書第2部54頁および次頁，130頁以下。

ともかく我々は，貨幣を生産財したがって資本財に数え入れた著述家達がそれを非常に厳密にやったのでないことを，主張してよいと信ずる。彼等はその体系の，財貨および資本の概念を論じている個所で，貨幣を社会資本の構成要素の中に数え入れるのを常としている。しかしながらこの分類からは何らそれ以上の結論は得られない。反対に貨幣の資本的性格に関する理論が適用されね

## 第1部 貨幣の本質

ばならぬ場所では，人々はそれを突然忘れてしまったように見える。資本利子の高さを規定する原因を論ずる際には，貨幣が多いか少ないかが問題ではなくして，他の経済財が多いか少ないかが問題であるということが繰返し強調される。この主張は疑いもなく実状を正確に把握しているが，しかし貨幣が生産財であるという他の主張とは絶対に一致し得ない。

# 第6章　貨幣の反対者

**1**　分業および欲望の分化が進めば進む程ますますしばしば妥当する一定の条件の下では，間接交換が市場取引の必然的現象となること，また間接交換の発展は，一般に使用される交換手段として，唯一のもしくは少なくとも極めて少数の財の使用を漸次発達させるに至ることは，これを示すことができた。全く交換の行われない所には，間接交換も存在し得ず，交換手段の使用は未知のまま残される。かつて閉鎖的家内経済においてそうであった如く，社会主義者の願望によれば，生産と分配が中央機関によって計画的に統制さるべき純社会主義的公共体において，いつかそうなるというのである。未来国家の姿はその予言者によってはっきりと輪郭が描かれたのではなかった，またすべての予言者の念頭に同一の理念が浮かぶわけでもない。彼等のうちのあるものの体系では，経済財および用役の自由な交換に対してもある余地が残され，そしてそうである限り，貨幣存続の可能性も維持されるのである。

これに反し組織された社会がその成員に対して交付する指図証券は，貨幣と見なされ得ないであろう。各1時間の労働に対し労働者に1枚の受取証が手交され，共同的欲望の充足もしくは労働不能者の給与に使用されるのでない限り，個人に所有される受取証の数に応じて社会所得の個々的分割が行われ，その結

## 第1部　貨幣の本質

果すべての受取証は分配さるべき総財貨量の可除的部分に対する請求権を含むものと仮定してみよう。その時には，個人の欲望充足目的に対して持つ個々の受取証の意味，すなわちその価値は分配さるべき財貨量の大きさの変動と比例的に動揺する。給付された労働時間が同数なのに社会の所得がある年においてその前年の半分に過ぎなければ，個々の受取証の価値も半分に減少せねばならぬ。貨幣においては事情が異なる。社会の年々の現物所得が100から50だけ減退すれば，貨幣の購買力をも減少させる。しかし貨幣単位の価値のこの減少は決して所得額の減少と比例的関係に置かれ得るのではない。貨幣の購買力も半分だけ減ぜられることが，偶然に起こることがあるかもしれない，しかし必然的に起こらねばならぬのではない，そしてその点に本質的に重要な差異がある。貨幣の交換価値は正しく指図証券の交換価値とは全く異なる方法で形成されるのであり，指図証券は独立的な価値形成の能力を全く持たないのである。指図証券が何時でも引受けられる確実性が存在するならば，その価値は指図証券が表示されている財の価値と一致し，もしこの確実性が部分的に失われるならば，この価値は確実性の減少に相応して下落する。

　もし我々が社会主義的社会においても，給付された労働時間に対する受取証は別として，個々の個人間の消費財の交換の如きある交換取引が発展するであろうことを認めようとすれば，組織された経済の埓内においても貨幣機能に許された余地を想像することができる。この貨幣の使用は，生産手段の私有権を基礎とする経済秩序における程，多様かつ頻繁ではないであろうが，しかし根本的には我々が貨幣を使用するのと同一であろう。

　社会主義的社会秩序を心の中で構成せんとするあらゆる試みが貨幣問題に対してとらねばならぬ態度も，それが自家撞着に陥ることを欲しなければ，上述した所から自ずと明らかになる。その試みが財および役務の自由なる交換を全く排除するなら，そこから論理的に貨幣の無用性も生じざるを得ない，しかし交換を許容する限り，それは一般に使用し得る交換手段によって媒介される間

## 第6章　貨幣の反対者

接交換をも，承認せねばならぬであろう。

**2**　資本主義的経済秩序の浅薄な非難者は往々にしてその攻撃をまず第一に貨幣に対して向けるのを常とする。彼等は生産手段の私有，それと共に分業の現段階においては自由なる財の交換をも存続させんと欲するが，それにもかかわらず交換を直接に，もしくは少なくとも貨幣――一般的交換手段――によって媒介されずに実現しようとする。あからさまに彼等は貨幣の使用を有害と認め，あらゆる社会的な弊害を貨幣の撤廃によって除去しようと考えるのである。彼等の教義は（貨幣使用普及の時代に）素人仲間に異常に流布された思考方法に極めて類している。我々の経済生活のあらゆる現象は貨幣の衣装をまとい，したがって眼光紙背に徹せざるものは，動揺つねなき貨幣をのみ常に見，これに反しより深い関連は隠されたまま残される。かくて貨幣は殺人，強盗，裏切，詐欺の原因と見られ，娼婦が肉体を売り，籠絡された裁判官が法をまげる責めは一つに貨幣に帰せられる。貪欲は特徴的に金銭欲と呼ばれ，悪事の報酬は悪銭と呼ばれる。風教改革家は物質的問題の優越を攻撃しようとする時，貨幣反対に躍起となる。[1)]

  1) Hildebrand, Die Nationalökonomie der Gegenwart und Zukunft, Frankfurt 1848, S. 118 ff. ロッシャー，前掲書第1巻345頁および次頁, Marx, Das Kapital, 7. Aufl., Hamburg 1914, 1. Bd., S. 65 f., Anm. 等における文献史的叙述を参照せよ。

もちろんすべてのかかる観念は不明瞭かつ混沌としている。直接交換への復帰に，貨幣使用のあらゆる暗黒面を取除く力を認めるのか，それともさらに他の改革をも必要とするのかは不確かのまま残されている。最後の結論まで仮借なく考えつめることは，これらの世界改造家の関わる所ではない，むしろ彼等は問題の困難が始まるところに止まることを選んでいる。このことは同時に彼等の教義の永い生命を説明するものであり，朦朧たる形象としてそれらは批判のとらえどころたる明確な点を欠くものである。貨幣の使用を一般的には非難し

第1部　貨幣の本質

ないが金銀両貴金属の使用には反対する社会改革家的計画に至っては，一層真面目にとる必要はない。かかる闘争には全く児戯に類する傾向さえ認められる。例えばトーマス・モアは理想郷ユートピアで犯罪人を金の鎖で繋ぎ，市民に金銀の便器を使用させるが[1]，それは原始人を駆って生なき物や象徴に復讐を行わせる精神に通ずるものがある。

1) Morus, Utopia, Deutsch von Oettinger, Leipzig 1846, S. 106 f.

何人もかつて真面目にとったことがないかかる空想的提議に，ただの一瞬たりとも時を費やす責任は決してないであろう。この点についてなさるべきであった批判的労作は，久しき以前に完成されたのであった[1]。ここでは，通常顧慮されない一つの点のみが，強調されねばならぬ。

1) Marx, Zur Kritik der politischen Ökonomie, herausgegeben von Kautsky, Stuttgart 1897, S. 70 ff; クニース，前掲書第1巻239頁以下, Aucuy, Les Systèmes socialistes d'Echange, Paris 1908, S. 114 ff.

多数の不明瞭な貨幣の反対者の中に，通常彼等と共に一気呵成に挙げられるのとは異なった理論的武器をもって戦う一団がある。それは支配的な銀行理論に論拠を求め，『流通手段の需要に自動的に適応する弾力的な信用制度』によって人類のあらゆる労苦を救うことを信ずる人々である。銀行制度理論の不完全な状態を認識せる者は誰しも，科学的な批判がかかる論述に対してその義務を果たさなかったし，また果たし得なかったことを驚かぬであろう。エルネスト・ソルヴェーの社会的会計制度 (der gesellschaftliche Komptabilismus)[1] が実現されなかったのは，もっぱら類似の実験を実地に行う恐怖のためであり，これまでのところなされてはいないが，その欠点が厳しく証明されたためではないのである。その銀行理論的意見をトゥークおよびフラートンの体系から取り来ったすべての研究家——そしてこれはわずかな例外を除き現在のすべての著述家である——は，かかるまたはあらゆる類似の理論に直面して途方にくれる。彼等の感情および実際家としての確実な判断はこれら世界に幸福をもたらす人

## 第6章 貨幣の反対者

人の果てしなき空想に対し彼等に警戒を促すが故にそれを排斥しようと欲するが，根本的に見れば彼等自身の理論の論理的適用に外ならぬ体系に対し，彼等は反証を挙げることができないのである。

1) これについては，ソルヴェーにより "La Monnaie et le Compte" なる標題の下に，1899年ブラッセルにおいて公にされた3つの覚書，さらに Gesellschaftlicher Comptabilismus, Brüssel 1898 を参照せよ。ソルヴェーの理論はその外になお一連の他の原理的な誤謬を包蔵する。

この著書の第3部はもっぱら銀行制度の問題にあてられた。そこでは流通手段の弾力性の理論が詳細に研究されるであろうが，その結果によれば，信用の無償性の擁護者の理論にこれ以上かかわることは無用のように思われる。

# 第 2 部
## 貨幣価値について

# 第1章　貨幣価値の本質

**1**　経済学上の貨幣問題の中心にあるのは，日常生活の用語では貨幣の購買力と呼ばれる貨幣の客観的交換価値である。すべての議論はそれから出発せねばならぬ。客観的交換価値においてのみ，貨幣と商品とを対立させるに至った貨幣の特殊性が現われる。もちろんこのことは，主観的価値にそれが他の場合に要求するのと同じ重要性が貨幣論においては認められないかの如く理解されてはならない。貨幣の経済的判断に対しても，個人の主観的価値評価が基礎を形づくる。この主観的価値判断は貨幣においても他の経済財におけると全く同様に，結局の所，一財もしくは財の複合体がそれなくば失われる効用の認識されたる条件として，一主体の福祉目的に対して獲得する重要性に由来する[1]。他の財の効用はある外部的事実（客観的使用価値）およびある内部的事実――人間欲望の順位――それ故経済的なるものの範疇には属さずして一部は工学的，一部は心理的性質を持つ諸条件に依存するが，貨幣の主観的価値に対してはその客観的交換価値，したがって社会経済的なるものの領域に属する特徴が前提である。主観的使用価値および主観的交換価値は，商品においては二つの異なる概念であるが，貨幣においては一致する[2]。二つながらその客観的交換価値に帰せられるのである。なぜなら貨幣使用の効用は，貨幣と交換に他の経済財を獲

## 第2部 貨幣価値について

得する可能性につくされるからである。その客観的交換価値の事実から解き放され得るような貨幣の機能は，貨幣として考え得られない。商品の使用価値にとっては，それが交換価値をも持つや否やは重要でないが，貨幣の使用価値にとっては，交換価値の存在が必要欠くべからざる前提である。貨幣価値形成のこの特殊性は，個別経済において貨幣に主観的使用価値を全く否認し，主観的交換価値をのみ認めるという方法によっても表現することができる。これは例えばラウ[3]やベーム・バヴェルク[4]が行う所である。貨幣価値の上述せる特色を出発点とすべき経済的研究の結果に対しては，どちらの表現形式を用いるかは重要でない。ことに，価値論の現状では使用価値と交換価値の区別に古典学派によって賦与されたような重要性が全く与えられていないから，この点について論争すべき動機が存しない。[5]我々にとって肝要なのは，経済学の任務が貨幣価値に対しては商品価値に対するよりも一層広範であることを明確にすることのみである。その任務たるやもちろん後者については主観的使用価値にとどまり，その一層深い根底の発見はこれを商品学および心理学にゆだねることで満足し得るしまた満足せねばならぬが，貨幣価値においては商品価値についてやめるところ，すなわち客観的交換価値の形をとって与えられる主観的価値の客観的決定原因の探求に初めて，その本来の仕事が始まる。何故穀物が人間にとって有用であり，人間によって尊重されるかを説明するのは，経済学者の仕事ではなくして，自然科学者の仕事である，しかし貨幣の効用を説明することは経済学者のみの任務とする所である。主観的貨幣価値の考察はその客観的交換価値にかかわることなくしては不可能である，すなわち商品とは反対に貨幣においては，客観的交換価値，購買力の存在が使用の必要欠くべからざる前提である。主観的貨幣価値は常に貨幣と交換に得られる他の経済財の主観的価値に帰せられる，とりも直さずそれは派生せる概念である。欲望充足が貨幣の一定額に依存する事実を知ることを顧慮して貨幣の一定額が獲得する重要性を評価せんとするものは，貨幣の一定の客観的交換価値の助けを借りることなくしてはこれ

## 第1章 貨幣価値の本質

をなすことができぬ。『貨幣の交換価値は貨幣と交換に得らるべき物の予想された (antizipierte) 使用価値である』[6]，そのように貨幣のあらゆる評価には，購買力に関する一定の見解がその基礎にある。

1) ベーム・バヴェルク，前掲書第2部211頁以下。
2) Walsh, The Fundamental Problem in Monetary Science, New York. 1903, S. 11; Spiethoff, Die Quantitätstheorie insbesondere in ihrer Verwertbarkeit als Haussetheorie (Festgaben für Adolf Wagner, Leipzig 1905) S. 255. もこれと同様である。
3) Rau, Grundsätze der Volkswirtschaftslehre, 6 Ausgabe, Leipzig 1855, S. 80.
4) ベーム・バヴェルク，前掲書第2部275頁，ヴィーザー，前掲 Der natürliche Wert 45頁, Der Geldwert und seine Veränderungen (Schriften des Vereins für Sozialpolitik) S. 507 も同様である。
5) ベーム・バヴェルク，前掲書第2部273頁以下，シュムペーター，前掲書108頁。
6) ヴィーザー，前掲 Der natürliche Wert 46頁。

もしかすると次のような異論が唱えられるかもしれない，すなわち貨幣をその使命に即して使用する可能性を保証するためには，一般に貨幣の客観的交換価値が単に存在するだけでは充分でない。むしろこの購買力が一定の，余り大ならずかつ余り小ならざる高さにおいて存在し，その結果貨幣単位と個々の財貨単位の価値との間に，日常の取引に現われる交換操作が都合よく行われ得るような関係が存することが必要である。何故なら価値が2倍となることによって，一国民経済に存在する貨幣の半分が他の財貨に対して全貨幣存在量と同様な職能を果たすことができるにしても，貨幣存在量の変動によって貨幣価値が現状の100万倍に増大しもしくは100万分の1に減少する場合にも，このことを主張し得るや否やは疑わしいからである。このような貨幣は恐らく今日の我我の貨幣の如く，一般的交換手段の機能を完全に果たすことはできないであろう。仮に1ミリグラムのわずか1,000分の1ですらもしくは1トンにしてようやく1ドルに相当する購買力を持つ物品貨幣を想像してみよ，またかかる制度によって取引に生じざるを得ない不便さ，否全く克服し難き障害を考えてみよ

## 第2部　貨幣価値について

う。

しかしながら貨幣商品間の交換比率の実際上の大きさを問題にすることは，貨幣問題の国民経済理論的討究には入らない。それは一定財貨の貨幣使用に対する適性の技術的前提を論議することである。貴金属の他の特性例えば実際的に無制限な分割性，破壊的な外的勢力に対する抵抗力，打印を受得る能力等は，正に貴金属が最も販売力ある財として認められ，貨幣として使用されることに決定的であった如く，その相対的な稀少性——貴金属の比較的高い客観的交換価値はその結果たるものであるが，宝石もしくはラジウムの稀少性程大ではなくしたがってまた過度に高い交換価値を伴わなかったその稀少性——もまた，一つのかかる前提と見なされねばならない。次いで貨幣制度が発展するにつれ，貴金属の価値の高さは貨幣としての使途に対するその重要性を失った。近代の清算制度組織および流通手段の制度は取引を貨幣素材の量および重量から独立させるに至ったのである。

2　かくして貨幣価値問題の考察は必ずや客観的交換価値に帰着する。客観的意味の交換価値——ヴィーザーによって取引価値 (Verkehrswert) とも呼ばれる——は，こと適用に関する限り，最大の領域たる国民経済を支配する故に，最も重要な価値形式である。経済学は価値の理論が与えらるべき章を除けば，ほとんど交換価値をのみ取扱った。[1]このことは使用の可能性が取引価値の存立に依存しないあらゆる他の財貨にもあてはまるが，貨幣に関してはなおはるかに強く妥当する。

1）ヴィーザー，前掲 Der natürliche Wert 52頁。

『財の客観的交換価値は交換における財の客観的通用力，換言すれば交換取引において対価として他の財の一定量を得させる，与えられたる事実上の状態に基づく財の能力である。』[1]注意すべきは客観的交換価値も実際は本来それに賦与されている財の性質ではなく，それもまた究極において人間による個々の財の主観的評価に由来することである。取引において現われる財の交換比率は

## 第1章 貨幣価値の本質

——それは市場取引に関与するすべての個人の主観的価値評価の影響を受けて形成される——，この比率の形成に通常極めて微少な影響しか及ぼし得ない個人にとって，多くの場合無条件に承認されねばならぬ動かすべからざる事実と映ずる。かくて誤れる抽象により，それぞれの財は各個人の評価から独立せる一定の価値量を賦与されて市場に現われるという見解が，往々にして生じがちであった。この見解によれば財を交換するのは人間ではなくして，財が相互に交換されるのである。

1) ベーム・バヴェルク，前掲書第2部214頁および次頁。
2) ヘルフェリッヒ，前掲 Das Geld 301頁および次頁。

主観的価値論の把握する客観的交換価値は，古典学派が完成した所の，物に附着する交換価値という古い概念と，名称の類似性以外には何らの共通点をも持たない。スミス，リカルドおよびその後継者の価値学説においては，交換価値が指導的地位を占める，すなわち彼等は労働費価値および生産費価値と解するその交換価値から出発して，あらゆる価値現象を説明しようとする。近代の価値理論に対して，彼等の用語はもはや歴史的意味を要求し得るに過ぎない，したがってもはや二つの交換価値概念の混交を恐れる必要はない。かくして最近『客観的交換価値』なる用語の持続に対して挙げられた危惧も，解消する。

1) 例えばシュムペーター，前掲書109頁。

客観的交換価値とは一財と交換に他の財の一定量を獲得する可能性であるとするなら，価格はこの財貨量そのものである。したがって『価格』および『客観的交換価値』なる概念は決して同一ではない。『だが両者の法則は一致する。けだし財価格の法則は一財貨がある価格を現実に持つことおよびなぜ持つかを我々に解明することにより，それはまた自ずと，その財が一定の価格を獲得する能力を持つことまたなぜ持つかという解明を我々に与えるからである。価格の法則は交換価値の法則をその中に包含する。』

1) ベーム・バヴェルク，前掲書第2部217頁。

第2部　貨幣価値について

　かくして貨幣の客観的交換価値なる言葉によって，貨幣の一定量と交換に他の経済財の一定量を得る可能性が意味され，貨幣の価格によってこの財貨量そのものが意味される。貨幣単位の交換価値は任意の商品の単位で表現され，したがって貨幣の物品価格もしくは商品価格を語ることができる。しかし日常生活ではかかる表現方法およびその根底となる観念は知られていない。なぜなら今日においては貨幣のみが価格表示者であるからである。

　**3**　貨幣価値の理論は貨幣価値の根底と商品価値の根底との間に存する根本的な差異を顧慮せねばならぬ。商品価値の理論においては差当たり客観的交換価値について考慮を払う必要がない，ここでは主観的使用価値から出発して価値および価格形成のあらゆる現象を説明することができる。貨幣価値の理論においては異なる。なぜなら貨幣は他の財貨とは反対に，それが客観的交換価値を持つ場合にのみその経済的機能を果たし得る故，客観的交換価値が一層詳細に研究されねばならぬからである。貨幣価値論の道は主観的交換価値を越えて客観的交換価値に帰着する。

　分業と生産物の自由なる交換に基礎を置く現在の経済組織においては，生産者は通常自己の欲求のためではなくして，市場のために働く。それ故彼等の経済計算 (Wirtschaftskalkul) に対しては，生産物の主観的使用価値ではなくして，主観的交換価値が決定的である。主観的交換価値したがってまた客観的交換価値も無視され，価値判断が主観的使用価値にしたがってのみ行われるような評価は今日稀有の例外に属する，それは主として，評価が愛着的価値，特殊な嗜好の価値にしたがって行われる場合に限られる。しかし親愛なる人の記念としてまた重要な体験を回想する表象として個々の人々によって象徴的な意味を与えられる物を除けば――これらはかかる個人的な関係を持たぬ同胞の眼にははるかに低い価値を持つに過ぎないかもしくは全く価値を持たない――，財は人間によって交換価値にしたがって評価されることは争いの余地がない。近代の経済組織を支配するものは使用価値ではなくして交換価値である。とはいえ商

## 第1章　貨幣価値の本質

品の主観的交換価値次いで客観的交換価値を一層さかのぼって追及しその最後の根底を探求せんとすれば，究極においては矢張り主観的使用価値が評価の基礎をなしていることが明らかになる。なぜならいかなる人も他人に与えられるべき生産物と交換に受領する商品を，主観的使用価値にしたがって評価するという事実を全く度外視しても，価格および客観的交換価値の形成に対し決定的であるのは，取引において最後の者としてそれを獲得し終局においてそれを消費する人の主観的使用価値のみであるからである。

　貨幣にあっては事情が異なる。その客観的交換価値は，この客観的交換価値の存在から独立せる使用価値に還元されることはできない。貨幣制度の初期には貨幣はまだ商品であり，それは流通して終局最後の買手たる消費者の手に達する。1)最古の貨幣史においては，その自然的性質からしても交換手段として比較的長期にわたる使用に耐え得ぬ貨幣素材が存在した。1匹の家畜もしくは1袋の穀物は永久に貨幣として流通にとどまり得ない。それらは，貨幣使用に基づかぬその他の価値を減少させる実質の変動が生じないためには，遅かれ早かれ消費に供されねばならない。これに反し発達せる貨幣制度では，そのうちの大なる量が絶えず流通過程にとどまり決して工業的に使用され，消費されることのない物品貨幣，その基礎たる請求権が決して行使されることのない信用貨幣が存在し，最後に，そもそも貨幣としてのみ役立ち得る表象貨幣も必ずしも不可能ではない。貨幣および貨幣素材の価値が工業的用途にのみ基づくこと，例えば我々の貴金属貨幣の交換力したがってそれを引続き貨幣として使用する可能性は，有用金属としての貨幣素材の性格が何らかのできごとによって取去られると，直ちに消滅するであろうこと，このことは卓越せる経済学者の多くの者に確定的な事実と思われた。2)この見解は今日最早維持し得ない，けだしこの見解は一連の全現象を説明し得ないのみでなく，なかでもすでに経済財価値の理論の根本法則と矛盾するからである。貨幣の価値がその実体の非貨幣的用途に存することを主張するなら，それは本来の問題を回避するのである。3)表象

— 85 —

## 第2部　貨幣価値について

貨幣——その素材は打印がなければ打印を持つものに比してはるかに些少な価値を持つに過ぎぬ——がいかにして可能であるかを説明する必要があるのみならず，貨幣的使用の可能性は物品貨幣の貨幣素材の効用性したがって価値に影響を与えるかまたどの程度までそうなのかの問題にも答えねばならぬ。次いで同様な問題は信用貨幣についても現われる。

1) Wieser, Der Geldwert und seine geschichtlichen Veränderungen (Zeitschrift für Volkswirtschaft, Sozialpolitik und Verwaltung, XIII Bd., 1904) S. 45.
2) メンガー, Grundsätze der Volkswirtachsftslehre, Wien 1871, S. 259 Anm. もなお然り。クニース，前掲書第1巻323頁も同様。
3) ジムメル，前掲書130頁。

人間に支配される金存在量 (Geldvorrat) の一部分は貨幣的目的に，他の一部分は工業的目的に役立つ。一つの使用可能性から他のそれへの移行の道は常に開かれている。地金は発券銀行もしくは振替銀行の地下室から金細工師もしくは鉱金師の仕事場へ移動し，彼等は往々にして通貨をすら流通から引上げ溶解する。他面顕著な芸術的価値を持つ金製品すらも，金属価格以上で急に売却することが不可能であれば，鋳貨に変わる。同一の金属片が同時に二つの目的に役立つこともある，例えば装飾貨幣，もしくは所有者が再び貨幣として手離すまで装飾として身につけられる鋳貨を考えてみよ。[1)]

1) しかし一般には，貴金属で作られた芸術品装飾品等は物品貨幣職能を果たす金属存在量の構成部分と見なさるべきではない。それらは第1次財貨であり，それに対し鉱石のままのもしくは鋳造された貴金属は高次財と見られる。

貨幣価値の根底の探究は貨幣素材の商品的性質から生ずる決定原因を除外する，なぜならこれらの決定原因は貨幣の価値形成を他の商品の価値形成から区別する何らの特殊性をも示さないからである。貨幣価値論にとっては，物品貨幣の価値は，それが国民経済において占める特殊な地位，一般的交換手段としての機能に基づくものである限り，問題となる。商品的性質に基づく貨幣素材価値の変動は，その際それが貨幣的性質からも変動を惹起し得るように思われ

## 第1章 貨幣価値の本質

る範囲内でのみ,顧慮されねばならない。これを除けば,貨幣価値論は工業的有用性から生ずる貨幣素材の価値はこれを与えられたるものと見なさねばならぬ。

物品貨幣の貨幣素材は貨幣およびその他の使用において同一の価値をのみ持ち得る。金の価値が貨幣的性質に基づいて変動しようとも,商品的性質に基づいて変動しようとも,どちらの場合にも全存在量の価値は均等に変動する。

1) ヴィーザー,前掲 Der Geldwert und seine geschichtlichen Veränderungen, 46頁。

信用貨幣および表象貨幣にあっては事情が異なる。後者においては,打印をになう素材は価値形成に対し根本的に無意味である。場合によってはその素材は,貨幣個片の全交換価値の著しい部分を占める比較的高い交換価値を持つことがあるかもしれぬ。しかしこの個片の貨幣的性質に基づかぬ価値が初めて実際的意味をかち得るのは,貨幣的性質に基づく価値が消失する瞬間において,すなわち当該の個片を一般的交換手段として使用する交換取引に関与する個人の慣習が止む瞬間においてである。かかる場合でない限り,貨幣表象をになう個片は,何らか他の特殊な性質によって全く特色づけられることのない同一素材の他の個片に比して,より高い交換価値を持つに違いない。また信用貨幣においても,貨幣として使用される債権は,同様に,貨幣として使用されない同種の債権と交換価値を異にする。オーストリア・ハンガリーにおいて通貨整理の実地まで貨幣として流通した1グルデン紙幣100枚は,例えば券面100グルデンの政府証券に比し,後者が利子付きであり前者がそうでなかったにもかかわらず,交換価値が高かったのである。

貨幣となるまでは金は装飾目的の使用性のためにのみ尊重された。それ故もし金が全く貨幣とならずもしくは再び貨幣たる地位を剥奪されたなら,今日でも世人は,その承認された工業的有用性が条件となる限りでのみ,それを尊重するであろう。新しい使用可能性によって貴金属,金の評価の昔からの根拠に,

## 第2部　貨幣価値について

一つの別の根拠が加わった，すなわち爾後金は人々がそれを一般的交換手段として使用し得るためにも，価値を認めらるるに至ったのである。それによってこの金属の価値が騰貴し，もしくは少なくとも他の原因によって生じたかもしれぬ価値の減退が阻止されたことは明らかである。特に現代の貨幣素材たる金の価値は，今日二つの使用可能性すなわち貨幣目的と工業目的のそれに基づいている。[1]

1) このことはすでに 200 年以上前に，スコットランド人ジョン・ロウが，当時にははるかにさきがけて天才的なひらめきをもって把握した所である。『銀はそれが金属としての諸用途に基づいて評価された割合で交換されたものであり，かつ交換においてその価値に比例して貨幣として与えられたものであると考えるのが至当である。銀が充当された所の新しき貨幣用途は，その価値に付け加える所があったはずである，なぜなら貨幣として銀は交換の不利不便を予防したからである。その結果銀の需要は増大することになり，貨幣としての用途によって惹起された需要の増大と等しい附加的な価値を受けるに至った。そしてこの附加的な価値が想像上の価値でないことは交換において銀が金属として有した価値が想像上のものでないのと同様である，なぜならいずれの価値もそれぞれの用途にあてられた結果発生したものであり，それは金属としての銀の需要に従いその量に比例して増減したからである。貨幣としての使用により銀が獲得した附加的価値は，銀をしてその用途に適当ならしめたその性質に由来する。そしてこの価値は貨幣としてのその用途により惹起されたる附加的需要に比例した。もしこのどちらの価値も想像上のものであるならば，すべての価値は想像上のものである。何となればいかなる物も，それがあてられる所の用途に基づかぬ価値は有せず，また人がそれについて持つ需要に比例し，その量に応じて増減しないような価値は持たないからである。』 "Considérations sur le numéraire et le commerce, Ausgabe von Daire, Economistes financiers du XVIIIe siècle; Deuxième édition, Paris 1851, S. 447 f)——更に Walras, Théorie de la monnaie, Lausanne 1886, S. 40; クニース, 前掲書第1巻324頁以下参照。——客観的価値理論は貨幣論のこの根本原理を把握することができない。そのことはマルクスが上に引用したロウの論述に対して取る無理解さが最もよくこれを示している。マルクス, 前掲資本論第1巻56頁註46参照。

現在の貨幣価値がどの程度貨幣的用途に基づき，どの程度工業的用途に基づ

## 第1章　貨幣価値の本質

くか，これをいうのは不可能というものである。貨幣制度の初期に当たっては，貴金属価値の工業的基礎が重きをなしていたであろうが，後に貨幣経済が進歩するにつれ貨幣的用途が漸次重きを加えるに至った。今日金の価値は大部分貨幣的用途に支持され，黄色金属の非貨幣化はその価格を最も激烈に動揺させるに違いないことは確実である[1]。それ故周知の如く1873年以来の銀価格の激しい下落は大部分多数の国々における銀の非貨幣化に帰せられるのである。1914年ないし1918年の間に多くの国々が金を政府紙幣および銀行券に代え，その結果金が金貨をなお維持した国々に流失した時，黄色金属の購買力は極めて著しく下落した。

1) Heyn, Irrtümer auf dem Gebiet des Geldwesens, Berlin 1900, S. 3; ジムメル，前掲書 116 頁以下。

表象貨幣および補助貨の作製に使用される素材の価値も，あらゆる他の用途によってと同じくこの用途によって影響される。補助貨を作るための銀の用途は，今日この金属の最も重要な用途の一つである。50年以上前にニッケルで補助貨を鋳造し始めた時，この金属の価値は著しく騰貴し，ためにイギリスの造幣監督官は1873年に，ニッケル鋳造を続けるにおいては単なる金属価格が鋳造される個片の名目価値を超過するであろうことを認めた[1]。しかしながら我々はこの用途を貨幣的用途とは解さず，工業的用途と解するが，そうするのは補助貨が貨幣ではなくして貨幣代用物であり，したがってそれにおいては貨幣価値変動と貨幣素材の価値変動との間に特殊な相互作用を欠くためである。

1) Jevons, Money and the Mechanism of Exchange, 13th ed., London 1902, S. 46 f.

貨幣価値論には，貨幣の客観的交換価値形成の法則を説明すべき任務が課せられる。物品貨幣の素材の価値形成を問題にすることは，この価値が素材の貨幣的用途ではなくして他の用途に基づく限り，貨幣価値論の仕事ではない。同様に表象貨幣の具体的な現象形態創造の際に現われる素材の価値形成を論ずる

## 第2部　貨幣価値について

ことも，その任務ではない。貨幣の客観的交換価値は，それが貨幣機能に基づく限りでのみ考察の対象である。

　価値のその他の現象形態は貨幣価値論に何ら特殊の課題を提供しない。貨幣の主観的価値に関しては，他の経済財の主観的価値について科学の教える所と何らかの差異を包含する何物をも述べることができぬ。そして貨幣の客観的使用価値について知る価値のあるすべてのことは，一つの命題——その客観的使用価値もまた貨幣の客観的交換価値に根底を持つという命題に要約され得るのである。

# 第2章　貨幣の客観的交換価値
（購買力）の決定原因


### A　貨幣の客観的交換価値の歴史的に伝来された基礎


**1**　近代の価値論および価格論によれば，価格は市場で遭遇する商品および価格財の主観的価値評価の結果である，すなわち価格は始めから終わりまで主観的価値評価の産物である。交換を行う個人は交換される諸財貨を主観的使用価値にしたがって評価し，そして交換比例の高さは需要供給が量的に丁度均衡を保つ狭い範囲内で確保される。メンガー――ベームの価値法則は数的に明確な交換比例を説明するのに完全に充分であり，直接交換のあらゆる現象を説明してあます所がない。双方的競争が行われる場合には，市場価格は一定の範囲内で定まる。その上の限界は交換をなし得る最後の買手および除外された販売競争者のうち交換能力の最大なるものの価値評価によって与えられ，下の限界は交換に到達する売手のうち交換能力の最小のものおよび交換から除外された購買競争者のうち交換能力の最大なるものの価値評価によって与えられる。

価格法則は直接交換に対するのと全く同様に間接交換に対して妥当する。貨幣価格の形成も究極において買手および売手の主観的価値評価に依存する。しかし先に述べたように，貨幣の主観的使用価値――それは主観的交換価値に一致する――は，貨幣によってあがなわるべき物の予想された使用価値に外なら

― 91 ―

## 第2部 貨幣価値について

ず,その大きさは貨幣と交換に得られる財の限界効用によって測定されねばならない[1]。かくして主観的貨幣価値の評価は,貨幣の一定の客観的交換価値を仮定してのみ可能である,それは欲望充足と『効用なき』貨幣との間に架橋するかかる支点を必要とする。貨幣そのものには人間の欲望に対するいかなる直接的関連をも欠くから,個人が貨幣の効用したがってその価値の観念を得るには一定の購買力から出発するよりほかはない。しかしこの仮定は無論,現在市場に支配する貨幣商品間の交換比率に相応するもの以外ではあり得ないであろう[2]。

1) 前述81頁,ベーム・バヴェルク,前掲書第2部274頁,ヴィーザー,前掲 Der natürliche Wert 46頁。
2) ヴィーザー,前掲 Der Geldwert und seine Veränderungen, 513頁以下。

それ故ひとたび市場に確立された貨幣商品間の交換比率は,さらにその瞬間を超えて影響を及ぼす,すなわちそれは貨幣の爾後の評価に対し基礎,出発点を与えるのである。かくて過去の客観的交換価値は,貨幣の現在および将来の評価に対しても一定の意義を獲得する。今日の貨幣価格は昨日および一昨日の貨幣価格,明日および明後日の貨幣価格と一つの紐帯によって結ばれている。

だがかかることを確証しただけでは,歴史的に伝承された貨幣価値の完全なる説明が達せられたのではなく,単に延引されたに過ぎない。今日の貨幣価値が昨日の貨幣価値に,昨日のそれが一昨日のそれに帰せられるなら,最初の貨幣価値の決定原因は何かという問題が提出されざるを得ない。貨幣使用の発生および貨幣としての機能に基づく貨幣価値の特殊な構成分子に関して熟考すれば,おのずとこの問題は答えられる。歴史的に伝来された最古の貨幣価値は明らかに貨幣財貨の価値,——人々が貨幣財貨を最初に一般的交換手段として使用し始めた瞬間に,それが一定の欲望を充足するその他の〔一般的交換手段以外の〕有用性の故に持っていた価値である。個人が初めてある対象を自己の消費のためではなく,交換手段として求めるに至った時,彼はこの対象を,その工業的有用性に基づき市場ですでに認められた客観的交換価値にしたがって評

## 第2章　貨幣の客観的交換価値（購買力）の決定原因

価し，次いで附随的に，交換手段として使用する可能性の故に評価した。最古の貨幣価値は貨幣素材の商品価値に還元される。しかし他の使用可能性の故に物品貨幣の素材の価値形成に影響する要素ばかりでなく，貨幣使用から生ずる要素も，過去および現在の歴史的に受継がれた貨幣価値に影響を及ぼす。工業的目的のための需要供給のみならず，交換手段職能のための需要供給も，金が貨幣として使用され始めたその瞬間から，金の価値に影響する。[1]

1) クニース，前掲書第1巻324頁。

**2**　貨幣の客観的交換価値は，市場において貨幣と爾余の経済財の間にすでに存在する交換比率との結び付きを常に必要とする，けだし然らずんば経済主体は貨幣について価値判断を下すことはできないであろうという事実から，さらに，貨幣として使用され得る物体は交換手段機能開始の瞬間にすでに他の用途に基づいて客観的交換価値を賦与されていたものに限るという結論が生ずる。これによって，貨幣の発生を合意に——それ自身価値なき物に擬制による想像的な価値を与えることを人間が承諾するという合意——に帰する理論が反駁される[1]と共に，貨幣使用の起源に関するメンガーの仮説が確証される。

1) Locke はそうである。Some Considerations of the Consequences of the Lowering of Interest and Raising the Value of Money, II. ed., London 1696, S. 31.

すでに与えられた交換価値との結び付きは，物品貨幣にとって必要であるのみならず，信用貨幣および表象貨幣にとっても同様に必要である。[1]この条件に適合しない表象貨幣は決して発生し得ないであろう。過去および現在の貨幣種類にして信用貨幣に加うべきかそれとも表象貨幣に加うべきか疑わしいものの中に，真正なる表象貨幣の代表者も存在していたと仮定しよう。いかにしてこの貨幣は発生したのであろうか。二つの場合のうち一つは次の如くにしてである，取引においてすでに貨幣に代わって流通せる貨幣代用物すなわち何時でも貨幣に兌換し得る債権が，その債権的性格を剥奪され，それにもかかわらずその後も引続き取引において交換手段として使用された場合である。この場合評

## 第2部　貨幣価値について

価の出発点は，この個片が債権としてのその性格を失った瞬間に，それが債権として持っていた客観的交換価値に存した。第二の場合は次の如き場合であろう。取引において物品貨幣として流通した鋳貨が自由鋳造権の停止によって——現存する存在量が爾後全く増加されなかった場合たると，鋳造が国庫の計算で続けられた場合たるとを問わない——，いかなる側からも交換義務が法律上もしくは事実上引受けられずかつ何人もいつかかかる交換義務が誰かによって引受けられる希望をいだくべきいわれがないという仮定の下に，表象貨幣となった場合である。この場合には価値評価の出発点は，鋳貨が自由鋳造停止の瞬間に持っていた客観的交換価値に与えられている。

1) シュベルカゾー，前掲書17頁および次頁。

貨幣はその貨幣機能開始の瞬間にすでに，貨幣機能ではなくして他の原因に帰し得べき客観的交換価値を持っていなければならぬ。しかしすでにかかるものとして機能する貨幣は，その交換価値のかの本源的な源が失われた時にも，価値あるものとして残り得る。その時にはその価値はもっぱら一般的交換手段としての機能に基づくのである[1]。

1) ジムメル，前掲書115頁および次頁，しかしなかでもヴィーザー，前掲 Der Geldwert und seine Veränderungen 513頁参照。

**3**　いま述べた所から，貨幣の客観的交換価値には，歴史的に伝承された構成分子が含まれているという重要な認識が結論される。過去の貨幣価値は現在に持ちこられ現在によって変形される，現在の貨幣価値は未来に移り行き未来はそれを再び変形する。その点に貨幣の交換価値形成と他の経済財のそれとの著しい差異がある。他の経済財相互の相互的交換比率の具体的高さに関しては，あらゆる歴史的に伝承された交換価値は重要でない。貨幣取引の隠蔽的外形を貫いて財の相互的交換比率を観察すれば，確かに我々はある程度の継続性を認めることができる，すなわち価格変動は通常緩慢にのみ行われる。しかし価格のこの恒久性はその原因を価格決定原因の恒久性の中に持つのであり，価格形

## 第2章　貨幣の客観的交換価値（購買力）の決定原因

成法則そのものの中に持つのではない。価格は緩慢にのみ変化する，けだし人間の主観的評価もまた緩慢にのみ変化するからである。人間の欲望とこの欲望を充足する財の有用性に関する人間の見解は，人間の支配する財貨存在量ならびに所得の社会的分配と同様に，突然の激しい変化を受けることは極めて稀である。今日の市場価格が通常昨日のそれと著しく異ならないのは，昨日の価格を作った状態が一夜のうちに本質的な変動を受けることがなく，したがって今日の価格はほとんど同一の構成分子から生ずるということによって説明される。市場で急速な飛躍的な価格変動が日常茶飯事であるなら，交換価値の概念は実際に消費者の家政計画ならびに生産者の企業計画においてそれに与えられる重要性を獲得することはできなかったであろう。

　この意味で価格の惰性 (Beharrungsvermögen)，惰力 (Trägheit) を語るなら，この表現方法に対し何ら異議を唱えるべきではなかろう。だがもちろん経済学においては，力学から借りてこられた表現形式を避けるにしくはない。それは叙述にとって無くもがなであり，機械的なすなわち個人の主観的価値判断を誤って無視する見解の危険が起こりがちである。古典経済学の誤謬はこの点に最大の注意を促すことであろう。それにもかかわらず現在の市場価格の過去のそれへの因果的依存性が論ぜられるならば，全く主観的価値論の根本原理の放棄と打倒された理論への退歩を意味するかかる主張は，断固として排撃されねばならぬ。

　取引界における惰性要素はツヴィーディネックによればまず第一に，市場外価格が主として市場価格を標準として形成され，最近の市場価格形成はそれに先行するものの結果であるという点に現われる，すなわち先行する価格の影響が消費者の家政計画および，第三者の欲望充足の上にその営利経済を打ち建てこの目的のために支出を行うあらゆる者の企業計画をも支配するというのである[1]。ツヴィーディネックによって挙げられた要素のどの中にも彼の主張する市場価格の干渉的影響の証拠は認められ得ない。一般に市場に対し余り活発な関

## 第2部 貨幣価値について

係が存しないような場所ではどこででも，孤立せるもしくは比較的孤立せる交換現象において，最後に知られた市場価格が受継がれるということは，主観的価値論の立場からも完全に満足が行くように説明され得る。かかる取引契約では，とりも直さず価格形成そのものに決定的影響を及ぼし得るような数量が問題になるのではなくして，挙ぐるに足る変動を惹起するには余りにも重要ならざる小額売買が問題になるのである。この売買取引が最後の市場価格に基づいて行われることは，市場を顧慮せずに結ばれた売買契約が両当事者の現状から生ずるあらゆる偶然に曝される[2]のに反し，買手および売手が交換を経済的に遂行し，かくして市場の利益に参与することを正しく保証する。しかしかかる全く孤立せる取引現象も存在する，そしてその場合にも価格が形成されるという事情だけでも，ツヴィーディネックの理論と矛盾する。法秩序はしばしば資産の価値を確かめるために最後の市場価格を基礎とする計算を命じ，商人の慣習は貸借表作製に際ししばしばそれにしたがうが，これは次の事情——評価もまた市場の最後の価格によって定まるから他の方法はとり得ないという事情を別とすれば，この価格が急激に変動しないであろうという仮定に根拠を持つのである。通常この仮定も正しいことが立証される，しかし反対の場合も起こり得る。けだし昨日の価格は，その基礎となる事実が変化をこうむれば，今日の価格に対し全くその意味を失うからである。消費者の家政計画に関し市場価格を認められる意義も，同様に急激な変化が起こらないという前提に基づいている。この前提にツヴィーディネックは価格の継続的形成に対する重要な勢力源を認めようとし，あらゆる上向的，すなわち価格騰貴的に作用する傾向を阻止する力をそれに帰している。なぜならこの家政計画に現われる価格のいかなる偏差も，いわんやなかでも上昇的動きはこの計画を攪乱するからであると[3]。これまで人々は，価格騰貴の次にきたる消費制限の事実が市場現象の純主観主義的説明といよいよもってよく調和せしめられ得るという見解であったが，それは決して誤りではないのである。

## 第2章　貨幣の客観的交換価値（購買力）の決定原因

1) Zwiedineck, Kritisches und Positives zur Preislehre (Zeitschrift für die gesamte Staatswissenschaft, 65. Jahrgang), S. 91 f; ジムメル, 前掲書144頁。
2) メンガー, 前掲 Grundsätze 236頁。
3) ツヴィーディネック, 前掲書92頁。

だがツヴィーディネックの議論が最も疑わしいのは，彼が企業家計算に対する価格の惰性の意義について論じている個所である。ここでは，彼は許容される以上に費用価値説に接近している。まず第一にツヴィーディネックが，企業の新設はしばしば製品価格が不変である場合に一層低廉な生産の可能性を信じて始められると主張するのは誤りである。全く反対に，新たに設立される企業のためのいかなる収益計算も，供給が増大する結果として製品の価格が下落しもしくは他の原因から予期さるべかりし価格騰貴が相殺されるという事情を考慮に入れる。もとよりこのことは広範なる地盤を占むる企業についてのみ妥当する。小企業は無論価格の不変を前提するのが常であり，またその供給が極めて小である限りそれに誤りはない。供給の増加は需要が同一であっても必ずしも常に価格の低落を喚起しないという限り，ツヴィーディネックは正しいとされねばならない，しかし増大する競争には価格低落の傾向が内在し，この傾向は阻止的に作用する力がなければ爆発することは恐らく否定され得ないであろう。

変化せる価値評価によって必然的に生ずる価格変動に抵抗する社会的な力が疑いもなく作用する，そしてもし需要供給によって制約される価格変動が延引され，比較的小なる，もしくは比較的短時間の後に再び消滅する需要供給関係の変動がそれに相応する価格変動を全く喚起しないならば，それはかかる社会的な力に帰せられねばならぬ。この意味であるいは価格の惰性が語られるかもしれない。市場の商議では伝来せる交換価値が出発点をなすといわれるならば[1]，このことも上で説明された意味に解する限り，許容されるであろう。昨日の価格を作った一般的状態が一夜にして変化することはほとんどないから，今日の

## 第2部　貨幣価値について

価格は昨日のそれとほとんど相違しないであろう，それ故昨日の価格を起点とすることは，実際的に不当であるとは思われない。だが過去および現在の価格の間の因果関係は，（貨幣を除く）経済財相互の相互的交換比率が問題となる限り，存在しない。昨日ビールの価格が高かったことは，今日のビール価格に対し全く意味を持ち得ない，このことは禁酒運動の勝利がアルコール飲料の価格に対して招致する結果を考えてみさえすればよいことである。市場の現象に注目する人は，日々，財の交換比率の急変について聞く，それ故経済生活を知るものは誰も，価格形成を価格の因果的不変の仮定の下に説明しようとする理論に賛成しないであろう。

 1) Schmoller, Grundriss der allgemeinen Volkswirtschaftslehre, Leipzig 1902 II. Bd. S. 100.

ついでではあるが明確にしておきたいのは，価格形成を価格の惰性に帰することはツヴィーディネックも承認せざるを得ないように，差当たり価格形成の最後の心理的基礎の解明を断念し，二義的な説明原因で満足することを意味することである。確認し得る最古の交換現象の解釈からすると——それは経済史がこれまでその解決に資すること極めて少なかった問題である——，突然の価格変動を阻止する力が今日よりも昔は一層強かったことが示されるであろうことは，直ちに承認されねばならない。しかしその最古の時代の価格と現在のそれとの間に何らかの関連が存するということは断固として否定されねばならぬ。それとも今日ドイツの取引所に存在する経済財の交換比率（その貨幣価格ではない）がヘルマンもしくはバルバロッサの時代に通用した交換比率と何らかの因果的結合によって結ばれているという主張を，大真面目に維持し得ると信じている者があるのであろうか。今日，過去の交換比率のあらゆる記憶が人間の間に消失するなら，あらゆる財は各人によって新たな度盛（スカラー）に入れられねばならぬが故に，これは確かに市場における価格形成を困難にし得るであろうが，しかしそれを不可能にするのではない。けだし人間は地上いたるところで，日々刻

## 第2章　貨幣の客観的交換価値（購買力）の決定原因

刻,あらゆる価格がそれに基づくところのかの操作——欲望充足に関し具体的な財貨量に与えられる重要性の順位の決定——を行っているからである。

1) ツヴィーディネック,前掲書100頁以下。

財の貨幣価格が貨幣の側から形成される限り,その中にのみ,それなくしては貨幣価格の具体的な高さが説明され得ない歴史的な構成分子が含まれている。この構成分子もまた,交換に関与する個人の主観的価値評価から——この価値評価はこの財の特殊な貨幣職能をのみその根底とするものではないにしても——完全に説明することが可能である交換比率に由来する。市場当事者による貨幣の評価は,すでに存在する過去の貨幣価値に結び付き得ねばならぬ。この結び付きは,貨幣のいま新たに形成された客観的交換価値の高さに影響を与える。歴史的に伝来された貨幣価値は市場によって,その歴史的に生成せる内容を顧慮せずに変形される。[1]しかし歴史的に伝来された貨幣価値は,今日の貨幣の客観的交換価値の形成に対する出発点であるばかりでなく,その欠くべからざる要素である。個人は今日必要とする貨幣量について判断を下すために,昨日市場で形成された貨幣の客観的交換価値を必要とする。それ故貨幣の需要供給自身は,それが相互に一致せしめられるまで,この歴史的に伝承された貨幣価値を変形する。

1) ヴィーザー,前掲 Der Geldwert und seine Veränderungen 513頁。

**4** 貨幣の客観的交換価値の決定原因の探求は貨幣の価値が同時にその交換手段機能によって決定されることなく,もっぱら他の使用機能によって決定される一点に常に帰着するという事実が明確になれば,主観的価値論およびそれに固有な限界効用理論の上に立てられた間然する所なき貨幣価値論展開の道が開かれる。これまで主観価値学派はこれに成功しなかった。その問題に注目した少数の研究家のある者は,極めて注意深くこの問題を避ける代わりに,その解決の不可能をすら立証し得ると信じた。主観的価値論はここでそれに課せられた任務に直面して途方にくれた。他の点ではそれについてどのように考えよ

## 第2部　貨幣価値について

うとも，貨幣価値の全問題を説明しようと試みたことは承認されねばならぬ二つの貨幣理論が存在する。客観的価値論は貨幣の価値の起源をその生産費に見出す形式的に優れた一貨幣学説をその体系に挿入することができた[1]。この学説が放棄されねばならなかったことは，近代学派によって駆逐される結果を導いた客観的価値理論のその不完全さにのみ帰せらるべきではなかった。貨幣価値の生産費説はこの根本的欠陥を度外視しても，批判の成功し得る一点を露呈した。すなわち生産費説は一つの――単に形式的に非の打ち所がないものに過ぎぬにせよ――物品貨幣理論を与えるが，信用および表象貨幣ではそれは役立たなかったのである。それにもかかわらず物品貨幣の価値を完全に説明しようと試みたという意味では，それは余す所なき理論であった。貨幣価値のもう一つの同様に完全な理論は，ダヴァンザッティ (Davanzati) の名前と結び付いた数量説の変種であった[2]。それによれば，人間の欲望充足に役立つあらゆる物は協定によってあらゆる貨幣金属に等しい。部分は全体と同様に比例するから，次いでそれよりして貨幣単位と商品単位との交換比例が明らかとなる。ここに我我は，事実に何等支持されず，その無根拠さをこと新しく証明することが今日無駄な時間浪費であるような仮説に直面する。しかしダヴァンザッティが，問題を全体的にとらえ貨幣と他の経済財との間にすでに存在する交換比率のみならず，その発生起源を説明すべき理論を立てんと試みた最初の人であることは，看過してはならない。数量説の他の変種はこの点において，同様な称賛を博することはできぬ。それらは貨幣価値の一定の高さを暗黙のうちに与えられたるものと前提し，その研究を更にさかのぼって行うことを全くしない。その変動にとどまらず，貨幣商品間の交換比率の形成を説明する必要があることは忘れられたのである。その点において数量説は種々な一般的価値理論，例えば価格そのものの説明を断念しその変動を一つの法則に還元することに満足する需要供給説の多くの立場と一致する[3]。それは貨幣価値の問題に対する需要供給法則の適用に外ならず，したがってこの理論の長所を貨幣学説にもたらすと共に，

## 第2章 貨幣の客観的交換価値（購買力）の決定原因

欠点をも持ちこすのである[4]。

1) Senior, Three Lectures on the Value of Money, London 1840, S. 1 ff.; Three Lectures on the Cost of Obtaining Money, London 1830, S. 1 ff.
2) Davanzati, Lezione delle monete, 1588 (in; Scrittori classici italiani di economia politica, parte antica, tomo II, Milano 1804), S. 32; ロック, 次いでなかでもモンテスキュー (De l'Esprit des Lois, Edition, Touquet, Paris 1821 II. Bd., S. 458 f) はこれと見解を同じくする。Willis, The History and Present Application of the Quantity Theory (Journal of Political Economy, 1896) IV. S. 419 ff. を参照せよ。
3) ヴィーザー, 前掲 Der Geldwert und seine Veränderungen. 514頁。
4) Zuckerkandl, Zur Theorie des Preises, Leipzig 1889, S. 124.

最近50年間に行われた経済学の変革も，貨幣価値論のこの問題を，今までにまだ充分満足が行くようには解決しなかった。このことはもちろん，科学の進歩が一般的には貨幣学説，特殊的には貨幣価値学説を素通りしたかの如き意味に，理解されてはならない。貨幣の本質および価値のより深い認識に達する道を開いたことは，価値論上の主観主義の多くの功績の一つである。メンガーの研究は新しい基礎の上に理論を置いた。しかし，一つのことがこれまで等閑に附されていた。メンガーも，また彼にならおうと努力した多くの研究者の一人としても，貨幣価値の基本問題を解決せんと試みてすらみなかった。彼等は大体において，在来の見解をさらに吟味し，発展させ，所々一層正確に精密に述べることで満足したのである。しかし貨幣の客観的交換価値の決定原因が何であるかという問題の解答は，彼等は与えなかった。メンガーおよびジェボンスは問題に全く触れず，カーヴァー[1]およびキンレイ[2]はその解決に何ら本質的なものを寄与しなかった。ワルラス[3]およびケメラー[4]はその研究において，貨幣価値の与えられたる水準から出発し，単に貨幣価値変動の理論を発展させるに過ぎない。もっとも後者はその際問題の解決に極めて接近しているが，それを不注意に脇へ押しやって顧みない。ヴィーザーは在来の論じ方の不完全さを明確に指摘する。数量説を批判して彼は次のように論じている。旧式な形の需要供給

— 101 —

## 第2部　貨幣価値について

の法則は——数量説はそれの貨幣に対する適用であるが——極めて乏しい内容を持つに過ぎず，本来貨幣価値がいかにして形成されるかまたその時々いかなる高さにあらねばならぬかについて何事も述べず，格別詳細に説明することなくして，供給もしくは需要の変動によって貨幣価値がどちらの方に動かされるかその方向を示すこと，すなわち前者〔供給〕の変動によって反対の意味の方向に後者〔需要〕の変動によって一致する意味に動かされることを示すことのみに限られている。今日では最早，貨幣の国民経済的価値に関し問題をそれ程不完全に取扱う理論で満足することは許されない。古い需要供給の法則が商品について——本来この法則は商品に関して形成されたのであった——理論的に打倒された後には，貨幣においても一層徹底的な法則が求められねばならぬと。[5]
しかるにヴィーザーは論述が先へ進むと，需要供給の観念は交換手段たる貨幣には適用し得ない旨を断じ，貨幣の客観的内的交換価値の変動を，国民経済において貨幣所得と実物所得との間に存する比率の変動から説明せんとする理論を立てることによって，彼はその解決を彼自身研究の目的と呼んだ問題を置き去りにしている。なぜならヴィーザーは貨幣所得と実物所得の関係から貨幣の内的客観的交換価値の変動を説明することはできようが，需要供給の要素が排除されればもちろん疑いもなく貨幣価値の完全なる理論をもたらすことに失敗せざるを得なかったであろう試みは，なしてもみていないからである。我々はヴィーザーが古い数量説に対して提起したと同じ非難，数量説は価値がいかにして形成されるかも，その時々それがいかなる高さにあらねばならぬかについても何ら述べていないという非難を，彼の学説に対してもなさざるを得ない。そしてこのことは，余人ならぬヴィーザーが貨幣の購買力の史的関連を発見することによって，主観的価値理論のその後の進歩の基礎を作っただけに，一層異様なことである。

1) Carver, The Value of the Money Unit, (The Quarterly Journal of Economics, Vol. XI, 1897), S. 429 ff.

## 第2章 貨幣の客観的交換価値(購買力)の決定原因

2) Kinley, Money, New York 1909, S. 123 ff.
3) ワルラス,前掲 Théorie de la Monnaie. 25頁以下。
4) Kemmerer, Money and Credit Instruments in their Relation to General Prices, New York 1907, S. 11 ff.
5) ヴィーザー,前掲 Der Geldwert und seine Veränderungen. 514頁以下。

主観的価値論の仕事の不満足な結果に直面し,この学説特に限界効用の意味に関するその命題が,貨幣に対しては必然的に役立たないに違いないという見解が生じて,賛成を得るに至った。この主張を持って初めて現われたのが新しい学派の代表者たるウィクセルであったことは特殊な意義がある。ウィクセルは次のように考える。価値論の領域における近代的研究の基礎をなす原理,すなわち限界効用の概念は個々の商品相互間に存する交換比率の形成を説明するには適当しているが,貨幣と爾余の経済財の間に存する交換比率の説明にはほとんど全く意味を持たないか,全く間接的な意味を持つに過ぎないと。しかしウィクセルはこう断定することによって限界効用理論を非難しようとするのであるとは思われない。すなわち彼の見解によれば,貨幣の客観的交換価値は貨幣と爾余の経済財が交換されるに至るその市場の過程によって決して規定されるのではないのである。個々の商品もしくは商品群の貨幣価格が市場で誤って定められると,それから生ずるこの商品もしくは商品群の需要と供給,生産と消費との間の不均衡によって,遅かれ早かれ必要な修正が行われる。それに反し何等かの起因により,全商品価格もしくは平均的価格水準が騰貴もしくは下落せしめられる場合は,商品市場の事情のうちには反動をひき起こし得る契機が存しない。したがって余りに高いもしくは余りに低い価格決定に対する反動は,もしあるとすれば,何らかの方法で商品市場の外部から出現せねばならぬ。かくして研究が進むにつれて,ウィクセルは貨幣価格形成の調整者を,商品市場の貨幣市場――この語の最広義の――に対する関係に求めようとする結論に達する。原料,労働,土地用役およびその他の生産手段に対する需要に影響を及ぼし,それによって間接に財価格の動きを上方もしくは下方へ規定する原因

## 第2部 貨幣価値について

は，自然的資本利子——この語は現物資本が貨幣の媒介なしに現物で (in natura) 貸付けられる場合に，需要供給によって決定される利子率の意味である——に対する貸付利子の関係であると。[1]

1) Wicksell, Geldzins und Güterpreise, Jena 1898, S. IV f., 16 ff.

ウィクセルはそれによって貨幣の客観的交換価値形成の理論を与えたと信じている。しかし実際は，単に，貨幣の客観的交換価値が余りに高く騰貴しもしくは余りに低く下落するのを妨げる力が，貸付市場から交換市場に作用することを証明しようと試みているに過ぎない。貸付利子が何らかの方法でこの価値の具体的高さを規定することは，彼は決して主張していない，またかかることは不合理でもあろう。しかしながら万一貨幣価格の『余りに高い』もしくは『余りに低い』水準ということが論ぜられるなら，まず比較の行われる水準がいかにして作り出されるかを述べねばならぬ。攪乱された均衡状態が回復されることを示すことは，いかなる点でこの均衡状態が存続するかが最初に確定されるのでなければ，決して充分ではない。このことが疑いもなく主要な課題であって，それが解決されれば他のものも直ちに解決されるのである。そうすることなくして研究を続けることは成果なしに終わらざるを得ない。なぜなら均衡状態は，これまでそれを作り出しまた繰返し新たに作り出す力によってのみ，維持され得るからである。貸付市場の状態から貨幣と爾余の経済財の交換比例が説明され得なければ，なにゆえにこの比例が変動しないかという根拠をそれから求めることも不可能である。貨幣の客観的交換価値は，貨幣が商品に対し商品が貨幣に対し交換される市場において，形成される。その形成を説明することが貨幣価値論の任務である。しかるにウィクセルは『商品交換の法則そのものは，貨幣価格の絶対的高さに対して決定的たり得る何物をも包含していない』という意見である。この言葉によって，この領域におけるあらゆる科学的研究の可能性が否定されている。[1]

1) ウィクセル，前掲書35頁。

## 第2章　貨幣の客観的交換価値（購買力）の決定原因

　ヘルフェリッヒも限界効用理論の貨幣への適用には克服し難き障害が伴うことを信じている。けだし限界効用理論は財の取引価値を個別経済内の財の効用の程度から規定しようとするのに，逆に，貨幣はそれが取引価値を持つという前提の下にのみ効用作用を行い，その効用の程度はこの取引価値の高さによって規定されるから，個別経済に対する貨幣の効用の程度は貨幣の取引価値によって与えられることが全く明白であるからである。貨幣の評価は貨幣と交換に手に入れ得る直接の消費または使用に役立つ財がどれだけであるか，もしくは万一の支払に必要な貨幣を調達するために譲渡せねばならぬ他の財がどれだけあるかによって定まる。与えられたる個別経済における貨幣の限界効用，すなわち支配される貨幣によって調達され得るもしくは必要な貨幣に対し譲渡されねばならぬ財をもってなお得らるべき最小の効用は，すでに貨幣の一定の取引価値を前提とし，その結果前者は後者の根源とは認め得ないと[1]。

1)　ヘルフェリッヒ，前掲 Das Geld 577頁。

　貨幣の客観的交換価値の形成に対する，歴史的に伝承された貨幣価値の重要性を明らかに理解せる者には，この外見上の循環から出口を見出すことは困難なことではあり得ない。個人による貨幣単位の評価は，市場に貨幣と爾余の経済財との交換比率がすでに存在するという前提の下にのみ，可能であるということは正しい。だがそのことから，貨幣の客観的交換価値の決定原因を限界効用理論によって完全に説明することが不可能であると推論するなら，それは誤りである。限界効用理論が貨幣の客観的交換価値をことごとく貨幣機能から説明することには成功し得ないこと，我々が示した如く，その際限界効用理論は貨幣対象の貨幣用途ではなくして他の用途に基づいた本源的な交換価値にさかのぼらねばならぬこと，このことは決して限界効用理論の欠点と認められてはならない，むしろこれはこの客観的交換価値の本質および形成に合致するものである。歴史的に伝来された客観的交換価値の助けを借りずに全く貨幣機能から，貨幣商品間の交換比率を説明することを貨幣理論に要求するなら，貨幣理

## 第2部　貨幣価値について

論の本質および任務に反する要求をそれに課することになる。貨幣価値論そのものは貨幣の客観的交換価値を，それが貨幣価値であることを止め最早商品価値に過ぎぬ点にまで，さかのぼり得るのみである。そこに至れば貨幣価値論はそれから先の研究を一般的価値論にゆだねねばならぬが，後者にとってはこの課題の解決は最早何らの困難をももたらすものではない。貨幣の主観的価値評価がすでに一定の取引価値を前提とすることは確かである。しかしこの前提さるべき価値は，我々が説明せねばならぬものと同一ではない，それは昨日の取引価値であり，必要なのは今日の取引価値を説明することである。今日市場に存する貨幣の客観的交換価値は，市場主体の主観的価値評価の影響を受けつつ昨日の客観的交換価値から形成され，同様にこれはまた主観的価値評価の営みによって一昨日の客観的交換価値から発生したものである。このようにして我々がますますさかのぼって行けば，ついに貨幣の客観的交換価値のうちに，一般的交換手段としての貨幣の機能から生ずる価値評価を起源とする構成分子を最早認め得ず，貨幣価値は他の用途によって有用である対象の価値に外ならない一点に必然的に到達する。しかしてこの点は理論の単なる思考上の手段に過ぎぬものではなく，経済史において事実，間接交換発生の瞬間に与えられている。市場で財を獲得することが自己の消費のためではなく，単に必要とされる財と再び交換せんとする目的のためであることがまだ習慣とならなかった時には，個々の財にはすべて，その直接の効用に基づく主観的評価の結果たる価値が認められたに過ぎなかった。間接交換により個々の財を交換媒介物としてのみ獲得する慣習が発展した時に初めて，人々はこの財をさらにまた間接交換に対する有用性の故にも評価し始めた。すなわち個人がその財を評価したのは，第一にそれが通常の意味で有用であったからであり，次にはそれが交換手段として使用され得るという理由からでもあった。二つの評価は共に限界効用の法則に支配される。貨幣価値のかの本源的な出発点が主観的価値評価の結果に外ならないのと同じく，今日の貨幣価値もそれに外ならぬ。

## 第2章　貨幣の客観的交換価値（購買力）の決定原因

　しかしヘルフェリッヒは限界効用理論を貨幣に適用することの不可能さに対するもう一つ別の論拠を主張することを心得ている。彼はいう，国民経済全体に注目すれば，限界効用の概念は，与えられたる財貨量によって一定の欲求のみが充足されるに過ぎないこと，したがって一定系列の効用作用のみが招致され得るに過ぎないことに基づくことが明らかとなる。かくして，なお得らるべき最小の効用は，与えられたる欲求と存在量 (Vorrat) によって確定する。この効用は限界効用理論によれば，対価として提供される他の諸財貨との割合において財の価値を定め，しかも需要のうち与えられたる存在量によって充足され得ない部分が，限界効用に相応する対価を提供することができないために除外されるという方法によって，それを定める。所与の財貨量によって，可能な効用作用も本来与えられ，それはまた次に商品の価値を定め得るという前提は，あらゆる他の財にはあてはまるが貨幣には妥当しない。与えられたる貨幣量の効用作用は個別経済に対してのみならず，全国民経済内においても貨幣の取引価値に直接依存する。貨幣単位の価値が爾余の財に対し高くなればなる程，ますます多量の財が同額の貨幣単位の媒介によって売却され得ることになる。あらゆる財では，価値は与えられたる存在量において可能な効用作用制限の結果であり，存在量の制限によって除外される効用作用の程度が高ければ高い程一般に価値は高くなるが，しかし存在量そのものの効用作用はその価値によって高められないのに反し，貨幣においては与えられたる存在量の効用作用は貨幣単位の価値を高めることによって任意に拡張されると。[1]

1) ヘルフェリッヒ，前掲 Das Geld 578頁。

　この論証の誤謬は，貨幣の効用作用を国民経済全体の立場から観察し，個々の経済主体の立場から観察しない点に求められなければならない。いかなる価値判断も必然的に，評価される対象を交換によって支配する地位にある主体から出発せねばならぬ。二つの経済財の間に選択を行い得る者のみが，他よりも一方を選ぶことによって価値判断を下すことができるのである。国民経済全体

第2部 貨幣価値について

の観点からする評価より出発する場合には，暗黙のうちに，共同経済的な交換なき組織が存し，その中ではその役目を負う機関が価値判断を行うことも仮定している。ここでは価値判断を下す機会は，生産および消費を指導するに際し，例えば種々なる用途が認められる一定の生産財をいかなる用途に使用すべきかを決定する場合に生ずる。かかる社会には一般的交換手段たる貨幣をいれる余地は全くない，かかる社会では貨幣はいかなる効用作用をも全く実現せず，したがって評価されることもあり得ない。それ故貨幣価値を観察するに際し，国民経済全体の立場から出発することは許し難い。貨幣のいかなる観察も，当然に国民経済の取引経済的状態を前提し，かかる経済制度のうちで独立的に経済する，すなわち評価する主体を出発点とせねばならぬ。[1]

1) B. M. Anderson はその優れた著作 The Value of Money (New York 1917) 100〜110頁において，上に述べた私の理論に反対し，それは理論的分析に代えるに時間的後退をもってしていると述べている。だがアンダーソンが主張し得るあらゆる炯眼な異議は，商品間に存する交換比率の形成に，歴史的に伝来された構成分子を見出すことを信ずる見解すなわち私も（上述，94頁以下参照）断固として拒否する見解にのみ向けられるのである。しかしアンダーソンも，『貨幣の使用以外のある源から発する価値が貨幣的使用の本質的な前提であることを支持する（前掲書126頁）』と明言し，私の理論の論理的基礎を承認している。

**5** 貨幣価値問題の第一の部分が解決されたから，今やいよいよ我々は今後の手順の計画を立てることができる。貨幣の客観的交換価値の発生を説明することは最早必要ではない。この任務はこれまでの研究の進行によってすでに果たされたのである。今や，貨幣と爾余の経済財との間にひとたび与えられた交換比率の変動を支配する法則が探究されねばならぬ。貨幣価値問題のこの部分は以前から経済学者の注目を集める所であったが，論理的には第一の部分がまず取扱われねばならなかったのである。それにもかかわらずこの理由同様に多くの他の理由から，その闡明のためになされたところのものは，もちろんその課題が第一の部分のそれよりもはるかに複雑しているとはいえ，必ずしも余り

## 第2章　貨幣の客観的交換価値（購買力）の決定原因

多くはないのである。

　人々は貨幣価値変動の本質を研究するに当たり，貨幣と爾余の経済財の間に存する交換比率に対し貨幣の側に作用する決定原因と，商品の側に作用する決定原因とを通常区別するのが常である。この区別をなすことは極めて合目的である，実にそれなくしては，いかなる解決の試みも始めから見込みなきものといわざるを得ないであろう。だがその本来の意義が何であるかを，常に念頭から離してはならない。諸財貨の交換比率は——同様のことはもちろん購買財と貨幣の交換比率にもあてはまるが——交換対象の両側に作用する決定原因の結果である。しかしすでに存する財の交換比率は，交換対象の一方の側にのみ現われる決定原因の変化によって修正されることがある。一財の価値評価を制約するあらゆる要素が不変であるにかかわらず，第二の財の価値評価を制約する要素が変化をこうむれば，第一の財の第二の財に対する交換比率に変化が起こり得る。もし私が2人の人のうちBよりAを好む場合に，この関係はAに対する私の感情がもとのままであるにしても，その間にBと一層親密な間柄になれば，逆の関係に変わり得る。これに似かよったことが人間の物財に対する関係についても妥当する。今日一服のキニーネより一碗のコーヒーの享楽を選ぶ者は，喫茶の楽しみが減少しないにしても，もし一夜のうちに例えば熱病を患えば，明日は反対の価値判断を下し得る。価格形成の構成要素は全体としては決して交換される財の一方の側にのみ存在するのではないが，単に修正的に過ぎぬ要素は事情によっては一方の側にのみ存し得るのである。[1]

　1) メンガー，前掲 Grundsätze 304頁以下。

　価格形成の貨幣側にある決定原因の変化が貨幣と購買力の交換比率におよぼす影響の性質および程度に関する問題は，貨幣の内的交換価値ならびにその運動の問題と呼ばれるのを常とし，他面貨幣の外的交換価値の運動なる用語によって，貨幣の客観的交換価値の場所的時間的変動が一般に総括される。[1] 二つの用語は必ずしも適切に選ばれたとはいえない。しかしメンガーがそれを用いて

第2部　貨幣価値について

以来，この用語はすでに経済学において確固たる地位を獲得した。それ故以下の研究においても，それを用いることが有益である場合には用いることにする。畢竟する所今日では最早，『貨幣の外的および内的客観的価値』なる用語が，例えばローマ的教会法的教義が外面的価値 (valor extrinsecus) および内面的価値 (valor intrinsecus) についていったような意味，もしくは17，8世紀のイギリスの著者が附帯価値 (extrinsic value) および固有価値 (intrinsic value) なる概念を用いたような意味に理解される恐れがないからである。

1)　メンガー，前掲書304頁以下。
2)　ザイドラー，前掲書686頁。
3)　ツッカーカンドル，前掲書13頁以下，126頁以下。

### B　貨幣供給と貨幣需要との比率の変動によって惹起される貨幣の内的客観的交換価値の運動

**6**　貨幣の歴史的に伝来された客観的交換価値に対し，単に貨幣素材の工業的用途のみならず貨幣の交換手段用途からも諸々の力が作用することは，恐らく今日いかなる経済学者によっても最早否認されないであろう。もちろん素人の間には反対の見解が極めて最近まで断然有力であった。素朴な観察者にとって，貴金属貨幣は貴金属片が『本来』高価な物である故に良貨であると思われ，反対に紙幣はその価値が『人工的』に過ぎない故に『悪貨』と呼ばれた。しかしこの見解に与する素人も，取引において貨幣個片を受取るのはその工業的使用価値のためではなくして，大部分その貨幣的用途に基づく客観的交換価値のためである。彼が金貨を評価するのは，単にその工業的使用価値例えば装飾品としての有用性のためばかりではなく，なかでも客観的交換価値したがって究極において貨幣的用途の故である。行動することと自己の行動の根拠および過

## 第2章　貨幣の客観的交換価値（購買力）の決定原因

程について自ら納得することとは，全く別物なのである。[1]

1) ヴィーザー，前掲 Wirtschaftlicher Wert Ⅲ頁。

　貨幣および貨幣価値に関する通俗的見解のこの欠陥は寛大に批判されるであろう，なぜならこの問題に関する科学的意見も誤謬から免れていなかったから。歓ばしいことには，漸次行われつつある変革が，近年通俗的な貨幣理論に確認されることである。貨幣の価値がその貨幣機能にも根ざすという認識は一般的になりつつある。これは通貨大論争の始まり以来，貨幣政策の問題に向けられた高まれる関心の結果である。古い理論は不完全なることが立証された，オーストリアあるいはインドの貨幣制度の如き現象を説明することは，貨幣機能からも価値が生ずることを認める仮説の助けを借りることなしには不可能であった。この見解を擁護する多数の著作は，いかなる種類の価値論的知識によっても濁らされぬ純真な公明正大さのために，時には経済学者にはなはだつまらぬものに思われるであろうが，古く根を下した偏見を揺り動かし，大衆に価格問題に対する熟慮を促したという功績だけは要求することができる。これらの著作は疑いもなく経済問題に対する目覚めつつある関心の歓ばしい徴候であり，そして人々がこのことを眼前に思い浮べるなら，多くの貨幣論に対しより寛大に考えることができるであろう。

　もちろん近代の貨幣制度のかの異常な現象を他の方法で説明しようとする試みもなくはない。それらはすべて失敗に帰した。かくてなかんずくラフリンの理論も，貨幣機能に基づく貨幣の特殊な価値を無視するがために失敗する。ラフリンが貨幣代用物の固有な特徴，何時でも即座に貨幣に兌換される性質を強調するのは正しい。[1]しかし彼が1893年ないし1899年のルピー，現金支払停止当時のロシアルーブルおよびオーストリアグルデン等の如き現象をも名目貨幣（token money）と解するならば，決定的な点で誤っているのである。彼は次のようにいう。貨幣に兌換されない一片の紙がそもそも価値を持つのは，それが何時かなお兌換されるであろうという可能性に帰せられるべきである。兌換され

## 第2部　貨幣価値について

ぬ紙幣は，この点，現在の所利得を生じないがそれにもかかわらず将来の収益性に鑑みある交換価値を具現し得る企業の株券に比較される。かかる紙幣の交換価値が免れぬところの動揺は，究極の兌換に対する見込みの変動に基づくと[2]。この推断の誤謬は具体的実例によって最も簡単に証明することができる。この目的のために，我々はラフリンにも例証として役立っているオーストリアの貨幣史を選ぼう。1859年以来オーストリア国立銀行は，要求しだい即座に銀行券を銀に兌換すべき義務を免ぜられ，1866年に発行された国家紙幣の兌換は皆目見当がつかなかった。19世紀90年代の後半に初めて，物品貨幣への移行がオーストリア・ハンガリー銀行による現金支払の事実的採用によって実現された。ところがラフリンはその間のオーストリア通貨の価値形成を，銀行券が将来金属的物品貨幣に兌換される見込みによって説明しようとする。彼はいう，その銀行券の価値を支持したものは，最初はそれが銀に，次に金に兌換されるという期待であった。この購買力の動揺は，究極の兌換の変化するチャンスに帰せられねばならぬと[3]。

1) ラフリン，前掲書513頁および次頁。
2) ラフリン，前掲書530頁および次頁。
3) ラフリン，前掲書531頁以下。

この推論の根拠のないことは的確に証明し得る。1884年に——我々はこの年を当てずっぽうに選び出すのである——ウィーン取引所における5分利付オーストリア公債の相場は平均95.81したがって4.19％平価以下であった。相場はオーストリアの本位紙幣たるグルデンをもって表わされているのである。国家公債はオーストリア国に対する5分利付債権であり，したがって国家紙幣に包含されている債権の債務者として現われるのと同じ主体に対するものであった。（二元的状態から生ずる微妙な国法的差異は，我々の問題にとって全く関係なきものとして無視するのが適当である。）いうまでもなくこの国債は償還し得べきものではなかった，すなわち債権者の側から償還を告知し得べきものではなかった。それ

## 第2章　貨幣の客観的交換価値（購買力）の決定原因

にもかかわらず，このことは利付なることを斟酌すれば，無利子にして等しく所有者の側から償還を告知し得ない国家紙幣に対し，——ことに国債の支払義務が国家紙幣で表示され，万一償還される場合にはこの紙幣でのみ行われねばならなかったから，——その価値の侵害を意味するものではなかった。実際には，問題の公債は国家紙幣が金に兌換されるはるか以前1892年に，自発的借換の形態をとって償還された。かくして次のような問題が生ずる，どうして5分利付国債が無利子の国家紙幣よりも低く評価されることになったかと。例えば，公債の償還が行われる以前に国家紙幣が金に兌換されるであろうという希望を人々がいだいたかもしれぬということに，その原因を帰することは不可能である。かかる期待は問題にならなかった。決定的なのは全く別の事情であった。国家紙幣は一般に使用し得る交換手段すなわち貨幣であり，かかるものとしてそれは国家に対する債権としての価値の外に，さらにまた貨幣としての価値を持っていた。債権としての価値のみでは疑いもなく，現実的交換価値の幾分にせよ著しい部分の支柱として役立つことには充分でなかったであろう。この紙幣に具現された債権の期限は全く不確かであり，いずれにしてもはるか先のことであった。債権としては，国家紙幣は要求権のその時々の現在価値に相応する以上に高い交換価値を代表し得ることは不可能であったであろう。ところで銀自由鋳造の停止以来，紙幣グルデン（したがってまた銀貨グルデン）の終極的兌換が兌換直前の時期における平均相場を挙ぐるに足る程超過する相場で行われないことは，最早全く疑いの余地がなかった。いずれにしても1892年8月2日の通貨整理法による移行比例の法律的確定以来，国家紙幣の兌換が余り高い額で行われないであろうことは確実であった。それなら兌換の時期がなお全く未定であったにかかわらず，クローネ（半グルデン）の金相場がすでに1892年の後半にこの相場を中心に動いたことはどうして起こり得たのであろうか？　けだし一定金額で表示され，その期限が不確かな将来にある債権は，通常それが表示されている金額よりも著しく低く評価されるのが常であるからである。この

## 第2部 貨幣価値について

問題に対しラフリンの理論は何らの解答も与え得ない，貨幣機能もまた価値形成的である事実を顧慮することによってのみ，満足すべき説明が見出され得るのである。

貨幣と爾余の経済財の間に存する交換比率に対し，貨幣の側から作用する力の程度および重要性を確保するためにこれまで企てられた試みは，ことごとく数量説の思考方法にしたがっている。それだからといって，数量説のあらゆる支持者が貨幣の価値は他の，すなわち工業的用途によってばかりでなく，貨幣機能によってももしくは貨幣機能によってのみ規定されるという認識に達していたと決していうのではない。数量説の擁護者の多くはこの点につき意見を異にし，貨幣価値は貨幣素材の工業的用途にのみ基づくと信じた。多数の者はこの問題について全く明白な観念を持たず，極めて少数の者が正しい解決に近づいたのに過ぎなかった。どの著者がどちらの部類に入れらるべきかはしばしば決定するのに困難である，実際彼等の文体はしばしば不明瞭であり理論は往々矛盾だらけである。だが我々はあらゆる数量説論者が貨幣財の価値形成に対する貨幣機能の重要性を認識していたと仮定し，それから出発してこの理論の有用性を批判的に吟味したいと思う。

人々が経済財の交換比率の決定原因を探究し始めた時，価格形成に対しその重要性を看過すべからざる二つの要素に，早くもその注目が注がれた。人々は支配し得る財貨存在量の変動と価格の変動との間に，公然たる関連を見出さざるを得なかった。そして間もなく，支配し得る量が減少すれば財の価格が騰貴するという命題が公式化された。同様に人々は価格形成に対する販売の重要性をも認めた。かくして人々は価格形成の機械的理論，すなわち極めて最近まで経済学に卓越せる地位を占めていたかの需要供給説に到達したのである。この理論は価格のあらゆる説明のうちで最古のものである。それを直ちに誤れるものと断じてはならない，この理論に対してなされねばならぬ非難は，それが価格の最終的決定原因にまでさかのぼらぬという非難のみである。『それは人が

## 第2章　貨幣の客観的交換価値（購買力）の決定原因

需要供給なる二つの言葉に与える内容にしたがって，正しくもなり誤りにもなる。売買に当たり人間を規定するあらゆる要素をその際顧慮するなら，それは正しい。それに反して需要供給を単に数量的に解し相互に対立させるなら，それは誤りである。』[1]

1) ツッカーカンドル，前掲書123頁以下。

商品の相互的交換比率に関して形成された理論を，貨幣と商品間の価値比率の動揺に対しても適用することは，もっともなことであった。人々はそもそも貨幣価値変動の事実を意識し，貨幣の価値不変性なる素朴な観念を放棄するや否や，貨幣価値変動の原因をも貨幣供給と貨幣需要の量的変動に認め始めた。数量説に対して——それのみが科学的研究の特徴たるべき客観性をもってより，はるかにしばしば憤激をもって——行われた批判は，数量説の最も古い不完全な形態に対してはいうまでもなくともやさしき業であった。貨幣価値の変動は貨幣量の変動に必然的に比例し，したがって例えば貨幣量が2倍となれば価格も2倍にならねばならぬという仮定は事実と一致せずまた何ら理論的にも基礎づけられ得ないということを立証するのは，困難なことではなかった。[1] いわんや，単純に総貨幣量と総貨幣存在量とが等価と仮定された素朴な見解が妥当でないことを示すことは，一層容易であった。

1) ミル，前掲書299頁。

しかしすべてこれらの異論はこの学説の核心を衝くものではない。一群の著述家が，すべてその他の事情が同一であればという前提の下に数量説を主張せんとすることも，数量説の否定あるいは制限と解せられ得ない，のみならずこの前提が決して妥当し得ずまた事実妥当しないと附言される場合にも，そうである。[1] 他の事情にして同じであれば (caeteris paribus) という前提はすべての科学的学説の自明な附加物であり，この附加物を欠き得るような経済的法則は存在しない。常に表面にのみこだわるかかる批判に対し，数量説は数世紀を通じて自己を主張し続けて勝利を収めることができた。ある者からは非難され，他

第2部　貨幣価値について

の者からは疑いの余地なき真理と主張され，数量説は依然として科学的議論の中心点にある。個人の力をもってしては読破することが全く不可能な無数の文献が数量説を取扱った。もちろんこれらの著作の科学的収穫は極めてわずかに過ぎない。ここでは『正しい』もしくは『誤り』と判断が下され，次いで統計的資料が——大抵は不完全にまた誤って解釈されて——賛否こもごも引合に出されるが，附随事情によって惹起された変動が充分に分離されていることはまれである。それに反して価値論的基礎にわたることは極めてまれに試みられるに過ぎない。

1) ケメラーによって前掲書3頁註に引用された印度通貨委員会に対するマーシャルの陳述 (Report, London 1898/99, Q. 11759) を参照せよ。

数量説を正当に評価せんとすれば，その時々の価値論の枠内でそれを考察せねばならぬ。この学説の核心を形づくるものは，貨幣供給および貨幣需要が貨幣価値に作用するという認識である。この断定は大なる価格革命を説明する仮設を与えるのには充分であるが，しかし完全な貨幣価値論を包含するのには程遠い。それは貨幣価値変動の${}^{\bullet}$一${}^{\bullet}$つの原因を挙げるが，問題を論じつくすことはできない。それのみをとって見れば，それはまだ貨幣価値を説明するものではなく，一般的価値論を根底にして初めて構成されるものに違いない。かくて需要供給説，生産費説，主観的価値論が順次数量説の基礎をつとめねばならなかった。

一方に貨幣価値の変動，他方に貨幣供給と貨幣需要の比率の変動，この両者の間にある関係が存するという根本思想をのみ我々は数量説から取出すが，それはその点に理論の内容の歴史的に最も正しい表現が認められ得るためではなく，これが近代の研究家もまた有用なものと承認し得るしまた承認せねばならぬ理論の核心であるがためである。学説史家はこの公式化を厳密ならざるものとし引証を挙げて反駁するかもしれないが，数量説において価値があり貨幣価値理論の礎石として使用され得るものを，それが正しく表現するということは

## 第2章 貨幣の客観的交換価値（購買力）の決定原因

承認せざるを得ないであろう。この断定以上のものを数量説は我々に与えない。なかんずくそれは貨幣価値変動の機構の説明を欠いている，数量説の代表者の一部の者は全くこの問題に触れず，他の者は不完全極まる説明原理を使用する。上記の如き種類のある関係が存在することは，観察の教える所である。しかしてその関係を価値の根本法則から究め，かくしてその真の意味を把握すること，これが課せられたる問題なのである。

**7** 均衡状態が作り出され需要供給が量的にも質的にも一致するまで両者が相互に適応せんとする過程，これが市場における現象の帰趨である。しかし需要供給は，人間の魂に深く根ざしている結び付きの，市場から認め得る関節であるに過ぎない。需要供給がより強い強度をもって現われるかそれともより弱い強度をもって現われるか，したがってまた需要供給が一致せしめられる交換比例がいかなる高さで見出されるかは，主観的価値評価に依存する。このことは，直接交換において他の経済財相互の間に存する交換比率の形成について妥当するばかりでなく，同様に一方に貨幣他方に個々の交換財の間の交換比率の形成についても妥当する。

長い間を通じ，貨幣需要は客観的事実によって規定される大きさであり，主観的要素によって左右されないと信ぜられていた。国民経済の貨幣需要は一面，与えられた時間内に売買される商品の総量，他面，貨幣の流通速度によって定まると考えられた。メンガーが初めて反駁することに成功したこの観察方法は，[1)]出発点からして誤っている。国民経済の貨幣需要から出発することは許し難い。そこにのみ貨幣をいれる余地が残されている非組織的な国民経済そのものは，経済的関係の主体ではない。それは個々の成員が必要とする限り，貨幣を必要とするに過ぎない。国民経済の貨幣需要は個別経済の貨幣需要の総計に外ならぬ。ところが個別経済にとっては，かの $\frac{売買量}{流通速度}$ なる公式を模した構成を立てることは不可能である。個人の貨幣需要を規定しようとすれば，貨幣を授受する時に個人がそれに基づいて行動する観点から出発せねばならぬ。いかなる経

## 第2部　貨幣価値について

済主体も，その営利経済および消費経済の予想し得べき需要を満たすために，一般に使用し得る交換手段のある保有量を維持することを強いられる。この需要の大きさは一連の個人的事情に左右される。それは当該経済単位の経済処理方法ならびに社会的な生産および交換装置の全組織によって，同様に著しく影響される。しかし常にすべてこれらの客観的要素は，個人を動機づけるものとしてのみ問題となるに過ぎず，個人の貨幣需要の具体的高さに直接の影響を及ぼし得るものではない。経済生活のあらゆる部面においてそうである如く，ここでも経済主体の主観的価値評価のみが決定的である。二経済の現金保有は，すべての客観的前提が同一であっても，その利害得失が経済主体により異なって判断されれば，異なる大きさたり得るのである。

1) メンガー，前掲 Grundsätze 325頁以下，更にヘルフェリッヒ，前掲 Das Geld 500頁以下。

個人の現金在高は必ずしもことごとく貨幣から成り立つことを要しない。貨幣で表示され何時でも支払われる確実な貨幣債権が取引において貨幣代用物として使用され，貨幣に代わって授受される時には，個別経済の貨幣保有量も全部もしくは一部，この代用物のそれに相応する保有量によって代えられ得る。このことは，技術的理由（例えば貨幣を種々なる金額のものに分割して保有する必要）から事情によっては欠くべからざる必要ですらある。かくて広義の貨幣需要と狭義の貨幣需要について論ずることができる。前者は貨幣および貨幣代用物に対する個人の総需要を包括するが，後者は貨幣に対するもののみ包括するに過ぎない。第一のものは如何なる経済にとっても，その主体の意思によって与えられる大きさである。第二のものは上に述べた分割の要素を度外視すれば，比較的個人的影響に左右されない。個別経済の現金在高中，貨幣代用物から成立する部分が多いか少ないかは，上の事情を別とすれば，利付きの貨幣代用物（利付銀行券もしくは利付当座勘定）を獲得する可能性が与えられる場合にのみ個人の利益に触れるに過ぎない。その他のあらゆる場合には，このことは個人に

## 第2章　貨幣の客観的交換価値（購買力）の決定原因

全く無関係のことである。

　個別経済のこれらの現象から，国民経済における貨幣需要 (Geldnachfrage) と貨幣供給 (Geldangebot)，貨幣需要 (Geldbedarf)[註] と貨幣存在量 (Geldvorrat) とが生ずる。貨幣代用物が使用されない間は，国民経済の貨幣需要および国民経済の貨幣存在量は個別経済の貨幣需要および貨幣保有量の総計と規定される。このことは貨幣代用物の発生と共に変化する。その時には国民経済の狭義の貨幣需要は最早個別経済の狭義の貨幣需要の総計ではなく，国民経済の広義の貨幣需要は決して個別経済の広義の貨幣需要の総計ではない。個別経済の現金中貨幣の地位を代理する貨幣代用物の一部は，兌換機関——それは常に発行機関と同一であるのではないが，通常それと同一である——の現金中『兌換準備金』もしくは『支払準備』として集積されている貨幣額によって準備される。我々は同額の貨幣の保管により全額準備されて発行される貨幣代用物に対し貨幣証券 (Geldzertifikate) なる称呼を，またこのように準備されざる貨幣代用物に対し流通手段 (Umlaufsmittel) なる称呼を採用する。本書の第3部で論ぜられる問題を顧慮して選ばれたこの用語は，そこでその合目的性を証明せねばならぬであろう。この用語は銀行技術的に考えられたものでもまた法律的に考えられたものでもない。なぜなら，それは全く経済学上の討究目的のために定められたに過ぎぬからである。一定の貨幣代用物を直ちにどちらかの集団に入れることができるのは，稀有の場合である。それはその類型全部が貨幣によって全額準備されるか，もしくは全然準備されない貨幣代用物についてのみ可能である。全体の一部が貨幣により準備され，一部が貨幣により準備されないあらゆる他の貨幣代用物にあっては，可除的部分を両集団の各々へ観念的に割当て得るのみである。それは別に困難なことではない。例えば3分の1は貨幣により準備され，3分の2は貨幣によって準備されない銀行券が流通するなら，各個の銀行券は3分の2が流通手段，3分の1が貨幣証券と見なさるべきである。かくして国民経済の広義の貨幣需要は貨幣および貨幣代用物に対する個別経済

## 第2部　貨幣価値について

の需要の総計として現われ得ないことが直ちに明らかとなる，けだし貨幣証券ならびにこの支払準備として銀行その他に役立つべき貨幣に対する需要を数えることにより，同一の項目が二度加算されるからである。国民経済の広義の貨幣需要は，むしろ正しくは貨幣および流通手段に対する（支払準備金を含む）個別経済の需要の総計ということになる。他面，国民経済の狭義の貨幣需要は貨幣および貨幣証券に対する（今度は支払準備金が包含されない）個別経済の需要の総計である。

　註）貨幣欲求と区別して訳すべきかもしれないが，便宜上貨幣需要という語を用いた。
　　本書中に出てくる貨幣需要という語はごくわずかな例を除き Geldbedarf である。

我々は本書のこの第2部では，流通手段の存在を度外視し，経済個体の貨幣需要が貨幣および貨幣証券によってのみ，したがって全国民経済の貨幣需要が貨幣によってのみ充足され得ると仮定しようと思う。[1]流通手段の創造および流通によって発生する重要かつ困難なる問題を論ずることには，本書の第3部があてられている。

1) この仮定は通貨学派によって立てられた純金属通貨の理論と類似しているから，銀行学派によってそれに加えられた批判を吟味することが必要となるであろう，だが第3部に挿入される流通手段および清算制度に関する論述は，ここで埋められずに残されている欠陥を満たすはずである。

貨幣の内的客観的交換価値の変動の説明は貨幣需要とそれの貨幣保有量に対する関係を出発点とする。貨幣需要の本質を正しく認めない者は，貨幣価値変動の問題の本論に入らんと試みて，その端緒において失敗せざるを得ない。貨幣需要を個別経済から説明する代わりに国民経済から説明せんとする公式より出発すれば，貨幣保有量を一切の経済行為の基礎たる個人の主観的価値評価に結びつける道は発見されない。これに反し個別経済における現象を出発点に取れば，困難なくこの問題を解決することができる。自己の貨幣保有量以上に貨幣を需要する個人が，交換行為を結ぶに当たり，いかに行動するかを明らかに

## 第2章 貨幣の客観的交換価値(購買力)の決定原因

するには，格別詳細な説明を要しない。必要と信ずる以上に貨幣を金庫中に寝かせてある者は，役に立たぬ過剰保有量を減少させるために買うであろう。彼自身企業家であれば，多分自己の企業を拡張するであろうし，またかかる使途が可能でなければ，恐らく利付の有価証券を求めるであろう，あるいは消費財をのみ得んとすることも可能である。しかしいずれにしても，彼は自己の現金保有を過大であると考えるその事情を，それに相応せる態度によって市場で表明する。また貨幣需要が貨幣保有量におよばない人は，正反対に行動するであろう。(財産もしくは所得が不変であるのに)個人の貨幣保有量が減少すれば，売買を行う際それに相応せる態度を取ることにより，現金保有を望み通りの高さにしようと努力するであろう。貨幣の不足は，その他の財を貨幣に対して売却することを困難にする。交換によってある財を譲り渡すことを強いられる者は，それの代わりにまず第一に一般的交換手段を欲求し，これを得ることに余りに大なる犠牲が伴う場合に初めて，他の経済財——彼が売却しようとする財よりも販路性が大であるが，一般に使用される交換手段よりも販路性が小なる経済財で満足する。一方に貨幣の販路性，他方に他の財の販路性，その両者の間に著しい懸隔を開かせる現在の市場組織では，そもそも交換媒介者として問題となるのはもう貨幣だけであり，例外的場合にのみ他の経済財もこの職能に服せしめられるに過ぎない。それ故上述の場合には，あらゆる経済人は，交換によって得た市場性の少ない交換財を，彼の欲する必需的財貨と更に交換する際こうむらねばならぬ新たな損失を免れるために，しからずんば彼が要求したであろうより小額の貨幣量を進んで受取るであろう。

　国民経済の貨幣需要という誤れる構成から出発する旧理論は，この問題の解決に決して成功し得なかった。この理論が寄与するところのものは，需要が不変であるのに国民経済に支配される貨幣存在量が増大すれば貨幣の内的客観的交換価値が減じ，存在量が不変であるのに需要が増加すれば反対の結果が生ずる云々という事実を敷衍することに限られている。このことはすでに数量説の

## 第2部 貨幣価値について

創始者が天才的なひらめきをもって認識せる所であった。人々が貨幣需要の大きさに関するかの公式 $\frac{売買量}{流通速度}$ を分析し，もしくは貨幣存在量なる概念を詳細に厳密化しようとしたことは，特にこのことが常に流通手段および清算取引の本質を誤認して行われたから，決して進歩と呼ばれ得るものではない。貨幣保有量と貨幣需要の比率の変動がいかにして主観的価値評価に影響するか，その経路を示すことができない間は，人々は貨幣価値論のこの部分の中心的課題に一歩たりとも近寄れなかったのである。しかるにこれらの旧理論はこれに成功することができなかった，したがってそれは決定的な点で破綻するのである。[1]

1) 他の点では主観的価値論を根底とする研究家もこの誤りに陥ったことは，奇妙なことである。例えば Fisher and Brown, The Purchasing Power of Money, New York 1911, S. 8 ff.

最近ヴィーザーは『貨幣需要の集合概念』を貨幣の内的客観的交換価値の変動理論の出発点として使用することに反対の意を表明した。彼はいう，貨幣価値を研究するに当たっては，総貨幣需要は問題にならぬ。例えば租税支払のための需要は問題外である，なぜならこの支払によって貨幣価値は形成されず，一定価値を持つ貨幣力 (Geldmacht) が租税義務者から租税権者に移転されるに過ぎないからである。同様に，信用取引における資本および利子の支払，贈与および遺贈の払渡によっては貨幣力が個人的に推移されるに過ぎない。貨幣価値の職能説は問題を論ずるに当たり，貨幣の価値がそれによって規定される量的関係に限定されねばならぬ。貨幣価値は交換過程において形成される，したがって貨幣価値論では交換に現われる量的関係のみが研究されねばならないと。[1] しかしヴィーザーの異論は，租税の給付，資本および利子，贈与および遺贈の支払等の際の貨幣の交付も交換の経済的範疇に入るという事情によって反証されるばかりでない。我々はヴィーザーの狭義の交換概念を承認するにしても，彼の述べる所には反対せざるを得ない。価値（ヴィーザーのいう所はもちろん客観的交換価値の意味である）が交換過程において形成されるのは貨幣にのみ特有な

## 第2章 貨幣の客観的交換価値（購買力）の決定原因

ことではない，同様のことはあらゆる他の経済財に妥当する。それ故，価値論が一定の量的関係をのみ，すなわち交換過程に現われる量的関係をのみ研究すべきことは，あらゆる経済財に対し正当であらねばならぬであろう。だがそれに対し，経済的に顕著な財の量的関係にして交換過程に現われないようなものは存在しないということが，明確に理解されねばならない。経済的に観察すれば，財貨は交換する個人の価値評価に影響しないような関係は全く持たないのである。価値が交換過程においてのみ——この語をヴィーザーの狭義の見解に使用して——現われることを認容するにしても，そうである。しかし交換を行い，その時貨幣を獲得しもしくは譲り渡さんとする人は，それを他の交換行為（その語のかの狭義の意味の）に使用し得ることを考慮して貨幣単位を評価するばかりでなく，租税を支払い，負債資本および利子を返済し，贈与を行うために貨幣を必要とする故にも貨幣単位を評価する。あらゆるこれらの目的に貨幣を用意する必要を顧慮して，彼は現金保有高を判定する，そして貨幣需要の高さに関するこの判断が貨幣に対する需要を決定し，この需要を持って彼は市場に現われるのある。

1) ヴィーザー，前掲 Der Geldwert und seine Veränderungen 515頁および次頁。

**8** 個々の経済において貨幣需要と貨幣保有量との間に存する比率の，個人的原因から行われる変動は，通常，市場において量的に重要であり得ない。それは多くの場合，交換に関与する他の経済に生ずる反対の変動によって，全部もしくは少なくとも一部相殺されるであろう。しかして他の方向へ阻止する力によって打消されない傾向が一方もしくは他方へ発動される場合にのみ，貨幣の内的客観的交換価値の変動が起こり得る。個別経済内の貨幣保有量と貨幣需要との比率を推移させる原因が，個別経済にのみ現われる偶然的，個人的要素にあるのに過ぎなければ，大数の法則 (der Gesetz der großen Zahlen) にしたがい，個別経済から発し市場において両方向に向かう力は相互的均衡を保つと認められねばならぬであろう。したがって完全な相殺が行われる蓋然性は，取引

## 第2部　貨幣価値について

に関与する個別経済の数が多ければ多い程,大となる。個別経済内部に存する貨幣需要と貨幣保有量との比率を推移させ得る事件が国民経済に生起する場合は,事情が異なる。もちろんかかる事件は,それが個別経済内で主観的価値評価を変形すること以外によっては,効力を発揮し得ない。しかしそれは,同時にかつ同程度ではないにしても,多数の個人の主観的価値評価に同方向に影響をおよぼし,その結果として貨幣の内的客観的交換価値に対する効果が生じざるを得ないという意味で,国民経済的な集団的現象である。

貨幣需要が不変であるか,もしくは同程度には増大しないのに,貨幣存在量が増加せる結果として生じた貨幣の内的客観的交換価値の変動は,貨幣史において特に重要な役割を演じている。初めて経済学者の注目をひいたのも実にそれに外ならなかった,そしてかかる変動を説明せんがために,第一に数量説が立てられたのであった。あらゆる著述家がこの変動を最も詳細に取扱った。それ故これを特に精密に論じ,それについて理論上二,三の重要な点を明らかにすることは,適当なことであろう。

貨幣存在量の増加を,物品貨幣の貨幣素材の生産もしくは輸入の増加によると,また表象貨幣もしくは信用貨幣の新規発行によると,そのどちらに観念しようとも,常に新しき貨幣は一定経済に支配される貨幣保有量を増加させる。国民経済における貨幣量の増加は,常に一群の経済主体の貨幣所得の増大を意味する,しかしそのことは必ずしも同時に,全国民経済に支配される財貨存在量の増加,国民所得の増大を意味するとは限らない。表象貨幣もしくは信用貨幣の増加は,その増加がなければ物品貨幣によって充足されたであろう貨幣需要がそれによって満足される時にのみ,国民経済に支配される財貨存在量の増大とも見なされ得るのである。なぜなら物品貨幣の貨幣素材は他の財の交付によって交換の経路を経て調達されるか,もしくは一定の他の生産を断念して産出されねばならなかったからである。これに反し,表象貨幣もしくは信用貨幣の新規発行の中止が物品貨幣の増加を結果しなかった時には,貨幣増加をもっ

## 第2章 貨幣の客観的交換価値（購買力）の決定原因

て国富もしくは国民所得の増加と認めることはできないのである。

　国民経済の貨幣存在量の増加は表象貨幣もしくは信用貨幣の発行者であるにせよ，物品貨幣の貨幣素材の生産者であるにせよ，常に一群の経済主体の貨幣所有の増加を意味する。これらの人々については，貨幣需要と貨幣保有量との比率が推移せしめられる，すなわち彼等は相対的に貨幣を過剰に有し，相対的に他の経済財に不足する。この二つの事情の直接の結果は，貨幣単位の限界効用が彼等に対し減少するということである。それは市場における彼等の態度に影響をおよぼさざるを得ない。彼等は『より交換力ある』すなわち『より購買力ある』ようになる。かくて彼等は市場において，これまでより一層強くその需要品に対する需要を表明するに違いない，彼等はその獲得せんと欲する商品に対し，より多くの貨幣を提供し得るのである。当該財貨の価格が騰貴し，貨幣の客観的交換価値がそれらの財に対し減少することは，その自明の結果であろう。しかし市場の価格騰貴は，新貨幣の最初の所有者の欲求が向けられる財に限られてはいない。この財を市場にもたらした人々の所得および相対的な貨幣保有量も増大し，彼等自身はまたその需要する財に対して，より強い需要を示し，その結果この財の価格も騰貴することになる。かくして価格騰貴は稀薄化しつつ，すべての商品があるものは強く他のものは弱く騰貴せしめられるまで続けられる。貨幣増加はあらゆる個人に対し所得増加を意味するものではない。追加的貨幣量が最後に到達する社会層は，貨幣増加によってひき起こされた貨幣価値減少の結果，むしろ所得の縮減をこうむるが，このことは後になお言及されるであろう。かくてこの社会層の所得の縮減からして，他の社会層の所得増加に由来する貨幣価値減少への傾向を阻止せんとする傾向が生ずるが，それは他の社会層の所得増加の影響をことごとく打消し得るものではない。

1) ヒューム，前掲 Essays (Ausgabe Frowde, London) 294頁以下，ミル，前掲書 298頁以下，Cairnes, Essays in Political Economy, Theoretical and Applied, London 1873, S. 57 ff. シュピートホフ，前掲 Die Quantitätstheorie. 250頁以下。

## 第2部　貨幣価値について

　数量説の機械的解釈の支持者は，価格形成に対する貨幣増加の影響の仕方についての観念が明瞭でなければならない程，貨幣増加が結局あらゆる経済財の均一的な価格騰貴を招来せざるを得ないという見解に，ますます傾きがちになる。かかる見解は，貨幣量が商品価格に作用する機構の深い洞察とは両立しない。増加せる貨幣量は差当たりあらゆる経済主体ではなく，多かれ少なかれ制限された一群の経済主体に常に流入するから，価格騰貴はまず第一に，これらの人々によって需要される財におよび，かつこれらの財について最も強く表われる。次いで価格騰貴が一層進めば，貨幣量の増加が一度きりの一時的現象として現われるに過ぎぬ時には，この財は著しく高まれる価格水準を一部のみ維持し得るに過ぎず，ある程度まで平均化が生ずるであろう。しかしあらゆる財が同一程度に騰貴する程完全な価格騰貴の平均化は生じ得ない。商品の貨幣価格は，価格騰貴の出現後は最早，その始まり以前と同じ相互関係にはなく，貨幣の購買力の減少は個々の経済財に対し均一的ではない。ヒュームは勝手に彼の立論の基礎として，一夜のうちに奇跡によってあらゆるイギリス人に5個の金貨がひそかに授けられると仮定する。ミルは正当にも，このことが個々の商品に対する需要の均一的な増加を結果し得ないことを指摘し，資力乏しき国民層に対する贅沢品は，他のものに比して一層強く価格が騰貴するといっている。それにもかかわらず彼は，社会の欲望が総計して（社会の欲望と嗜好が消費に関し全体として the wants and inclinations of the community in collectively respect to consumption）不変であれば，あらゆる商品価格の均一的騰貴，しかも厳密に貨幣存在量の増加に比例せる騰貴が起こらねばならぬと信ずる。彼はヒュームに劣らず技巧的に，ある人の所有するすべてのポンド，シリング，ペニーに，もう一つのポンド，シリング，ペニーが突然添え足されると仮定する。しかし各個人の貨幣保有量がその全財産に対し，国民経済のあらゆる所属者において同一なる一定の割合を占め，その結果追加的貨幣量の出現によって個別経済の相対的な財所有の推移が生じないと仮定する時ですらも，——それはミルの看

## 第2章 貨幣の客観的交換価値（購買力）の決定原因

過せる所であるが——均一的な価格騰貴は起こり得ないであろう。なぜならこの全く有りそうにもない場合にも，貨幣量のあらゆる増加は市場の需要状態の推移をひき起こし，これは必ずや個々の経済財の不均衡な騰貴をもたらさざるを得ないからである。のみならず決してあらゆる商品がより強く需要されるのではなく，かつより強く需要される商品も同程度に然るのではない。[3]

1) ヒューム，前掲書307頁。
2) ミル，前掲書299頁。
3) Conant, What determines the Value of Money? (The Quarterly Journal of Economics, Vol. XVIII, 1904) S. 559 f.

貨幣量の大きさの変動が貨幣の内的客観的交換価値の大きさの逆比例的変動を喚起し，したがって例えば貨幣量が2倍となれば貨幣の購買力は半分に減少するに違いないといったひろく流布せる憶説は，全く根拠がないのである。

何らかの方法によって——もちろん我々はいかなる種類の方法であるかを挙げることはできないが——各個人があらゆる他の個人に対する財産状態の比率関係を動かさずに，貨幣保有量を増加すると仮定しても，この場合にも貨幣量の増加に比例的な，貨幣の内的客観的交換価値の変動が起こらないであろうことを証明するのは難しいことではない。すなわち，支配される貨幣保有量の大きさの変動が各個人の側から受ける判断は，貨幣の内的客観的交換価値の比例的変動を推論しようとするとき仮定せねばならぬように，この変動の大きさに左右されるものではない。貨幣単位の所有者に，$b$ 貨幣単位が新たに与えられるなら，彼は爾後全保有量 $a+b$ を，以前 $a$ だけの保有量を評価したのと全く同じ高さに評価することはないであろう。彼はより大なる保有量を支配する現在，より小なる保有量ほか自由にならなかった以前に比して，一単位をより低く評価するであろう。どれだけ彼が貨幣単位をより少なく評価するかは，多数の個人的事情，各個人によって異なる諸々の主観的評価に依存する。全く同じ資産状態に生活し，それぞれ貨幣保有量 $a$ を所有する二人の個人は，それぞれ

## 第2部　貨幣価値について

　$b$ 単位だけ貨幣保有量を増加することによって，決して貨幣の価値評価を同様に変動せしめられることはないであろう。万一個人に支配される貨幣量が2倍になれば，彼によって貨幣単位に賦与される交換価値が必ずや半分に減少せねばならぬと仮定することは，全く不合理である。例えば 100 クローネの現金保有量を維持することを習慣とする個人を考え，今この個人に 100 クローネの金額がある側から与えられたと仮定してみよ。貨幣量の量的変動が貨幣の購買力に対し均一に比例的な影響をおよぼすというあらゆる理論が，いかに全く根拠ないかを知るためには，この例を思い浮かべるだけで充分である。けだし，かかる貨幣増加が同様にして国民経済のあらゆる他の個人にも生ずると仮定することは本質的に我々の例と異ならないからである。

　貨幣の量的変動の結果として貨幣の購買力の逆比例的変動を認める者の立論の誤謬は，出発点にある。正鵠な結果を得んと欲する者は，各個人の価値評価から出発し，貨幣の増加もしくは減少が個人の価値度盛にいかなる作用を及ぼすかを吟味せねばならぬ，なぜならこれに基づいてのみ財の交換比率の変動が行われるからである。貨幣量の変動が貨幣の購買力に比例的影響を及ぼすという理論の支持者の議論の先端にあるのは，1単位の価値が2倍になれば国民経済に支配される貨幣量の半分が全存在量と同じ効用作用を果たすという主張である。この主張の正当性は争うべからざるものである，だがそれは，それをもって証明しようとするものを決して証明しない。第一に，貨幣存在量と貨幣単位の価値の大きさは，貨幣使用に基づく効用作用の大きさに対し全く無関係であることが，明確に認められねばならぬ。国民経済は常に貨幣によって得らるべき最大の効用作用を享受する。貨幣単位の価値の変動が存在量の大きさの変動と比例的に生じない時にも貨幣存在量の半分は全存在量と同じ効用作用を果たすであろう。しかしながら，その主張からは，貨幣量が2倍になれば貨幣の内的客観的交換価値が半分に減少せねばならぬという命題がまだ決して結論されないことを注意すべきである。個別経済の価値評価から発して，かかる比例

## 第2章　貨幣の客観的交換価値（購買力）の決定原因

的変動をひき起こし得る力が作用することが示されねばならぬであろう。このことは決して証明され得ない，むしろ証明されるのは，その反対であろう。我我は個別経済の貨幣量増加が同時に財産もしくは所得の増加としても現われる場合について，このことをすでにくわしく述べた。しかし貨幣量の増加が個別経済の財産もしくは所得に影響しない場合にも，結果は異ならない。我々はある人がその所得を半分は利付の有価証券で，半分は貨幣で受取り，そして所得の4分の3を貯蓄する習わしであり，しかもこれを行うのに，有価証券は持ち続け，現金で収入せられる半分を等分に，日常の必要に支出することと有価証券をさらに買入れることとに使用すると仮定しよう。しかるに所得の構成に変化が起こり，今は4分の1のみが有価証券で，4分の3が現金で与えられることになるとする。するとこの人は爾後現金収入の3分の2を利付証券の買入に使用するであろう。もし有価証券の価格が騰貴し，もしくは同じことであるが，その利率が低下すれば，彼はどちらの場合にも抑制して，しからずば買入に使用したであろう金額を引下げるであろう。それ故彼はむしろ，少額だけ現金保有を増加することによって得る利益が，証券の取得によって獲得し得る利益に優れることを認めるであろう。その際第二の場合には，彼は疑いもなく第一の場合より高い価格を支払う，一層正確にいえば，第一の場合より多量の証券をその高い価格で獲得することに傾くであろう。しかし第二の場合に，有価証券1単位に対し，第一の場合の2倍を支払うつもりは決してないであろう。

　数量説の初期の代表者達の間では，貨幣量の変動に逆比例的な，貨幣の購買力に対する効果を仮定することは，まだ恕すべきであろう。交換価値を基として市場の価値現象を説明しようとする者は，この場合往々誤りに陥りがちであった。しかし主観的価値論の根底に立つと思い込んでいる研究家達も同様な過失を犯したことは，説明に苦しむ所である。この場合には，責は市場現象の機械観にのみ帰せられねばならぬ。かくて数量説の純機械観を代表し，数学的方程式を立てるフィッシャーおよびブラウンも——彼等はその方程式の中に貨幣

## 第2部 貨幣価値について

価格形成の法則が含まれていると考える——必然的に,貨幣量と貨幣需要の比率の変動の影響は貨幣の内的客観的交換価値の比例的変動を招来するという結論に達せざるを得ないのである。[1] いかにしてまたいかなる経路によりかかる結果になるかは,それ以上くわしくその公式から推論され得ない。なぜならその公式は,それのみが交換比率の変動に決定的な要素たる個別経済の主観的価値評価の変動と,何らの関連も持たないからである。フィッシャーおよびブラウンは彼等の結論を正当づけるため,三つの例を挙げる。第一の例では,貨幣の名称が政府によって変えられ,例えばこれまで半ドルと名づけられたものが今は完全な1ドルと呼ばれるということから出発する。それによって流通するドル数が増加され,新しいドルで計算された貨幣価格が以前に比して2倍の高さにならねばならぬことは明白である。この点については彼等は正しいと認められねばならない,しかしそれから引出す結論はそうでない。彼等の例は実際的には貨幣数量の増加に関せずして,名称の変化に関するに過ぎないのである。この例でそもそも『貨幣』とは何であるのか？ それはドル貨が作られるところの素材であるか,信用ドルの基礎となる債権であるか,貨幣として使用される表象であるか,それとも『ドル』という言葉であるのか？ フィッシャーおよびブラウンの挙げる第二の例は,第一のものに劣らず不当に解釈されている。彼等は,政府がすべてのドル貨を二つに切断し,各半分から新しいドル貨を鋳造するという前提から出発する。しかしこの場合にも,名前の変動が存在するに過ぎない。彼等の挙げる第三の例はもちろん,真実の貨幣増加に関している。しかしこの例は我々が先にくわしく論じたヒュームおよびミルの例と全く同様,不自然にして信ずべからざるものである。彼等は,政府が各人にその所有するすべてのドルに第二のドルを贈るということから出発する。この場合にも貨幣の内的客観的交換価値の比例的変動が起こり得ないことは,我々がすでに示した如くである。

1) フィッシャー・ブラウン,前掲書28頁以下,157頁以下。

## 第2章 貨幣の客観的交換価値（購買力）の決定原因

　かくて我々は，いかにしてフィッシャーが彼の機械的数量説を維持し得るかを理解することができる。彼にとっては数量説こそ貨幣価値形成に特に固有な学説と思われるのであり，したがって彼はそれを他の経済財の価値形成の法則とまともに対立させるのである。もし世界の砂糖在高が——と彼はいう——100万ポンドから100万ツェントネルに増加すれば，今1ツェントネルは以前1ポンドが持っていた価値を持たねばならぬということは，それから結論されないのに違いない。貨幣についてのみはこれと異なると。しかしそれを証明すべき義務を彼は負っている。フィッシャーおよびブラウンがその機械的公式を貨幣価値に対し立てるのと同じ権能をもって，かかる公式をあらゆる任意の商品の価値に対しても立て，それから同様な結論を導くことができるであろう。人人がそれをしない理由は，かかる公式が大多数の商品の需要曲線に関する我々の経験に余りにも矛盾し，ただの一瞬間たりともかかる公式を維持し得ないという事情にのみ求められねばならない。

　我々が一方において他方の2倍の貨幣が存在するということ以外によっては相互に区別されない二つの経済組織を静的状態において比較すれば，一方の組織における貨幣単位の交換力は他方の組織における貨幣単位の交換力の半分に等しくならねばならぬことが明らかになる。だがそのことから，貨幣量が2倍になれば貨幣単位の購買力が半分に低下せねばならぬと結論してはならぬ。けだしいかなる貨幣量の変動も静止的経済組織に動的な原動力をもたらすものだからである。それによって喚起された運動の効果が完了するに至って出現する新しい均衡状態および静止状態は，追加的貨幣量の浸透以前に存続した状態と同一ではあり得ないであろう。したがってその状態に対しては，貨幣単位の与えられたる交換価値における貨幣需要の高さも異なるものであろう。今2倍となった貨幣量の1単位は交換力が半分となっても，それが静止的組織において貨幣量の増加以前に意味したものと同じものを意味しないであろう。貨幣量の変動に貨幣単位の価値に対する逆比例効果を帰するあらゆる人々は，静学にの

第2部　貨幣価値について

み適合せる観察方法を動学に適用するのである。

　数量説を目して，あたかも貨幣にのみ特有な価値形成の特殊性を確証するものであるかの如く解することも，全く誤りである。新旧を問わずこの理論の支持者の多数はこの誤りに陥っている，そして数量説に向けられた烈しいかつしばしば不当な攻撃は数量説の支持者のかかるまたは類似の誤謬を知れば，よほど酌量すべき余地がある。

　**9**　数量説に対して提起された異論の一つ，数量説は他の条件が同一である場合にのみ妥当するという非難は，すでにこれを吟味した。追加的貨幣量が退蔵されることもあるという可能性を指摘することは，我々の結論の確固性に対し，この異論以上に根拠あるものではない。この論拠は貨幣価値論の歴史に卓越せる役割を演じた，とりも直さずそれは数量説の反対者の武器庫における最も鋭利な武器の一つであった。通貨主義理論（カーレンシーテオリー）の反対者の議論では，この論拠はそれと内容的にも密接な関係のある現金節約的支払方法の弾力性の定理に次ぐものである。我々はそれを分離して観察しようと思う，だがそれにもかかわらずこの個所で述べ得ることは，流通手段の理論にあてられた本書の第3部の論述をまって初めて正しく理解されるであろう。

　フラートンにあっては，退蔵金 (die Horte) はおきまりの機外神 (deus ex machina) 註)である。それは過剰の貨幣量を収容し，増加せる貨幣需要がそれを必要とする時初めてこの貨幣量を取引に放出する1)。それ故それは市場に対する貨幣の流入流出をその時々の貨幣需要の変動に適応させる貯水池の役目をある程度果たすのである。退蔵金中に集積された大量の貨幣は遊金として存在し，取引が危殆に瀕せる貨幣の内的客観的交換価値の安定を維持するためにそれを必要とする瞬間を待ち，また需要が減少する時にこの安定を脅かす可能性のあるすべての貨幣額は，流通から再び退蔵金に復帰し，再び取りこられるまで静かに眠っている。それによって数量説の議論の原則的な正当性は暗黙のうちに認められているが2)，それにもかかわらず，国民経済において作用する一つの原

## 第2章 貨幣の客観的交換価値（購買力）の決定原因

理が数量説によって述べられた過程の出現をそのつど阻止することが主張されているのである。

1) Fullarton, On the Regulation of Currencies, Second Edition, London 1845, S. 69 ff.; Wagner, Die Geld-und Kredittheorie der Peelschen Bankakte, Wien 1862, S. 97 ff.
2) 他の個所では明確に認められている。フラートン，前掲書57頁および次頁，ワグナー，前掲書70頁。
註) 行きづまりを打開するため，唐突として登場する神。ギリシャ劇に用いられる手法である。

フラートンおよび彼の支持者は遺憾ながら，いかなる方法で貨幣需要の変動が退蔵金機構を発動させるかを示すことをしなかった。明らかに一切のことは，交換取引に関与する人々の意思がその際活動することなくして，ひとりでに行われるとするのである。かかる見解は市場の過程を純機械的に解釈する点で，数量説の最も素朴な変種を凌駕する。貨幣需要の問題の表面的な研究ですら，貨幣退蔵の理論の支持すべからざることを証明するに違いなかったであろう。

まず第一に明確にされねばならぬのは，国民経済的意味において貨幣の遊休ということは全くあり得ないことである。あらゆる貨幣は，それが正に（言葉の最も広い意味で）金庫内に静止しているか，それとも動きつつあるかすなわち観察の瞬間に丁度その所有者を変えつつあるかを問わず，同様に貨幣職能に向けられているのである。交換によって譲渡される貨幣個片は，契約の一当事者の支配力から他の者のそれへ直接移転し，それが丁度動きつつある時期は確かめ得られないから，我々はあらゆる貨幣を何人かの貨幣保有量として静止していると見る。国民経済の貨幣存在量は個別経済の貨幣保有量の総計である，したがって唯一時的にも個別経済の貨幣保有量の一部を形成しないような，さまよえる貨幣は存在しない。あらゆる貨幣は予想される将来の使用のために個別経済内に用意されている。問題の貨幣が支出されるところの次の貨幣需要の時期が早く現われるか，それとも遅く現われるかはどちらでもよいことである。

## 第2部　貨幣価値について

その主体が少なくとも相当な状態で生活するすべての家政では，決してつきることがなくかつ不断の補充によりその高さが維持される最少現金保有量が存在する。(個別経済の貨幣需要の大きさに対しては，客観的前提とならんで経済個体の人間性に基づく主観的要素が決定的であることはすでに言及した。)いわゆる退蔵(Thesaurieren)は財産投資の一方法である。将来の状態が不確かであれば，多かれ少なかれその財産の一部を投資の変更すなわち一財の所有から他の財の所有への移行を容易ならしめる形式で保持し，かくして他の財と交換にのみ獲得されねばならぬ財に対する将来起こり得べき切実なる需要を困難なく充足する可能性を留保することが得策であると思われる。すべてのもしくは少なくともある経済財が何時でも余り不利ならざる条件で売却される，すなわち貨幣に変えられる程市場取引がまだ発達していなかった間は，この目標は適当な大きさの貨幣保有量を維持することによってのみ達することができる。市場生活が活発になればなる程，この保有量はますます減少され得る。現在では一定の有価証券は大市場を持ち，したがって少なくとも平静な時代には遅滞なくかつ余り著しい損失なく換金され得るから，かかる有価証券の所有はある程度まで多額の現金在高の維持を無用のものと思わせる。

1) Knies, Geld und Kredit, II Bd, 1. Häfte, Berlin 1876, S. 224 ff をも参照せよ。

退蔵目的の貨幣需要はその他の貨幣需要と区別され得ない。貨幣の退蔵は他の経済，他の時，もしくは他の場所に普通である以上に大なる現金を保有する習慣に外ならぬ。退蔵された貨幣額は，個人の立場から観察しようと国民経済の立場から観察しようと，遊んでいるものではない。それはあらゆる他の貨幣個片と同様，貨幣需要の充足に役立つ。ところが銀行主義(バンキングプリンシプル)の支持者は，退蔵目的の貨幣に対する需要は弾力的であり，それは——全貨幣需要すなわち退蔵目的および他の目的に対する需要を総括したものが，貨幣単位の内的客観的交換価値の変動なくしてその時々の貨幣存在量に適合するという方法によって——その他の目的の貨幣需要の大きさの変化に順応するという意見であるように

## 第2章 貨幣の客観的交換価値（購買力）の決定原因

思われる。この見解は全く誤りである。貨幣需要の大きさは退蔵目的のそれを含め，むしろ貨幣供給の状態から独立している。反対の仮定に到達し得るのは，貨幣量と資本利子の高さの間にある関連を想像する場合[1]，それ故貨幣の需要供給関係の変動によって現われる変動が，高次財の価格と第1次財の価格とにそれぞれ異なる影響を強くおよぼし，その結果これら二つの財範疇の価格の間に存する比率が変化を受けることを主張する場合のみである。利子率の高さが貨幣在高の量的多少によって左右されるという見解を基礎とするこの主張の支持され得ないことは，第3部においてなお立帰って論ぜられるであろう。そこではまた，流通手段を発行する銀行の現金準備がかの荒唐無稽な退蔵金同様，かかる緩衝的役割を演じないことを示す機会もあろう。取引がそこからその需要を何時でも補塡し，またそこへ過剰を導き入れることができる貨幣の『準備高(Reservebestände)』なるものは存在しないのである。

1) フラートン，前掲書71頁。

貨幣の内的客観的交換価値の安定化に対して持つ退蔵金の重要性の理論は，年月の経過するうちにその賛成者を漸次失った。それは今日最早少数の者によって維持されるに過ぎない。ディールも外見上だけはこの少数の中に入っている。ディールはフラートンが通貨説(カーレンシーレーレ)に対し行った批判に同意する。また，『動かない (inert)』『遊んでいる (dormant)』というフラートンの用語が現金準備に関して誤りであること，なぜならその金額は遊んでいるのではなく，流動せる貨幣とは異なる目的に役立つに過ぎないからということを承認する。更にかかる現金準備に役立つ貨幣額と売買目的に役立つ貨幣額とが厳密に区別されず，同一の貨幣額がある時は前者の，ある時は後者の目的に役立つことも認める。それにもかかわらず彼はリカルドに対しフラートンをあくまでも正しいとする。彼は次の如くいう，準備高から取来られる貨幣額は，再び国民経済中に存在する貨幣存在量から補充されねばならぬとしても，このことは瞬時に行われることを要しない，これが必要となるまでには，長い時間を経過することが

第2部　貨幣価値について

あるかもしれない。いずれにせよそれ故，リカルドが流通過程にある貨幣量と商品価格との間に認める機械的関連は，退蔵金を顧慮するだけでも反駁されねばならないと。
1)

1) Diehl, Sozialwissenschaftliche Erläuterungen zu David Ricardos Grundsätzen der Volkswirtschaft und Besteuerung, 3. Aufl., Leipzig 1922, II Teil, S. 230.

いわゆる準備高から取来られる貨幣額が補充されるまでに，なぜ長い時間が経過することがあるかもしれないのか，そつ理由をディールは格別詳細に示さない。しかしフラートンの議論に対して行われた批判の原理的正当性は彼も認める，したがって貨幣の数量状態の変動が市場いたるところで貨幣の内的客観的交換価値の変動として表われるには時間がかかることがあり得るし，またかかるに違いないという意味に解すれば，彼の行う唯一つの留保に反対し得ないであろう。なぜなら追加的貨幣量の流入の結果として現われる個人の貨幣保有量の増加は，必ずその主観的価値評価の変化をひき起こさざるを得ず，この変化は直ちに行われ直ちに市場で発動し始めることは，恐らく否定され得ないからである。反対に貨幣存在量が不変であるのに貨幣需要が増大し，もしくは貨幣需要が不変であるのに貨幣存在量が減少すれば，ただちに各個別経済において主観的価値評価の変化をきたし，それは市場において，突然にではないにしても貨幣の内的客観的交換価値の騰貴として現われざるを得ない。個人が貨幣の量的関係のあらゆる変動によって，貨幣需要の大きさに関する判断をなお一層吟味するように促され，その結果として貨幣存在量の減少しつつある際には貨幣需要の制限が，貨幣存在量の増大しつつある際には拡張が生じ得るということが承認されるであろう。しかしかかる制限もしくは拡張が必ず生ずるに違いないという仮定，いわんや，それによって貨幣の内的客観的交換価値の安定が達せられる程度に生ずるに違いないという仮定は，全く根拠がないのである。

　貨幣，支払，信用制度の今日の組織に，貨幣の数量状態の変動を均衡しそれ

## 第2章 貨幣の客観的交換価値（購買力）の決定原因

を作用せしめない傾向を認めるならば，数量説の実際的重要性に対し挙げられる異議は，より困難でありかつ重要である。かくして次の如くいわれている。貨幣の変化する流通速度，信用制度およびますます巧緻となりつつある銀行組織ならびに銀行技術によって達せられる支払制度の弾力性，すなわち拡張もしくは収縮せる取引への支払制度の容易なる適応性，これらはことに貨幣とその代用物，すなわち貨幣存在量と交換および支払行為との間に確定的な数量関係が存しないから，価格の動きをでき得る限り貨幣量の変動から独立させたのである。かかる事情にもかかわらずなお数量説を救おうとすれば，数量説を単に本位貨幣に適用するのみならず，『ただちに一切の貨幣に，すなわちあらゆる触知し得る流通力ある貨幣代用物ならびに貨幣交付に代わる銀行制度上のあらゆる取引および二人の契約者間の約定に拡張』せねばならぬ。いうまでもなくそれによって，数量説を実際に把握する可能性は無限の彼方に押しやられるが，しかし普遍的妥当性は保護される。もちろんその際ほとんど解決し難き問題，信用が生ずる条件如何，信用が価値および価格形成におよぼす影響の種類および方法如何という問題が現われると。[1]

1) シュピートホフ，前掲書263頁以下，ケメラー，前掲書67頁以下，ミル，前掲書316頁以下。

この異論に対しては，本書の第3部が解答する。

**10** 数量説は一般に，貨幣存在量が不変である場合に貨幣需要の減少がいかなる結果を招来せざるを得ないかということを，研究の対象としなかった。この問題を提出すべき歴史的動機が存しなかったのである。それは決して現実的な問題ではなく，それに答えることによっていささかなりとも経済政策上の論争問題を解決し得るものでは決してなかったのである。経済史は我々に上昇的に動きつつある貨幣需要を示す。貨幣需要発展の特徴はその拡大である，分業それと共に，ますます貨幣によって媒介される間接的なものとなりつつある交換取引の進展は，人口および富の増加と同様この方向に作用する。貨幣需要の

## 第2部　貨幣価値について

増大を結果する傾向は大戦直前の数十年に極めて顕著であり，したがって貨幣存在量の増加がはるかに一層著しい範囲で行われたとしても貨幣の内的客観的交換価値の騰貴を来たさざるを得なかったであろう。この貨幣需要の増大に伴って，疑いもなく広義の貨幣需要の増加程度を凌駕する極めて著しい流通手段の増加も同時に行われたという事情によってのみ，貨幣の内的客観的交換価値がこの時代に騰貴しなかったばかりでなく，反対に下落したことが説明され得るのであるが，それには更になお一つの要素が協力したことは，この章が先に進むに至って論ぜられるであろう。

　数量説の機械的解釈を，貨幣存在量が不変であるのに貨幣需要の減少する場合に適用しようとすれば，あらゆる商品価格の均一的な，貨幣存在量と貨幣需要の比率の変動に正確に一致する騰貴を推論せざるを得ないであろう。それ故我々は，貨幣需要が不変である場合に貨幣存在量の増加がひき起こすのと同じ結果を，予期せねばならぬであろう。しかし静態的法則の動学への誤れる適用を基とする機械的解釈は，前の場合と同様この場合にも役立たない，すなわち機械的解釈なるものは我々が説明してもらいたいと思うものを我々に説明しないから，我々を満足させることはできないのである。貨幣存在量が不変であるのに貨幣需要が減少すれば，個々の経済主体による貨幣の主観的価値評価に，それから更に貨幣価格に，いかなる作用をおよぼすかを示す理論を我々は構成せねばならぬ。貨幣存在量が不変であるのに貨幣需要が減退すれば，まず第一に，一群の経済主体はその現金手持が需要に比して多過ぎることを発見するに至るであろう。それ故彼等はこの余剰分をもって，買手として市場に臨むことになる。ここからして一般の価格騰貴，貨幣の内的客観的交換価値の減退が実現されるであろう。それから先の経過は格別詳しく説明することを要しない。

　この場合に極めて類似して，しかも比較にならぬ程大なる実際的重要性を持つもう一つの場合がある。貨幣に対する需要は不断に増大しつつあるにしても，個々の貨幣種類に対する需要が減退し，もしくは，その需要がこの財の一般に

## 第2章 貨幣の客観的交換価値（購買力）の決定原因

使用し得る交換手段としての性質に基づく限り——そしてここで我々が対象とせねばならぬのはかかるもののみである——全く終息することも起こり得るのである。ある貨幣種類から貨幣的性質が剥奪されれば，それによっていうまでもなく，一般的交換手段としての用途に基づく特殊な価値は消滅し，その他の用途に基づく価値のみが残る。このことは歴史の発展中，一財貨が一般に使用し得る交換手段の不断に狭められつつある範囲から除外された時，常に生じたのであった。この過程は大部分我々にとり史料の極めて乏しい時代に行われたものであるため，我々がそれについて知る所は一般に多くはない。しかし最近の数十年は顕著な実例をもたらした，金属銀のほとんど完全な非貨幣化がこれである。銀は以前には貨幣として広範なる普及を見たが，今やこの地位からほとんど完全に駆逐された，そして銀が余り遠からざる時期に，もしかするとここ数年のうちにも，貨幣的役割を全く演じ終わるであろうことは全く疑いをいれない。その結果は白色金属の客観的交換価値の下落であった。ロンドンの銀価格は1870年平均$60\frac{9}{10}$ペンスから1909年平均$23\frac{12}{16}$ペンスに下落した。銀の価値は，その使用範囲が狭くなったために，必然的に低落せざるを得なかったのである。信用貨幣の歴史からも同様な実例を引出すことができる。例えばアメリカの南北戦争中，北部諸州の戦果が挙がるにつれて，その貨幣的価値ならびに債権としての価値を失った南部諸州の紙幣が挙げられよう。[1]

1) White, Money and Banking illustrated by American History, Boston 1895, S. 166 ff.

貨幣存在量が不変であるのに貨幣需要が減少する場合いかなる結果が生ずるかという，余り実際的重要性が認められぬ問題よりも一層詳細に数量説の賛成者が研究したのは，貨幣需要が不変であるのに貨幣存在量が減少する場合および貨幣存在量が不変であるのに貨幣需要が増大する場合の問題である。彼等は問題の本質を包含すると思われた一般的公式をこの問題に適用すれば，数量説の機械的解釈の意味でこの二つの問題を極めて簡単に解決し得ると信じた。そ

第2部　貨幣価値について

の時には二つの場合は、貨幣需要が不変であるのに貨幣量が増加する場合の反対として現われる、そこから彼等はそれに相応する結論を導いた。彼等は信用貨幣の減価を単純に貨幣量の大量的増加を指示することによって説明せんとした如く、19世紀の70年代および80年代の価格低落を貨幣量が不充分にしか増大しないのに貨幣需要が増大したことをもって説明しようとした。この定理は19世紀の多くの通貨政策的手段の基礎となった。貨幣量の増加もしくは減少によって人々は貨幣の価値形成を調整せんとしたのである。これらの手段の効果は数量説のこの皮相的解釈の正当性を帰納的に証明するように見え、それによってその演繹の論理的弱点を覆い隠した。なぜなら、そう解することによってのみ、貨幣価値騰貴の機構を流通量の減少の結果として示す試みすら行われなかったことが説明され得るからである。この点についても、旧理論は上に述べられた如くに補足されねばならない。

　貨幣需要の増大は、通常極めて緩慢に行われるため、貨幣と交換財の間に存する交換比率に対する影響は、識別するのが極めて困難である。だが狭義の貨幣需要が急激かつ異常に強度に増大し、その結果、商品価格の激烈な下落が生ずる場合もある。恐慌時に発行者に対する公衆の信認の念が消滅し、流通手段流通が不能になるのは、かかる場合である。歴史上かかる種類の実例は多々あり（例えば1907年晩秋のアメリカ）、かつ将来も同様なことが再び起こり得るであろう。

### C　間接的交換取引の特質に根ざす貨幣の内的客観的交換価値の変動の特殊な原因

　11　我々がこれまで観察した貨幣の内的客観的交換価値の諸々の決定原因は、何ら特殊な特質を示さない。それらの決定原因が作用する限り、貨幣の内的交

## 第2章　貨幣の客観的交換価値（購買力）の決定原因

換価値の形成は，爾余の経済財の内的交換価値のそれと同様に行われる。しかし貨幣の内的客観的交換価値の変動の決定原因にして，特殊な法則に従うものも存在する。

『生活費の騰貴 (Verteuerung des Lebens)』という苦情以上に一般にひろまった苦情はない。『金のかかる時代』を嘆息しなかったようなジェネレーションは存しないのである。しかして『すべてのもの』が高くなるということは，貨幣の内的客観的交換価値が下落することを意味するに外ならない。だがかかる主張を歴史的および統計的に精査することは，全く不可能ではないにしても，はなはだしく困難である。この方向における我々の認識に課せられた制限については，貨幣価値変動の可測性の問題を取扱う章でさらに論ぜられるであろう。ここでは結論をあらかじめ取出し，価格史的研究および方法からは何らの援助も期待すべからざることを明確にすることで満足せねばならぬ。我々が貨幣の内的客観的交換価値の継続的下落の事実を確認するためには，それがいかに自己欺瞞に基づくことが見やすき道理でありかつ個人の主観的価値評価の変動をいかにはなはだしくこうむらねばならぬにしても，恐らく普通人のあの言葉以上には，浩瀚なる統計的出版物の広範な数字的資料に重きを置き得ないであろう。我々に確信を与え得るのは，貨幣の客観的交換価値のかかる運動をひき起こし得る，そして阻止的な力によって打消されないならば，ひき起こさざるを得ない因果的系列の証明のみである。それのみが目標に到達し得るこの道を，すでに幾人かの研究家は歩んだ。我々はいかなる成功を収めたかを次に見ることにしよう。

**12**　他の多くの者と共に，ワグナーも一般的な通俗的見解と一致して，貨幣の内的客観的交換価値減少の傾向が支配することを認める。彼は次のように考える。この現象は，供給の側面がほとんど例外なくより強い側面であり，また自己の営利利益をより多く追求し得るものであることによって説明される。本来のカルテル，トラスト，組合を度外視するにしても，また個々の売手相互間

第2部　貨幣価値について

のあらゆる競争にもかかわらず，供給側は反対側の需要に比して，より統一的に現われる。消費者取引における販売を唯一の頼みとする商人達は，買手が旧価格の継続および価格低落を利益とする以上に，価格騰貴を利益とする。なぜなら彼等にとっては，営利の高さ，それと共に全経済的社会的地位は本質的に一つにかかってそれにあるが，買手にあっては，通常彼等の全地位に対しより少なる重要性しか持たぬ比較的小さな特殊利益が問題であるのに過ぎないからである。それ故価格を高位に維持し，騰貴させる傾向は，正しく供給の側面で形成され，価格騰貴の方向における一種の永続的圧力として，需要側面の反対的抵抗よりも，より精力的，一般的に作用する。価格を故意に低位に維持し低落させることも，小売取引では販路の維持および拡張のためならびに総利益を高めるため，確かに行われる，また競争はそれを強制することがあり，事実，しばしばそれを行わせる。しかしこの二つのものは，より高い価格に対する利益とそれへの努力ほど，一般にかつ強く永続するものではなく，また競争組織においてすらそれは抵抗を排除し得るものである。一般的騰貴の原因の一つは，需要側に対する供給側の永続的優越に求められねばならないと。[1]

1)　ワグナー，前掲 Theoretische Sozialökonomik. 第2部 245頁。

したがってワグナーは貨幣の内的客観的交換価値の継続的下落の原因を，卸売物価の形成ではなくして小売物価の形成についてのみ効力を生ずる一連の価格決定原因の中に認める。事実，享楽財の小売物価が，卸売物価の動きに急速かつ完全にしたがうことを妨げる多数の要素に影響されることは，周知の現象である。小売物価の特殊な決定原因の中では，卸売物価によって与えられた水準を越えて騰貴せんとする決定原因が優勢である。例えば小売物価が卸売物価の下落に，その騰貴よりも緩慢に適応するという現象は，あまねく知られている。しかしそれにもかかわらずしばらくの後にはかかる適応が行われざるを得ないこと，享楽財の小売物価は例えある程度のへだたりはあるにしても，常に生産財の価格と動きを共にすること，また卸売における持続性の少ないそして

## 第2章 貨幣の客観的交換価値(購買力)の決定原因

短時間の後に再び消滅する単に小なる変化は,消費者取引に影響をとどめないことは,これを看過してはならぬ。

需要側に対する供給側の永続的優越が存することを認めようとするにしても,そのことから一般的騰貴に向かう傾向の支配が演繹され得るということは,断固として否認されねばならぬ。卸売物価の騰貴を説明し得るような原因も同時に証明されるのでなければ――そしてかかる試みにワグナーは全く手をつけていない――,消費者取引における価格形成のかの特殊性から小売物価の継続的騰貴を推論することが許されるのは,卸売物価の動きにしたがう小売物価の隔たりがますます大となりつつあること,小売物価がますます卸売物価に遅れることを仮定しようとする場合にのみ限られるであろう。しかしワグナーはかかることを全く主張しないし,またよし主張するにしても支持され得ないであろう。反対に商業の近代的発展は,消費者取引の物価が生産者ならびに商人取引の物価に,より急速に適応する傾向を作り出したといい得られる。百貨店や連鎖店,それから消費組合は小売商人や行商人よりもはるかに急速に,大市場物価の変動に追随する。

ワグナーが,需要側に対する供給側の優越から生ずるかの一般的騰貴の傾向を,自由競争の私経済的制度たる営業の自由制度における状態に結び付け,その傾向はこの状態に最も明瞭に現われ,そしてより容易にかつより強く貫徹されると説明するのは,全く理解し難い。恐らくワグナーの経済政策的自由主義に対する嫌厭に根ざしたかかる主張の根拠は与えられず,またそれを挙げることもできないであろう。競争の自由が進展すればする程,卸売物価の変動,ことにその後退的動きは,ますますかつ迅速に消費者取引に実現される。営業の自由の法律的もしくは他の制限によって,手工業者および小売業者に特権的地位が認められている場合には,適応はより緩慢に行われ,時には平均化が一部妨げられることすらある。1890年ないし1914年にその結果として極めて顕著な物価騰貴を伴った最近世のオーストリアの営業政策は,その適切な実例を提供

第2部 貨幣価値について

する。ワグナーによって需要側に対する供給側の永続的優越と呼ばれた状態が最も強く現われるのは，営業の自由の支配する自由競争の制度においてではなくして，実に自由競争の発展に対し最大の障害の存するところにおいてである。

**13** 物的価格のある程度の安定にかかわらず諸財貨が継続的に騰貴すること，すなわち諸財貨の貨幣価値の上昇を説明せんとするヴィーザーの試みも[1]，完全な満足を与え得るものではない。ヴィーザーは貨幣の歴史的価値変動の大部分が，貨幣経済と自然経済の関係の変遷に帰せらるべきであると考える。貨幣経済の繁栄は貨幣価値を減少し，その衰微はそれを再び高める。貨幣経済の初期には，需要の大多数は依然として自然経済的に充たされる，すなわち自己生産は家族を養い，家族は自己の家に住み，かつまた必要とするものの大部分を自ら調達し，販売はある種の補給（Zuschüsse）を与えるに過ぎない。それ故彼等の生活費もしくは，結局同じことに帰着するが，労働力の価値は，売却される生産物の費用に算入されないかあるいはほとんど算入されない。彼等は消費された原料，および特殊の場合のために特に調へられた道具もしくはその他の補助手段の消耗を計算に入れるに過ぎないが，これとても広範囲にわたる種類の生産ではその重要さはいうに足らぬものである。買手にあっても事情は同じである，買手が購入によって充たす必要があるのは，さして重要な需要ではなく，彼が評価せねばならぬのは，余り高い使用価値ではない。やがてこれらすべてのことは次第に変わっていく。貨幣経済的過程の拡大は，費用計算のうちに，以前はそれに含まれておらず自然経済的に処理された新しい要素を入れる。貨幣で見積られる費用の表(リスト)は延長され，新たに加えらるべき費用計算の要素はすべて，これまですでに貨幣に換算された要素を標準として評価され，価格を騰貴させるように追加される。かくて財供給の状態の結果としてではなく，貨幣価値の変動として感ぜられる価格水準の一般的上昇が現われる。我々が数世紀を通じて認める商品価格の騰貴的傾向を，貨幣から（すなわち貨幣供給と貨幣需

― 144 ―

## 第2章　貨幣の客観的交換価値（購買力）の決定原因

要の比率の変動から）のみ発するものとして説明し得ないならば，全価格尺度の変化を説明する他の原因が求められねばならぬ。ところが内的商品価値の動きからは，その説明は見出され得ない，なぜなら我々は今日，我々の先祖よりも不充分に供給されていることはないからである。しかして貨幣の購買力の減少を，それに歴史的に随伴する貨幣経済の普及に帰する以上に自然な第二の説明は存しない。貨幣価値の惰力こそは，進歩のあらゆる時期に，貨幣価値を変革することを助けた，それは新要素が貨幣経済的に統制される生産過程の部面に採用される毎に，旧価格が新たに表現さるべき価値にしたがって高められるという結果をひき起こさざるを得なかった。しかして商品の貨幣価格が騰貴すればする程，それに比例して貨幣価値は低落する。かくて継続的騰貴は，拡大しつつある貨幣経済の必然的な発展徴候として現われると。

1) ヴィーザー，前掲 Der Geldwert und seine geschichtlichen Veränderungen. 57頁以下，前掲 Der Geldwert und seine Veränderungen. 527頁以下, Theorie der gesellschaftlichen Wirtschaft, (Gundriß der Sozialökonomik, 1. Abt., Tübingen 1914) S. 327 ff.

疑いもなくヴィーザーはこの論述によって，市場と価格形成との重要な関連を発見したのであり，経済財（貨幣を除く）相互の間に存する交換比率の形成に関する重要な成果を得んがためには，さらにこの関連が追求されねばならぬ。だが推論の目指す所が貨幣価格の形成である限り，それは重大な欠陥を露呈する。いずれにしても，論証が正しいといわれ得るためには，ここでは貨幣側から作用する力が全く存せずして，商品側から作用する力が存することが確証されねばならぬであろう。けだし交換比率の変化として現われるはずの変動をこうむる可能性があったのは，貨幣の価値評価ではなくして，交換財のそれのみであろうからである。

しかし全体の推理そのものは，誤れるものとしてしりぞけられねばならない。交換取引の発展は，新たに取引に加わる人々が交換によって譲渡する財に対す

## 第2部　貨幣価値について

る彼等の主観的価値評価を高める。以前には自己の使用対象としてのみ評価された財は，それが他の財と交換し得るようになる限り，評価される新たな原因を得るに至る。それによってその主観的価値は，それを譲渡する所有者の眼には，必然的に高まらざるを得ない。交換によって引渡される財は今や最早，それが自己の経済に使用される際に所有者に対して持つ作用価値にしたがって評価されるのではなくして，それと交換に得らるべき財の使用価値にしたがって評価される。そしていうまでもなく，後者は前者に比して常に高いのである。けだし交換行為は両当事者のどちらにも効用の増加をもたらす時にのみ成立するからである。しかし他面——このことはヴィーザーが考えなかったように思われるが——交換によって獲得されるであろう財の主観的価値は低下する。その財を獲得するであろう個人は，無論主観的価値度盛（効用の度盛）における地位に相当する重要性を，最早それに認めずして，他の財を獲得するために彼等が譲渡するであろう財に相当する，より小なる重要性を認める。1個のリンゴ，1個の梨，1杯のレモネードを所有するある個人の価値度盛が次のようであるとする。1. 1個のリンゴ。2. 1切れの菓子。3. 1杯のレモネード。4. 1個の梨。今この人に，彼の所有する梨を1切れの菓子と交換する機会が与えられるならば，この可能性は彼が梨に附する重要性を高めることになるであろう，したがって彼は今度は梨をレモネードよりも高く評価するであろう。彼に梨かそれともレモネードかどちらかを断念することを選択させれば，彼はレモネードを失うことを，より小なる災難と見なすであろう。ところがそれに反し，菓子は以前よりも低く評価されることになる。我々は，効用の度盛が不変であって，しかもこの人が梨，リンゴ，レモネードの外に1切れの菓子をも所有すると仮定しよう。その場合，菓子もしくはレモネードのどちらを失うことがより諦めやすいかという問題が彼に提出されれば，いかなる場合にも彼は菓子を失うことを選ぶであろう，なぜなら彼はその価値度盛においてレモネードの次に梨を譲渡することによって，この喪失を償うことができるからである。交換の

## 第2章　貨幣の客観的交換価値（購買力）の決定原因

ある可能性が開かれたことは，あらゆる個人に，経済的決断をなすに当たって財の客観的交換価値をも顧慮して身を処する機因を与える，けだし本源的な第一次的な使用価値の度盛に代わって，それに依存する第二次的な交換価値および使用価値の度盛が現われ，それにあっては経済財は交換可能性をも考慮して，それと交換に得らるべき財の価値にしたがって評価されるからである。すなわち財の置換が行われ，重要性の順位が変わったのである。しかし一財が上位に置かれれば必然的に——それは全く疑いをいれぬ所であるが——他の一財は低落せざるを得ない。そのことは，価値度盛の全性格からしても明らかである，けだし価値度盛は評価される対象の重要性に基づく主観的価値評価の列次に外ならぬからである。

交換取引が客観的交換価値の形成へ拡張される結果は，それが主観的価値の形成へ拡張される結果と何ら異なるものではない。この場合にも，一方におけるあらゆる価値上昇には，他方の価値低下が対立せざるを得ない。けだし二つの財の交換比率を，二つの財が共に高価になるという方法で変えることは，考え得られないからである。そのことは貨幣の介在によっても何ら変更され得ない。貨幣の客観的交換価値が変動を受けたと主張されるならば，そのためには，交換取引の拡張なる有りのままの事実に包含されたのではない特殊な原因が証明されねばならぬであろう。しかるにこのことは，いかなる側からも行われていない。

ヴィーザーは経済史家の間で普通行われているように，自然経済と貨幣経済とを相互に対立させることから出発する。孤立を要求する理論的研究に関しては，この概念が充分明瞭であるとは立証されない。交換なき状態と交換取引に基礎を置く社会秩序との対立が意図されているのか，それとも直接交換の状態と貨幣によって媒介される間接交換の状態との対立が意図されているのかは，不確かのまま残されている。推量によれば，ヴィーザーは交換なき状態を貨幣によって媒介される交換状態に対立せしめんとしたものの如くである。確かに

## 第2部　貨幣価値について

　自然経済および貨幣経済なる用語は，この意味に経済史家によって使用されるし，またこの見解は貨幣使用発達後の国民経済的発展の事実上の経過にも一致する。今日新しい地理的領域もしくは欲望充足の新生面が交換取引に包含される場合には，交換なき状態から直接，貨幣取引の状態への移行が行われる。過去においては必ずしもそうではなかった，したがって孤立的観察方法はこの点を厳密に区別する必要があることが，なかんずく明確にされねばならない。

　ヴィーザーは避暑のため平地へ行くのを常とし，そこで常に物価が安いのを見出すのに慣れた都会人について語っている。しかしある年都会人が帰ってみると，あらゆる価格が突然に高くなっているのを発見する，村がその間に貨幣取引に引き入れられたのである。百姓達はミルク，卵，鳥類を都会へ売りに行き，今や避暑客からも彼等が都会で得る見込みのある高い価格を要求する。しかしヴィーザーがここで述べているのは過程の半面に過ぎない。他の半面は都会で演ぜられる，そこでは新たに市民の供給源となった村から市場へ来るミルク，卵，鳥類は価格下落の傾向を生ぜしめる。これまで自然経済的であった領域を交換取引に包含することは，一面的な価格騰貴を伴うのではなくして，物価の平均化を伴う。交換取引の狭化はすべて，反対の結果をひき起こさざるを得ないであろう，したがって交換取引の狭化には価格の差異を高める傾向が内在するであろう。それ故ヴィーザーがするように，この現象から貨幣の内的客観的交換価値の変動を推論することは許されない。

**14**　だが商品価格の継続的騰貴とその反射たる貨幣価値の下落を貨幣側から，すなわち貨幣と貨幣取引の本質から説明することも完全に可能である。

　近代の価格論はあらゆるその命題を直接交換の場合について発展させた。間接交換を観察範囲に入れる場合にも，価格論は一般に使用し得る交換手段たる貨幣によって媒介される交換の特色を，充分には顧慮しない。それだからといってもちろん価格論を非難するには当たらない。価格論が直接交換に対して立てる価格形成の法則は間接交換にも妥当し，取引行為の本質は貨幣の使用によ

## 第2章　貨幣の客観的交換価値（購買力）の決定原因

って変更されない。だが貨幣価値論は，重要なる確証をなさんがためには，この間接交換から始めねばならぬ。

　販売欲求者によって要求された価格が問題の二つの財の主観的評価に相応しない故に，購買欲求者に高過ぎると思われるなら，販売欲求者がその要求を引下げるのでなければ，直接交換は成立し得ないであろう。だが貨幣によって媒介される間接交換では，かかる割引が行われなくとも，交換の可能性が与えられる。購買欲求者は，彼が売物に出す商品および役務に対しても同様により良き補償を獲得することを期待することが許されれば，事情によっては，要求されたところのより高い価格をも支払うことを決心するかもしれない。事実，極めて多数の場合に，このことは購買欲求者にとり，できるだけ大なる交換利益を得るため最も有利な方法であろう。公売，取引所による売買，もしくはせりにおけるが如く，両当事者が代金の決定に当たり直接協力し，かくして商品および価格財の主観的評価を率直に主張し得る場合には，かかることは決して問題とならない。だが価格の決定が外見上売手によって一方的に行われ，要求された価格が買手に高過ぎれば，買手は購買を中止することを余儀なくされる場合がある。その時売手が買手の手控えにより，過大な要求をしたことを注意されれば，彼は価格の要求を再び引下げるが，その際もちろんまた価格を充分に引下げないか，もしくは引下げ過ぎるという二つの場合が起こり得る。ある前提の下では，別の方法がこの回りくどい方法に代わることができる。買手は要求された価格を承諾し，他方で，すなわち彼が売らんとする財の価格を吊上げることによって，損害を償うように試みることができる。食料品の騰貴は労働者をして，より高き賃金を要求させるであろう。企業家が労働者のこの要求をいれれば，彼等は製品の価格を引上げるであろう，そして食料品生産者はまた彼等の方で，製品価格の上昇を恐らく食料品価格の新たな引上げの機会に利用するであろう。かくして価格騰貴は連鎖し，誰もどこが始めでどこが終わりであるか，何が原因で何が結果であるかを挙げることができない。

## 第2部 貨幣価値について

　近代の販売組織では『確定価格 (festen Preise)』が大なる役割を演ずる。カルテルおよびトラスト，それから国家をも含むあらゆる専売者は，買手の意向を問うことなく，一方的にその製品の価格を確定し，外見上彼等にそれを命ずるのを常とする。小売業にもしばしば同様のことが妥当する。いまやこの制度は偶発的なものではない。それは非組織的な市場の必然的現象である。非組織的な市場で売手に対するものは，買手の全体ではなくして，常に個々の個人もしくは集団に過ぎない。これとの売買やせりは何の意義をも持たぬであろう，なぜなら価格形成に対し決定的なのは，これら少数の人々の価値評価ではなくして，当該の財を獲得せんことを望むあらゆる人々の価値評価であるからである。それ故売手は，彼の見解にしたがって，目的とされる価格にほぼ相応する価格を確定し——その際低過ぎるよりもむしろ高過ぎる価格をつけることはもちろんであるが——，買手がいかなる態度をとるかを待つ。売手が外見上ひとりで価格を確定するこれらすべての場合に，彼には買手の評価の詳細な知識はこれを欠いている。だが彼は買手の評価について，多かれ少なかれ正しい推測を行うことができる，そして市場と買手の心理を綿密に観察することによって，そのことに極めて卓越せる熟練さを獲得した商人達がある。しかしこの場合確実さということは存在しない，けだし可能なそして将来の現象の影響を見究めることにしばしば関係するからである。売手が消費者の価値判断について確かなことを知る唯一の方法は，模索するという方法である。売手は買手の手控えによって，やり過ぎたことが示されるまで価格を高める。しかし買手は貨幣価値の現状では高過ぎるとは思われる価格をも支払う，なぜなら彼が『確定する』価格を同様に高め得ることを期待してよいし，また彼の意見によれば，恐らく久しい時間の後に初めて完全に効果を現わし，かつ種々の不便さをもたらす手控えより一層速かに目的を達するからである。そのようにして売手は，彼によって要求される価格の適当さに関する唯一の確かな調節手段(コントロール)を失うことになる。彼はこの価格が支払われるのを見，事業上の成功がそれに応じて増大するのを

## 第2章 貨幣の客観的交換価値（購買力）の決定原因

信ずる，然るに貨幣の購買力の下落が獲得された利益の一部を彼から奪うということには徐々に気づくに過ぎない。価格史を注意深く辿った者は，かかる現象が無数に繰返されることを認めざるを得ないであろう。価格騰貴の大部分は転嫁によって貨幣価値を低下させたが，しかし意図された程度に爾余の経済財の交換比率を推移させなかったことは，これを否定することができない。

あらゆる誤解を防止するために更に明確に注意して置きたいのは，この事実からあらゆる価格騰貴の完全な順次的転嫁 (Weiterwälzung) を推論し，かくして経済財および労働の相互的交換比率の恒久性を仮定するが如きは全く不当であるということである。かくて論理的には，財の貨幣価格の騰貴は人間の貪欲の空しき努力に帰せられねばならぬであろう。一商品の貨幣価格の騰貴は，通常爾余の財に対する交換比率をも——貨幣価格の騰貴が貨幣に対する交換比率を変動させたのと必ずしも同じ程度ではないにしても——推移させるのである。

数量説の機械的解釈の擁護者は，この論述の原理的正当性は恐らく承認するであろうが，貨幣供給と貨幣需要の比率の変動に発しない貨幣の内的客観的交換価値のあらゆる変動は，自動的に中絶されねばならぬと異議を唱えるであろう。すなわち貨幣の内的客観的交換価値が下落すれば，今や財売買を処理するためにより大なる貨幣額が必要であるから，必然的に貨幣需要が増大すると。国民経済の貨幣需要を，流通速度で売買数を除した商と解することが許し得べきであるならば，この異議は是認されるであろう。しかしこの公式の誤りなることは，すでに明示されたのである。貨幣需要は，処理さるべき支払の数および大きさの如き客観的前提によっては，個人の主観的評価なる媒介物を通して間接的にのみ左右されるに過ぎない。商品の貨幣価格が騰貴し，今やあらゆる個々の購買は以前よりも多くの貨幣を必要とするとしても，このことはまだもって必ずしも個人をして，その貨幣保有量の増加を来さしめるものではない。価格騰貴にかかわらず個別経済が現金保有高を増大させる意図を持たず，貨幣

第2部 貨幣価値について

需要を高めないことも全く有り得ることである。個別経済は恐らく貨幣所得を増大することにつとめるであろう，そして実にこの点に一般的価格騰貴の一端が現われるのである。だが貨幣所得の増大は現金保有の増大と決して同一ではない。物価と共に個人の貨幣需要も増加することはもちろん有り得べきことであるが，これが必ず起こらねばならぬこと，少なくともそれによって貨幣の購買力減少の結果が全く打消される程度に起こらねばならぬことを仮定すべき根拠は全く存しない。しかしそう解するのと同じ根拠をもって，その逆も，くわしくいえば，価格騰貴によって個別経済に加えられた余計な支出を避けようとする強制こそ現金保有の必要高に関する見解をなお一層吟味させるであろうこと，その際下される決定は保有さるべき貨幣在高の増大では決してなくて，恐らくむしろそれを減少させることであろうことが，推量され得るであろう。

この場合にも，動態によってひき起こされる変化が問題であることが注意されねばならない。静的状態——これについては，数量説の機械観の支持者の唱える異議が妥当するであろう——は，個々の商品相互間に存する交換比率の推移が必然のものとなったことによって，攪乱される。市場の技術(テヒニイク)は，ある前提の下では，それからさらに貨幣と爾余の経済財の間に存する交換比率の推移も生じ得るという結果を来さしめるのである。<sup>1)</sup>

1) 私の論文 "Die allgemeine Teuerung im Lichte der theoretischen Nationalökonomie." (Archiv für Sozialwissenschaft, 37. Bd. S. 563 ff) をも参照。

## D 附説

**15** 貨幣単位の大きさに基づいて，貨幣と爾余の経済財との間に存する交換比率の形成に対しある影響が生ずるという主張に，往々遭遇する。その場合，大なる貨幣単位は交換財の貨幣価格を騰貴せしめる傾向を持ち，小なる貨幣単

## 第2章 貨幣の客観的交換価値(購買力)の決定原因

位は貨幣の購買力を高め得べきものであるという意見が表明される。この種の考慮はなかでもオーストリアにおいて，1892年の通貨整理に際し顕著な役割を演じ，在来の大なる貨幣単位なるグルデンに代えるに，『クローネ』なる名称の下に半グルデンをもってすることに与って決定的であった。卸売取引の価格の形成に関する限り，この主張はほとんど真面目に維持され得ないであろう。だが小売取引では貨幣単位の大きさは，もちろん過重評価されてはならないが，明らかにある重要性を持っている。[1]

1) Menger, Beiträge zur Währungscfrage in Östereich-Ungarn, Jena 1892, S. 53 ff.

貨幣の分割性は無限ではない。近代の補助貨幣制度において完全に行われている如く，技術的に手頃の形に製作し得ない貨幣素材の端額を表現するために貨幣代用物の力を借りるにしても，貨幣単位のあらゆる任意の部分を，急速かつ確実な業務処理の要求に応ずる形で，取引の用に供することは全く不可能であると思われる。したがって小売取引では必然的に端数のない金額が選ばれざるを得ない。価値の少ない財の小売価格は——これには日常の極めて重要な商品の価格およびある種の価値低き役務例えば郵便の送達，狭軌鉄道，市街鉄道，街路鉄道による人の運送が入る——，何らかの方法で，通用する鋳貨種類に適合せねばならない。その性質上任意の分割が許される商品例えばパンについてのみは，このことは度外視され得る。それと同程度に分割し得ない商品にあっては，独立して売却される最小の商品量の価格はこの鋳貨種類の一つと調和されねばならない。以上両種の商品において，個々的に売却するために商品量をそれ以上分割することは，より小なる価値量を通用する鋳貨で表現すべき手段がないという事情によって不可能となる。ある使用対象を適当に表現するために，通用する最小の部分鋳貨が余りに大き過ぎれば，適合は一方に商品の数単位，他方に一つもしくは数個の鋳貨単位が交換されるという方法で行われる。果実，野菜，卵等の小売市場では，2個が3ヘーレル，5個が8ヘーレル等の如き価

第2部　貨幣価値について

格表示が日常の現象である。しかしそれにもかかわらず，表現し得ない微細な差異がまだ充分に残る余地がある。ドイツ帝国の通貨の10プフェニッヒ（$\frac{1}{27900}$キログラムの金の代用物）はオーストリアのクローネ通貨の鋳貨には表現され得なかった，11ヘーレル（$\frac{11}{328000}$キログラムの金の代用物）は小さ過ぎ，12ヘーレル（$\frac{3}{82000}$キログラムの金の代用物）は最早大き過ぎた。したがってしからざれば両国において同じ高さに維持されたのであろう価値について，微細な差異が生ぜざるを得なかった。[1]このことは，特にしばしば現われる財および役務の価格が，一般に鋳貨で表示される貨幣単位端額によってのみならず，できるだけ鋳貨の額面金額（Stückelung）に適応せる大きさによって表現されるのを常とするという事情によって，さらに顕著にされる。小売取引の価格が，ほとんど完全に貨幣および貨幣代用物の額面金額に一致する『端数なしの金額』への傾向を示すことは，あらゆる人に知られている現象である。習慣上『まとまった金額』での支払が命ぜられるある種の価格に対しては，鋳貨の額面金額の持つ重要性は一層大である。この主要な例は，チップ，謝礼等である。

1) 例えば世界郵便連合国家の郵税料金を比較してみよ。

**16** ワルター・ロッツ教授は本書の第1版に向けた批評において，[1]1879～1892年のオーストリアの銀貨グルデンの価格形成に関するラフリンの説明に私が加えた批判[2]を取扱っている。彼の論ずるところは非常な興味を喚起する，なぜならそれは一方に主観的価値論に基づく近代的経済学の理論的研究による問題の把握および解決，他方にシュモーラーおよびブレンターノの歴史的，社会政策的方向を持つ学派の経験的，現実的取扱いによる問題の把握および解決，この両者の間に存する差異を一つの例によって示す絶好の機会を提供するからである。

1) Jahrbücher für Nationalöknomie und Statistik, III. Folge, XLVII. Bd., S. 86–93.
2) 上述124～126頁。

## 第2章　貨幣の客観的交換価値（購買力）の決定原因

　ロッツは人が私の論証に『何らかの価値を認めようとする』か否かは『趣味上の問題』であり，彼は私の論証を『畏敬の念をもって見る』ことはできぬと考える。彼自身は最初，『ラフリンがその意見をいかにも極めて承認し得べきものたらしめる事実を物語る』までは，ラフリンの見解に賛同し得なかったという。すなわちラフリンはロッツに次の如く語った，『80年代にウィーンにおいて一流の家柄の大金融家から，何時か紙幣グルデンがある可能な相場で金に兌換されることを人々が予想している旨の教示を得た』と。ロッツはそれに付け加えて次のように述べている，『紙幣グルデンおよび銀貨グルデンの流通が量的に極めて適度であり，かつこの支払手段が公的金庫により名目価値で受領されたことも，確かに重要であった。いずれにしても，ウィーンの一流の家柄の大金融家が将来に関し期待を抱くべき動機を持ったことは，オーストリアの紙幣グルデンの国際的評価に対し決して些少なことではあり得なかった。それ故，この報知以来ミーゼスの反対にもかかわらず，ラフリンの見解にある程度重きを置くことは正当であろう』と。

　『一流の家柄のウィーンの大金融家』によってラフリンに与えられ，彼がさらにロッツに伝えた神秘的な報知は，公然の秘密（secret de Polichinelle）であった。オーストリアおよびハンガリーの諸新聞，なかでも『新自由新聞』が80年代に本位問題にあてた無数の記事においてはオーストリアが金本位に移行することが全く予定されている。すでに1879年の銀貨の自由鋳造の停止は，この処置の準備に役立ったのであった。それにもかかわらず，この何人によっても少なくとも私によっては争われない事実を証明することは，ロッツが明らかに考える如く，我々の興味をそそる問題を決して解決するものではない。それは我々の解決すべき問題を初めて我々に提出するのである。グルデンが『何時か』そして『ある可能な相場で』金に兌換されるであろうことは，なぜグルデンがすでに当時丁度そのように高くもなく低くもなく評価されたかということを，まだ説明しない。もしグルデンが金に，国債がグルデンに兌換されるのであれ

## 第2部　貨幣価値について

ば，どうして利付きの国債が無利子のグルデン銀貨およびグルデン紙幣より低く評価されることになったのであろうか？　我々はそれに答えねばならぬ。明らかに，問題はロッツに対しすでに終わったところで初めて，我々に対し始まるのである。

　もちろんロッツは，紙幣グルデンおよび銀貨グルデンの流通が『量的に極めて適度』であったことも重要であることを認める用意がある。更に彼はそれと並んで，第三の説明すなわちこの支払手段が公的金庫によって名目価値で受領されたことも承認する。しかしその際，これらの説明方法がいかなる関係にあるかは不明瞭のままである。第一のものと第二のものとが調和し難いことを，ロッツは失念したように思われる。なぜなら金に何時か兌換されることを考慮してのみグルデンが評価されたのであれば，当然考えられる如く，例えば兌換のために利用し得る基金が一定額に制限されているのでない限り，流通するグルデンの多少は何らの相違も生ぜしめるはずがなかったであろうからである。第三の説明の試みは不完全極まるものである，けだしグルデンの『名目価値』はまさしく再びグルデンに外ならず，そして問題は正にグルデンの価値の高さを説明することだからである。

　経済学の問題を解決するためにここでロッツの取る方法は，目標に達し得るものではない。実業家の意見——例えそれが一流の家柄の一流の人々のものであるにしても——を寄せ集め，次いで『一面』とか『他面』，『確かにまた』とか『いずれにしても』とかを少しばかり加えて公にすることでは充分でない。『事実』の収集はまだ科学にへだたること遠い。実業生活にある人々の言説に権威ある意味を帰することは全く誤りである，それらも経済学に対しては，その審議すべき材料たるものに過ぎない。実業家が説明しようとする時には，彼はあらゆる他の人と同じく『理論家』となるであろう，したがって実務にたずさわる商人もしくは農業家の理論に優先権を認むべき理由は存しない。古典学派の生産費理論も，価格変動を生産費の変動によって『説明する』実業家の無

## 第2章 貨幣の客観的交換価値（購買力）の決定原因

数の主張を引合に出すことによって，証明され得るのではない。

　味気ない材料集めによって，今日，問題の提出と問題の解決における特に経済学的なものに対する理解力が，多くの人から失われた。銀行家X，大商人Yに，彼等が経済状態をいかに考えるかと質問する報告者の仕事とは，経済学が異なるということを今や正に思い出す潮時であろう。

第2部　貨幣価値について

# 第3章　貨幣の客観的交換価値の いわゆる地域的差異

**1**　我々は最初に数個の貨幣種類が平行して使用されることを度外視し，一定の領域ではもっぱら唯一つの貨幣種類が一般に使用し得る交換手段として役立つことを仮定しようと思う。数個の貨幣種類の相互的交換比率の問題は，かくて次章で研究の対象となるであろう。しかしこの章では，住民が相互に取引し，一般的交換手段として唯一つの財を使用する任意の広さを持つ孤立せる地理的領域に注目しよう。我々の目的には差当たり，我々がこの領域を観念して数国家の版図とするか，それとも一つの大なる国家全体の一部とするか，それとも特別な国家的個性とするかは，何らの差異ももたらさない。叙述が進んだ後に初めて，種々なる国家における法的貨幣概念の差異から生ずる，一般的公式の二，三の附随的修正に言及する必要が現われるであろう。

　他の点については同性質の二つの経済財も，それが同一の場所で享受可能であるのでなければ，同じ財貨種類の所属物と呼ばれ得ないことは，すでに指摘された。それ故それらを，相互に高次財および低次財の関係にある異なる財貨種類の個体と見なすことが，種々なる点で一層合目的であると思われる。[1]　貨幣においてのみは，事情によって場所的地位を無視することが許される。なぜなら他の経済財の使用可能性とは反対に，貨幣のそれはある程度まで，地理的距

— 158 —

## 第3章 貨幣の客観的交換価値のいわゆる地域的差異

離の制限から解放されているからである。小切手および振替取引の組織ならびに類似の諸制度は，多かれ少なかれ貨幣使用を輸送の困難および費用によって左右せしめない傾向を持ち，例えば英蘭銀行の窖(あなぐら)にある金が全世界において一般的交換手段として使用され得るという結果を生ぜしめた。我々はもっぱら銀行券を使用し振替取引を行うことによって，その位置を全く変えない貨幣額の媒介により，あらゆる移転を実現させる貨幣決済の操作組織 (die Organisation der Geldmanipulationsabwicklung) をすら想像することができる。その際更に，我々はあらゆる取引に伴う費用が両契約当事者相互の距離および彼等の各々と貨幣のある場所との距離によって影響されないと仮定すると──周知の如くこのことはある場合に，例えば郵便局および郵便小切手局が徴収する料金に，すでに実現されている──，貨幣の異なる位置の抽象は充分に是認される。これに反し同様の抽象は，爾余の経済財にあっては許し難いといわねばならぬであろう。いかなる制度も，ブラジルにあるコーヒーがヨーロッパで消費されることを可能にすることはできない。したがって『ブラジルのコーヒー』なる生産財が『ヨーロッパのコーヒー』なる享楽財になるためには，前者になお『輸送手段』なる補完財が結合されねばならぬ。

1) 上述67～69頁。

さて我々がこのようにして，貨幣の場所的地位によって制約される差異を度外視すれば，貨幣と爾余の経済財の間に存する交換比率に対し，次の法則が明らかとなる。商品学の慣用的な用語法に従い工学的意味で享受可能なあらゆる経済財は，主観的使用価値を，享楽財としてはそれがある場所で得，生産財としてはそれが消費のために持ち来られることができる場所で得る。二つの価値評価はその発生上，相互に独立している。だが貨幣と商品の間の交換比率の形成に関しては両者とも同様に問題となる。あらゆる場所におけるあらゆる商品の貨幣価格は，完全に妨げられざる取引を仮定し，輸送の期間によって生ずる差異を無視すれば，輸送の貨幣価格だけ増加するにせよ減少するにせよ，あら

## 第2部 貨幣価値について

ゆる任意の他の場所で形成される価格に等しい。

かくてこの公式に，貨幣輸送の価格と銀行家および両替商が重要視するもう一つの要素，すなわちもしかすると必要な鋳貨の改鋳によって生ずる費用とを入れることは，格別困難なことではない。あらゆるこれらの要素は——それを仔細に数え上げることは格別利益のあることではない——，結合して為替相場（小切手相場，送金相場等）に影響し，かくして正もしくは負の符号を持つ特殊な大きさとして我々の考慮に入れられねばならぬ合成力となる。あらゆる誤解を除くためにもう一度明白に注意しておきたいのは，我々はここでは同一の貨幣種類が慣用されている地域間の為替相場にのみ注目し，しかもその際同一の貨幣個片が両地域で法的支払能力を持つや否やは，問題にならないということである。その本質上形成方法の違う異なる貨幣種類の間の為替相場は，次章で我々の研究の対象となるであろう。

**2** 今説明した地域間の価格水準の法則と対立するものは，貨幣の購買力の地域的差異なる通俗的見解である。貨幣の購買力は異なる市場で同時に異なるものであるという主張が繰返してなされ，かつ統計的資料によって証明される。この主張程，素人社会で確固たる根を張った経済学的見解は少ない。旅行者は通常これを自己の観察によって得られた認識として，我が家へ持ち帰るのを常とする。20世紀の始めオーストリアを訪れた帝国(ライツヒ)出身のドイツ人にして，貨幣の価値がオーストリアにおけるよりドイツにおいて高いことを疑った者はほとんどなかった。ことに我々の物品貨幣たる金の客観的交換価値が，地球上のそれぞれの国々において異なる高さにあることは，経済学上の文献でも不動の真理と見なされている。[1)]

1) シニオアー，前掲 Three Lectures on the Cost of Obtaining Money. 1頁以下。

我々はこのどこに妄断が潜んでいるかを見たから，無用な繰返しを省いて差支えなかろう。概念混乱の責めを負うのは，経済財の場所的地位の要素の無視，経済問題の粗雑な解釈の残滓である。貨幣の購買力のあらゆるかのいわゆる地

### 第3章 貨幣の客観的交換価値のいわゆる地域的差異

方的差異は，このようにして簡単に説明することができる。ドイツおよびロシアにおける小麦価格の異なる高さから，両国における貨幣の購買力の差異を推論することは許し難い。けだしロシアにおける小麦とドイツにおける小麦とは二つの異なれる財貨種類であるからである。関税および租税免除倉庫に関税もしくは租税をかけられずにある商品と，すでに関税もしくは租税を賦課された工学的に同種類の商品とを，経済的意味で同種類の所属物と見なそうとすれば，いかに不合理な結論に達することであろう。その時には恐らく，貨幣の購買力が一つの都会の個々の建物もしくは区域内で異なり得ることを認めねばならぬであろう。商品学の用語法を固執することを選び，財貨種類を外的要素によってのみ区別することを一層合目的であると認める者に対しては，もちろんかかるやり方を止めることはできない。用語上の問題を争うことは無用の企てであろう。我々にとって問題なのは言葉(ヴォルト)ではなくして，事実(ザッヘ)である。それ故かの，我々の信ずる所によれば，適当さの劣る他の形式の表現方法を使用するに当っては，商品が享受され得るように置かれた場所の差異から生ずる相異が，充分に参酌されねばならぬであろう。その場合輸送費，関税および間接税を考慮するだけでは充分でない。例えば直接税の影響も——もちろんその大部分は同様に転嫁されるが——考慮に入れられねばならぬ。

我々にとっては我々の用語が一層合目的であると思われる。それは極めて明瞭に，貨幣の購買力が地球上いたるところで平均する傾向を示し，そのいわゆる差異は供給され欲求される商品の品質の差異によってほとんど完全に説明され得ること，したがって供給され需要される貨幣の品質によって説明されるものとしては，ほとんど特別の考慮を必要としないわずかな残余しか残らないことを，強調するのである。

かの平均化の傾向の存在そのものはほとんど否定されない。だがそれが作用する力，したがってその重要性も，区々に判断され，また貨幣があらゆる他の商品と同じく絶えず最高の価値を持つ市場を求めるという古典学者の古い命題

第2部　貨幣価値について

は，誤謬であるといわれている。ヴィーザーは交換における貨幣取引が商品取引によって誘致されること，貨幣取引は主要運動が実現せしめられるにつれて実現されるに過ぎぬ補助運動であることを指摘した。しかし――とヴィーザーはいう――商品の国際的移動は国内取引に比較して，今日もなおいたるところで著しく少ない。それ故歴史的に伝承された国民経済的に平均せる価格水準は，その価格が世界経済的に決定される比較的少数の商品についてのみ破られるに過ぎない，したがって歴史的に伝承された国民的貨幣価値の優勢な地位はなお動かない。今日依然として支配的な国民共同体に代わって，完全な世界経済的生産および労働共同体が行きわたった時に初めて，情勢は変化するであろうが，それまではまだ前途遼遠である。当分の間生産の主要要素たる労働力は，いたるところでまだ国民的に拘束せられ，一民族はその平均的教養ならびに意思力の歴史的特性によって許される程度でのみ，外国の技術的および組織的進歩を採用するに過ぎず，故国内では企業家および賃金労働者が大規模に移動するのに，一般的には――二，三の例外を別とすれば――外国における労働の機会をそれ程手軽に利用しようとしない。それ故賃金はどこででも，その歴史的に制約された国民的水準を維持し，かくして費用計算の最重要要素は依然として歴史的国民的に制約され，かつ同様のことは社会的決済過程の大抵の他の要素に妥当する。大体において，歴史的に伝承された貨幣価値は引続き社会的な費用計算および価値決済の標準と見なされる。国際的接触は当分の間，国民的生産様式を全く同一な世界経済的標準に高め，貨幣の歴史的に伝承された国民的交換価値の差異を抹殺する程，まだ充分に強いものではないと。

1) ヴィーザー，前掲 Der Geldwert und seine Veränderungen 531頁以下。

我々は，生産費価値説の思考過程に接近し，それ故主観的価値論の原則と相容れぬこの議論に，ほとんど賛成し得ないであろう。生産費が地域的に相互に極めて相違することは，誰しも争おうとしないであろう。だがこれが商品の価格と貨幣の購買力に影響を及ぼすということは，否定されねばならぬ。反対の

## 第3章 貨幣の客観的交換価値のいわゆる地域的差異

事実は,更に特別な証明を要しない程明白に価格理論の原則から推論され,余りにも明瞭に日々市場で我々の眼前に展開される。最も廉価な供給を求める消費者と最も儲かる売口を求める生産者とは,価格を地方的市場の諸制度から解放せんとする努力において一致する。買おうと欲する者は,外国の生産費が一層低ければ,国民的生産費を問うことはほとんどない。そういうわけであるから,生産費の高い生産者は保護関税を呼び求める。個々の国々における賃金の差異が商品の価格水準に影響し得ないことは,賃金水準の高い国々も賃金水準の低い国々の市場に商品を送り得るという事情が,最もよくこれを示している。工学的に同性質の商品に対する価格の地域的差異は,一方において享楽のために用意する費用の差異(輸送費,当該地での販売費等)により,他方人間および商品の自由移動性を阻止する事実的および法的事情によって説明され得るのである。

**3** 貨幣の購買力の地域的差異の主張にある程度類似しているのは,平均生計費 (Kosten der Lebenshaltung) の地域的差異なる広範にひろがった見解である,すなわち『暮し向きに』ここでは金がかからず,そこでは金がかかるというのである。オーストリアのクローネが (1913年に) 85プフェニッヒ——金平価はその額に一致する——よりも『値打』が少ないと言おうと,あるいはオーストリアは帝国(ライヒ)におけるよりも『暮しに』金がかかると言おうと,人は二つの主張が一致する,すなわち同じことであると思うかもしれない。だがこれは正しくない。二つの命題は決して同一ではない。ある場所では他の場所より生活に金がかかるという意見が主張される時,それにはまだ必ずしも貨幣の購買力の差異なる主張も含まれているのではない。貨幣と爾余の経済財との交換比率が完全に等しくても,欲望充足の同一状態を達するために,異なる場所では同一主体に等しからぬ費用を要することが生じ得る。このことはなかんずく,一定の場所に滞在することによって,同一個人に他の場所では知られずにいた欲望が喚起される場合に起こり得る。かかる欲望は社会的性質のものであって

## 第2部　貨幣価値について

も物理的性質のものであっても差支えない。例えば上流階級のイギリス人が大陸では生活費が安いという意見であるのは，本国では，彼に対し外国では存しない多くの社会的義務に従うことを強いられるからである。大都会での生活は，多様な享楽可能性に極めて近いことが欲求を刺激し地方人の知らぬ欲望をよび起こすことからしても，田舎の生活に比して一層金がかかるのである。劇場，演奏会，美術展覧会その他類似の催物をしばしば享楽する人は，その他の点では似かよった状態に生活していてもかかる享楽を断念せねばならぬ人に比べて，余分な貨幣を支出することは無論である。同様なことは人間の物理的欲望にもあてはまる。ヨーロッパ人は熱帯地方では健康を保護するため，温帯では無用の一連の予防手段をとらねばならぬ。その発生が場所的状態に依存するすべてこれらの欲望は，その充足のために，しからずば他の欲望充足に使用されたであろう一定の財貨保有量を要求し，かくして一定の財貨保有量によって人間の獲得し得る充足の度を減少させるのである。

したがって平均生計費が地域的に異なるという主張は，同一個人が同じ財貨保有量によって異なる場所では同程度の欲望充足を獲得することができぬことを意味するに外ならない。この現象の一つの理由は，今これを示した。しかし平均生計費の地域的差異なる見解は，更にまた貨幣の購買力の地域的差異に関連しても支持される。我々はこの説が正鵠を得ないことを，証明し得るであろう。アルプスの山顛のホテル価格と渓谷のホテル価格の差異から，貨幣の客観的交換価値の差異を推論し，貨幣の購買力は海抜が増すにつれて下落するというが如き命題を公式化してはならないのと同じく，ドイツ帝国とオーストリアにおける購買力の差異を論ずることも不当である。購買力はどこででも同一である，しかし提供された商品は同一ではない，それはその経済的品質に対し重要な一点で，すなわちそれが消費のために用意されている個所の場所的地位の点で異なる。

だがしかし貨幣と，全く同性質の経済財との交換比率が，同一の貨幣種類を

## 第3章 貨幣の客観的交換価値のいわゆる地域的差異

使用する単一的市場領域のあらゆる場所で同時に同一であり，あらゆる外見上の例外はその地位的品質に帰せられ得るとしても，それにもかかわらず異なる地位とそれにより制約される経済財の品質的差異によってひき起こされる価格差が，ある事情の下では，平均生計費の差異なる主張を主観的に是認するのに役立つことは確かに認められねばならぬ。もちろん健康上カールスバードを訪れる人が，住宅および食料品の高価なことから，この温泉場では同一の貨幣を他の場所に比べて少ししか享楽し得ないこと，したがってそこでは暮しにより金がかかることを推論するのは不当である。この推論は，その価格が比較される提供物の異なれる品質を顧慮していない。外国人がカールスバードを訪れるのは正にこの品質の差異のためである。なぜならそれは彼に対し一定の価値を持つからである。彼がカールスバードで同量の享楽のために，より多くを支払わねばならぬとすれば，これは，彼があらゆる享楽について，治療の効ある温泉の極めて近くでそれを享楽し得ることに対する価格をも払うことに，全く基づいている。単にその職業上カールスバードにとどまることを余儀なくされる商人，労働者，官吏にあっては事情が異なる。彼等の欲望充足に対しては，温泉の近いことは意味を持たない，それ故彼等が購うあらゆる財およびあらゆる役務に対し騰貴分 (Aufschlag) を支払わねばならぬことは，それによって彼等の欲望充足が高められることがないから，彼等にはその他の享楽可能性の削減として映ずるであろう。もし彼等がその生活基準を，同じ支出によって隣接地でなし得る生活基準と比べれば，彼等は温泉地では他の場所でより実際に暮しに金がかかるという結論を得るであろう。かくて彼等は，他の場所におけると同じ具有状態を達することを可能にするにふさわしい，より多額の貨幣所得をここで獲得し得ると認める時にのみ，その活動を金のかかる温泉地に移すであろう。しかし達し得る欲望充足状態を比較するに当たり，彼等は享楽を他の場所ではない正に温泉場で充足し得るという利益を顧慮しないであろう。なぜなら彼等の目にはこの事情に何らの価値も認められないからである。それ故あら

## 第2部 貨幣価値について

ゆる種類の労銀は，完全な自由移動性を仮定すれば，金のかかる温泉場では一層高いであろう。企業家賃金についてこのことは一般に知られている。しかしそれは官吏の俸給についてもあてはまる。したがって政府は，金のかからぬ場所に住むことを許されている職員と対等ならしめるために，『金のかかる場所』で執務せねばならぬ使用人に特別な加俸を与える。手工業者もより高い賃金によって，より金のかかる平均生計費を償われねばならぬ。

今や我々は，オーストリアではドイツにおけるより暮しに金がかかるという命題——それには，両国間に貨幣の購買力の差異が存しないにもかかわらず，一定の意義が認められる——の意味をも理解する。二つの領域において我々の目につく異なれる価格というものは，同性質の商品のそれではない。それらの商品はむしろ一つの本質的な点で異なる，すなわちそれらが消費に供せられるのは異なる場所なのである。一方に物理的な原因，他方に社会的，法的な原因が，この区別に，価格決定に対する決定的な重要性を賦与する。だがオーストリア人としてオーストリアでオーストリア人の間で活動することを愛する人，ここに彼の活力の根底を持ち，他の場所では言語，風俗，経済状態等の不案内のために全く生活し得ない人は，外国と故郷の商品価格の比較から，内地では平均生計費が高いと結論するのは不当であろう。彼はあらゆる価格の中に，享楽を外ならぬオーストリアで充足することを許されていることに対する価格をもこめて支払うことを，忘れてはならぬ。独立の利子生活者として滞在地を自由に選択し得る人は，外国で外国人の間で外面的に欲望充足状態の優る生活より，故国で同族人の中で外面的に欲望充足状態の劣る生活を選ぶか否かを決定し得る地位にある。人間の多数はいうまでもなくかかる選択の苦痛から免れている，けだし彼等にとって『我家にとどまる』ことは生存問題であり，移住は不可能であるからである。

我々は次のように要約しよう，商品と貨幣の間に存する交換比率はどこででも同一であると。しかし人間とその欲望は，いたるところで同一であるという

## 第3章　貨幣の客観的交換価値のいわゆる地域的差異

わけではなく，同様に商品も同一ではない。この差異を顧慮せぬ者のみが，貨幣の購買力が地域的に異なりここでは暮しに金がかかり，そこでは安価であるということを云々するのである。

第2部　貨幣価値について

# 第4章　数個の貨幣種類の相互的交換比率

**1**　二つの貨幣種類の交換比率の発生は，両者が同時に同一の経済主体によって相並んで一般的交換手段として使用されることを前提する。我々はもしかすると，他には取引関係のない二つの国民経済が唯一の交換関係により，各々がその貨幣財を他の国民経済のそれと一般的交換手段以外の使用可能性の故に交換するというように結び付けられていると，仮定し得るかもしれない。しかしこの場合には，貨幣的使用からのみ発する交換比率に関するのではないであろう。我々の研究を貨幣論として成功させようと欲するならば，我々はこの章でも物品貨幣の貨幣素材の他の使用可能性を度外視し，これが我々の問題に関連するあらゆる現象を完全に闡明するために重要である場合にのみ，それを考慮せねばならない。我々が今，貨幣素材の工業的用途によって生ずる関係は別として，二つの貨幣種類の交換比率は両者が同時に並んで貨幣として使用される時にのみ発生し得ると主張するならば，我々はそれによって世に行われる見解に反対することになるのである。すなわち通説は二つの場合を区別する，平行本位制における二つもしくは数個の国内貨幣の並存する場合と，外国の貨幣種類と異なる一貨幣種類を国内においてもっぱら使用する場合とがこれである。二つの場合は，二つの貨幣種類の相互的交換比率の形成の理論的考察に関して

## 第4章　数個の貨幣種類の相互的交換比率

は同一であるとはいえ，独立に取扱われている。金本位の一国と銀本位の一国とが交換取引関係にあり，したがって一連の経済財に対し単一的市場を形成する時，金本位国の住民には金のみが，銀本位国の住民には銀のみが一般的交換手段であると主張するのは，明らかに誤りである。むしろ二つの領域の各々に対し，経済的には二つの金属が貨幣として問題になる。1873年以前に，イギリスの商品を買うドイツ人にとって金が交換手段であったことは，ドイツの商品を買うイギリス人にとって銀が交換手段であったのと同様である。穀物をイギリスの鋼製品と交換しようと欲するドイツの農業家は，交換行為を銀によっても金によっても媒介する時にのみ，この交換を成就することができた。例外的にはそれと並んで，ドイツ人がイギリスで金に対して売り再び金をもって買い，あるいはイギリス人がドイツで銀に対して売り銀をもって買うという場合も起こり得た。この場合には両地域の住民に対する両金属の各々の貨幣的性質はなお一層明瞭に現われる。交換が単一的に貨幣によって媒介されようと，あるいは重複的に貨幣によって媒介されようと，国際的取引関係はそれに関与する各個別領域の貨幣があらゆる他の個別的領域に対しても貨幣となる結果をきたすものであることを，明確に理解することのみが重要なのである。

　国内取引に首位を占め，あらゆる交換行為の大多数を媒介し，消費者と使用完成財の売手との取引ならびに貸付取引に重きをなし，法秩序によって法律的支払手段として承認される貨幣と，売買の極めて小部分に使用されるに過ぎず，消費者によってかつてほとんど購買のために使用されず，また貸付取引の媒介者とも法律的支払手段としても機能することのない貨幣との間には，もちろん重要な差異が存する。大衆の意見では前者のみが国内貨幣であり，しかして後者は外国貨幣である。この場所で我々の念頭を離れない問題の認識へ達する道を遮断しようと欲しないならば，ここではこの見解を拒否せねばならないが，他の点ではこの見解に重大な意義が認められることが強調されねばならぬ。それは，貨幣の内的客観的交換価値の変動の社会的附随現象を論ずる章で，なお

第2部　貨幣価値について

問題になるであろう。

　**2**　同一の国に共存する貨幣種類（平行本位）に関するにせよ，あるいは通俗的に言って，外国貨幣と内国貨幣の比率に関するにせよ，2個もしくは数個の貨幣種類の相互的交換比率に対しては，個々の経済財と個々の貨幣種類の間に存する交換比率が決定的である。貨幣種類は，その各々と爾余の経済財との間に存する交換比率に一致する比率で，交換される。もし1キログラムの金が一定種類の商品 $m$ キログラムと交換され，1キログラムの銀が同種類の商品 $\frac{m}{15\frac{1}{2}}$ キログラムと交換されるとすれば，金と銀の交換比率は $1:15\frac{1}{2}$ となるであろう。両貨幣種類間のこの交換比率を——我々はそれを静的もしくは自然的交換比率と呼ぼうと思う——一方もしくは他方の側へ推移させんとする攪乱が現われれば，この交換比率を回復しようとする力が自動的に喚起されるであろう。[1]

  1) 私によって主張される，リカルドに起源を発する理論は，現在カッセルにより特に徹底的に主張されている。カッセルは静的交換比率を購買力平価（purchasing power parity）と名づける。Cassel, Money and Foreign Exchange after 1914, London 1922, S. 181 f.

　我々はその各々が国内取引に唯一つの貨幣財，しかも他の国で貨幣として使用されるものとは異なる貨幣財を使用する二国の場合を考察しよう。今までその商品を貨幣の介在なしに直接に交換した異なる貨幣本位を持つ二つの領域の所属者が，その取引の実現に貨幣を利用し始めるとすれば，彼等は両貨幣種類の交換比率を，貨幣商品間に存する交換比率に結び付けるであろう。我々は金本位国と銀本位国とが直接交換で布と小麦を交換し，その際1メートルの布に対し1ツェントネルの小麦が与えられると仮定しよう。原産国における布の価格が1メートル当たり金1グラム，小麦の価格が1ツェントネル当たり銀15グラムとする。今国際取引が貨幣使用に移行するにしても，銀で表わされた金の価格は15となるに違いない。それがより高く，かりに16となれば，貨幣によっ

## 第4章　数個の貨幣種類の相互的交換比率

て媒介される間接交換は小麦所有者にとり直接交換に比して不利を伴うことになるであろう，すなわち彼等は1ツェントネルの小麦に対し，直接交換では丸々1メートル得るのに比して，間接交換では$\frac{15}{16}$メートルの布を獲得するに過ぎぬであろう。もし金の価格がより低く，かりに銀14グラムとなれば，同様な不利が布所有者に対し生ずるであろう。こう説明するからといって，もちろん，異なる貨幣種類の交換比率が歴史的にこのようにして発展したというのでは決してない。それは歴史的なものではなく，論理的な説明として理解して貰いたい。両貴金属，金および銀に関しては，その相互的交換比率が貨幣的地位の発展と時を同じうして緩慢に生成したということが，特に注意されねばならぬ。

　二つの領域の住民の間に自然交換以外の関係が存しないならば，一方もしくは他方の側に有利な超過額は生じ得ない。現在財に関するにせよ，将来財に関するにせよ，そのいずれなるを問わず，契約両当事者の各々によって引渡される商品量および役務の客観的交換価値は等しからねばならぬ。各々は他方の価格を表わすのである。そのことは，交換が最早直接に行われずに，間接交換として一つもしくは数個の一般的交換手段によって媒介されるという事情によっても，少しも変わらない。商品および用役の給付によってではなくして貨幣現送によって補塡される支払差額の超過額は，永い間，財および役務の国際的交換状況の結果とのみ見なされた。この見解に潜む根本的誤謬を発見したことは，古典経済学の偉大な功績の一つである。古典経済学は，国際的な貨幣の流れが商品交換状況の結果的現象ではないこと，それは有利なもしくは不利な支払差額の原因であって結果たるものではないことを証明した。貴金属は個々の個人経済したがってまた個々の国民経済に，その貨幣需要の大きさおよび強度に応じて分配される。いかなる個人もいかなる国民経済も，その貨幣需要に相応するより少ない貨幣を何時か所有することを恐れる必要はない。国民経済に必要な貨幣額を確保するため，国際的な貨幣の流れを調整せんとする国家的方策は，たとえば穀物需要，鉄需要等の確保のためにする干渉と同じく，必要なもので

## 第2部　貨幣価値について

もなくまた目的に役立つものでもない。かくして重商主義的理論には，とどめが刺されたのであった[1]。それにもかかわらず，諸国民への貨幣の分配の問題は，今日もなお政治家の悩みの種である。重商主義によって一つの体系とされたミダス理論[註]は，数百年の永きにわたり，諸政府の商業政策的方策の規準を成していた。それはヒューム，スミスおよびリカルドを物ともせず，依然として吾人が信ずる以上に人々の心を支配している。あたかもフェニックスの如く，それは繰返し灰の中から起き上ってくる。事実，客観的論拠をもってこの理論を打倒することはほとんど不可能であろう。何故ならこの理論の支持者は，愛しいものとなった古く根を下ろした観念を犠牲に供せねばならぬ恐れがある時には，最も単純な思考方法にすら目を閉じるかの多数の似而非教養者の間に数えられるからである。ただ残念なのは，この素人臭い見解が立法者，新聞――専門雑誌も含む――，実業家の経済政策上の議論に重きを成すばかりでなく，依然として科学上の文献においても広範な地歩を占めていることである。その責めを負うものはこの場合にも，流通手段の本質および，価格形成に対し流通手段に認められる意義に関する曖昧さである。当時，最初はイギリスで，次いで爾余のあらゆる国々で貨幣によって準備されぬ銀行券流通の制限に関し主張された根拠は，それを間接に知るに過ぎない近代の著述家によっては決して理解されなかった。彼等が一般にその持続を擁護し，もしくは精々原理に触れぬ修正を要求するに過ぎないことは，全く，大体において疑いもなく真なることが証明された制度を，一つの体系によって――市場の現象を解き難き謎と思う彼等が，その影響をもちろん全く見極めることのできぬ一つの体系によって――代えるという恐れによるのである。これらの著述家が現代の銀行政策の動機づけを求めるとすれば，彼等が見出すものは，国民的な貴金属保有量の保護なる流行語によって知られているもの以外にはあり得ない。我々は第3部でなお，銀行券流通を制限する銀行法の本来の意義を研究する機会を持つであろうから，この個所ではこの見解を一層軽く片付けてしまうことができるのである。

## 第4章　数個の貨幣種類の相互的交換比率

1) Senior, Three Lectures on the Transmission of the Precious Metals from Country to Country and the Mercantile Theory of Wealth, London 1828, S. 5 ff.
註）ミダス（Midas）はフリュギアの王。ディオニュソスによって触れる物すべて金にする力を与えられたが，食物もすべて金に変じ飢え死にしそうになったので，その願を取消したという伝説がある。

貨幣は利子率の最高のところに流れるのではない，貨幣を自己に引寄せる国民が最も富裕な国民であるということも，正当ではない。あらゆる他の経済財についてと同じく，貨幣についても，個々の経済主体への分配は限界効用に従うという命題が妥当する。我々はまず第一に国土および国家というが如き地理的および政治的概念を全く度外視し，貨幣と商品が単一的市場領域で自由に動き得る状態に注目せねばならぬ。我々は更に，債権の相殺もしくは混同によって決済されないあらゆる支払が，貨幣の移転によってのみ実現され，流通手段の譲渡によっては実現されないこと，それ故準備されざる銀行券および当座勘定が知られていないことを前提とする。この仮定によって我々は再び通貨学派の英国理論家の純金属的通貨に接近するが，その際我々は流通手段の厳密なる概念の助けにより，その見解に附着する曖昧さと欠点とを避け得るのである。我々のこの前提が妥当する状態では，個々の個人へのあらゆる経済財したがってまた貨幣の分配は均衡状態を目指して進行し，しかしてそれはいかなる個人も彼に利得，主観的価値の増加をもたらし得る交換行為をそれ以上行い得ない時に至って達せられる。その時には全貨幣存在量は――個々の商品の全存在量と同様――，経済主体が市場においてその需要を表現することができたその強度に応じて，彼等の間に分配される。貨幣と爾余の経済財の間に存する交換比率に影響する諸々の力のあらゆる推移は，再び新しい静止状態が生ずるまで，その推移に相応する変化をこの分配にひき起こす。このことは個々の個人について真理であるばかりでなく，一定領域のあらゆる個人の全体についても真理である。なぜなら諸国民の財所有および財需要は，あらゆる国民のすべての経

## 第2部　貨幣価値について

済主体すなわち私的ならびに公的の経済主体——その中には重要ではあるが，しかし永い間優越せる地位を占めることのない国家そのものも含まれる——の財所有および財需要の総計に外ならないからである。

　支払差額の残高は貨幣の流れの原因ではなくして，単なる附随現象である。なぜなら貨幣取引の形式が財交換の本質を覆うそのヴェールを通して見れば，国際取引においても商品が商品に対し貨幣の媒介によって交換されるからである。個々の個人と同じく，一国民経済のあらゆる個人の総体も究極において，貨幣ではなくして他の経済財を獲得せんことを欲するのである。支払差額の状態が次の如きものであるなら，すなわち貨幣に対する住民の変化せる価値評価によって制約されずに，一国から他国への貨幣の流れが生ぜねばならぬというが如きものであるなら，秤の両側を再び均衡させる商取引が喚起される。需要に相応する以上に貨幣が流入する人々は，生産財を購入するにせよ享楽財を購入するにせよ，できるだけ速かに過剰量を支出せんと急ぐであろう。他面その貨幣保有量が貨幣需要の示す高さ以下に減少せる人々は，購入の制限もしくはその所有する商品の売却によって，貨幣保有量の増加を図ることを余儀なくされるであろう。これらの理由によって当該国の市場に生ずる価格変動からは，支払差額の均衡を絶えず回復せねばならぬ商取引が生ずる結果になる。ただ一時的には，貨幣需要の状態の変動に基づかずに支払差額が有利もしくは不利に形成されることがある[1]。

1) Ricardo, Principles of Political Economy and Taxation, (Works, ed. Mac Culloch, Second Edition, London 1852), S. 213 ff.; Hertzka, Das Wesen des Geldes, Leipzig 1887, S. 42 ff.; キンリイ，前掲書78頁以下，ヴィーザー，前掲 Der Geldwert und seine Veränderungen 530頁以下。

　それ故国際的な貨幣移動は，それが一時的性質のものでなく，したがって極めて短期間に反対方向の移動によってその効果を再び打消されるものでない限り，常に貨幣需要の状態によってひき起こされる。かくしてそのことから，流

## 第4章 数個の貨幣種類の相互的交換比率

通手段を使用しない一国は，その貨幣存在量を他国のために失う危険を決して冒すことがないという結論が得られる。貨幣不足および貨幣過剰は，国民的現象としても，個人的現象としても，永続的に現われることはなく，それは究極において常に，同一の経済財を一般に使用し得る交換手段として使用するあらゆる経済に均等に広まり，自然，貨幣の内的客観的交換価値に対するその影響も——それは貨幣存在量を貨幣需要に適合させるものである——結局あらゆる経済に対し均等に現われる。一国に流通する貨幣量の増加を目的とする経済政策的手段は，他国においても流通する貨幣に関する限り，貨幣需要の相対的推移を生ぜしめることができる場合にのみ，成功を収め得るであろう。流通手段の使用によってそのことは原則として少しも変わりがない，けだし流通手段の使用にかかわらず狭義の貨幣需要が存続する限り，それは同様にして表現されるであろうからである。

国際貿易に関する古典学説は多くの欠陥を示す。それは諸国民の交換関係が主に現在財の相互的交換に限られていた時代に生成したものである。したがって古典学説が主として現在財の相互的交換にのみ注目し，役務次いで将来財に対する現在財の国際的交換の可能性を顧慮しなかったことは，怪しむに当たらない。この点に必要な補足と修正とを行うことは後世の人々に残されたが，そのことは理論の原理をこの現象にも論理的に適用することに過ぎなかったから，それだけ容易なことであった。更に古典学説は，問題のうち，国際的な貴金属物品貨幣が提供する部分をのみもっぱら取扱った。それが信用貨幣に与えた取扱は満足すべきものではなく，この遅れは今日までまだ完全には取返されなかった。問題は余りにも貨幣制度の技術なる立場から観察され，財交換の理論の立場から観察されることが余りに少なかった。もし後者を行っていたなら，研究の発端に次の命題を——すなわち異なる貨幣本位を持つ二領域の支払差額は，貨幣現送によって清算されるべき残高が現われることなくして，常に均衡状態にあらねばならぬという命題を立てざるを得なかったであろう。我々が金本位[1]

## 第2部　貨幣価値について

国および銀本位国を例にとれば，一国の貨幣が他国において非貨幣的用途に供される可能性がまだ残されていないとはいえない，だがそれはもちろん度外視されねばならぬ。表象貨幣を持つ二国の関係は，例証に最も適当しているであろう，しかし異なる貨幣種類を持つ二国を一般に選ぶとすれば——その中には物品貨幣も含まれ得る——物品貨幣の貨幣的使用のみが顧慮さるべきであろう。その時には我々は直ちに，商品および役務は再び商品および役務によってのみ支払われ得ること，貨幣をもってする支払は結局問題となり得ないことを知るのである。

1) 騰貴が予期される故に，投機的意図をもって外国貨幣が獲得される時には，一時的に推移が起こり得る。

# 第5章　貨幣の客観的交換価値および
その変動の測定の問題


**1**　貨幣の客観的交換価値およびその変動の測定の問題は，その重要性に相応するよりもはるかに強く人々の興味を惹いた。かの数字の羅列，かの表および曲線が，それから期待されたものを我々に与えるならば，もちろん我々はそれをまとめるために費やされた非常な労力が，無駄に濫費されたものではなかったことを認めねばならぬであろう。けだし我々は，貨幣の内的客観的交換価値の問題がもたらす困難な課題の解決をこそ，それから期待したからである。しかし我々は極めてよく——この認識はかの方法とほとんど同様に古いものであるが——この問題ではあらゆる類似の方策が役立たないに違いないことを識っている。それにもかかわらず極めて熱心に指数方法 (Methode des index number) の改善が続けられたこと，それは経済学的研究に他の場合には与えられていないある種の通俗性をすら獲ち得たことは，恐らく不可解に思われるであろう。だがそれは人間精神のある特殊性を考慮に入れれば説明がつくのである。あたかもリュツケルトの『波羅門教徒の叡智』中の王の如く，素人は不断に，科学的研究の成果を少数の言葉に要約する公式を求める。しかしてかかる基本的命題の最も含蓄ある簡明な表現は数である。事物の本質上かかることがあり得ないところにおいても，簡単な数的に把握される認識を得んと努力される。

## 第2部 貨幣価値について

社会科学上の極めて重要な成果は，大衆の興味を起こさせないのに反し，あらゆる数字的表現は彼等の興味をよび起こす。彼等にとっては，歴史は年数の集積となり経済学は統計的資料の収集となる。経済学的法則が存しないという非難程，しばしば素人によって経済学に提起される非難はない，そしてもしこの非難を弱めようとすれば，ほとんど例外なしに直ちにかかる法則を挙げて説明してくれという返答を受けること，あたかも専門家によってその研究に多年の熟慮が要される体系の一部が，初心者に二，三分のうちに理解され得るかの如くである。統計的断片を投げ与えることによってのみ，国民経済学の理論家はこの種の問題に対しその権威を維持し得るのである。

科学上の偉大なる名前が指数の体系に結び付けられている。事実，この異常に困難な問題に自己の聡明さを試すことは，最良の者にすら誘惑的に思われたのに違いなかった。だが結果は空しかった。一層綿密に観察すれば，我々は種々なる指数方法の創始者自身がこの試みを尊重することがいかに少なかったか，彼等が一般にその意味をいかに正当に評価し得たかを知り得る。貨幣理論の問題と貨幣政策の具体的任務に対しそれが無価値であることを証明せんと努めようとする者は，その武器の大部分を，外ならぬこの人々の著作から取ってくることができるであろう。

**2** 貨幣単位の客観的交換価値はあらゆる個々の商品の単位で表現され得る。爾余の交換財の貨幣価格について語るのを常とするように，我々は逆に貨幣の物品価格について論ずることができ，かくして貨幣の客観的交換価値に対し，取引され貨幣と交換される商品と同数の表現形式を持つことになる。しかしこの交換価値方程式が我々に意味する所は少ない，それは我々が解かんとする問題に答えない。貨幣の客観的交換価値測定の問題にあっては，二つの目標が我々の念頭に浮ぶ。第一に貨幣の客観的交換価値変動の事実が計数的に明確にされることであり，しかして次にその原因を指摘して一定の価格変動の度合を吟味することが可能なりや否やが決定されることであり，その場合には貨幣側に

## 第5章 貨幣の客観的交換価値およびその変動の測定の問題

ある貨幣の購買力の変動を証明し得るや否やが特に研究されねばならない。我々は二つの問題の第一のものをメンガーと共に貨幣の外的客観的交換価値の可測性の問題と呼び，第二のものを貨幣の内的客観的交換価値の可測性の問題と呼ぶことができる。

ところで第一に挙げた問題に関しては，その解決は不変の客観的交換価値を持つ一つの財（もしくは複合財）の存在を前提せねばならぬことが直ちに明らかとなる。かかる財が考え得られぬことは，格別説明を要しない。なぜならこの種の財はあらゆる財の交換比率の，更に市場財相互の交換比率の安定性をも欠くべからざる前提とするであろうからである。市場の交換比率が究極において根底とする永久に動揺常なき基礎にあっては，この前提条件は自由な財交換に基づく社会秩序では決して妥当し得ない。[1]

1) メンガー，前掲 Grundsätze 298頁以下。

測定とは，不変なもしくは不変と仮定された他の大きさに対する一つの大きさの比率を確定するの謂である。測定される性質に関し，比較の尺度として選ばれた大きさの不変性，もしくは少なくとも不変性の擬制の許し得べきことが，測定の本質的要求である。この前提が妥当する時にのみ，測定される変動を確定することが可能となる。尺度と測定される対象との比率が推移すれば，その場合これは後者の側から作用する理由にのみ帰せられ得る。したがって貨幣の外的および内的客観的交換価値測定の両問題は融合する。一方が解き得るものなることが立証されれば，他方も同様である。一方の解決不能の証明は同時にまた他方のそれを証明する。

**3** これまで貨幣の内的客観的交換価値測定の問題の解決のために企てられたほとんどすべての試みは，次の如き思考から出発する。すなわち多数の購買財の価格変動がある種の計算によって総括される場合には，購買財の側にある価格変動の決定原因の効果が大部分相殺され，したがってかかる総括からは貨幣側にある価格変動の決定原因の効果の方向および程度が認識され得るという

## 第2部　貨幣価値について

ことである。爾余の経済財相互の相互的交換比率が不変であるとすれば，この仮定は正しいことが立証され，その助けによって行われた調査は目的を達し得るであろう。この前提は妥当しないから，得られた結果の意義について幾分なりとも要領を得んがためには，余りにも種々な技巧的な仮設に頼らねばならない。しかしそれによって統計学の精確な地盤は棄てられ，貨幣価値のあらゆる法則の完全なる認識のみが提供し得るような確実な道案内者なしには，必然的に迷わざるを得ない領域に踏み込む。貨幣の内的客観的交換価値の決定原因が他の方法で満足のいくように明らかにされない間は，この唯一つ信頼すべき道案内者は統計的資料の茂みによって道を誤る。しかし価格形成および価格変動の決定原因の研究，個々の因子へのその分離ならびに分解が，達し得べきあらゆる精確さをもって成就されるにしても，価格統計的研究は正に支持を最も必要とする所で，自己にのみ頼らざるを得ないであろう。すなわち，経済学的研究のあらゆる他の部門におけると同じく，貨幣論の領域でも個々の因子の量的重要性を決定することは，決して可能ではないであろう。個々の価格決定原因の作用を吟味することは，種々なる因子へ数的帰属を行うことには決してならぬであろう。あらゆる価格決定原因は個人の主観的価値評価を媒介物としてのみ作用する，しかし一定の要素が主観的価値判断に対しどれだけ強く影響するかは，決して予言され得ない。したがって価格統計的研究の成果の判断は，その研究がすでに理論の確実な結果を基礎とし得るであろう時にも，依然としてその大部分，論者の大雑把な評価に依存するという，その価値を著しく減少させる事情にある。価格史および価格統計上の研究の補助手段として指数は事情によっては極めて有効な働きをなすことがあろう，しかし貨幣および貨幣価値理論の発展に対しては，残念ながら余り重要でない。

**4**　最近ヴィーザーは，特にファルクナーによって使用された指数の予算方法 (Budgetmethode) の完成と目される提議を行った。[1] 彼はいう，名目賃金が変動し，しかも引続き同一の実質賃金と等しい時には，貨幣価値が同一の実質的

## 第5章　貨幣の客観的交換価値およびその変動の測定の問題

価値量を異なるように表現し，もしくは，実質的価値単位に対する貨幣単位の比率が変化したのであるから，貨幣価値が変動したのである。それに反し，名目賃金が増減するが，それと全く平行して実質賃金も動く時には，貨幣価値は変化しなかったのである。名目賃金と実質賃金との対比の代わりに貨幣所得と実質所得の対比を，個人に代えるに国民経済および世界経済の個人の総数をもってすれば，全実質所得のそれに相応する変動を伴った全貨幣所得の変動は，同時に諸財貨の価格が財供給の変化せる状態に相応して異なるものとなったとしても，全く貨幣価値の変化を示さないといわねばならぬであろう。同一の実質所得が異なる貨幣所得によって表現される時にのみ，比較的貨幣価値 (der spezifische Geldwert) が変わったのである。かくして貨幣価値の測定のためには一群の所得定型 (der Einkommenstypus) が選ばれ，その各々に対し実質的支出，それ故すなわちこの所得から支弁される家政のあらゆる主要部分における物の量が，確定されねばならぬであろう。更に実質的支出と並んで当該の貨幣支出が明示さるべきであり，これらすべてのものを一定の基準年とし，次いで同一の実質価値量が現存の物価を尺度としていかなる貨幣額となるかを，年々歳々辿らねばならぬ。その結果，基礎として定められた実質所得に対し年々市場で形成される貨幣的表現を，全国に関し平均数で知ることができるであろう。それ故同一の実質価値に対し，同一か，より高いか，もしくはより低い貨幣的表現が年々現われるのを知り，それによって貨幣価値変動の尺度を得るに至るであろうと。[2]

1) ファルクナー (Falkner) の方法については，ラフリン前掲書213〜221頁，キンリー前掲書253頁以下を参照せよ。
2) Wieser, Über die Messung der Veränderung des Geldwerts, (Schriften des Vereins für Sozialpolitik, 132 Bd. Leipzig 1910), S. 544 ff. 同様のことをジョセフ・ロウ (Joseph Lowe) はすでに1822年に提議したように思われる。それについては，Walsh, The Measurement of General Exchange-Value, New York 1901, S. 84 を参照せよ。

## 第2部　貨幣価値について

　この方法はあらゆる指数方法中最も完成されかつ最も深く熟考されたものであるが，その適用に当たって生ずる技術的困難はけだし克服し難きものがある。しかし万一この困難を克服することができるにしても，この方法はそれが役立とうとする目的に対し，決して有効なものとは証明され得ないであろう。それはあらゆる他の体系を正当とする前提，くわしくいえば貨幣を除く個々の経済財の間の交換比率が不変であり，貨幣と爾余の経済財各個との間に存する交換比率のみが動揺を免れないという前提の下で，目標を達するであろう。それはもちろんあらゆる社会的制度，人口，財産および所得の分配，個人の主観的価値評価の不動を条件とするであろう。一切のものが流動する所では，この前提は完全に無力である。そのことはヴィーザーの気づかない所ではなかった，そこで彼は所得定型および階級層が漸次変動し，時の経過するうちにある消費が脱落し，他のものが加わることも顧慮されんことを要求する。短期間については——と彼はいう——これは何ら特別な困難をもたらさない，一致せぬ支出を除去することによって，総額を常に比較し得るものとすることは容易である。長期間については，彼はマーシャルの先例に従い，常に充分な数の過渡的形態を取りきたり，常に一形態を時間的に最も近い形態とのみ比較することを推奨する。それによってかの困難は恐らく除かれ得ないであろう。歴史をさかのぼればさかのぼる程，我々はますます大なる除外を余儀なくされるであろう，そして最後には恐らく，実質所得のうち，最重要種類の生存上の欲望充足に役立つ部分のみが最早残るに過ぎなくなるであろう。その場合にもあらゆる比較，例えば20世紀の衣服と10世紀のそれとの比較は行い得ない。いわんや現在の階級区分にしっくり合うように所得形態を歴史的に還元することは一層不可能である。進行しつつある社会的分化は間断なく所得形態の数を増加する。これは決して単一の定型の分裂によって実現されるのではなく，現象ははるかに複雑している。単一的定型の集団から部分が分離し，他の集団もしくは集団部分と融合する，要するにここでは最も混沌たる多様性が支配している。一体過去の

## 第5章 貨幣の客観的交換価値およびその変動の測定の問題

いかなる所得定型と，例えば近代の工場労働者のそれは比較されるであろうか？ しかしあらゆるかかる危惧を無視しようとしても，新しい困難が現われるであろう。同一の実質所得部分の主観的価値評価が時の経過するうちに変わることは，起こり易いことであるばかりでなく，極めて確実性のあることである。生活様式，趣味，個々の経済財の客観的使用価値に関する見解の変動は，ここにおいて比較的短期間にすら極めて大なる動揺をひき起こす。この所得部分の貨幣価値の変動を判断するに当たりそれを顧慮しなければ，結果に対し根本的に影響する新しい誤謬の源が生ずるが，他方それを顧慮しようにも全くより所がないのである。

あらゆる指数方法は，それが貨幣論に対し単なる数字的遊戯以上たらんとする限り，一定の貨幣量の効用の測定という思想がその根底を成している。[1] 人は1グラムの金が今日満一年前に比し効用が大であるか小であるかを確定しようと欲する。客観的使用価値に関しては，この研究はあるいは成果があるものかもしれない。もし欲するなら，例えば一塊のパンが客観的意味で常に同一の効用をもたらすことができ，常に同一の栄養価値を含むことを擬制することができよう，だが我々はかかることが許されるか否かの問題を格別仔細に検討しようとは全く思わない。なぜなら研究の目的は決してかかることではなく，問題の貨幣量の主観的重要性を確定することであるからである。かくてその場合には，永遠に不変な価値評価を持つ永遠なる人間という全く朦朧かつ許し難い擬制が選ばれざるを得ない。数世紀をさかのぼって追及さるべきヴィーザーの所得定型の中に，我々はこの擬制を純化し，それに附着する残滓から解放せんとする試みを認める。しかしこの試みも不可能なものを可能にすることはできず，必然的に失敗せざるを得なかった。それは考え得べき最も完全な指数方法の完成たるものであるが，それすら何ら有益な成果を挙げ得ないという認識は，全方向に対し死刑の判決を下すものである。もちろんそれらすべてのことをヴィーザーも気づかなかったわけではなかった。彼がそれを特に強調することをし

## 第2部　貨幣価値について

なかったのは，恐らく，解き難い問題を解決する道を示すことが必ずしも彼の目的ではなく，むしろ在来の方法から，それから取りきたることができる一切のものを取りきたることが目的であったという事情にのみ，その理由が求めらるであろう。

1) ワイス，前掲書546頁

**5**　貨幣価値変動を測定するために提議された方法の不完全さは，もしその方法を経済政策が要求する任務の解決に使用せんとするのであれば，余り強くは感ぜられない。指数は理論が提起すべき要求に応じないとはいえ，その原理上の欠陥と実地上の調査の不正確さとにもかかわらず，政治家には日常の活動に関し重要な役目を果たすのである。

近接している時期の比較以外を目標としないならば，あらゆる指数方法に付着する誤謬は，指数からある大雑把な結論を得ることが許される程度まで，等閑に付すことができるであろう。かくして，例えば取引所の為替相場の高さと商品価格に表現される購買力の高さとの間に進行しつつある貨幣価値変動の時間的開きを，一定の程度まで把握することが可能となった。[1] 同様に購買力変動の進行を月々統計的に辿ることができた。あらゆるこれらの計算を二，三の問題に対し実際的に利用し得べきことは疑いをいれない，それは最近の現象により証明されたのである。しかしそれらの計算から，それがなし得る以上のものを要求するのは用心せねばならぬであろう。

1)　更に210〜212頁を参照せよ。

# 第6章 貨幣の内的客観的交換価値の変動の社会的附随現象

**1** 貨幣の内的客観的交換価値の変動が所得および財産分配の推移をひき起こすのは，一面，経済する個人が貨幣価値の変動性の事実を見落しがちなことに帰せられ，他面，貨幣価値変動があらゆる経済財および役務に対し均等かつ同時に実現されないことに帰せられねばならない。

貨幣の内的客観的交換価値が変動を免れぬという事実は，幾百年否幾千年を通じ，人間に全く気づかれなかった。あらゆる価格変動を人はもっぱら商品側から説明しようとした。この見解に最初の一撃を加えたのはボーダンの功績であり，爾来この見解は急速に科学的文献から姿を消した。素人の意見には，この見解はなお永く支配的であったが，そこにおいてもそれは今日では揺り動かされているように思われる。それにもかかわらず現在財を将来財に対し交換する個人の価値判断は，貨幣の内的客観的交換価値の変動を顧慮しない。貸付金を授受する者は，貨幣の内的客観的交換価値の将来起こり得べき動揺を顧慮して決断するということを通常しない。現在財が将来財と交換される取引は，将来の給付が貨幣でではなくして他の財で履行されるという方法でも行われる。両当事者によってある時間の経過後に初めて履行される交換取引の申合せは，一層頻繁である。かかる取引はすべて危険を伴うものであり，この事実はいか

## 第2部　貨幣価値について

なる契約当事者にもよく知られている。穀物，綿花，砂糖を掛で売買する者，石炭，鉄，木材の長期供給契約を結ぶ者は，かかる取引にいかなる危険が伴うかをよく知っている。彼は予想し得べき価格変動の機会を綿密に考量し，しばしば保険もしくは，近代取引所の技術が案出した他の担保契約の締結によって，その商取引の射幸的要素を減じようとつとめるであろう。

　貨幣で表示される長期の契約を結ぶに当たり，通常，契約当事者には彼等が投機的取引を行うという意識はない。貨幣は『価値安定せるもの』であり，客観的交換価値もしくは少なくとも内的客観的交換価値の動揺を免れているという観念が，個人の経済的行動を支配する。このことは，法体系が貨幣の客観的交換価値の問題に対して取る態度を観察すれば，最も明瞭となる。法秩序にとっては，貨幣は価値安定せるものと見なされる。時には，法体系は貨幣の内的交換価値の安定を擬制すると主張された。だがそれは正しくない。擬制を設けることにより，法律はある法律事実において事実をつけ加えて考えもしくは除いて考え，それによって，その想像された法律事実に関連する法規が適用されることを要求する。擬制は法規の類推的適用を招致すべきである。この目的によって擬制の全本質は規定される。したがって目的によって必要とされる限り，擬制は維持されるに過ぎない。その際立法者および裁判官は擬制された法律事実が現実に即しないことを常に意識している。法的事実を統一的観点の下に体系的に結び付けんがため，科学の展開するいわゆる独断的擬制にあっても，事情は異ならない。この場合にも擬制された法律事実は現存すると考えられるのであって，認められるのではない。[1] 法秩序の貨幣に対する立場は異なる。法律家は貨幣価値の問題を全く知らない。彼は貨幣の内的交換価値の動揺について何も識っていない。貨幣の価値不変性なる素朴な民衆的信仰はそのあらゆる不明瞭さをもって法に採用され，いかなる大事件も歴史的に伝来された貨幣価値の顕著かつ突然の変動によって，対象についての見解を再吟味すべき機会を与えることがなかった。私法学の体系は，ボーダンが初めて貨幣の購買力の変動

## 第6章　貨幣の内的客観的交換価値の変動の社会的附随現象

を貨幣側から作用する理由に帰せんことを試みたそのずっと以前に，完成していた。近代の国民経済学の認識はこの問題について，法に何らの痕跡も残さなかった，法は貨幣を価値不変と擬制するのではなくして，あらゆる点でそう認めるのである。もちろん法律は貨幣価値の二，三の副次的問題に注目をそそぐ。法律は既存の権利関係ならびに債務に関し，一通貨から他の通貨への移行にいかなる意味が認められるかを，詳細に論じている。法律学は当時，王の鋳貨改悪に対し注目したこと，後に一般に信用貨幣と物品貨幣，次いで金と銀との間に国家が逡巡せることによって現われた問題に対し注目したのと異ならない。だがこれらの問題が法律家によって受ける取扱いは，貨幣価値の不断の動揺ということの認識に達するものではなかった。ここで法律学が直面する情勢と意見の闘わされる全様式は，このことをすでに始めから不可能にした。問題は法が貨幣価値変動に対しいかなる態度を取るかではなくして，君主（国家）は既存の債務が変更され，それによって既得権が毀損されることを随意に定め得るかということである。以前には，貨幣の法的本質を決定するのは主権者の打印であるかそれとも鋳貨の純分であるかという問題がそれに結び付き，後には，貨幣の法的支払能力を決定するのは法律の命令であるか，それとも自由なる取引の慣習であるかという問題がそれに結び付く。私有財産および既得権の保護を根底とする一般的法律意識が与える回答は，二つの場合とも同じである。——あることが契約されるならば，それはまたそのように解かれねばならない，例えば物をもって契約した時には物をもって解かれねばならぬように，貸付を供与した時には逆にそれだけの貨幣が解かれねばならぬように (Prout quidque contractum est, ita et solvi debet; up cum re contraximus, re solvi debet, veluti cum mutuum dedimus, u retro pecuniae tantundem solvi debeat)[2]。その際貨幣と見なさるべきであるのは取引締結の当時貨幣として通用せるもののみであること，債務は単にその金属でのみならず，契約締結の時約定された鋳貨品種によって支払われねばならぬことは，住民のあらゆる階級特に商人によってそれのみが正

## 第2部 貨幣価値について

しいと解された通俗的見解，すなわち鋳貨の真の本質はその金属純分であり，打印には一定の重量品質の官憲による確認以外の意味が認められぬとする見解から明らかであった。交換取引において鋳貨を同じ重量純分を持つ他の金属片と異なるように取扱うことは，個人の念頭にも思い浮かばなかった。正しく――このことは最早何らの疑いもさしはさむことが許されない――物品貨幣本位が支配したのである。

1) Dernburg, Pandekten, 6 Aufl., Berlin 1900, I Bd., S. 84.――正常的な擬制の主要特徴が擬制的性質の明白に表明された意識であることについては，現在次のものをも参照せよ，Vaihinger, Die Philosophie des Als ob, 6 Aufl., Leipzig 1920, S. 173.
2) 1. 80 Dig. de solutionibus et liberationibus 46, 3. Pomponius libro quarto ad Quintum Mucium.――更にザイドラー，前掲書685頁以下，エンデマン，前掲書第2部173頁。

貨幣の金属純分のみが貨幣で表示される債務の履行に決定的であるという見解は，造幣権主によって擁護された名目主義的教義に打ち勝った。この見解は鋳貨の金属純分を安定せしめるためにとられた法律的手段に現われている，また後に至り17世紀末以来間然する所なき鋳貨体系が完成した時，同一金属の個個の鋳貨品種間の比率の制定――その同時的に並存する場合なると，時間的に連続する場合なるとを問わず――に対し，および――もちろん失敗したが――両貴金属を統一的な貨幣体系に合一せんとする試みに対し，基準を与えた。

信用貨幣の出現とそれがもたらす問題も，法律学を貨幣価値の問題に向けることができなかった。一般的な法律感情に適応する紙幣体系の秩序を人が認めようとしたのは，紙幣が金属貨幣と――紙幣が最初それと等価であり，かつそれに代わったところの――永続的に等価であるか，もしくは債務契約の内容に対し金属純分あるいは給付の金属価値が決定的である場合のみであった。しかし貴金属貨幣の内的交換価値も変動を免れぬという事実は，金に関しては――今日なお問題になるのはそれのみである――法秩序および国民の法律感情に今

## 第6章 貨幣の内的客観的交換価値の変動の社会的附随現象

まで知られずに残された。この事実は三世紀以上も前から国民経済学者の熟知する所であるにかかわらず、いかなる法規もそれを考慮に入れないのである。

貨幣の価値安定性を素朴に信ずる点において、法秩序は輿論と完全に一致する。もし法秩序の見解と住民の法律感情との間に何らかの差異が現われれば、それに対する反動が生ぜざるを得ない。不当と感ぜられた法律規定に反対する運動が、喚起されるのである。かかる闘争は常に法律感情の法律に対する勝利をもって終わるのを常とする、結局国民の大多数の見解は法に採用されることを強要し得るのである。貨幣価値の問題に対する法のかの態度に対し我々が反対の痕跡をどこにも発見し得ないことは、ここでは人間の感情と矛盾する規定が問題となり得ないことを明らかにしている。人々が実際極めて永い間を通じ貨幣を目して価値の尺度と思い誤った如く、輿論も全く貨幣の『価値不変性』を疑わない。かくして、将来の給付が貨幣で支払わるべき信用契約を結ぶに当たり、いかなる契約当事者も貨幣の購買力の将来の変動を顧慮することに思い至らない。

貨幣と爾余の経済財との間に存する交換比率のいかなる変動も、当事者がかかる信用取引を締結する際に占めた地位を推移させる。貨幣の購買力の増大は債務者を不利にし、債権者を有利にし、購買力の減少は逆の影響を及ぼす。契約当事者が現在財を将来財に交換する際、貨幣価値の予期さるべき変動を顧慮すれば、かかることは起こらないであろう。だがこの変動は種類も程度も予見され得ないのはもちろんのことである。

貨幣の購買力の変動性が顧慮されるのは、その相互的交換比率が著しい動揺を免れぬ2個もしくは数個の貨幣種類の並存が、問題に注目を向けさせる場合のみである。あらゆる種類の信用取引を結ぶに当たり、将来起こり得べき為替相場（Valutenkurs）の推移が充分顧慮されることは、一般に知られている。かかる種類の考量が数個の貨幣種類が使用される国々において、また異なる本位を持つ国々の間の国際的取引において、いかなる役務を演ずるかは人の知る所

## 第2部　貨幣価値について

である。しかし貨幣価値の変動性がこのように顧慮されるその様式は，貨幣の価値安定性の観念と矛盾するものではない。一貨幣種類の価値の動揺はその単位の等価物によって他の貨幣種類の単位に換算して測られるが，この他の貨幣種類そのものは再び価値安定せるものと認められる。その『価値不変性』の疑われる通貨の動揺は，金に関係づけて測定されるのである。しかし金本位も動揺を免れぬことは注意されない。個人は貨幣の内的客観的交換価値の変動性の事実を意識する限り，経済行為をなすに当たってそれを顧慮する。それは少数の貨幣種類に関してのみ行われるのであり，あらゆるものに関して同時にしかりというのではない。今日まず第一に使用される一般的交換手段たる金は，『価値安定せるもの』と見なされる[1]。

 1)　本文の論述をヒルファーディングは第1版の評論において『全く滑稽だ』と認めた ("Die Neue Zeit" 30. Jahrg., Bd. II., S. 1027)。貨幣減価によって損害を受けたドイツの国民層は，今日それを滑稽と認めるどころではなかろう。だがまだ1，2年前には，彼等も問題に対しそれ以上の理解力を持たなかったのであろう。フィッシャーは (Hearings before the Committee on Banking and Currency of the House of Representatives, 67. Congress, 4. Sess on, on H. R. 11788, Washington 1923, S. 5 ff, 25 ff.) それに関し，特色ある例証をもたらしている。最近のドイツ通貨政策および経済政策がヒルファーディングやハーヴェンスタインの如き人々によって指導されたことは，いうまでもなく悪運であった。彼等の賦性や知識は金に対するマルクの減価の問題を理解するにさえ充分でなかったのである。

貨幣の内的客観的交換価値の変動が予見される限り，それは信用取引が締結される条件に影響する。貨幣単位の購買力の将来の下落が予期される時には，貨幣の貸手は，信用関係の終了後債務者の返済する貨幣額が，彼の貸付けた額より少ない購買力ほか持たないことを覚悟せねばならぬ。彼が貨幣を信用貸しせずに，それをもって他の財を買えば，事無きを得るであろう。債務者に対しては事情が逆である。彼は借りた貨幣で商品を買い，しばらくの後に売れば，返済さるべき貸金を引いて剰余が残る。信用取引は彼に利益を生ずる。したがって貨幣減価の進行が予期される限り，貨幣の貸手がより高い利子を要求し，

　　　　第6章　貨幣の内的客観的交換価値の変動の社会的附随現象
貨幣の借手がより高い利子を支払う用意があることは，理解するに難くない。しかして将来の貨幣価値騰貴が予期されれば，利子歩合は然らざる場合に比して低くなるであろう。
1)
　1)　クニース，前掲書第2巻第2部 105 頁以下。Fisher, The Rate of Interest, New York 1907, S. 77 ff., 257 ff., 327 ff., 356 ff.

　かくの如く貨幣の内的客観的交換価値の変動の方向および程度が予見され得るとすれば，この変動は債権者と債務者の関係に影響することはできず，すでに信用取引締結の際に，購買力の来るべき変動が適当に顧慮され得るであろう。しかしこの前提は，金製の物品貨幣に対する信用貨幣および表象貨幣の動揺に関しては極めて不完全に実現されるに過ぎないから，債務契約締結の際に来るべき貨幣価値の変動を顧慮することも，不充分でしかあり得ない。しかして金の価値動揺に関しては，今日もなお——大戦勃発以来の金価値の顕著かつ急激な変動後ですら——圧倒的大多数は——否，理論経済学の少数の愛好者を除き経済生活を営むすべての人ということができる——金価値の変動性の真実を知らない。依然として金貨は『価値安定せるもの』と見なされているのである。
　1)　クラーク，前掲 Essentials 542頁以下

　最良の貨幣ですら内的客観的交換価値が変動するという事実を認識した経済学者は，信用取引の締結の際にしたがって現在財の将来財に対する交換の際に，今日行われているように，一財のみを交換手段として使用せずに，結合して統一的複合体をなす多数の財を使用せんことを提議した。実際的には実行不可能であるとはいえ，あらゆる経済財をそれに包含させることが考え得られる。現在財の交換に際しては依然として貨幣が交換手段として役立つが，信用取引では将来の給付が，契約中に挙げられた名目貨幣額の代わりに，契約締結の瞬間の購買力に相当する金額をもって履行されることになる。それ故その間に貨幣の客観的交換価値が高まれば，それに応ずるより小なる貨幣額が，もしそれが減少すれば，それに応ずるより大なる貨幣額が給付されねばならぬであろう。我

## 第2部 貨幣価値について

我が前に貨幣価値変動の測定の問題にあてた論述は，この提議の根本的な不完全性を示している。換算商 (Reduktionsquotient) を形成する際，種々なる経済財の価格が量的関係を顧慮せずに一様に用いられれば，人々が防止せんとする弊害ははるかに強く現われる可能性がある。小麦，燕麦，綿花，石炭，鉄等の品目に現われた価格変動に，胡椒，阿片，アストラカン毛皮，ダイヤモンド，ニッケル等の品目に関する価格変動に対するのと同じ重要性が与えられるならば，計表本位 (tabular standard) の採用は長期契約の内容を今日よりも一層不確実なものとするに相違ないであろう。いわゆる加重平均 (gewogene Mittel) が使用され，個々の商品はその重要性に応じてのみ効力を持つとすれば[1]，生産と消費の関係に変動が行われるや否や，同じ現象が現われる。人間が種々なる経済財に対して寄せる価値判断は，生産状態と同様絶えざる動揺を免れない，しかし換算商を形成する際そのことを考慮に入れることは不可能である，なぜなら過去との結び付きを可能にするためには，換算商は不変であらねばならぬからである。

1) Walsh, 前掲 Measurement of General Exchange-Value 80頁以下。Žižek, Die statistischen Mittelwerte, Leipzig 1908, S. 183 ff.

既存の債務関係に対する貨幣価値変動の影響について論ぜられる時，今日恐らくあらゆる人は，最近10年のヨーロッパの通貨史を特徴づける途方もないインフレーションの結果をまず第一に考えるであろう。法律学者はこの時期の最後の数年間にあらゆる国々において，次の問題すなわち現行法上の手段でもしくは新法律の制定によって，債権者利益の損害を阻止することが不可能であったか，それともまだ可能であるかという問題を，この上もなく詳細に論じた。その際，貨幣減価による債務契約の内容の変動は正に法秩序が問題に与える取扱いの結果であるということは，大抵の場合顧慮されなかった。法秩序と独立に発生した弊害を除去するために，法から救済が要求されるというような事情にあるのでは決してないのである。弊害と感ぜられるものは，法秩序の態度に

## 第6章 貨幣の内的客観的交換価値の変動の社会的附随現象

外ならず,政府が貨幣減価をひき起こしたという事情に外ならない。なぜなら兌換し得ぬ銀行券に対し,大戦勃発前に流通せる金製の物品貨幣——前者はそれと『マルク』なる称呼をのみ共通にするに過ぎない——に対するのと同じ支払能力を認める法規は,新貨幣の創造を財政的方策として利用しつくす可能性を国家に提供する法規範の全体系の一構成部分であるからである。その法規がこの体系から引き離され得ないことは,銀行券を兌換すべき銀行の義務を廃棄し,新銀行券の発行によって政府に貸付金を供与することを強制する規定が,この体系から引き離され得ないのと同じである。

法律家および実業家が,貨幣減価はあらゆる債務関係に極めて強い影響を及ぼし,あらゆる取引を困難否不可能にし,いたるところで何人も欲せずかつあらゆる人が不当と感ずる結果を生ずることを指摘するならば,彼等に同意すべきである。徹頭徹尾貨幣使用と貨幣計算の上に立てられた社会秩序では,貨幣制度の破壊は正に交換取引の基礎の破壊を意味する。だが個別的な規定を定め,それにより個々の個人,個人の集団もしくは階級を貨幣減価の結果から守り,他のものにその結果をそれだけ重く負わせることによっては,この弊害を阻止することは不可能である。貨幣減価のこの有害な結果を欲しないならば,貨幣減価を生み出すインフレーション政策に反対せねばならぬことこそ,明らかに理解されなければならない。

貨幣債務額に対しては,名目額ではなく金相場を標準的なものと宣言せんことが提議された。マルクで借入れられた貸付金は,設定当時の金マルク価値に相当する額で返済されねばならぬと。[1] 今かかる提議が現われ,賛成を受けることは,国家主義的思想 (der etatistische Gedanke) が貨幣制度においてすでに動揺し,我々は必然的にインフレーション政策の終末に近づきつつあることを示している。2,3年前にはまだかかる提議は嘲笑されもしくは国家に対する反逆と烙印づけられたであろう。のみならず,紙幣の支払能力を流通価値に制限せんとする理念の実現が,どこにおいてもまず国庫の利益のために——租税お

## 第2部 貨幣価値について

よび関税支払の際——始められたことは,特徴的である。

1) Mügel, Geldentwertung und Gesetzgebung, Berlin 1923, S. 24.

　際限なきインフレーション政策の結果を除去するためには,あらゆるインフレーション主義的手段を放棄する以外には何も必要としない。『計表本位』(貴金属本位を補充する『商品本位』)の提起者および貨幣の購買力を確定せんことを提議するアーヴィング・フィッシャーの注目をひいた問題は,異なるものすなわち金の価値変動の問題である。

**2**　貨幣が『価値安定せるもの』であり,もしくは『価値の尺度』であるという素朴な観念は,貨幣計算を経済計算として使用するに当たっても,その根底をなしている。その他の点についても簿記は完全なものではない。その作成の精確さは単に外見上に過ぎぬ。簿記が処理せねばならぬ財および権利の評価は,常に,多かれ少なかれ不確かかつ不明な要素の把握を基礎とする評価の上に建てられている。この不確かさが商品側に由来する限り,法的規定によって是認される商慣習は,できるだけ注意深く処理することによって予防しようとする。それ故この慣習は,企業の成果に関する錯覚から商人を守り債権者を保護するため,資産項目の低目の評価と負債項目の高目の評価を要求する。だが,貨幣価値も変動を免れぬが故に評価が貨幣側からして不確かであることからも,簿記の欠陥は生ずる。しかし商人,簿記掛りおよび商事裁判官は貨幣価値変動について何も知らない。彼等は貨幣を価格および価値測定物と考え,長さ,面積,容積および重量の尺度をもってするのと同じく,貨幣単位をもって平然と計算する。経済学者がかかるやり方に伴う危惧を彼等に注意すると,彼等はその言葉の意味さえ理解しない。

1) オーストリアの通貨整理の準備のために召集せられた通貨調査委員会の1892年3月ウィーンに開催された会議において,カール・メンガーは次の如く述べた。『私は立法のみならず,日常生活も,それ故我々すべてが貨幣の交換力の動揺を顧みない習わしであることを付言したい。諸君,皆様のように優れた銀行家ですらも,年末に,株式資本を表わす貨幣額がもしかすると交換力を増加したかそれとも減少をこ

—194—

## 第6章　貨幣の内的客観的交換価値の変動の社会的附随現象

うむったかを顧慮することなく，貸借表を作成する』。このメンガーの述べる所はこれまでオーストリアの銀行業に活躍した最も卓越せる人物たる，土地信用銀行の頭取テオドール・フォン・タウシッヒ (Theodor von Taussig) に理解されなかった。彼はすなわち次のように答えた，『貸借表は一会社もしくは一個人の財産すなわち資産を負債に対立させるものであり，両者は評価の尺度と認められる価値それ故通貨，我が国においてはグルデンによって現わされる。ところで均一のものと認められる尺度で財産と債務を表現するに当たり，我々が行っているように，測定されるべき客体の変動の代わりに，尺度の変動が顧慮されねばならぬということは，私にはわからない』。それ故タウシッヒは物財の評価と減価償却額とが問題であって，貨幣債権と貨幣債務の対照が問題でないこと，また余りにも不正確でないためには，損益計算が貨幣価値の変動を顧慮せねばならぬことを，全く理解しなかったのである。メンガーは彼の述べる所が，タウシッヒがそう解せんとした如く，銀行主脳者に向けられた不正な慣例の非難と見なされることがないことを，まず第一に明らかにせねばならなかったから，彼の返答においてこの点について述べる機会を持たなかった。彼はその時次の如く述べた，『私が言ったことは，単に，銀行の方々のみならず，我々す・べ・て・が——銀行の最上層にある人々ですらと言ったのである——日常生活に貨幣価値の変化を顧慮しないことによって，誤謬を犯しているということである。』

(Stenographische Protokolle über die vom 8. bis 17 März 1892 abgehaltenen Situzngen der nach Wien einberufenen Währungs-Enquete-Kommission, Wien 1892, S. 211, 257, 270)

　経済計算における貨幣価値変動の無視は利益および損失計算を誤らせる。貨幣価値が下落すれば，貨幣減価を顧慮しない簿記は見せかけの利益を計上する。なぜなら簿記は売却によって得られた貨幣収入を，高い価値を持つ貨幣で計算された購入費に対立させ，差引を行う際高い価値を持つ貨幣でなされた記帳価値から出発するからである。かくして，資本金の一構成部分と見なさるべきであるのに利益と見なされるものは，利益として企業家によって消費され，もしくは貨幣減価がなければ行われずにいたであろう価格引下げの形で買手に，または賃金増加の形で労働者に更に与えられ，続いて政府によって所得もしくは営業収益として課税される。いずれの場合にも，貨幣減価は資本計算を誤らせ

## 第2部 貨幣価値について

るものであるから,資本の一部が消耗される。一定の前提の下では,それから生ずる資本破壊と消耗増大は,貨幣減価が消耗されずに貯蓄される真の利益を も――例えば債務者の――発生させることによって,部分的に阻止されることがあるかもしれない。しかしそれは常に貨幣減価によってひき起こされた資本消耗の一部分を償うに過ぎない。

1) 拙著 Nation, Staat und Wirtschaft, Wien 1919, S. 129 ff. 爾来ドイツおよびオーストリアにおいて,この問題を取扱う多数の著作が現われた。

貨幣減価によって誤らされた計算に基づき,極めて安く売られた商品を買う者は,必ずしも常に,価値下落せる貨幣が国内通貨として使用される領域の住民のみであるとは限らない。貨幣減価によって生ぜしめられた価格引下げは,その貨幣の価値が全く下落しないか,もしくは少なくともより少なる程度にしか下落しない領域に対する輸出を,極めて促進する。より価値安定せる貨幣で計算を行う企業家は,資本の一部を買手に直接くれてしまう企業家と競争することはできない。1920年および1921年には次のようなことが起こった。すなわちオランダ人は彼等がオーストリアに売った商品を,しばらく後には始めに彼等が売ったのよりもはるかに安く再び手に入れることができたのである,そのわけはオーストリアの商人は原価以下で売ったことに全く気づかなかったからであった。

この実情が認識されない間は,単純に重商主義的に輸出の増大を喜び,貨幣減価を歓迎すべき『輸出奨励金』と見るのが普通である。しかしひとたびこの奨励金の発する源が資本たる財産であることが発見されれば,この現象は『投売り (Ausverkauf)』として余り有利に判断されないのが常である。輸入国ではまた,興論は『為替ダンピング (Valuta-Dumping)』としての認定と有利な購買可能性に対する満足との間を動揺する。

貨幣減価が紙幣発行の方法で政府によって促進されたインフレーションの結果である場合には,より価値安定せる貨幣による計算に移ることにより,経済

## 第6章 貨幣の内的客観的交換価値の変動の社会的附随現象

計算を破壊する影響から免れることができる。しかし貨幣減価が世界貨幣たる金の減価である限り，そのように簡単な逃路は存しない。[1)]

1) 更に 428 頁以下を参照せよ。

**3** 今我々は現在財と将来財との交換が行われる事実を度外視し，我々の観察を現在貨幣と現在財とが交換される場合に限定すれば，我々は直ちに，個々の商品価格の商品側から生ずる孤立的変動の結果と，貨幣と爾余の経済財との間に存する交換比率の貨幣側から生ずる変動の結果との間に，本質的な差異を見出す。個々の商品価格の変化が個人間への財の分配に影響するのは，まず第一に，問題の商品がいやしくも交換に現われる財であれば，すでに本来 (ex definitione) その需要に比例して個人間へ分配されていないという理由からである。世の中には商品を生産し（言葉の最広義で，したがってその中には商人も含まれる）売却する経済と，それを単に買い消費するに過ぎぬ経済とが存在する。したがってこの商品と貨幣を含む爾余の経済財との間に存する交換比率の推移の結果がいかなる種類のものであるか，誰がそれによって利益をうけ，誰が不利益をこうむるかは直ちに明らかである。貨幣については同様な結果が生じ得ない。貨幣に関しては実際あらゆる経済がある程度商人なのである。[1)] したがってあらゆる個別経済は，それが市場で貨幣に対する需要を表示し得るその大きさと強さに相応する貨幣保有量を維持する。突然に世界のあらゆる貨幣存在量が同じ割合でその内的客観的交換価値の減少もしくは増大を受け，突然にあらゆる商品および役務の貨幣価格が均一に騰貴もしくは下落すれば，それは個別経済の資産状態に影響を及ぼし得ないであろう。爾後，貨幣計算はより大なもしくはより小な数字で行われ，ただそれだけのことであろう。貨幣価値変動は尺度および量目もしくは暦の変化と同じ意味ほか持たぬであろう。貨幣価値変動の附随現象として現われる社会的推移は，この前提が決して妥当しない情況に全く制約されている。貨幣価値変動が一定のところから発し，そこから順次全国民経済に実現されることは，貨幣の内的客観的交換価値の決定原因を論じた

## 第2部 貨幣価値について

章で示された。そしてこのことの中にのみ，社会的な所得分配に対するその影響の原因が包蔵されているのである。

1) Ricardo, Letters to Malthus, ed. Bonar, Oxford 1887, S. 10.

市場に支配する交換比率の商品側から生ずる変動も，通常突然に行われるのではなく，それもまた一定のところから出発し，ここから初めて，遅速の差はあるが伝播して行くのである。したがってこの価格変動にあっても，価格変動が突然にではなくして徐々にしか実現されぬという事情に原因した附随現象が現われる。しかしそれは，ある制限された数の経済主体すなわち商人もしくは生産者として問題の商品の売却者である人々のみが，著しい程度に襲われる結果である。更に，それは商品の内的客観的交換価値変動の唯一の結果ではない。需要が不変であるのに生産が増加したため，石炭価格が下落すれば，例えば卸売商のところで古い，より高い価格でその現品を補充したのに，それを新しい，より低い価格でしか販売することのできぬ小売商人も，価格下落によって影響をこうむる。しかしかかる結果は，石炭生産の増加によってひき起こされた社会的推移の要点を決して説明するものではない。石炭存在量の増加は国民経済の具有状態を改善した。石炭の価格下落は生産者消費者間の所得および財産推移を意味するばかりでなく，国民所得および国民財産の増加をも表わす。誰も失ったのではないものを，多くの者が得たのである。貨幣の場合は異なる。

貨幣価値減少の最も重要な原因として問題となるのは，貨幣需要が不変であるか，減少するか，もしくは同じ程度に増大しないのに貨幣存在量の増加する場合である。我々がすでに見た如く，この貨幣価値減少は，その財産に追加的貨幣量が最初に現われる人々から発し，次いで彼等と取引する人々に及び，以下それに準ずるのである。貨幣のより低い主観的評価のこの伝播は，追加的貨幣量の所有者が買手として，市場で以前よりも高い価格を承諾する傾向があるという方法で実現される。高物価は生産増加と賃金騰貴を来し，これらのすべてのものは大衆により経済的繁栄の徴候と見なされるから，貨幣価値の下落は

## 第6章　貨幣の内的客観的交換価値の変動の社会的附随現象

昔から経済的福祉の促進に極めて有効な手段と認められたし，また現に認められている[1]。だがこれは誤りである，なぜなら貨幣増加は人間に支配される使用財存在量の増加を招致しないからである。貨幣増加の効果は，人間の間への経済財の分配を変化させる点にはあり得ようが，124頁で挙げた附随的事情を別とすれば，直接に人間の全財貨所有と福祉を増すことはできない。間接にはもちろん，分配のあらゆる変化が生産にも影響を及ぼし得るその経路をとって，このことが起こることがあるかも知れない，例えば推移によって利益を得る階級が，彼等に流入する財貨量を，それが取去られる階級がなしたであろうより多量に資本形成に使用する時である。だがこのことはここでは問題にならぬ。我々にとっては，貨幣価値変動によってひき起こされた分配の変化が貨幣価値変動の国民経済的意義の全内容をなすか否かが，決定的重要さを持つのである。もししかりとすれば，福祉の高揚は見せかけのものでしかあり得ない，けだしそれは住民の一部にとってのみ利益であり，それに反し他の一部はそれに相応する損失をこうむらねばならぬからである。そして実際にもそうである。その負担は，貨幣価値減少が最後に到達する階級もしくは国民が払わねばならぬ。我々は例えばある孤立せる国家に新しい金鉱が開かれると仮定しよう。金鉱から取引に流入する金の追加量はまず第一に鉱山所有者，次いで順次彼等と取引する人々の手に流れ込む。我々が全住民を模型的に四つの集団，すなわち鉱山所有者，奢侈財の生産者，その他の実業に従事する者および農民とに分ければ，最初の二つの集団が貨幣価値減少によって生じた利益を完全に享受することができ，しかも第1のものは第2のものに比して一層その程度が高いであろう。第3の集団に対しては事情がすでに異なる。第3の集団にあっては，それが最初の二つの集団の側の増大せる需要によって獲得する利益は，すでに一部分次の事情によって，すなわち，第3の集団は奢侈財に対して――奢侈財についてはすでに貨幣価値減少が完全に現われているから――，自己の生産物に貨幣価値減少が始まる以前にすでにより高き価格を支払わねばならなかったことによ

第 2 部　貨幣価値について

って削減される。のみならず第 4 の集団は全過程から不利益のみをこうむるであろう。農民は，農産物の価格騰貴が彼等に損失を補塡するに先だち，すでにあらゆる工業製品によって損害を受けることを余儀なくされる。いよいよ農産物の価格騰貴が始まれば，それは農民にとってなるほど経済的窮境の時期の終わりには違いないが，以前にこうむった損失を償うに足る利益は，それから最早得ることができない。実際彼等がその獲得せる，より大なる貨幣額をもって買い得る商品で，貨幣価値の以前の水準に適合せる昔の価格で得られるものはない，なぜなら価格騰貴はすでに全国民経済に実現されているからである。かくして農民が自己の生産物をまだ古い，より低い価格で売り，他人の生産物をすでに新しい，より高い価格で支払わねばならなかった時の損失は，相殺されずに残る。貨幣価値変動が最後に到達する集団の損失こそ，鉱山所有者およびそれと最も近い関係にある集団の特殊的利益が由来する源泉に外ならない。

1) ヒューム，前掲書 294 頁以下。

　所得および財産分配に対する貨幣価値変動の影響は，——それは貨幣の内的客観的交換価値の変動が個々の商品および役務に対し，同時かつ同程度に実現されないことによってひき起こされたものである——金属的物品貨幣にあっても，その現われ方は表象貨幣および信用貨幣におけると異なるものではない。貨幣増加が国家紙幣もしくは兌換し得ぬ銀行券の発行によって行われる時にも，それは差当たり個別経済の一部分にのみ利益となり，かつ追加的貨幣量は漸次的にのみ全国民経済にひろまる。例えば戦時に紙幣が発行されれば，新紙幣はまず第一に軍の御用商人のポケットに流れ込む。『その結果として種々なる品目に対するこれらの人々の需要が増加し，かくしてそれらの品目，特に奢侈品の価格および販路も高まる。それによって，これらすべての品目の生産者の地位が改善される，かくて他の商品に対する彼等の需要も増加し，価格騰貴と販売増加はそれ故いよいよ広範に進行し，それはますます多数の品目，最後には一切の品目に及ぶことになろう。』この場合にもインフレーション利得者とイ

## 第6章 貨幣の内的客観的交換価値の変動の社会的附随現象

ンフレーション損失者とが存在する。誰でもその貨幣所得を貨幣価値の新しい状態に適応させることが早くできればできる程,その過程は彼にとって一層有利となる。いかなる個人,個人の集団,階級がその際うまくやり,誰がつまらぬ目を見るかは,すべての個々の場合の具体的資料によって決せられ,その知識なくしては判断を下し得ない。

1) Auspitz und Lieben, Untersuchung über die Theorie des Preises, Leipzig 1889, S. 65.

我々は孤立国家の例を離れ,貨幣の増加から生ずる貨幣価値騰貴<sup>註)</sup>の結果たる国際的推移の観察に向かおう。ここでも同じことが行われる。諸国民に支配される財貨存在量の増加は起こらず,その分配のみが変化したのである。新鉱山のある国と,それと第一に取引した領域とは,貨幣価値減少がそれらのところではすでに実現されている時に,他の諸国においてなお古い,より低い価格で商品を購入することによって有利な地位を占めたのである。結局の所他の諸国の福祉増大の犠牲を負わねばならぬのは,新しい貨幣の流れが後に至って流入する国々である。かくして,アメリカ,オーストラリアおよび南アフリカの新たに発見された金鉱がそれらの国々に凄まじい好景気をよび起こした時,ヨーロッパは拱手傍観するより外なかった。まだ二,三年前には原始林と荒野ほかなかった所に,一夜のうちに大廈高楼ができ,大草原を横断してレールが敷かれ,そして旧世界が奢侈財を作りさえすれば,わずか以前にはまだ半裸の遊牧民が住まっていた地方で,しかもしばしばほんの少し前には必需品にさえ欠乏していた人々の間にその販路を見出した。幸運な金探求者たる新しい移民達は,これらすべてのものを古い工業国から買取り,その代償として彼等のたちまちにして得た金を惜気もなく渡した。彼等がすべてこれらの商品を手に入れたその価格は,確かに貨幣の以前の購買力に相当するより高かったが,彼等は新しい状態を余り考慮に入れなかった。ヨーロッパ人は船やレール,装身具や織物,家具や機械を輸出し,その代わり金を受取ったが,それは以前に存在した金の

## 第2部 貨幣価値について

量でも貨幣取引に充分であったから，彼等がほとんどもしくは全く必要としないものであった。[1]

1) ケアンズ，前掲書77頁以下。
註) 貨幣価値下落の誤り？

何らか他の原因によってひき起こされた貨幣価値減少も全く同様に作用する。なぜなら貨幣価値変動の経済的結果に対して決定的であるのは，原因たる要素ではなくして，個人から個人へ，階級から階級へ，国から国へのその緩慢なる進行であるからである。第2部第2章で述べられた，売手による価格の引上げから生ずる貨幣価値変動を特に顧慮すれば，我々は叙上の徐々に行われる貨幣価値減少の効果の中に，価格騰貴を外見上支配する集団をしてその処置に出でさせる一つの理由があることを発見する。価格の騰貴に先鞭をつける集団は，他の集団がその要求する価格のそれに相応する騰貴を後から貫徹することができる時ですら，それによって利益を得る。けだしその集団はその購入せねばならぬ製品の価格がまだ低い水準にとどまっている時に，すでに高い価格を支払われたからである。この利益はその集団に残る，そしてこの利益と対をなすものは，財もしくは給付の価格を最後に高める集団の損失である。何となれば，この集団はその売却せる製品に対しそれ自身はより低い価格ほか得なかった時に，すでにより高い価格を支払わねばならなかったからである。やがていよいよこの集団もまた価格の引上げに取掛かる時には，それは最後のものとして，最早他の階級に対し同様な利益を獲得し，かくて以前の損失を償う可能性を持たなかったのである。賃金労働者が以前にかかる地位にあったが，それは労働の価格が通常遅れて上昇的な価格運動に参加したからであり，この場合労働者が失ったものは企業家がこれを得たのである。同様な地位に永い間公共的使用人があった。さまざまな官吏の不平は，所得の増加を容易に貫徹し得ない彼等が不断に行われる価格騰貴の犠牲の大半を負担せねばならぬという事実に，一部分基づいていた。最近には公共的使用人の労働組合に類する組織によって，

## 第6章 貨幣の内的客観的交換価値の変動の社会的附随現象

俸給増加に関する彼等の願望を一層速かに実現することが可能となったから，この点に変化が生じたことはいうまでもない。

　貨幣価値減少について真であるものの逆が，貨幣価値増大に対して妥当する。これもまた突然にかつ一様に全国民経済に行われるのではなくして，通常個々の階級から発し，やがて一歩一歩社会に伝播して行く。もししからずして，貨幣価値増大がほとんど同時に全国民経済に起こるとすれば，ここで我々に関係があるような種類の特殊な経済的結果を伴うことはなかったであろう。例えばある国の流通手段を発行する信用機関の破産の結果恐慌となり，あらゆる人が現金を所有せんがため商品をいかなる価格ででも売ろうとするが，価格を非常に割引しなければ買手が見つからないと仮定してみよう。かかる恐慌の結果生ずる貨幣価値の引上げが一様にまた同時にあらゆる人々によって行われ，かつあらゆる商品に対し適用されることは，考え得られないことではない。しかし通常，貨幣価値の引上げは漸次にのみ拡がって行く。貨幣価値の騰貴によって損害を受けるのは，その商品を売却するに当たって以前より低い価格で満足することをまず第一に強いられ，しかも彼等自身はその需要する商品に対し，古い価格状態に相当する高い価格を支払わねばならぬ人々である。しかして市場にもたらすその商品価格の引下げを最後には行わねばならぬが，彼等自身はすでに以前に爾余の商品の価格下落によって利益を収めることができた人々が，変動から利益を得るのである。

　**4**　貨幣価値変動の附随現象の中では，なかんずく，二つの貨幣種類の間に存する交換比率の変動のそれが科学の注目をひいた。貨幣史上の事件がその外的機縁を与えたのである。国際取引は19世紀中に思いも寄らぬ程発展し，個々の国々の間の経済関係は極めて密接なものとなった。丁度この活発な貿易関係開始の時代に，個々の国家の貨幣本位の差異が著しくなった。一群の国々は長短の差はあるがある期間信用貨幣に移行した，また一部は金製一部は銀製の物品貨幣を持つ他の国々に対しては，数百年来緩慢にのみ推移したこの両貴金属

## 第2部　貨幣価値について

間の価値比率が突然に急激な変動を受け始めたという事情から,種々な困難が生じた。最近の数年間には,戦時および戦後の時代が貨幣制度の領域にもたらした諸々の事件により,この問題は一層はるかに大なる実際的意義を得るに至った。

1キログラムの銀が以前には10キンタルの小麦に交換され得たとする,所が例えば豊かな新鉱山が開発されたため,銀の内的客観的交換価値が半分に下落し,その結果銀1キログラムは最早5メートルツェントネルの小麦ほか買い得ないとする。上に数個の貨幣種類の自然的交換比率について述べた所から,今や他の貨幣種類に対する銀の客観的交換価値も同じ割合で下落せねばならぬことが明らかになる。以前には15キログラムの銀をもってすら1キログラムの金を買うことができたとすれば,今は30キログラムの銀にして初めて同じ購買力を持つであろう。なぜなら商品に対する金の客観的交換価値が不変であるのに,銀のそれが半分に下落したからである。だが商品に対する銀の購買力の変動は突然に行われるのでなくして,徐々に行われる,それが一定の点から出発し,徐々に波及すること,そのことからいかなる附随現象が生ずるかは上に詳しく説明した。我々はこれまで,元来この附随現象が単一の貨幣本位を持つ領域内で現われる場合にのみ,これを研究した,だが他の貨幣種類が使用される領域との取引関係から生ずるその他の結果をもたどることが必要である。この場合に対しても,我々はまず第一に,他の場合に見出したのと同じことを確認することができる,したがって貨幣の内的客観的交換価値の変動が突然全国民経済に一様に行われれば,かかる附随現象は全く出現し得ないであろう。その変動が常に連続的に実現されること,このことのみがその顕著な国民経済的影響の根本である。

一貨幣種類の内的客観的交換価値の変動は,元来二つの地域間の取引関係の対象をなしている商品もしくは少なくとも価格変動が余り激しく現われない時にもその対象となり得るであろう商品に対しそれが表われる瞬間に初めて,こ

## 第6章 貨幣の内的客観的交換価値の変動の社会的附随現象

の貨幣種類と他の貨幣種類の交換比率の形成に効果を及ぼすのである。この事態が起こる時点では，貨幣の内的客観的交換価値の変動が両地域の取引関係の形成に及ぼす影響に対し，決定的である。この影響は，外国貿易に関係のある商品の価格が新しい貨幣価値形成に早く適応するか，それとも遅れて適応するかによって異なる。貨幣制度の近代的組織では通例適応はまず為替取引所 (Valutenbörse) で行われる。外国為替市場における投機は，貨幣価値変動が国民経済中に完全に進行するはるか以前に，恐らくはそれが始まったばかりの瞬間に，いずれにせよその変動が外国貿易に対し決定的に重要な財に及ばない以前にすでに，貨幣種類の交換比例のきたるべき変動を見越す。この発展を時を違えずに察知し，その行動に当たって顧慮しないような者は，劣等な投機業者であろう。しかし為替相場の変動が取引所で実現されるや否や，それは，一切の財および役務の価格が貨幣の内的客観的交換価値の新しい形成に適応するまで，独特の方法で外国貿易に反作用を及ぼす。この過渡期において価格および役務の差異は，一定の人に注入し他の人から失わざるを得ない基金を形成する，約言すれば，我々はここでも分配の推移に直面するのであるが，その推移たるや，内的客観的交換価値の変動しつつある財が国内貨幣として使用される領域を越えて，その影響する所が及ぶという事情によってのみ，特別な注目を受くるに過ぎないものなのである。貨幣価値変動の結果が分配の推移以外たり得ないことは明らかである。社会の財貨存在量は事実決して増加されなかったのであり，分配され得るものの総額は不変であったのである。

　進行しつつある一貨幣種類の内的客観的交換価値の変動が取引所の為替相場に現われるや否や，それが貨幣の購買力の減少の場合であるかあるいは増大の場合であるかにしたがって，輸出業者もしくは輸入業者に新しい利得の機会が開かれる。我々は第一の場合すなわち貨幣価値減少の場合を選ぼう。我々の仮定によれば，国内市場における価格変動はこの時期にはまだ完全に実現されていないが故に，輸出業者が市場にもたらす商品はすでに新しい，より高い価格

## 第2部　貨幣価値について

で買われるのに反し，彼自身の方ではその需要する商品および役務ならびに，これは特に重要なことであるが，物的および人的な生産的支出にまだ古い，より低い価格を支払えばよいという事情によって，輸出業者に利益が生ずる。この儲けを懐にねじ込む『輸出業者』とは誰であるか，それは生産者かそれとも商人かということは，我々の研究に対し意味がない，ただこの場合市場の交換取引によって一方の人々に利益が，他方の人々に損失が生ずることのみが明確にされねばならない。

　ともかく輸出業者はその利得を外国の輸入業者および外国の消費者と分つ。しかし——このことは輸出貿易の組織に左右されるが——輸出業者も真の利益ではなくして，単に見せかけの利益を獲得するに過ぎないことがあり得るのである。

　それ故結果は常に，外国の買手の利益に——一定の場合には国内の輸出業者もそれを共にするが——，国内人によってのみ負担される損失が対することとなる。それによって，貨幣計算の誤謬から生ずる輸出促進を判断するために述べられたのと同じことが，この源泉に由来する『輸出奨励金』についても妥当することが明らかになる。

# 第7章　貨幣価値政策

**1**　貨幣の内的客観的交換価値の変動の国民的経済的附随現象は社会および個人の生活に極めて重大なる意義を持つから，ひとたび国家の地位を国庫上利用するという観念が貨幣制度の領域で後退し，近代的な大国民経済の発達が市場取引の関与者による貨幣種類の選択に決定的に協力する力を国家に賦与するや否や，一定の社会政策的目的を達するために貨幣の内的客観的交換価値の動きに計画的な干渉を行わんとする思想が当然起こるに至った。近代の通貨政策 (Währungspolitik) はその本質上全く新しく，かつ諸国家が以前貨幣制度の領域で展開した活動とは根本的に異なる現象である。国家は以前には，もしそれが——市民的意味で——良く行動する時には，誰しもが特に吟味することなくして貨幣素材の一定純分を持つ個片と見なし得る鋳貨を，鋳造によって取引の用に供せんとつとめたのであり，またもし国家が——再び市民的意味でかつ市民の観念に従って言って——悪く行動する時には，一般に国家に置かれた信頼の念を瞞着的に裏切ったのである。しかして国家が鋳貨を軽くする時，常にそれを導いたのはもっぱら国庫上の考量であった。政府はその財政を救おうとし，それ以外の何ものをも欲したのではなかった。通貨政策目標は政府に縁なきものであった。

## 第2部　貨幣価値について

　通貨政策的問題は貨幣の内的客観的交換価値の問題である。通貨政策家にとって貨幣制度は，それが貨幣価値のこの問題と関係がある限りでのみ意味を持つ，したがって貨幣の法的および技術的性質は，この問題に反応する点でのみ彼にとって重要であるに過ぎない。あらゆる通貨政策上の手段は貨幣の内的客観的交換価値の干渉を企画するという観点からのみ理解され得る。したがってそれは個々の商品もしくは商品群の貨幣価格の変形を目標とする経済政策的行為と対照をなすものである。

　貨幣の内的客観的交換価値に関連するすべての価値問題が通貨政策的問題であるのではない。通貨政策上の闘争において，貨幣価値の変動そのものにはいささかも痛痒を感じない利害関係者もある。銀の非貨幣化とそれによってひき起こされた金銀両貴金属の相互的交換比率の推移に結び付いた大論争では，銀鉱の所有者と複本位もしくは銀本位の他の賛成者とは同じ動機によって導かれたのではなかった。後者が商品価格の一般的上昇運動をよび起こさんがために，貨幣価値の変動を目的としたのに対し，前者は単に商品としての金属銀の価格を，大なる販路の創造，より正しく言えばその再獲得によって引上げんことを望んだのであった。彼等の利害は，経営の収益性を高めんがために石油もしくは鉄の販売可能性の拡張を擁護する石油生産者もしくは鉄生産者の利害と，何ら異なる所がなかった。この場合にももちろん価値問題は存在する，しかしそれは貨幣価値の問題ではなくして商品価値の問題，金属銀の交換価値引上げの問題である。[1] だがこの動機は通貨論争では全く従属的な役割を演じたに過ぎなかった。白色金属の最重要なる生産地域たる合衆国においてすら，銀成金による豊富な物質的援助が複本位主義的煽動を極めて強力に促進する限りでのみ，その動機は重要なものとなったに過ぎなかった。しかして大衆を銀賛成者の陣営に引入れたのは，彼等にとってどうでもいい鉱山の価値騰貴の期待ではなくして，貨幣の購買力の下落に対する希望であり，彼等はそれから驚異的作用を期待したのであった。銀価格の騰貴が銀の貨幣的用途の拡張以外の方法で，例

## 第7章 貨幣価値政策

えば工業上の使用目的のための新しい販売可能性の創造によって可能であったならば,鉱山所有者はそれでも満足したであろうが,銀に好意を寄せる農業家や工業家にはそれでは何の役にも立たなかったであろう。その場合には彼等は必ずや,事実多くの国々で紙幣インフレーション主義が一部は複本位主義の先駆者として,一部はその同盟者として出現した如く,他の通貨政策的理想に向かったであろう。

1) 紙幣の作製にも同様な利害,例えば印刷者,石版画家等のそれがある役割を演ずることがある。ベンジャミン・フランクリンが1729年フィラデルフィアで(匿名で)出版されたその政治的処女作 A modest Inquiry into the Nature and Necessity of a Paper Currency (The Works of Benjamin Franklin by Sparks, Chicago 1882, Bd. II, S. 253–277) において紙幣の増加を擁護した時,もしかするとかかる動機が彼に働いていたのかもしれない。彼はすでにその少し前に——その自叙伝で物語っている如く(同書第1巻73頁)——,ニュー・ジャージー州のために紙幣を作成し,また彼の著作の結果ペンシルヴァニア州において『金持連』の反対にもかかわらず新紙幣の発行が決定された時,彼は紙幣印刷の注文を受けた。彼はそのことについて自叙伝で述べている,『非常に利益ある仕事だ,しかも私に大変役立った。これは著作することができるということによって私の得たもう1つの利益であった(同書第1巻92頁)。』

しかし通貨政策的問題が常に貨幣価値政策の問題に外ならぬにしても,それは時によると,素人に対しその真の本質をおおう仮面をつけている。貨幣および貨幣価値の本質に関する誤れる見解が輿論を支配し,誤解された標語が概念の明瞭精確を欠くものを補うことになる。貨幣取引および信用取引の精緻な錯綜せる機構は暗闇に包まれ,取引所の現象は謎めいて,銀行の機能および意義は不可解に見える。かくて大利害闘争において引かれた論拠は,往々にして核心を誤たざるを得なかった。それを印象づけた人々にも恐らく曖昧である神秘的な言葉が発せられた。『父なるダラー』が,オーストリアでは『我が懐かしき愛すべきグルデン紙幣』が云々され,庶民の貨幣たる銀は貴族の貨幣たる金に対立させられた。多くの護民官は,不幸に憔悴する人類を救済せんがために

## 第2部 貨幣価値について

世に出る日をのみ竪坑(たてあな)の中で待ち焦がれている銀を，熱烈な言葉で讃えた。一人が燦然と輝く金をもって，悪の真髄の権化と見れば，他の者の口からは一層声高らかに，金のみが強大な国家と富裕な国民の貨幣となるにふさわしいという黄色金属の讃美が鳴り響いた。あたかも経済財の分配をめぐる闘争を決着させるのは人間同志でないかの如くであった，否，貴金属が——それを信ずることができるであろうか——相互にまた紙幣に対して市場の支配権を求めて闘ったのである。それにもかかわらず，かの大闘争を生んだものが貨幣価値政策の問題とは異なる問題であったと，本気に主張しようとする者はないであろう。

**2** 貨幣価値政策の目的を達するために国家によって行使される第一の手段は，貨幣種類の選択に対する国家の影響力の利用である。造幣権主としてまた貨幣代用物の発行者としての国家の地位が，最近，一般に使用し得る交換手段の選択に当たり個人に決定的な影響をおよぼし得る程度に至ったことは，上に示された。貨幣価値政策上の動機からそれを使用することが国家に望ましいと思われる貨幣種類の採用を取引に強制せんがため，国家がこの権力を計画的に用いる時，そこに貨幣価値政策的手段が存在する。最近世に金本位への移行を実現した諸国家は，これを貨幣価値政策上の動機から行った。それらの国々は銀もしくは信用貨幣の価値形成がその追求する経済政策にかんがみて不適当であることを認めたが故に，銀本位もしくは信用貨幣本位を放棄したのであり，また金の価値形成がその貨幣価値政策の目標の達成に相対的に最も適当していると考えたが故に，金本位を採用したのである。

一国に物品貨幣本位が存すれば，個々の国家には，他の貨幣種類への移行以外に貨幣価値政策を追求することは可能でない。信用貨幣および表象貨幣にあっては異なる。ここでは貨幣量の増加もしくは減少によって，国家は貨幣の内的客観的交換価値の動きに影響を及ぼすことができる。もちろんその手段ははなはだ粗雑であり，成功の程度は決してあらかじめ見極め得られない。しかしそれは容易に適用され得べく，またその激烈な効果の故に通俗的である。

## 第7章 貨幣価値政策

**3** インフレーション主義は貨幣量の増加を目的とする貨幣価値政策である。

素朴なインフレーション主義は，貨幣量の増加が貨幣単位の購買力を減少することに気づかずに，貨幣量の増加を要求する。それは，貨幣の充満がその眼にはそれだけで富であるが故に，より多くの貨幣を見ることを欲するのである。表象貨幣 (fiat money)！ 貧しき者を富ませ資本家の利子奴隷から開放するために，国家は貨幣を『創造』すればいいのだ。貨幣創造の権利によって国家に賦与された，万人を富ませそれと共に幸福にする可能性を，それが富者の利益に反するからといって，断念しようとするのは何と愚かしいことだ！ 紙幣印刷機によって富を創造することが国家の権力外だと主張することは，何たる経済学者は犯罪人なのだ！ 政治家よ，君達は鉄道を建設したいのに，国庫の欠乏を嘆くのか？ だが資本家に貸金を乞い求めるのはやめ給え，そして借金に利子をつけ償却することができる程，君達の鉄道が収益をもたらすかをくよくよ検算するのはよし給え！ 自から助くる者は助くで，貨幣を創れ！[1]

[1] 最近自動車製造者ヘンリー・フォード，有名な発明家エヂソンおよび北米の上院議員ラッドによってなされた素朴なインフレーション主義的提議については，Yves Guyot, Les problème de la Déflation, Paris 1923, S. 281 f. を参照。

他のインフレーション主義者は貨幣量の増加が貨幣単位の購買力を低下させることを極めて良く認識している。だが彼等は貨幣価値に対するその影響の故にこそインフレーションを目指すのであり，彼等が貨幣減価を欲するのは，債権者の負担で債務者を保護しかつ輸出を促進し輸入を困難にしようと欲するからである。また他の者はインフレーションに認められるところの，生産を刺激し企業精神を鼓舞する効果を顧慮して，貨幣減価を推奨する。

貨幣減価はそれが不意に現われる時にのみ債務者に利益となり得る。貨幣価値の引下げを目的とするインフレーション主義的方策が予期されねばならぬ時には，貨幣の貸手は予想される資本損失を償うため，より高き利子を要求し，融資を求める人は元本での儲けが魅惑的であるから，より高き利子支払を承諾

## 第2部 貨幣価値について

する用意があるであろう。すでに示した如く,将来の貨幣減価の程度を予見することは不可能であるから,個々の場合には,より高い利子を要求したにもかかわらず,依然債権者が損失をこうむり,債務者が利益を受けることがあるかもしれない。それにもかかわらず,一般には,インフレーション主義的政策は,予期されないばかりか突然に効果を発揮するものでなければ,貨幣量の増加によって債権者債務者の関係を後者に有利に推移させることに成功し得ないであろう。[1]貨幣の貸手は損失を避けるため,貸付金を国内貨幣よりも一層価値安定せる貨幣でのみ与えるか,しからずば利子要求中に,予想される貨幣減価およびそれによって予期される損失に対し彼等が算出する補償を超えて,蓋然性の少ないより強度の貨幣減価に対する危険割増金をも包含することを余儀なくされるであろう。しかし信用を求める者がこの追加的補償の給付を引受けることを拒もうとすれば,貸付市場における供給の減退が彼等にもそれを強いることになるであろう。我々は近年のインフレーションにおいて,貯蓄金庫が利子支払を変化せる貨幣価値形成状態に適合させようとしなかったため,いかに預金が減少したかを見たのである。

1) すでにウイリアム・ダグラス (William Douglass) は1740年ボストンで匿名で出版された著作 A Discourse concerning the Currencies in the British Plantations in America において,このことをインフレーション主義者に抗議した。フィッシャー,前掲 The Rate of Interest 356頁。

貨幣減価が生産を刺激するという意見が誤りであることを,我々はすでに前章で立証し得た。貨幣減価の一定場合の特殊的な状態が次の如くであれば,すなわち資産の推移が富者に有利に,貧者に不利に行われれば,もちろん,貯蓄それと共に資本形成が促進され,それによって生産が刺激されかくして次の世代の福祉が高められる。経済史の比較的初期の時代には,時としてこのことが余り激しからざるインフレーションの効果であったかもしれない。しかし資本主義の発展によって,貨幣貸借(銀行および貯蓄金庫預金,無記名債権の形態の債

## 第7章 貨幣価値政策

券, 抵当権) の貯蓄活動に対する重要性が増大すればする程, 貨幣減価は, それが貯蓄への刺激を減ずるから, ますます資本形成に対し危険とならざるを得なかった。いかにして貨幣減価が経済計算を誤らせることによって資本消耗をきたすか, それが作り出す景気がいかに見せかけの景気に過ぎないかまた貨幣減価の外国貿易に対する反応が実際にはいかなるものであるかは, 同様すでに前章でくわしく論ぜられた。

インフレーション主義者の第三のグループは, インフレーションに重大な不利が伴うことを争わない。それにもかかわらず彼等は次のように考える, 秩序ある通貨状態よりも一層高くそして重要な経済政策の目標が存在する。インフレーションは大なる悪であるかもしれない。しかし最大の悪ではない。国家は事情によっては, より大なる悪をインフレーションなるより小なる悪によって阻止することを利益とする地位に立つことがある。敵に対し祖国を防衛し, もしくは餓える者を養い滅亡を防ぐことが必要である時には, 通貨が破滅するのもやむを得ないと。

時にはこの制限されたインフレーション主義の議論は, インフレーションが一定の前提の下では課税の機宜を得たる様式であると断ずる方法によっても, 述べられるのが常である。事情によっては, 租税負担を重くしもしくは公債を調達する代わりに, 紙幣の新規発行によって国家支出を賄うことが有利であるだろう。陸海軍の費用を支弁する必要があった戦時中にそう議論された如く, 住民の一部に安価な食料品を供給し, 公企業 (鉄道等) の欠損を補填し賠償支払を遂行する必要があった戦後に, ドイツおよびオーストリアでそう議論された。租税徴収の手段に訴えることを欲せず, また公債を調達することができない場合に, インフレーションに助けを求める, それが真理なのである。かくて財政資金の調達上普通な二つの方法を用いることができずもしくは用いようとしないのはなぜであるかということを研究する必要がある。

高い租税を徴収し得るのは, 調達された資金の使用さるべき目的に租税負担

## 第2部　貨幣価値について

者が同意する時に限られる。その際注意されなければならぬのは、全租税負担が重くなればなる程、租税を住民中の少数の上層階級によってのみ負担させることが不可能であることについて、輿論を欺くことがますます困難になることである。富者と財産の課税も全国民経済に影響を及ぼす、そして資力少なき階級に対する間接の結果は、直接均等に課せられた租税よりもしばしば一層痛烈である。この関連は比較的低い税率では恐らく看取し難いであろうが、比較的高い税率ではほとんど誤認されることはあり得ない。のみならず主要な『財産課税』の制度はインフレーション主義が支配する国々に今日すでに行われている以上に最早行われ得ないこと、したがって広範なる大衆を直接に租税給付に動員することが決意されねばならぬことは、全く疑いをいれない。しかし大衆に公然たる犠牲を課さない間だけ、大衆の同意が得られることを知っている政治は、それを敢えてなし得ない。

　欧州の交戦国民はもし政府によって戦費の計算を遅滞なく明瞭公然と提示されていたなら、はるかに速やかに戦争に倦んでいたであろうことを誰が疑おうか？　欧州のいかなる国でも、戦争党は大衆に戦費支弁のための租税を広範囲に課すことを敢えてしなかった。『健全通貨 (Guten Geld)』の古典的国家たるイギリスにおいてすら、紙幣印刷機が運転された。インフレーションは、経済的繁栄と富の増加なる外観を呼び起こし、貨幣計算を誤らせそれによって資本消耗を隠蔽するという大なる優越点を持っていた。インフレーションは企業家および資本家の見せかけの利潤を生じさせ、それを所得として特に高い租税を賦課することができたが、大衆は——しばしば租税支払人ですら——この場合に資本部分が課税されたことに気付かなかった。インフレーションは国民的憤怒を『戦争利得者、闇取引者および投機家』に向けることを可能にした。かくしてインフレーションは破壊と滅亡とに向けられた戦争政策の卓越せる心理的手段たることが立証されたのである。

　戦争が始めたものを、革命が続けた。社会主義的もしくは半社会主義的国家

## 第7章　貨幣価値政策

は，収益の上らぬ経営を行い失業者を扶助し国民に安価な食料品を供給するために，貨幣を必要とする。かかる国家も資金を租税によって調達することができない。かかる国家は国民に真理を語る勇気を持たないのである。鉄道を国家施設として管理する国家主義的社会主義的原理は，万一国有鉄道の欠損を補塡するために特別税を徴収せんとすれば，たちまちその民衆性を失うであろう。またドイツおよびオーストリアの大衆は，もし彼等自身がパン税によってその負担を負わねばならなかったなら，パンを廉価にする資金がどこから生ずるかを，より速やかに認識したであろう。同様にドイツ国民の多数によって攻撃された『履行政策』を選んだドイツ政府は，紙幣印刷による以外には必要な資金を調達することができなかった，また次いでルール地方における消極的抵抗が巨額の資金を必要とした時，再び政治的理由から，それは紙幣印刷機によってのみ調達され得たのである。

　公債発行の道を取ることができずかつ課税の方法を取る勇気がない時には，政府は常にインフレーション主義的方策に訴えることを余儀なくされる，なぜならもしその遵奉する政綱の財政的および一般経済的結果が余りに早く明らかにあらわれるなら，政府はその政綱に対する賛成を失う恐れがあるからである。かくしてインフレーションは，その結果を隠蔽せんとする経済政策の最も重要な心理的手段となる。この意味でインフレーションを非民衆的すなわち反民主主義的政策の道具と呼ぶことができる，けだしそれは輿論を惑わすことにより，事物を明示すれば国民による承認の期待を持ち得ない政治組織の存続を可能ならしめるからである。これがインフレーションの政治的機能である。それはなにゆえにインフレーションが昔から戦争政策および革命政策の重要なる必要物であったか，なにゆえに今日社会主義にも役立つかを説明する。政府がその支出を収入に適合させることを必要と認めず，不足する資金を紙幣発行によって補う権利を自己に要求するならば，それは専制主義のイデオロギーを隠蔽するものである。

## 第2部　貨幣価値について

　インフレーション政策家が達成せんとする種々なる目標によって，インフレーション主義的方策の特殊な立て方が必要となる。債権者の負担で債務者を保護するために貨幣減価を欲するのであれば，突然債権者の利益に一撃を加えることが肝要である。予見され得る貨幣減価は，すでに示した如く，その出現が予期され得る範囲内では，債権者債務者間の関係を推移させることができぬであろう。貨幣価値の継続的減少を目標とする政策は，債務者に何らの利益ももたらさない。これに反し，『生産を刺激し』外国に対する関係において輸出を促進し輸入を困難にせんがために貨幣減価を達成せんとするのであれば，貨幣価値——商品および役務に対する購買力ならびに他の貨幣種類に対する交換比率——の絶対的高さは，国内商業に対するのと同様外国貿易に対して無意味であることに注意せねばならぬ，すなわち貨幣の内的客観的交換価値の変動は，それが進行中である間のみ，商取引に影響するのである。貿易に対する貨幣減価の『好影響』は，貨幣減価がまだあらゆる商品および役務に対して完全に実現されていない間のみ続く。ひとたび適応が行われれば，この影響も消滅する。もしこの影響を永続的に維持しようとすれば，絶えず貨幣の購買力の新たなる減少に着手せねばならぬ。誤って多数のインフレーション主義的著述家によって認められたように，貨幣の購買力を引下げる手段を一度取るだけでは充分ではない，貨幣価値の永続的減少のみが彼等によって目指された目的を永続的に実現し得るであろう[1)]。しかしこの要求に応ずる貨幣制度は決して実現され得ない。もちろん，貨幣価値の継続的減少は間もなく極めて小なる価値量に達し，それは最早取引の要求に応じ得なくなるであろうという点に，困難があるのではない。今日貨幣体系の多数では計算に十進法が普通行われているから，公衆の熟練度の低い部分にすら，より高単位の体系に移る時に，新しい貨幣計算に参加することは難しいことではあり得ないであろう。それ故，絶えず内的貨幣価値の下落が同じ割合で行われる貨幣制度を，極めて容易に考えることができるであろう。我々は貨幣の購買力が貨幣側にある決定原因の変動によって，

## 第7章 貨幣価値政策

各1年を経過する毎に,当該年度の始めに持っていた大きさの100分の1ずつを減少すると仮定しよう。その時には新年の貨幣価値額は逓降幾何級数を形成する。第1年の始めの貨幣価値を100に等しいとすれば,商は0.99に等しく,n年目の終わりの貨幣価値は$100 \times 0.99^{n-1}$と等しい。かかる収斂幾何級数は,その各項が次項と常に100:99の比例にある無限の系列を与える。我々は極めて容易に,かかる基礎の上に立てられた貨幣制度を考えることができるであろう。またもし商を増大し例えば0.995いわんや0.9975にすれば,恐らく一層都合良いであろう。

1) Hertzka, Währung und Handel, Wien 1876, S. 42

しかし我々がかかる貨幣制度をいかに綿密に考え得るにしても,それを実際に作ることは我々のよくする所ではない。我々は内的貨幣価値の決定原因を知っている,もしくは知っていると信ずる。しかし我々はそれを思いのままに操縦し,支配することはできない。なぜなら我々はこのための最も重要な前提たる貨幣量変動の量的意味の知識をすら欠くからである。我々は貨幣供給と貨幣需要の比率の量的に確定せる変動がいかなる強度をもって個人の主観的価値評価に,これを通して間接に市場に作用するかを計測し得ない。それは極めて不確かであり,貨幣価値に影響すべき各手段を使用するに当たって,我々は処方を誤る危険を冒すのである。このことは我々がなかんずく,貨幣の購買力の変動を測定する可能性をも欠くだけに,一層重要なことである。それ故我々は目指す変動を達成せんがためには,どの方向に働かねばならぬかをおおよそ判断し得るとしても,どの程度やってよいかということの手掛りを全く持たず,したがって我々がすでにどこまで来ているか,我々の干渉はいかなる結果をひき起こしたか,この結果は目指す結果といかなる関係にあるかを決して挙げ得ないのである。

だが貨幣価値の恣意的(政治的,すなわち人間による組織の意識的干渉から生ずる)影響の過度に伴う危険は,決して軽視されてはならない,特に貨幣価値の減少

## 第2部 貨幣価値について

に関する場合はそうである。貨幣価値の激烈な変動は，取引が国家の影響に隷属している貨幣から自己を解放し，特殊な貨幣を選ぶという危険を伴う。だが全くそういう結果にならなくとも，経済する個人が，貨幣の購買力が絶えず減少するという事実を明白に知り，それに従って行動すれば，貨幣価値減少のあらゆる附随現象が排除され得る。もし彼等があらゆる取引契約において貨幣の内的客観的交換価値の予想される将来の形成を顧慮すれば，あらゆる信用政策的および商業政策的影響は無に帰する。ドイツ人が金計算に移り始めるにつれて，爾後の貨幣減価は債権者債務者の関係を推移させることも，商業に影響を及ぼすこともできなくなった。金計算の採用と共に国民経済は政府のインフレーション政策から解放された。それによって国民経済はインフレーション政策を窮地に陥り，遂に政府も金計算を承認するの余儀なきに至らしめられた。

インフレーション主義的政策を遂行せんとするあらゆる試みが必然的に伴う危険は，極端に走るということである。貨幣を『安価にする』処置が取られることが許され，取られ得また取らるべきであるという原理がひとたび承認されるや否や，直ちに，それではどの程度行わるべきかについて極めて激烈な闘争が燃え上るであろう。更にどれだけやるべきかについて，利害関係者は意見を異にするばかりでなく，すでに着手された処置の結果についても意見を異にするであろう。激しい闘争はこの領域のあらゆる処置について燃え上ることになろう。中庸を得たる政策の堅持ということはほとんど問題たり得ない。加うるに，一度きりの繰返されぬ貨幣改悪によって，インフレーション主義者のいわゆる有益な副作用を達することのみが肝要な時にも，この困難は現われる。例えば激しい恐慌の後，貨幣価値を一度悪化させることにより，『生産』もしくは債務者が助け起こそうとされる時にも，同じ問題が解決されねばならないのである。貨幣価値の減少を企図するいかなる政策も，この困難を予期せねばならぬであろう。

徹底的にかつ間断なく続けられたインフレーションは，最後には崩壊に至ら

## 第7章　貨幣価値政策

ざるを得ない。貨幣の購買力は次第次第に減少し，ついには全く消失するであろう。確かに貨幣減価の過程が無限に続くと想像することはできるであろう。すなわち購買力は次第に小となるが全く消滅するには至らず，価格は次第次第に騰貴するが，それにもかかわらず紙幣をもって商品と交換することが依然として可能である。ついには小売取引にも10億，兆，やがてそれ以上の金額を用いるに至るが，しかも貨幣制度そのものは存続する。しかしかかることは，現実にほとんど即し得ない想像である。絶えず価値の減少する貨幣によって，長く取引の用が果されることはないであろう。支払延期標準として人々はそれを用いることはできない。貨幣と商品もしくは役務が同時に交換されぬ売買では，他の媒介者を探し求めねばならぬであろう。事実，現金取引にも，ますます減価して行く貨幣は使用し得なくなる。あらゆる人は絶えず損失をこうむる現金保有を，できるだけ少なく保つことにつとめるであろう，かくして流入する貨幣はできるだけ速やかに譲渡され，また価値の収縮しつつある貨幣の代わりに，より価値安定せる財を得んがために契約される売買では，他の場合に市場の現状に相当するであろう以上の価格すら承諾される。紙幣を貯えたくないために，全くもしくは少なくとも現在必要としない商品が買入れられれば，紙幣を一般に使用し得る交換手段としての使用から駆逐する過程が，すでに始まったのである。それは紙幣の『非貨幣化』の始まりである。その過程に附着する恐慌的性格は，その進行を短縮するに違いない。一度，二度もしかすると三度，四度も，興奮せる大衆を慰撫することに成功するかもしれない，しかしついに事情はとことんに至り，そうなれば最早元に帰ることはない。売手が大急ぎで再び買入れる時ですら，痛烈な損失をこうむることを恐れねばならぬ程，貨幣減価が急速に進めば，最早通貨を救う道は存しない。

　インフレーションが急速に進行するあらゆる国々において，貨幣の減価はその量の増加より急激に行われることが確証された。$m$ はインフレーションの開始以前に国内に存在した貨幣の名目額を，$P$ は貨幣単位がその当時持っていた

## 第2部　貨幣価値について

金価値を，$M$はインフレーションの一定時期に存在する貨幣の名目額を，$p$は貨幣単位がこの時期に持つ金価値をそれぞれ表わすとすれば，しばしば簡単な統計的研究によって確かめられた如く，$mP<Mp$ である。そのことから，貨幣の減価が余りに急速に進行し過ぎ，為替相場の高さは『正当と認められ』ない旨を推論しようとされた。多くの者は数量説は明らかに不当であり，貨幣減価は貨幣量の増加によってひき起こされ得ないと結論した。また他の者は，その最も原始的な形態の数量説を承認しつつ，貨幣量を引続き増加することの許し得べきこと，否その必要をすら擁護し，国内に存在する貨幣量の総金価値が再びインフレーション開始以前の水準に回復されるまで，それ故 $Mp=mP$ まで，貨幣量の増加が続けられねばならぬと論じた。

　上のすべての所論に潜む誤謬は認めるに難くない。我々はその際，すでに詳述された如く，取引所の為替相場が（それと共に金属打歩も）商品価格に表現される貨幣単位の購買力に先行し，その結果投機の対象とされ得るのは金価値ではなくして，商品に対する当分の間まだより高い購買力であることを，全く度外視しようと思う。なぜなら$P$と$p$が金価値ではなくして商品に対する購買力を意味せねばならぬこの計算も，通常 $mP>Mp$ なる最後的結果をやはり示すであろうからである。むしろ注意すべきは，貨幣減価の進行と共に漸次（問題の貨幣に関する）貨幣需要が減少し始めることである。貨幣を戸棚の中に寝かせて置くことが長ければ長い程，一層大なる財産損失をこうむる時には，その現金保有高を最低限度に低下させることに努力が払われる。その他の事情に変わりがなくとも，各人が現金保有高をインフレーションの始まる以前の価値額に最早維持しようとしないから，全国民経済の貨幣需要——それは個別経済の貨幣需要の総計に外ならぬ——は減少する。更に，取引が次第に紙幣の代わりに外国貨幣および正金を使用することに移るにつれて，個人はその準備金の一部を最早紙幣に投資せずに，外国貨幣および金に投資し始めるという事実が加わる。

## 第7章　貨幣価値政策

　将来の価値形成が不利に判断される貨幣は，予想される購買力減少を投機的に見越して，貨幣供給と貨幣需要の現状に相応する以上に低く評価される。貨幣流通の現在高および貨幣需要の現水準ではなくして，将来の事実に相応する価格が要求され，そして支払われる。買手が何でもいいから手に入れようとして商店に殺到する恐怖買，確定金額に対する請求権を表わすのではない有価証券および為替の価格が飛躍的に騰貴せしめられる取引所の恐慌相場が，発展に先行する。しかし貨幣の供給と貨幣に対する需要との予測された将来の状況に相応する価格に対しては，現在の所充分な貨幣が存在しない。その結果，取引は紙幣の欠乏に悩み，結ばれた商取引の実現に充分な紙幣が支配されないことになる。全需要供給を交換比率の推移によって一致せしめる市場機構は，貨幣と爾余の経済財との間に存する比率の形成に対し最早機能しない。取引を処理するために紙幣の欠乏が痛く苦しまれる。ひとたび事情がこの程度に至れば，この弊害はいかにしても除かれ得ない。多くの者が提議するように，紙幣発行をなお一層増大しようとすれば，事態を一層悪化させるだけであろう。なぜならその時には恐慌は一層進むが故に，貨幣減価と貨幣流通の不均衡はより尖鋭化されるであろうからである。売買を成就するための紙幣の不足は，極めて進行したインフレーションの現象であり，それは恐怖買および恐怖価格すなわち破滅的騰貴の裏面である。

　次第に役立たぬことが立証される貨幣からの取引の解放は，その貨幣の退蔵的地位 (die Hortung) からの駆逐と共に始まる。人々は予測されざる将来の需要のために販売力ある財を用意せんとして，他の貨幣を——例えば貴金属貨幣，外国貨幣（時として，ロシアにおけるロマノフ・ルーブルもしくは共産主義的ハンガリーにおける『青色』貨幣の如き，国家によって増加されぬ故に高く評価された国内紙幣も）次いでまた地金属，宝石および真珠，更に絵画，その他の芸術品および郵便切手すら——溜め始める。更に進めば，信用取引は外国通貨もしくは金属的物品貨幣すなわち実際的には金に移行する。かくして商品取引にも国内貨幣の

第 2 部　貨幣価値について

使用がやめば，遂には賃金も，それによっては最早どうにもならぬ紙切れによる以外の方法で，支払われねばならぬ。

　極度まで推し進められたインフレーション政策の崩壊——合衆国1781年，フランス1796年——は，貨幣制度ではなくして，その政策の影響を誤認した国家の信用貨幣と表象貨幣とを破壊するに過ぎない。崩壊は取引を国家主義から解放し，再び物品貨幣を樹立する。

　科学はインフレーション主義の政治的目標について判断を下すべき使命を持たない。債権者の負担による債務者の優遇，輸出促進と輸入加重，企業家に有利な財産および所得の推移による生産の刺激が，推奨すべきや否やを科学は決定することを得ないのである。貨幣理論上の手段のみをもってしては，経済学の他の部分にはできる範囲内でも，この問題を解明することはできぬ。だがインフレーション政策の可能性を我々が批判的に吟味すれば，三つの成果が明らかになる。すなわち第一にインフレーション主義が目指すすべてのものは，経済生活に対する他の干渉によっても達することができ，しかもより良くかつ望ましからぬ副作用なしに達することができることである。もし債務者の負担を免れしめようとするのであれば，モラトリウムを指令し，もしくは貸付金返還の義務を解除すればよい，また輸出を促進しようとすれば，輸出奨励金を許与すればよく，輸入を困難にしようとすれば，禁令を発し，もしくは輸入税を徴集すればよい。すべてこれらの手段は個々の階級，生産部門および領域の取扱いに差別を設けることを可能にするが，それはインフレーション政策の成しあたわぬ所である。インフレーション政策は全債務者したがって富める債務者にも利益を与え，あらゆる債権者したがって貧しき債権者にも損害を加える，それに反し債務免除法は差別を設けることができる。インフレーション政策はあらゆる商品の輸出を促進し，輸入を一般的に困難にするが，奨励金，関税，禁令は区別を立てることができるのである。

　次にインフレーション政策は，その手段の影響の範囲をあらかじめ見極める

## 第7章 貨幣価値政策

こともできないということが、明確にされねばならぬ。最後に断乎として続けられるあらゆるインフレーションは、必ずや崩壊に至らざるを得ない。

したがって我々は次のことを認識する、純粋に政策上の手段なる立場から観察すれば、インフレーション主義は不充分なものであると。それは技術的に見れば、その目指す目標を不完全にしか達することができず、かつ喚起することを欲せずもしくは少なくとも必ずしも喚起することを欲しない副作用を喚起する故に、悪しき政策である。インフレーションが好まれるのは、それがその目標および意図について極めて長い間輿論を欺くことを可能にし得るという事情にのみ負っている。人々がそれを容易に理解し得ないということが、インフレーションに人気を与えたのである。

**4** 貨幣の内的客観的交換価値の引上げを目的とする政策は、それが利用し得る最も重要な手段によって制限主義 (Restriktionismus) もしくはデフレーション主義と名づけられる。この名称は貨幣価値騰貴を目指すあらゆる政策を包擁するものではない。制限主義の追求する目標は、貨幣需要が高まるのに貨幣量を全く増加しないかもしくはそれに応じて増加しないという方法によっても、達することができる。減価せる信用貨幣本位の問題に直面せる時、貨幣価値の引上げに余念のない政策は、しばしばこの道を歩んだ、すなわちそれ以上の貨幣増加が中止され、貨幣価値形成に対する貨幣需要の影響を待とうとされた。我々はひろく行きわたった慣習に従って、以下の叙述では制限主義もしくはデフレーション主義の名称を、貨幣価値の引上げに向けられたあらゆる政策の意味に用いようと思う。

インフレーション主義は、それが政府に新しい財源を開くという事情に、その起源と人気を負っている。インフレーションが貨幣価値政策の立場からも是認し得ることが想起される以前に、それはすでに国庫上の動機から行われた。インフレーション主義的政策の遂行は国庫に何らの犠牲を課さないのみならず、国庫に資金を供給するということが、常にインフレーション主義の論拠の有利

## 第2部　貨幣価値について

とする所であった。国庫的立場から観察すれば，インフレーション主義は最も安価な経済政策であるのみならず，同時にまた国庫の赤字を救治するために特に好都合の道である。しかるに制限主義は，紙幣を（例えば利付債券の発行もしくは租税によって）流通から引上げ破棄することが眼目である時には，国庫に犠牲を要求し，または貨幣需要が増大する場合に紙幣発行を禁ずれば，国庫に少なくとも収入を断念することを求める。このことだけでも，なにゆえに制限主義がインフレーション主義と力を競うことができなかったかを説明し得るのである。

だが制限主義が人気のないことは他にも原因がある。貨幣の内的客観的交換価値を引上げるための努力は，現状では全く唯一の国家あるいは二，三の国家に限られざるを得ないか，もしくは少なくとも全世界において同時に実現される見込みをほとんど持たないか，そのどちらかである。しかし他の国々が内的交換価値の下落するか，不変であるかもしくは少なくともより少ない程度にしか騰貴しない貨幣を持ち続けるのに，唯一の国もしくは数箇の国々が購買力の増大しつつある貨幣を採用するや否や，上述せる如く，国家間の貿易の条件は推移する。貨幣価値の騰貴しつつある国にとり，輸出は困難となり輸入が容易となる。しかるに輸出の困難，輸入の容易，これを要するに貿易差額の悪化は大抵の場合不利な状態と見なされ，したがって避けられたのである。それ故このことだけによっても，貨幣の購買力の引上げのためにする手段が不人気であることが，充分に説明される。

しかし外国との取引に対するすべての関係を全く度外視しても，内的貨幣価値の騰貴は政治的に勢力ある階級の利益とする所ではなかった。それから利益を得るのは，まず第一に，確定額の債権を持つすべての人々である。債権者は債務者の負担で利益を得る。公課は貨幣価値が騰貴するにつれて，ますます重荷となる，しかしその利益を得るのは大部分国家ではなくして，国家の債権者である。しかし債務者の負担で債権者の利益を図る政策は決して人気のあるも

## 第7章 貨幣価値政策

のではなかった。あらゆる国民においてまたあらゆる時代に, 貨幣の貸手には憎悪がつきまとうのである。[1]

1) Bentham, Defence of Usury, Sec. ed., London 1790, S. 102 ff.

その所得をもっぱらもしくは大部分, 貸付けられた資本の利子収益から得る人間の階級は, 一般にいかなる時代, いかなる国においても特に数が多く勢力のあるものではなかった。資本利子所得の少なからぬ部分が流入する人々は, その所得の比較的大なる部分が他の源泉に由来し資本利子所得はその予算中第二義的な重要性ほか持たぬ人々である。例えば貯蓄預金もしくは公債に投資された貯金を持つ労働者, 農民, 小実業家および官吏を, またそれと共に大工業家, 大商業家もしくは株式所有者の階級から補充される巨大な利子額の多数の所得者を考えて見よ。あとに挙げたすべての者にとっては, 利子生活者としての利害は土地所有者, 商人, 工場主, もしくは使用人としての利害のようやく次に位するものである。したがって彼等が資本利子を高める努力を余り重視しないのは驚くに当たらない。[1]

1) Wright and Harlow, The Gemini Letters, London 1844, S. 51 ff.

制限主義の理念は, 常に, 放棄されたインフレーション政策に何が代わらねばならぬかという決定が下さるべき貨幣減価の後にのみ, 幾分の共鳴を得たに過ぎなかった。それは貨幣価値を現在の高さに安定するか, それともインフレーション開始以前に持っていた高さに貨幣価値を引戻すかという問題の形をとってより外には, かつて真摯に考量されたことはなかった。

この設問において, 貨幣の旧金属平価の回復のために主張された根拠は, 紙幣を物品貨幣で表示される債務証書とみる見解を基礎とする。信用貨幣は, 常に, 持参人の要求次第何時でも兌換される流通しつつある国家紙幣もしくは銀行券 (時としてまた補助貨もしくは当座勘定) の現金兌換の中止から生じたのである。だが即座に現金兌換を行うべき本源的義務が法の明文をもって確定されたものであるにせよ, もしくは事実上行われたものに過ぎぬにせよ, 常に現金兌

## 第2部　貨幣価値について

換の中止は，ゆるされはするが是認され得ない法律違反と見られた。なぜなら現金兌換の中止により信用貨幣となった個片は，貨幣代用物として，すなわち物品貨幣の一定額に対する確実な何時でも支払われる債権として以外には，決して流通に入り得なかったであろうからである。かくして即座的兌換の廃止は常に期間の制限された処置として指令され，その将来の除去が期待された。信用貨幣を支払約束とのみ見なす者は，『減価 (Devaluation)』を法律違反，国家の破産以外とは考え得ないのである。

だが信用貨幣は債務証書および支払約束であるばかりではない。それは貨幣として市場の交換取引にもう一つ別の地位を持つ。信用貨幣はそれが請求権であったが故にのみ，貨幣代用物となり得たのである。それにもかかわらず，それが——法律違反によってではあるにしても——貨幣，信用貨幣となった瞬間に，それは最早多かれ少なかれ不確かな将来の全額兌換の見込みを顧慮して評価されたのではなく，それが果たす貨幣職能の故に評価されたのである。将来の現金兌換を要求する不確かな債権としてのはるかに低い価値は，一般に使用し得る交換手段としてのより高い価値が顧慮される間は，意味を持たないのである。

それ故『減価』を『国家の破産』と解することは全く適切でない。貨幣価値を現在の——低い——水準に安定せしめることは，既存の債務関係に対するその影響をのみ顧慮しても，国家の破産とは幾分異なる，それは同時に国家の破産以上であり，またそれ以下である。それが公的債務のみならずあらゆる私的債務にも関する限り，それは国家の破産以上である，しかし第一にそれが一面信用貨幣で表示される国家の債権にも関するが，他面硬貨 (Klingende Münze)（物品貨幣）もしくは外国貨幣で表示される債務に影響しない限り，しかして次に当事者が貨幣価値の引上げを予期することなくして，既に低い相場時代に信用貨幣によって結ばれたあらゆる債務関係に関して，契約当事者の関係の推移を伴わない故に，それは国家の破産以下である。貨幣価値が引上げられれば，

## 第7章　貨幣価値政策

現在信用貨幣もしくは信用貨幣で表示される債権を所有する人々は富まされる，しかしこれらの人々が富む代わりに債務者と国家（租税支払人）は損害を負わねばならない。だが貨幣価値の引上げによって富まされる者は，インフレーションの進行中貨幣減価によって損害を受けた者と同じではなく，この政策の負担を負わねばならぬ者は，貨幣減価から利益を得た者と同じではない。デフレーション政策を行うことによってインフレーションの結果は排除されない。新しい法律違反を犯すことによって以前の法律違反は償われないのである。けだし債務者に対しては，発行制限は法律違反であるからである。

　インフレーションの進行中債権者の受けた損害を償おうとすれば，これを発行制限によって実現することは決してできない。信用取引が未発達なより単純な状態の下では，インフレーションの期間前およびその期間中に発生した貨幣債務の変更によって，救済を行うことが試みられた。あらゆる債務額は成立日における信用貨幣の物品貨幣に対する相場を基として，現在減価せる貨幣に換算された。インフレーションの開始以前に100グルデンの債務をおった者は，5分の1に減価して物品貨幣が安定せしめられた後には，500グルデンに対する利子を支払いかつそれを返還せねばならなかった，また信用貨幣が名目価値の半分にすでに下落した時に100グルデンの債務をおった者は，250グルデンに対する利子を支払いかつ返還すべきであった。しかしそれによってはまだ未済の債務のみが干渉されるに過ぎない，すでにより軽い貨幣で返済された債務は影響を受けない。債務者もしくは債権者自らによって有償的に行われた変更は顧みられないが，それは無記名証券の時代には特に極めて重要な欠陥である。最後にこの規定は当座勘定取引に対しては適用し得ない。もっと良いものが案出され得るや否やを論究することは，我々の任務ではない。だがいやしくも債権者の受けた損害を補償するために救済が可能であるとすれば，それはかかる換算規定の方法によって求められるに違いない。いずれにしても貨幣の購買力の引上げは，この目標を達するための適当な手段ではない。

## 第2部 貨幣価値について

1) Hofmann, Die Devalvierung des österreichischen Papiergeldes im Jahre 1811 (Schriften des Vereins für Sozialpolitik, 165. Bd., 1. Teil).

インフレーション時代の開始以前に有効であった金属平価の高さまで貨幣価値を高めることは，信用政策上の事情からも妥当と認められる。インフレーションによってひき起こされた貨幣減価により，債権者に損害を与えた国家は，その信用に対する動揺せる信認の念を回復するためには，旧価格水準へ復帰する以外には方法がないであろう。それによってのみ国家は，国家が新しい公債を得ようとする人々に，彼等の債権の将来の安全性について安心を与えることができるであろう，債券の所有者は万一新たなインフレーションが起こっても結局彼等の権利は狭められない，なぜならその終了後には再び以前の金属平価に復帰することが予想されるからということを認めて差支えないであろう。この議論は，世界の銀行家としてのロンドンのシティーの地位がその最も重要な営利部門であったイギリスに対し，広範な意義を獲得する。イギリスの銀行業務の規模がイギリス貨幣の将来に対する不信によって縮小されないためには，イギリスの銀行業を利用するすべての人々に，そのイギリス預金の将来に対する安全性について安心を与える必要がある。かかる種類のあらゆる信用政策的考量におけるが如く，この思考過程にも多分に心理的要素が含まれている。損害を受けた債権者の一部――その請求権をすでに譲渡したすべての者――に全く利益とならず，また全く損害をこうむっていないにもかかわらず多くの債権者――すでに貨幣減価の開始以後に債権を得た人々――に利益となる手段によってよりも，一層有効に将来に対する信用を回復することができる他の方法があるかもしれない。

したがってインフレーション政策の出現以前に存した貨幣価値の高さを回復するために主張された根拠は，ことにまだ貨幣価値引上げの商業政策的結果を考慮すれば警戒を促されるものであるから，一般に適切なものとは認められ得ないのである。貨幣増加によって始められた貨幣存在量と貨幣需要の比率の形

## 第7章 貨幣価値政策

成に価格がまだ完全には適応していない場合にのみ，かつその範囲内でのみ，余り激しい抵抗を受けることなく，旧平価の回復に着手することが可能なのである。

**5** それ故，貨幣の内的客観的価値を高めもしくは減少せんことを目指す努力は，実際には実行不可能なことが明らかとなる。その騰貴は，通常住民の一小部分にのみ望ましいと思われる結果を招来する，したがってこれを自己の目標とする政策は，永くそれを持続し得んがためには，余りにも大なる利益を侵害するのである。内的貨幣価値を減少せんとする干渉は，より人気があるように思われる。しかしそれが成就せんとする目的は，他の方法で一層容易にまた適当に達せられ得るばかりでなく，その実行は克服し難き困難に遭遇する。

かくして結局貨幣の内的客観的交換価値の増大も減少も拒否せざるを得ないことになる。その結果，不変な内的交換価値を持つ貨幣なる理想が発生する。だがこれは教養ある政治家および国民経済学者の貨幣理想であり，大衆のそれではないことを注意せよ。大衆は当の問題——それはもちろん国民経済学の最も困難な問題であるが——を理解するには余りにも考え方が曖昧である，それ故インフレーション主義的方法に従わない限り，彼等には不変な外的交換価値を持つ貨幣が依然として最上のものであると思われるのである。

不変な内的価値を持つ貨幣なる理想は，貨幣価値の形成に対し規律する手 (Ordnende Hand) の干渉を要求する。しかも絶えざる干渉をである。しかしてここにおいて，貨幣価値に干渉するための一定の処置の量的意味に関し，我々は何ら有効な知識を持たぬというすでに前に述べた事情から，直ちに極めて重大な危惧が生ずる。しかしなお一層重要なのは，我々は貨幣の外的交換価値いわんや内的交換価値の大なる変動が行われたか否か，またいかにして行われたかを精密に確定することが全くできないという事情である。それ故貨幣の内的交換価値を不変に維持せんとする努力は，人間の認識の光が決して透徹し得ない厚い暗闇が目標と道の上に垂れ込めていることだけによっても，挫折せざる

## 第2部 貨幣価値について

を得ない。しかし貨幣の内的交換価値の安定を維持するための干渉の必要およびかかる干渉の必要な程度に関する不確かさは，再びインフレーション主義者と制限主義者との相抗争する利害に門戸を開くに違いないであろう。国家は貨幣価値に干渉して差支えなく，また干渉すべきであるという原則が認められるや否や，例えそれが内的安定を保証せんがためにのみであるにしても，必ずやまた過失と過度の危険が現われる。

この可能性と最近世の国家財政的ならびにインフレーション主義的実験の記憶とは，不変の内的交換価値を持つ貨幣なる実現さるべからざる理想を，次の如き要求すなわち国家は少なくとも内的貨幣価値のあらゆる干渉を抑制すればいいという要求の背後に引込ませた。貨幣目的に供せられる素材量の増加もしくは減少が一定目標を持つ人間の干渉から独立している物品貨幣が，近代貨幣の理想となるのである。

物品貨幣制度を固執することの意味は，それによって国家の影響から貨幣価値の独立が保証されるという点にある。貨幣需給の比率の動揺のみならず，貨幣素材の生産状態の動揺ならびにその工業的需要の変動も貨幣価値の形成に反応するということは，疑いもなく著しい不利が伴う。もちろんこの影響は金については（同様に銀についても），したがって近世に関しそれのみが問題となる二つの貨幣素材については，はなはだしく大なるものではない。しかしそれがより大であるにしても，かかる貨幣は国家の干渉に隷属している貨幣に対しては依然としてまさっている，けだし後者にあってははるかに強度の動揺が起こり得るからである。

**6** 貨幣価値政策の発展と意義の研究の成果は，驚くべきものであるはずがない。所得の分配に影響せんがために，国家が，今日それが持つある程度貨幣の内的客観的交換価値の形成に干渉する権力を一時代を通じて行使した後，その将来の行使を断念せねばならぬであろうことは，生産手段の私有を基調とする社会秩序における国家の経済的機能を正当に評価する者には，不思議に思わ

## 第7章 貨幣価値政策

れることはないであろう。国家は市場の支配者ではない，それは生産物が交換される市場において有力な当事者ではあるが，多くの他のものと並ぶ一当事者であるに過ぎず，それ以上のものではない。市場で形成される経済財の交換比率を変形せんとするあらゆる試みを，国家は市場の手段によってのみ行い得るに過ぎない。一定の干渉がどういう結果を招来し得るか，また招来せざるを得ないかということを，国家は決して完全に見極めることはできない。国家はその望む成果を，思い通り意図せる程度に招致することはできぬ，けだし需要供給に干渉することによってこの場合国家が行使する手段は，個人の主観的価値評価なる媒介物を通してのみ価格形成に作用するものであり，しかして価値評価の変形がいかなる強度をもって行われるかという判断は，一つもしくは二，三の余り重要ならざる商品群に限定される小さな干渉を適用するに当たってのみかつその場合にも大雑把に下され得るに過ぎないからである。あらゆる貨幣価値政策は，貨幣の内的客観的交換価値の動きに干渉を加えるために取られ得る処置の効果が前もって見極められもせずまたそれがすでに現われた時にも，その種類および程度が認識され得ないという欠陥に遭遇するのである。

しかしながら貨幣価値政策上の干渉の実行を断念すること——それは結局金属的物品貨幣本位を堅持することであるが——は完全なものではない。流通手段の発行を調節する可能性によって，貨幣の内的客観的交換価値に干渉するもう一つの手段が得られる。この問題は，我々が金貨よりも価値安定せる貨幣制度を創設せんとする最近に公けにされた計画を論ずる前に，あらかじめ次の第3部で研究されねばならない。

**7** 注意深い読者には，この書物においてインフレーション，デフレーション（制限，収縮）の概念を精密に規定することが避けられているばかりでなく，事実それらはほとんど全く使用されず，またはその用語の精密性が格別問題とならない箇所でのみ使用されていることが，恐らく異様に思われるであろう。私はインフレーション主義およびデフレーション主義（制限主義）につい

## 第2部 貨幣価値について

てのみ論じ，かつ私がこれらの用語の各々に結び付ける概念を精密に規定しているのである。このやり方は明らかに特別な弁明を必要とする。

1) 上述208頁および229頁。

ところで私は，インフレーションなる用語の使用に全然反対の意を表明する異常に有力な声に，決して賛成するものではない。しかし私は，この用語なしにも済ませ得ること，またその語の厳格な科学的精密性が必要であるところでもそれを使用することは，貨幣および銀行の純経済理論および日常の貨幣価値政策上の議論においてその意味に認められる重要な相違のために極めて危険であると，信ずるのである。

1) 特に Pigou, The Economics of Welfare, London 1921, S. 655 f.

理論的研究では，インフレーションなる用語に合理的には唯一つの意義が結び付けられ得るに過ぎない。すなわち貨幣需要（その語の広義）のそれに相応する増大が対応しない貨幣量の増加（その語の広義の，したがって流通手段もそれに包含される）であり，その結果貨幣の内的客観的交換価値の下落が起こらねばならぬ。またデフレーション（制限，収縮）は次の如き意味である。すなわち（広義の）貨幣需要のそれに相応する減退の対応しない広義の貨幣量の減少であり，その結果貨幣の内的客観的交換価値の騰貴が起こらねばならぬ。我々がこの概念をこのように解すれば，インフレーションもしくはデフレーションが絶えず進行しつつあることが明らかにされ得る。なぜなら貨幣の内的客観的交換価値が変化しない状態は，長期にわたってはほとんどかつて存しないからである。我々が貨幣の内的客観的交換価値の変動を測定し得ないこと，否我々はそれが量的に著しい時にのみそれを認識し得るに過ぎないことは，我々の概念規定の理論的価値をいささかも傷つけるものではない。

この理由から生ずる貨幣の内的客観的交換価値の変動が最早気づかれずにいない程大であれば，経済政策的論議においてインフレーションおよびデフレーション（制限，収縮）を論ずるのが常である。ところで実際的意義が異常に大で

## 第7章　貨幣価値政策

あるこの論議において，精密な，そしてそれのみが厳格に経済学的標準と調和する概念を用いることは，極めて合目的性が少ないであろう。経済学者として，1914年以来どの国にインフレーションが起こったかという論争に，失礼ながらすでに1896年以来小規模ではあるが恐らく全世界にインフレーションが存在したと言うことによって，それに言葉を挾もうとすることは，笑うべき衒学(ペダンテリー)であろう。政策においては，科学において原理が問題であるのとは異なり，事情によっては程度が問題となるのである。

しかしひとたび経済学者が，貨幣の内的客観的交換価値の大なる変動をひき起こす貨幣量の変動を指摘するために，インフレーションおよびデフレーションなる用語を使用することが必ずしも無意味でないことを承認するや否や，彼はこの用語を純粋理論に使用することを断念せねばならない。なぜなら，『大なる』という名称に値する交換比率の推移がどこで始まるかは政治的感覚の問題であり，科学的研究の問題ではないからである。

インフレーションおよびデフレーションなる用語の，この通俗的使用には，それが経済学上の研究にまぎれ込む時には，全く不適切なものとして排撃されねばならぬ諸観念が結合されていることは，議論の余地がない。この用語が日常使用される時には，人々は，貨幣の価値安定性なる全く根拠なき概念から出発し，またしばしば，貨幣量の増減が商品量の増減と平行して行われる貨幣制度に貨幣価値を『安定的』に維持する性質を認める諸観念からも，出発するのである。しかしながらこの誤謬がいかにはなはだしく非難されねばならぬにしても，最近の猛烈な価格推移の原因に関する通俗的誤謬と抗争せんと欲する人々にとっては，貨幣一般の問題に関する正しい見解をひろめるよりも，むしろ第一に，それを持ち続ければ破局的な結果をきたさざるを得ない根本的誤謬を克服することが問題であらねばならぬことは，否定すべくもない。インフレーション政策の継続に反対するために1914年ないし1924年にドイツにおいて支払差額説と闘った人は，インフレーションなる用語を必ずしも全く厳密に科学的

## 第2部　貨幣価値について

に使用しなかったとしても，同時代および後世の人々の寛容を自己に要求して差支えない。だが種々な誤謬の原因を与える用語を経済的研究に使用することを断念すべく我々に強いる所のものは，正しく，我々が経済政策上の文献について行わねばならぬこの寛容に外ならないのである。

# 第8章 国家主義(der Etatismus)の貨幣政策

**1** 国家主義は理論としては国家の全能の教義であり,実践としてはあらゆる現世の事物を官憲の命令および禁令によって秩序立てんと努力する政策である。国家主義の社会理想は特殊な形態を持つ社会主義的共同体であり,したがってこの社会理想が問題となる限り,国家社会主義,事情によっては軍国的社会主義もしくは教会的社会主義をも論ずるのが常である。外面的に観察すれば,国家主義の社会理想は,資本主義的社会秩序が表面上示す形態と大なる径庭はない。歴史的に伝来された法秩序の完全な転覆により,生産手段に対する所有権を形式的にも国家の所有権に変えることは,国家主義の関知せざる所である。工業,鉱業および交通事業上の最大企業のみが国有化されるべきであり,農業および中小工業においては私有権が名義上存続さるべきであるとする。それにもかかわらずあらゆる企業は実質上,国家の経営となるべき運命にある。所有者には所有権の名目と名誉および『適当な』もしくは『身分相応』な所得に関する権利は残されるが,実際には一切の商社は役所に,一切の職業は官吏の職務に変えられる。あらゆる種類の国家社会主義において,企業家の独立性をいれる余地はない。価格は官憲によって定められ,官憲は何を,いかにして,どれだけの量を生産すべきかを決定する。そこには投機も,『過度の』利潤も,

## 第 2 部 貨幣価値について

損失も存しない。官憲が指令するのでなければ，いかなる改革も行われない。官憲が一切のものを指導し，監視するのである[1]。

1) これについては前掲拙著 Die Gemeinwirtschaft 299頁以下を参照せよ。

　人間の社会的共同生活をその特殊な社会主義的理想の形態以外には全く観念し得ないことが国家主義的教義の特色である。国家主義的教義によって讃美され目標とされる『社会的国家』と生産手段の私有権を基礎とする社会秩序との間に存する外面的類似性は，国家主義的教義をして，両者を分かつ本質的差異を看過させる。二つの社会状態のこの同一性の仮定に反する一切のものは，国家主義者によって，一時的な変則であり，官庁の指令の処罰すべき違反であると考えられる。国家は政府に手綱を引張らせ，国家はそれを一層しっかりと手に取りさえすればいい，そうすれば一切のものは再び秩序整然となるという考えである。人間の社会生活が一定の条件の下に行われ，そこには自然律に比すべき法則性が支配することは，国家主義者の知らぬ観念である。彼にとって一切は権力問題であり，しかも権力についてのその観念は著しく唯物論的である。

　国家主義的思想はその隻言片句といえども社会学および経済学の理論と矛盾する，それ故これらの科学の可能性を否定することは国家主義者の努力する所である。彼等の意見によれば，社会的な事物は国家によって形づくられる。法律は一切のことをなし得る，そして国家の干渉が一切のことを左右し得ないような領域は存しないのである。

　永い間近代の国家主義者は，その原則を貨幣論にも公然と適用することをはばかっていた。特にアドルフ・ワグナーおよびレキシスによって貨幣の対内価値 (Binnenwert) と対外価値 (Außenwert) について，また為替相場の形成に対する支払差額の影響について述べられた見解のうちには，すでに国家主義的貨幣論のあらゆる要素が見出されるが，それらの要素は常に注意深くかつ控え目に描かれたに過ぎなかった。初めて国家主義を貨幣論の領域にも公然とかつ無制限に宣言したのは，クナップである。

## 第8章 国家主義 (der Etatismus) の貨幣政策

国家主義的政策は，国家主義的イデオロギーの支配の必然の結果であった世界大戦中に，その全盛時代を過ごした。国家主義の要請は『戦争経済』に実現された[1]。国家主義がいかなる価値を持ち，国家主義的政策が何をなし得るかは，『戦争経済』と『過渡的経済』において示された。

1) 前掲拙著 Nation, Staat und Wirtschaft 108頁以下。

国家主義的貨幣論および貨幣政策を吟味することは，理念史的意味 (ideengeschichtliche Bedeutung) を持つのみではない。なぜなら国家主義はあらゆる失敗にもかかわらず今日もなお，少なくとも欧州大陸では，支配的理論であるからである。いずれにしても，それは支配者の理論であり，その理念は貨幣政策に重きをなしている。したがってそれが科学的に無価値であることを確信するにしても，今日その理念を不注意に無視してはならない[1]。

1) カッセルが次の如くいうのは正しい。『世界大戦によって生ぜしめられた貨幣問題の完全に明らかな理解は，事件のお役所式解釈が逐一反証され，当局ができ得る限り民心に取りつかせようと試みたあらゆる謬見が完全に鮮明にされるまでは，決して達成され得ない。』(Cassel, Money and Foreign Exchange after 1914, London 1922, S. 7 f) 貨幣理論のための最も重要な国家主義的議論のグレゴリーによる批判, Gregory, Foreign Exchange before, during and after the War, London 1921. 特に65頁以下参照。

**2** 国家主義者は貨幣を国家の創造物と見る，したがって国家のうける権威，その威信が貨幣の評価の中に経済的に表現されるとする。国家が強大に，富裕になればなる程，その貨幣はますます良くなる。かくして戦時中に，『勝利者の貨幣本位』が結局最上のものであると主張された。だが戦場における勝敗は貨幣価値に間接的に影響を及ぼし得るに過ぎない。一般に戦勝国からは，それがより早く紙幣印刷機の援助を放棄するに至るであろうことが期待される，けだし戦勝国には，一面その発行を制限し，他面信用を得ることが一層容易だからである。しかし同一の観点は，平和の見込みが増すにつれて，戦敗国の通貨がより有利に評価されることにもあずかって力があった。1918年10月にマルク，

## 第2部 貨幣価値について

同時にクローネも騰貴した。そこで人々は,もちろんその期待は実現されなかったが,今やドイツおよびオーストリアにおいてもインフレーションの阻止を予期してよいと考えた。歴史は『勝利者の貨幣本位』も極めて悪化し得ることを示している。ワシントンに指揮されるアメリカの反乱者が最後にイギリス軍にかち得た勝利程輝かしい勝利はまれであった。だがアメリカの通貨はそれから何らの利益も得なかった。星条旗が昂然と揚がれば揚がる程,大陸貨幣 (der Kontinentalgeld)――革命国家によって発行された紙幣はそう呼ばれたのである――の相場はますます下落した。反乱者の勝利が決定した丁度その時に,それは遂に全く無価値となった。それから間もなく後フランスでも事情は同じであった。革命軍がかち得た勝利にかかわらず,金属打歩は次第に増大し,遂に1796年に貨幣価値は零点に達した。上の二つの場合に,勝利国はインフレーションを極度まで行ったのである。

　その国の富も貨幣の評価に対し無意味である。『貨幣本位 (Valuta)』を目して,国家もしくは国民経済の株券の如きものと認めるひろく拡がった慣習程,誤れるものはない。ドイツマルクの相場がチューリッヒで10フランとなった時,銀行家達は言った,『今こそマルクを買う時機だ。ドイツ国民経済は今日確かに戦前に比べて貧窮し,マルクが低く評価されるのも故なしとしない。だがドイツの国富が戦前の資力の12分の1に減少したということは決してない,それ故マルクはもっと騰貴するに違いない』と。またポーランドマルクがチューリッヒで5フランに下落した時,他の銀行家達は言った,『この低い水準は不可解だ。ポーランドは富める国である。それは繁栄する農業を持ち,木材,石炭,石油を持っている,だから為替相場はもっとずっと高くなければならない』と。[1] これらの批評家は,貨幣単位の評価がその国の富ではなくして,貨幣量と貨幣需要の比率に依存し,したがって最も富める国も悪貨を持ち最も貧しき国も良貨を持ち得ることを認め得ないのである。

1) ハンガリー・ソヴィエト共和国の一指導者が1919年の春に私に次のように述べた,

## 第8章　国家主義 (der Etatismus) の貨幣政策

『ハンガリー・ソヴィエト共和国によって発行された紙幣は，本来，ロシアの貨幣に次いで最高の相場を持つはずである。なぜならハンガリーはあらゆるハンガリー人の私有財産の社会化により，ロシアに次いで，世界の最も富裕な，したがってまた最も信用すべき国家となったから』と。

**3**　国家主義的貨幣政策の最も古いそして最も好む手段は，最高価格の公定 (die behördliche Festsetzung von Höchstpreisen) である。高い貨幣価格は，と国家主義者は考える，貨幣量増加の結果ではなくして，『価格煽動家』と『闇取引者』の犯罪的行為の結果である。価格の騰貴を制止するためには，この陰謀を抑圧すれば充分であると。かくして『法外な』価格を要求することおよびそれを許与することすら罰せられることになる。

オーストリア政府は大多数の他の政府と同じく，戦争中，紙幣印刷機を国家財政のために利用し出したその日に，価格吊上げを処罰をもって防止することを始めた。我々はそれによって政府が差当たり成功を収めたと仮定しよう。我我はそれと同時に，戦争が商品の供給をも減少させることを全く度外視し，商品側からは，商品と貨幣との間に存する交換比率を推移させる何らの力も作用しなかったと，仮定しようと思う。更に我々は戦争中の事故が貨幣輸送に要する時間を長びかせ，相殺取引を制限し，更に他の方法により個別経済の貨幣需要を増加させることをも度外視せねばならぬ。我々は他の条件にして不変ならば，貨幣量が増大する場合貨幣価値が官庁の強制によって旧水準に維持される時，いかなる結果が生じざるを得ないかという問題をのみ吟味したいと思う。貨幣量の増加によって，以前には存在しなかった新しい購買欲が現われる，いわゆる『新しい購買力』が創造されたのである。この新しい買手がすでに以前から市場にいた買手と競争し，しかも価格を高めることを許されなければ，購買力の一部分のみが満たされ得るに過ぎない。その時には，たとえ要求された価格を承認する用意があっても，目的を達せずに市場を立去る購買欲求者，すなわち買うために貨幣を持って出て来たのにそれを持って再び家へ帰る購買欲

## 第2部 貨幣価値について

求者が存在する。公定価格を支払う用意がある購買欲求者がその欲する商品を得るか否かは，市場の状況から見れば重要ならざるある偶然な出来事，例えば彼が折良くその場にい合わせたとか，売手と個人的関係を持つとか等の事情に左右される。市場の機構は，まだ隊伍に加わり得る購買欲求者を，最早隊伍に加わらぬ購買欲求者より分つために，最早常の如く働かない，したがってそれは最早以前の如く価格変動によって需要供給を一致せしめないのである。供給は需要に及ばない。市場の営みは無意味となり，他の力がそれに代わらねばならぬ。

しかし政府が紙幣を新たに創造しそれを流通させるのは，それによって，これまで導き入れられていた進路から商品および役務を引き出し，政府の欲する用途に向けんがために外ならない。政府はこれらの商品および役務を買おうと欲するのであって，もちろんそれも考え得られることであるが，強制的に徴集しようとするのではない。それ故政府はまさしく，貨幣を代価としてまた貨幣を代価としてのみ，あらゆるものが得られることを望むに相違ない。購買欲求者の一部分をして目的を達せずに再び立ち去らせるような状態を市場に作り出すことは，政府の利益とする所ではない。政府は買おうと欲するのである，すなわち市場を利用せんとするのであって，市場を破壊せんとするのではない。しかるに公定価格は，商品および役務が貨幣に対して売買される市場を破壊する。取引はできる限り，他の方法で自己を救おうとする。商品および役務が貨幣の媒介なしに交換される直接交換が再び現出する。商品および役務を公定された貨幣額で譲渡することを強いられる者は，誰にでもそれを譲渡するのではなくして，彼が恩恵を施そうとする者にのみ限ることになる。購買欲求者達はまだ遅くならないうちに一片の商品を手に入れようとして，売店の前に長い列を作ってひしめく。彼等はまだ空にされていない店を見付けるために，店から店へ息を切らして大急ぎで走り回る。

その理由は，市場の状況が要求する程度以下に価格が公定された時，すでに

## 第8章 国家主義 (der Etatismus) の貨幣政策

市場にあった商品が売られれば，空になって貯蔵室は新たに満たされることがないからである。官庁は一定金額以上を要求することは禁じたが，生産し販売することを命じなかった。売手はいなくなり，市場はその機能を果たすことをやめる。かくして分業的国民経済は不可能となる。貨幣価格の高さを制限することは社会的分業組織を破壊することなくしては実現され得ないのである。

　それ故価格と賃金を，それが自由市場で達するに違いない程度以下に一般に確定しようとする公定価格 (behördliche Taxen) は，全く実現不可能である。個個の種類の商品および役務に対し，かかる価格制限が指令されれば，攪乱が現われ，それは私有権を基礎とする経済制度の適応力によって，その組織の存続が可能にされるまで調整される。価格制限が一般に指令され現実に実施されれば，それは私有権を基礎にする経済秩序の存立とは両立し難いことが明らかになる。価格を制限せんとする試みは放棄されざるを得ない。市場価格を排除せんとする政府は，必然的に私有権除去の道に駆り立てられるに違いない，したがって自由な価格形成を伴う生産手段の私有権制度と生産手段の公的所有権制度すなわち社会主義との間には，何らの媒介物も存しないことを認めるに相違ない。かかる政府は一歩一歩，生産強制，一般的労働義務，消費の割当てそして最後には全生産および全分配の官庁による指導に達せざるを得ない。

　これが戦時の経済政策の歩んだ道である。国家はその欲する所を何でもなし得ると歓乎して宣言した国家主義者達は，やはり経済学が正しかったこと，価格吊上禁止令だけでは間に合わないことを発見した。彼等は市場の営みを排除せんとした故に，始めに欲した以上に進まざるを得なかった。生活必需品の割当て配給が始まり，間もなく一般的労働義務，最後には全生産および全消費を国家機関の指導に従属させることにまで及んだ。私有権は名のみ存続したに過ぎず，実質的には廃止されたのである。

　軍国主義の崩壊は戦時社会主義をも寸断した。だが革命は経済問題に関し，旧政府以上に理解力を示したわけではなかった。革命もまた新たに同じ体験を

第 2 部　貨幣価値について

なさざるを得なかったのである。

　価格騰貴を刑事上および警察上の手段によって阻止せんとする試みは，官庁が充分峻厳に行動せずまた市民が法網をくぐる術を知っていたために失敗したのではなかった。またその試みは企業家が社会主義統制主義的伝説 (Legende) が要求するような『公共心』を持たなかったために，難関に逢着したのでもなかった。生産手段の私有を基礎とする分業的経済制度は市場の価格形成が自由である時にのみ機能し得るが故に，かかる試みは成果なしに終わらざるを得なかったのである。もし価格公定が成功すれば，それは国民経済の全組織を麻痺させたであろう。その執行者の腕が最後に麻痺したがために，価格公定が完全には実現されなかったこと，そのことのみが社会的生産装置が引続き活動することを可能ならしめたのである。

　数千年を通じ，人の住む地球上のあらゆる部分において，適正な価格という妄想に無数の犠牲が供されたのであった。公定価格法の違反者は重く罰せられ，彼等の全財産は没収され，彼等自身は投獄され，拷問され処罰された。国家主義の代弁者達は力と熱情とには確かに欠くる所がなかった。だが裁判官と警察官をもってしては，『経済』の進行を続けさせることはできないのである。

　**4**　ひろく行われている見解は，秩序ある通貨状態の再建が『有利な支払差額 (aktive Zahlungsbilanz)』によってのみ可能であることを信ずる。『不利な支払差額』を持つ国は貨幣価値を永久に安定せしめることはできず，通貨の悪化はここに構造的に基礎づけられ，それは構造的欠陥を除去すること以外によっては有効に克服され得ないとする。

　かかるまたは類似の異論の反駁は，数量説の理論およびグレシャムの法則中にすでに包含されている。数量説は，物品貨幣のみが使用される国（通貨学派の純金属通貨）では貨幣が永久的に流出することがあり得ないことを示している。貨幣量の一部の流出によってひき起こされる国内市場の狭隘化は，商品価格を下落させ，それによって輸入を阻止し輸出を促進し，かくして国内経済は再び

## 第8章 国家主義 (der Etatismus) の貨幣政策

貨幣で飽和せしめられるに至る。貨幣機能を果たしつつある貴金属は個々の個別経済，したがってまた個々の国民経済に，その貨幣需要の大きさおよび強度に応じて分配される。国際的な貨幣移動の調節によって国民経済に必要な貨幣量を確保しようとする国家の干渉は，余計なものである。貨幣の望ましからぬ流出は，常に，異なって評価される貨幣に同一の法的支払能力を賦与する国家干渉の結果でしかあり得ない。貨幣制度の秩序を破壊しないがために，国家がなさねばならずまたなし得るすべてのことは，かかる干渉をなさぬことである。これが古典経済学とその直接の後継者たる通貨学派の貨幣理論の核心である。近代的な主観主義理論によってこの理論を深め完成することは可能であったが，それを否認し，他のものをもって代えることはできない。この理論を忘れた人々は，彼等が国民経済的に思考する能力のないことを示すだけである。

　過度に発行された紙幣と金属貨幣とが法律によって等価と規定され，それによりグレシャムの法則の記述する機構が喚起されたために，一国において物品貨幣が信用貨幣もしくは表象貨幣によって代えられた時には，しばしば主張される所によれば，支払差額が為替相場を決定するというのである。これもまた全く誤りである。為替相場は各貨幣種類の一単位が持つ所の購買力によって与えられる，したがって一貨幣個片をもって直接商品を買っても，あるいはそれと交換にまず他の通貨の個片を獲得ししかる後これをもって商品を購入しても，何らの差異もない高さに，相場は確定されねばならない。購買力の比率が制約し我々が自然的もしくは静的相場と名づけるその水準から，相場が離れようとすれば，利益ある商取引を実現する可能性が生ずるであろう。購買力から生ずる比率に比し相場で過小評価される貨幣をもって商品を購入し，それを購買力に比し相場で過重評価される貨幣に対して売れば，儲けを得ることになろう。そしてかかる利益可能性が現われるから，相場で過小評価された貨幣を需要する買手が為替市場に出現し，その需要は静的水準が達せられるまで相場を騰貴させる。貨幣量が増加され商品価格が騰貴したが故に，為替相場は上昇するの

## 第2部　貨幣価値について

である。この因果的関係が実際には事件の時間的連続の形をとって現われないことは，すでに詳しく述べた如く，市場の技術にのみ帰せられねばならない。取引所における為替相場の形成は，まさしく投機者の影響を受けて，商品価格の予期される変動を見越すのである。

　支払差額説は，外国貿易の規模が徹頭徹尾価格に依存すること，貿易をして利益あるものたらしめる価格の差異が存しなければ，輸入も輸出も行われ得ないことを忘れている。支払差額説は現象の表面に執着する。日々刻々取引所で行われることにのみ注意する者は，支払差額のその時々の状態が為替市場の需要供給に決定的であることより外には，認めることができぬことは疑いをいれぬ。だが為替相場の決定原因の研究は，このことを認めることによって初めて開始されるのである。したがって今や支払差額のその時々の状態を規定するものは何かという問いが発せられねばならない。その場合にはかかる研究は，価格形成および価格の差異によって生ぜしめられた売買のみが，支払差額を決定するという結論以外を得ることはできない。為替相場が騰貴しつつある際には，外国商品はそれが高い価格にもかかわらず買手を見出す時にのみ輸入され得るのである。支払差額説の変種は生活必需品と不急品の輸入とを区別しようとする。生活必需品はそれを絶対に欠き得ないが故に，いかなる価格でも買求められねばならない。故に生活必需品をもっぱら外国からの輸入にまち，それ自身は余り重要でない商品のみを輸出し得るに過ぎぬ国の通貨は間断なく悪化せざるを得ないと。この場合個々の財の必需性あるいは不急性の大小は，すでにそれらの財に対し市場で展開される需要の強度と規模したがってこれらの財に対し承認された貨幣価格の高さに，余す所なく表われることは忘れられている。外国のパン，肉，石炭もしくは砂糖に対するオーストリア人の欲望がいかに強いものであっても，彼等はその代償を支払い得る時にのみ，それを買い得るに過ぎない。彼等はより多く輸入しようとすれば，より多く輸出せねばならず，また製品および半製品を輸出し得なければ，株券，債券，種々なる種類の財産

## 第8章　国家主義 (der Etatismus) の貨幣政策

証券を輸出せねばならない。紙幣流通が増加されない時には，売りに出されたこの物件の価格は，もし輸入財に対する需要したがってその価格が上昇すれば，下落せざるを得ないであろう。しからずんば，生活必需品の価格の上昇運動に対し，生活必需品の購入のためにその購入が制限される不急品の価格の下落が対応せざるを得ないであろう。かくして一般的価格騰貴は問題となり得ないであろう。そして支払差額は，有価証券等の輸出かまたは不急品の輸出増加によって均衡するに至るであろう。この前提が妥当しない故にのみ，換言すれば流通紙幣量が増加される故にのみ，外国為替相場の騰貴にかかわらず外国商品が同じ規模に輸入され得るのであり，またこの前提が妥当しない故にのみ，外国為替相場の騰貴は，支払差額が再び有利となるまで輸入を圧縮せず輸出を促進しないのである。

　古き重商主義的誤謬は故なき幻影を描き出すが，我々はそれを恐れる必要はない。いかなる国民も，最も貧しき国民ですら，秩序ある通貨状態を断念する要はない。為替相場を駆って騰貴させるものは，個人および全体の貧困にもあらず，外国に対する負債にもあらず，生産条件の不利にもあらず，実にインフレーションなのである。

　それ故，外国為替の騰貴((Devisenhausse) を防止するために用いられるいかなる手段も，効果なきものである。インフレーション政策が続けられれば，それは成功を収め得ず，インフレーション政策が存しないならば，それは無用のものである。これらの手段中最も重要なものは，不急もしくは必要性が少ないと思われる一定財貨の輸入の禁止もしくは制限である。かくして，これらの商品の購入に用いられた国内貨幣額は他の購買に使用されるが，その場合問題になるのは，しからざれば外国に売られたであろう財以外でないことはもちろんである。今やその財は外国がそれに対し提供するより高い価格で，内国人によって買われることになる。かくして輸入の減退それと共に外国為替に対する需要の減退に対し，他方同様の輸出の減退それと共に外国為替の供給減退が対応

第2部 貨幣価値について

する。輸入はまさしく輸出によって支払われるのであり，新重商主義半可通(デイレッタンテイスムス)が依然として信ずるように貨幣によって支払われるのではない。外国為替に対する需要を実際にせき止めようとすれば，輸入を減せんとするその額だけ内国人から——例えば租税によって——取去り，全く流通から引上げ，それ故それを国家目的にも支出せずむしろ破棄せねばならぬ。すなわちデフレーション政策を行わなければならない。チョコレートと，葡萄酒，巻煙草の輸入を制限する代わりに，これらの商品に支払うであろう金額を人々から取上げなければならぬ。その場合には彼等はこれらの商品もしくは何らか他の商品の消費を制限するに違いない。前の場合には以前より外国為替が求められること少なく，後の場合には以前より多くの外国為替が供給される。

**5** 貨幣減価を投機者の活動に帰する理論が依然心からなる擁護者を持つか否かを確かめることは，容易なことではない。この理論は最も低級な民衆指導(デマゴギー)の欠くべからざる手段であり，それは罪を負う羊 (Sündenbock) を求める政府によって利用される。独立の著述家は，今日最早その弁護者の労を執らんことを申出ようとはせず，買収されたペンのみがそれに奉仕するに過ぎない。それにもかかわらず，この理論にも二，三の言葉が費やされねばならぬ，けだし現代の貨幣政策はその著しい部分をこの理論に負っているからである。

投機は価格を作らない，それは市場に形成される価格を受けいれねばならぬ。投機の努むる所は，将来の価格形成を正しく評価し，それに従って行動することに向けられている。投機の影響は一定期間内の価格の平均的水準を変え得るものではない，だがそれは最高の価格と最低の価格との間の開きを縮小する。価格の動揺は投機によって減ぜられるのであり，広く世に行われている伝説が考えるように，それによって強められるのではない。

投機者が将来の価格形成の判断を誤ることがあるのは，もちろんのことである。通常この場合を批判する際，与えられた条件の下に将来の発展をより正しく把握することは，明らかに大衆の能力のはるかに及ばぬ所であることが無視

## 第8章 国家主義 (der Etatismus) の貨幣政策

されるのが常である。もしそうでなかったならば，反対派が市場に優位を占めることになったであろう。それ故，有力であった意見が後に誤りとわかったことを痛く嘆くこと，正に間違いを犯した投機者に如く者はない。悪意によって彼等は誤ったのではなかった，なぜなら彼等は儲けようと思うのであり，損失しようと思うのではないからである。

　投機の影響の下に成立する価格も，常に強気筋 (Haussepartei) と弱気筋 (Baissepartei) との両派の共働によって生ずる。両派の各々は取引上の地位 (Engagement) の強さと規模において，常に他方に等しい，したがって両派の各々は価格の形成に同程度参画する。人は最初からそして永久に強気派もしくは弱気派であるのではなく，常に状況の判断によって，より精確にいえば，この判断に基づいて行われる行動によって初めて，そうなるのである。各人はいかなる瞬間にもその地位を変えることができる。価格は両派が均衡を保つ水準に成立する。為替相場の動きは弱気筋の売 (Abgabe) によってのみならず，同様に強気筋の買 (Aufnahme) によっても定められる。

　国家主義的伝説は外国通貨の騰貴を国内および外国の国家の敵の陰謀に帰する。その主張する所によれば，敵は投機的意図をもって国内通貨を売り，投機的意図をもって外国通貨を買うのである。その際二つの場合が考え得られる。第一にかの敵が利益を得んとする意図によって行動する場合であり，この時にはあらゆる他の投機者についてと同じことが彼等に妥当する。もう一つの場合は，彼等が敵意を抱く国家の威厳を，その通貨の価値を下落せしむることによって——それを目的とする投機によって彼等自身損害を受けるにしても——傷つけようとする場合である。かかる企ての可能性を考える時，それが実際的にはほとんど実行し得ないことが忘れられている。弱気筋の売は，市場の気配に反する時には，直ちに反対運動を呼び起こすであろう，すなわち売られた額は強気筋によってきたるべき反動を予期し，相場を挙ぐるに足る程害することなく買い取られるであろう。

## 第2部　貨幣価値について

　利益を得ようと意図するのではなくして，国家の権威を傷つけるために犠牲を払って企てられるこの下落策動は，実際はお伽噺の国のことである。利益を目標とせず市場の状況に相応しない相場を作り出し，それを維持することを目標とする操作が，為替市場で企てられることは確かにある。だがこの種の干渉は常に通貨に対し責任ありと思考する政府によって行われるものであり，それは常に静的為替相場に比し引き上げられた為替相場水準を作り出しそれを維持することを目的とする。したがってそれは人工的な騰貴を策するものであり，人工的な下落を策するものではない。もちろんかかる干渉もついには効果を失うに違いない。結局の所，貨幣価値の続落を止めるためには唯一つの手段が存するに過ぎない，紙幣流通の爾後の増加の中止がこれである，また貨幣価値を高めるためには唯一つの手段が存するに過ぎない，紙幣流通の減少がこれである。絶えず進行する紙幣増加の一小部分のみが外国為替の売却によって銀行に還流したに過ぎなかった1923年春のドイツ・ライヒスバンクの干渉の如きものは，必然的に失敗せざるを得なかったであろう。

　インフレーション政策を行う政府は，投機に対する闘争なる理念に導かれて，その意味がなおほとんど理解し難い手段に熱中したのである。かくしてある時には紙幣の輸入が，ある時にはまた輸出が，更にはまた輸出入が禁ぜられた。輸出貿易には自国の紙幣と引換えに売ることが禁ぜられ，輸入貿易には自国の紙幣をもって買うことが禁ぜられた。外国貨幣および貴金属をもってする全貿易は国家の独占と宣言された。為替相場の相場づけは国内取引所において禁ぜられ，取引所外で国内に形成された相場および外国取引所の相場の報告は，厳重に罰せられた。すべてこれらの手段は無益なことが立証された，そして重要な動機がその持続を利益としたのでなければ，恐らく実際に行われたよりも一層速やかに，これらの手段は除去されたであろう。貨幣価値の下落は悪意の投機者にのみ帰せられねばならぬという命題を固執することが持つ，すでに述べた政治的意味を全く度外視しても，貿易制限はすべて特殊利益を作り出し，そ

## 第8章 国家主義 (der Etatismus) の貨幣政策

れは爾後その除去に反抗するということを忘れてはならない。

時には，為替市場で弱気筋に往々誰も対抗せず，その結果彼等のみが相場を決定し得るに至ることを指摘して，投機の抑圧を目的とする手段の有用性を証明しようとされる。もちろんこれは正しくない。だが減価の進行が何時阻止され得るか，否そもそも阻止され得るか否かが見極められない程，継続的減価が予想される通貨については，投機の効果は他の場合と異なることが注意されねばならない。一般に投機は，平均的価格水準を変えることなくして最高の価格と最低の価格との開きを減少するが，一方的方向の動きが予想されるこの場合には，もちろんこのことは問題となり得ない。この場合には，投機の効果は，その出現がなければ，より均一的に進むであろう動きを，断続的に休止期間を挿入しつつ実現させることに表われる。外国通貨の相場が騰貴し始めれば，自己の状況判断に基づいて買う投機者達に，局外者が大量的に加わる。この追随者達は，自己の判断を信ずる少数の者によって始められた行動を強化し，市場通の職業的投機家だけがなすであろう以上にその行動を継続する。なぜなら反作用は日頃のように急速有効に始まり得ないからである。貨幣減価がなお一層進行するであろうことが，全く一般に信ぜられる。しかしついには外国貨幣の売手が出現せざるを得ない。その時には為替価格の上昇的動きは休止し，恐らく差当たっては急激な反動すら現われる。『安定せる通貨』がしばらく続いた後，再び新たに動きが始まる。

反作用は遅れて始まりはしようが，為替相場が商品価格より余りにも著しく先走るや否や，それは必然的に始まらざるを得ない。静的為替相場と取引相場との開きが，利益をもたらす商品取引の機会を与えるに足る程大であれば，国内紙幣に対する投機的需要も現われるであろう。かかる取引の余地が商品価格の騰貴によって再び消滅するに至って始めて，新たな為替価格の上昇が始まる。

国家主義的見解は最後には，外国貨幣，外国貨幣の貸方勘定および外国為替

## 第2部　貨幣価値について

の所有を,それ自身非難すべき態度と認めるに至る。国民は——明らさまにそう言われるのではないが,官職にある人々とその一党のあらゆる言葉からそう察せられるのである——自己の私有財産に対し不利益な貨幣減価の結果を耐え忍び,貨幣減価により消耗されぬ財産を獲得することによって,その結果を免れようと試みてはならない義務を持つ。個人がマルクから逃避することによって零落を免れれば,私経済的には利益であるかもしれないが,国民経済的には有害であり,したがって非難すべきであるとする。実はこの要求は,すべての人が国家の政策による破滅にその財産を全く任せればよいという,インフレーションの受益者の不当な要求以外の何物をも意味しない。類似のことが主張されるあらゆる場合と同様,この場合に個人の利益と全体の利益との間に対立が存するということは正しくない。国民的資本は個々の国民の資本から構成される,したがって後者が消耗されれば,前者も何も残らない。貨幣減価によって消耗されないような方法で財産を投資せんとする個人は,国民経済を害するものではなく,反対に,自己の私有財産を破滅から防ごうと努めることによって,彼は一片の国民財産をも破滅から防ぐのである。彼がその財産を無抵抗にインフレーションの結果にゆだねれば,国民経済の一部の消耗を促進し,インフレーション政策によって利益をうける者を富ますことになるであろう。

　ドイツ民族の最良の階級の少なからざる部分は,もちろん,インフレーション政策家とその新聞紙の確言する所に信頼を寄せた。多くの者は,マルクとクローネならびにマルク証券とクローネ証券とを売り離さずに維持する時には,愛国的行為を果たすと考えた。彼等はそれによって祖国に何ら貢献することがなかった。そのために彼等自身とその家族とが零落したことは,ドイツ民族のうち,国民の文化的再起をそれから期待せねばならぬその階級の一部分が,今や悲惨と貧困に陥り,自分自身と社会に役立つことができないことを意味するに外ならない。

## 第9章　貨幣理論の分類

**1**　貨幣なる現象は経済生活の他の現象から著しく抜きん出た地位にあるため，経済理論の問題に格別注意を払わない人々によっても，かつ交換現象の徹底的研究がまだ思いもよらなかった時代にすでに，この現象について穿鑿が行われたのである。この思索の結果は種々であった。商人および彼等に次いで商人的取引に近い関係のあった法律家は，貨幣の使用を貴金属の性質に帰し，貨幣の価値は貴金属の価値に基づくと言った。世情に疎い教会法学は貨幣使用の根源を国家の命令に認め，貨幣価値は裁定的価値 (valor impositus) であると教えた。また他の者は比喩によって問題を説明しようとした。彼等は貨幣を生物学的口調で血液になぞらえ，血液が循環によって肉体に生気を与えるように，貨幣流通は国民経済の機構に生気を与えると。あるいは貨幣を言語になぞらえ，その機能は同様に人間の間の『交通』を容易にすることであると。あるいはまた法律学上の用語法を利用して，貨幣を各人の各人に対する指図証券と名付けた。

すべてこれらの見解は，それが経済的流通の現象を記述する体系に接合され得ないという一つの共通点を持つ。これらの見解を交換関係の理論の礎石として用うることは，絶対に不可能である。そういう試みはまたほとんど企てられ

## 第2部　貨幣価値について

なかった。例えば貨幣を指図証券とする学説を価格の何らかの説明と調和させようと試みれば，悲惨に失敗せざるを得ないことはいうまでもなく明らかである。貨幣問題を説明せんとするこの試みに共通の称呼を選ぼうとすれば，それを非流通論的 (akatallaktisch) と名付けるのがしかるべきである，けだし流通論 (Katallaktik) にはそれをいれる余地が見出されないからである。

　これに反し流通論的貨幣理論は交換比率の理論の一部分である。それは貨幣の本質を交換取引の媒介に求め，その価値を交換取引の法則から説明する。すべての価値論は貨幣価値論をも提供し得なければならぬ，またいかなる貨幣価値論も一般的価値論に接合され得なければならない。一般的価値論もしくは貨幣価値論がこの条件にかなうことは，まだ必ずしもその正当性の証拠とはならない。しかしこの条件にかなわない理論は，人々がそれから求めてやまぬものを与えることは不可能である。

　貨幣に関する非流通論的見解が流通論的貨幣論の成長によって完全に駆逐されなかったことは異様に思われる。その理由は多様であった。

　理論経済学は，それが価格形成の問題（商品価格，賃金，地代，資本利子等）を差当り直接交換が行われるかの如き仮定の下に論じ，間接交換を当分顧慮しない時にのみ，その任務を果すことができる。その結果，流通論の理論は二つの部分，直接交換と間接交換の理論に分れることになる。ところが純理論の問題はおびただしくまた困難を極めるが故に，その一部分を少なくとも当分は無視することができることは人々に歓迎されたのである。その結果，多数の研究家は最近数十年，間接交換の理論に全く考慮を払わなかったかもしくは極めてわずかな考慮を払ったに過ぎず，いずれにしても間接交換の理論は我々の科学の最も等閑に附せられた部分領域であった。この怠慢の結果は極めて悲しむべきものであった，それは間接交換の理論，すなわち貨幣論および銀行論の領域のみならず直接交換の領域にも表われた。それを完全に理解する道が間接交換の理論によってのみ開かれ得る理論上の問題が存在する。これらの問題――例えば

## 第9章 貨幣理論の分類

恐慌問題がそれに数えられる——を直接交換の理論の手段によってのみ解決せんとすれば，必ず失敗するに違いないのである。

その間，貨幣論は非流通論者にゆだねられていた。多くの理論家の著作にすら，非流通論的見解の個々の残滓が見出される。そこでは，交換および貨幣に関する著者のその他の学説とは相いれず，明らかに，その主張が伝統的であり著者がそれと自己の体系との矛盾に気付かなかったが故にのみ受け入れられた主張に，我々は往々にして遭遇するのである。

他方，通貨論争のために，貨幣論の問題に対する興味は，生長しつつある近代理論がそれにほとんど注意を払わなかった丁度その時程，大であったことはなかった。多くの『実際家』がこの領域で腕を試みた。一般の経済学的予備教養なしに貨幣問題について思索し始める実際家は，まず第一にこの問題をのみ見，事物の関連に注意することなくしてその研究を狭い領域に局限する，それ故にその貨幣論は非流通論的になりがちである。本職の『理論家』が蔑視するその『実際家』が，貨幣問題の研究から出発して，経済理論の極めて深い認識に進み得ることは，リカルドの発展過程が最上の証拠である。我々が問題にしている年代にはかかる向上は見られなかった。しかしその時代の貨幣政策が必要とする一切のものを貨幣論で果たした著述家を生み出した。多数の中からバムベルガー (Bamberger) とゼートベール (Soetbeer) の二つの名前を挙げれば充分である。彼等の活動の著しい部分をなすものは，同時代の非流通論者の学説に対する闘争であった。

現今，非流通論的貨幣論は，『理論』を否認する経済学者に好んで採用される。理論的研究の必要を明らさまにもしくはひそかに否定する者は，貨幣論に対し，それが理論体系に接合され得ることを要求することができないのである。

**2** あらゆる非流通論的貨幣論の共通的特徴は否定的であること，すなわち流通論の理論に接合され得ないことである。そのことは，それらが貨幣価値に

## 第2部 貨幣価値について

関するいかなる見解をも持たぬことを意味しない。かかるものなしには，それはいうまでもなく全く貨幣論ではないであろう。しかし非流通論的貨幣論は貨幣価値理論を意識下に構成するに過ぎず，それを率直に吐露せず，それを考え抜かない。なぜならその貨幣価値理論を論理的に最後まで考えつめれば，非流通論的貨幣論は自己の内的矛盾を認識せざるを得ないであろうからである。最後まで考えられた貨幣理論は流通理論に融合せざるを得ず，それと共に非流通論的ではなくなるのである。

　非流通論的見解の最も原始的なかつ最も素朴なものにとっては，貨幣価値は貨幣素材の価値と一致する。しかし更に前進せんことを試み，貴金属の評価の根拠をたずね始めるや否や，すでに流通論的体系が立てられるに至る。財価値の根底は効用性もしくは獲得の困難に求められる。いずれの場合にも，貨幣価値理論に対しても出発点が見出されたのである。かくしてこの素朴な見解は，論理的に発展すれば，おのずと問題に達する。それは非流通論的ではあるが，流通論へ通ずるのである。

　他の非流通論的理論は貨幣の通用力を国家権力の命令によって説明しようとする。この理論によれば，貨幣の価値は最高権力の権威に基づくのであり，取引の価値評価に基づくのではない[1]。法律が命令し，臣民が服従する。この学説は決して交換理論に接合され得ない。なぜなら，それは国家があらゆる経済財と役務の貨幣価格の具体的高さを例えば一般的な公定価格によって確定する時にのみ，内容を持つものたることは明らかであるからである。このことは主張することができないから，国定貨幣論は，国家の命令は名目的単位の通用力のみを確定するものであり，取引におけるこの名目的単位の通用力を確定するものではないという命題に，限られざるを得ない。しかしこの制限によって，貨幣の問題を説明しようとするあらゆる試みは放棄されることになる。教会法学者は裁定的価値と内面的優良性の対立を強調することにより，事実スコラ哲学の詭弁をしてローマ的教会法的法体系を経済生活の事実と調和させることを，

## 第9章 貨幣理論の分類

可能ならしめはした。しかし彼等は同時に裁定的価値の学説の内的無価値を暴露し,その助けをもってしては市場の現象の説明が不可能なことを示したのである。

1) Endemann, Studien in der romanisch-kanonistischen Wirtschafts-und Rechtslehre bis gegen Ende des 17. Jahrhunderts, Berlin 1874/83, II. Bd., S. 199.

それにもかかわらず名目主義的貨幣論は文献から消え去らなかった。貨幣改悪を財政状態の改善上有効な手段と認めた君主たちは,貨幣改悪を弁護するためこの理論を必要とした。向上を目指す科学たる経済学は,人間経済の完全な理論を構成せんと努力しつつ,名目主義の拘束を脱したが,それにもかかわらず国庫は依然として名目主義者に事欠かなかった。19世紀の初めにまだ,アダム・ミューラー(Adam Müller)およびゲンツ(Genz)は小額銀行券時代(Bankozettelperiode)のオーストリア貨幣政策のために,名目主義を文学上弁護した。次いで名目主義はインフレーション主義者によって,その要求を基礎づけるために利用された。しかし名目主義が更生されることになったのは,実に20世紀のドイツ『現実主義的』経済学においてである。

経済学における経験的現実主義的方向にとっては,非流通論的貨幣理論は論理的必然である。この学派は一切の『理論』を嫌厭し,流通論の体系を立てることを放棄するから,それはかかる体系へ通ずる所のあらゆる貨幣論に反対せざるを得ない。それ故この学説は差当たり貨幣問題のすべての論議から遠ざかり,そしてそれを論ずる限り(貨幣史に関するそのしばしば卓越せる労作もしくは政策上の問題に対する立場においても),古典学者の伝統的価値説を固執する。しかし漸次貨幣問題に関する彼等の意見は,貴金属貨幣を『それ自身』価値ある財と認める上述せる原始的な非流通論的理論に,思わずも滑り込んだ。だがそれは論理的ではなかった。国家主義を旗幟とし,あらゆる国民経済的問題を行政上の任務と見る学派に対しては,名目主義の国定論がより適当している。[1] クナップがこの結合を完成した。それ故彼の書はドイツで成功したのである。

## 第2部 貨幣価値について

1) Voigt, Die staatliche Theorie des Geldes (Zeitschrift für die gesamte Staatswissenschaft, 62. Jahrgang), S. 318 f.

　クナップが流通論の貨幣問題，購買力について何ものをも述べ得ないことは，流通論を退け最初から価格形成のあらゆる因果的説明を断念せる学説の立場からしては，彼を非難すべき理由と認められ得ない。以前の名目論がそれ故に失敗したその困難は『現実主義的』経済学とその帰依者のみが公衆として問題となるに過ぎない彼に対しては，存在しなかった，それ故彼は取引における貨幣の通用力を説明せんとするあらゆる試みを無視することができたばかりでなく，公衆を顧慮してそうせざるを得なかったのである。もちろんクナップの著作が出版された直後の時代に，ドイツに通貨政策上の大問題が一般の関心に上っていたならば，貨幣価値について何事も述べ得ない学説の不完全さは，間もなく怪訝の念をもって迎えられざるを得なかったであろう。

　通貨史を非流通論の立場から論じようと試みて失敗したばかりに，新しい国定説はその出現直後に危殆に瀕した。クナップ自身その著書の第4章で，イギリス，フランス，ドイツ，オーストリアの貨幣史を簡単に述べ，次いで彼の演習科(ゼミナール)の参加者によって二，三の他の国々に関する研究が続いて行われた。すべてこれらの叙述は全く形式的である。それらはクナップの雛形を個々の国家の状況に移そうとつとめる。それはクナップの術語による貨幣史を与える。この試みがいかなる結果に終わらざるを得ないかは，全く疑いの余地がなかった。それは『国定説』の弱点を暴露する。通貨政策は貨幣価値政策であり，したがって貨幣の購買力について何事をも述べ得ない理論は通貨政策上の問題を闡明にするに適しない。クナップと彼の門弟は法律命令を数え立てるが，その主旨(モチーフ)と効果については何事も言い得ない。通貨政策上の諸党派が存在したことには，言及されていない。彼等は複本位主義者，インフレーション主義者，制限主義者について何も知らないか，末梢的なことを知るのみである。彼等によれば，金本位に賛成したのは『金属主義的迷信』からであり，金本位に反対する者は

## 第9章 貨幣理論の分類

『偏見』にとらわれぬ人であった。商品価格と労銀，生産および流通に対する貨幣制度の影響に言及することは，すべて極めて神経質に避けられた。貨幣本位と外国貿易との関係，この通貨政策に大なる役割を演じた問題は触れられさえしなかった，そして『確定相場』に関する二，三の記述がすべてでである。これまで通貨史のこれより見すぼらしい，無内容な叙述は決して存在したことがなかったのである。

世界大戦によって通貨政策的問題は再び大なる重要性を獲得した。今や『国定説』は通貨政策上の時事問題についても，何ものかを発言すべきことを余儀なくされているのを感じる。国定説がそれについて過去の通貨問題以上のことを述べ得ないことは社会政策協会によって出版された『ドイツ帝国とその同盟諸国との経済的接近』に関する研究の第1部中のクナップの論文『ドイツ・オーストリア関税同盟における通貨問題』がこれを示している。この論文についての意見はほとんど分れる余地がないであろう。

貨幣政策の問題を取扱い始めるや否や，名目主義的貨幣論がいかに不合理な結果に達せざるを得ないかは，クナップの支持者の一人たるベンディクセンの所説がこれを示している。ベンディクセンはドイツの通貨が戦時中外国で価値低落せる事情を目して，『有利な相場で外国有価証券を売却することを我々に可能にするから，ある程度望ましくさえある』となしている[1]。この途方もない主張は，名目主義的立場からすれば全く論理的必然なのである。

1) Bendixen, Währungspolitik und Geldtheorie im Lichte des Weltkriegs, München und Leipzig 1916, S. 37 (2 Aufl, 1919, S. 44).

のみならずベンディクセンは貨幣国定説の支持者であるばかりでなく，同時に，貨幣を指図証券と認める学説をも代表する。非流通論的見解は相互に全く気ままに結合せしめられている。かくてデューリングは——更に彼は貴金属貨幣を『天の配剤』と認める——指図証券説の代表者であるが，反対に名目主義を否認している。

## 第2部　貨幣価値について

1) Dühring, Cursus der National-und Sozialökonomie, 3 Aufl. Leipzig 1892, S. 42 ff. 401.

　国定説が1914年以来の通貨史上の出来事によって否定されたという主張は，国定説が『事実』によって否定されたという意味に決して理解されてはならない。事実そのものは論証することも否定することもできぬ，肝要なのは事実にいかなる解釈を与え得るかということのみである。理論はいやしくも全く不充分に熟考され仕上げられているものではない限り，ただ一瞥した所に過ぎぬとしても，そしてすべて怜悧な頭脳を持つ人には全く不満足であるにしても，あらゆる『事実』を説明し得るようにそれを形作ることは，最早必ずしも困難ではない。経験的現実主義的学派の素朴な学術理論が想像するように，事実をしてのみ語らせれば，思考を省き得るということはないのである。事実は語らない，それは理論の光によって吟味されることを望むのである。

　貨幣国定説の無力は——一般にあらゆる非流通論的貨幣論のそれと同じく——事実にだけあるのではなくして，それが事実を説明しようと試みることすらなし得ない点にある。1914年以来の貨幣政策が我々に課したあらゆる大問題に対し，貨幣国定説の支持者は沈黙を守った。彼等はこの時代にもなお，たゆまざる活動によって浩瀚な書物を公にしたが，今日我々の関心の的である問題に対しては，何も述べることができなかった。また貨幣価値の問題を意識して否認する彼等は，それのみが貨幣制度において重要である価値および価格問題に対し，一体何をいうことができたであろうか？　彼等の奇妙な術語をもってしては，世界を今日動かしつつある問題を批判することにおいて一歩たりとも前進しない。クナップはこの問題が『実務家 (Ökonomisten)』によってのみ解かれねばならぬという意見であり，彼の理論がこの事について何も述べ得ないことを認めている。しかし『国定説』が我々に重要と思われる問題の闡明に資する所がないならば，それはそもそも何に役立つのであろうか？　国定説は決して悪い貨幣理論ではないが，それは全く貨幣理論ではないのである。

## 第9章　貨幣理論の分類

1) Palyi, Der Streit um die staatliche Theorie des Geldes, München und Leipzig 1922, S. 88 ff. をも参照。
2) Knapp, Staatliche Theorie des Geldes, 3. Aufl., 1921, S. 445 ff.
3) もし誰かが国定説を仮に法律学的理論と考えるとすれば，彼は法律学的貨幣論が何をなすべきかを知らないのである。債務法に関する著書をどれかひもといて，その『貨幣』なる章にいかなる問題が取扱われているか見るがよい。

　ドイツ貨幣制度の崩壊の責は大部分『国定説』に帰せられるが，それは決してクナップがインフレーション政策を直接勧告したという意味ではない。もちろん彼はそんなことをしない。それにもかかわらず，貨幣量について全く言及せず貨幣と価格の関連を述べず，国家の通用力賦与 (Begültigung) を貨幣で唯一つ本質的なものと断ずる理論は，直ちに，貨幣創造の『権利』を国家が余す所なく利用する結果となる。彼等が紙幣を繰返し繰返し流通に注入することを，もしそれによって価格が影響されないならば——なぜならあらゆる価格騰貴は『攪乱された貿易関係』と『国内市場の攪乱』から説明され，決して貨幣の側から説明され得るのではないから——，一体何が政府をしてそうすることを妨げることになったであろうか？　クナップは過去の世代の教会法学者や宮廷法学者のように，裁定的価値を論ずる程不注意ではない。それにもかかわらず彼の理論は同一の結論に達する。

　クナップは，感激して彼の味方となった人々のある者のように，政府に奉仕するお雇い書記では確かになかった。彼は彼の述べたすべてのことを，心からなる真の確信から述べたのである。そのことは彼の性格の印象には有益であるが，その理論には全く関係がない。

　クナップの学説について，それは国家主義の貨幣論であるとすら言い得ない。国家主義の貨幣論は支払差額説であり，クナップは『本位相互間の相場の汎軸的発生 (pantopolischen Entstehung des intervalutarischen Kurses)』について論ずることによって，それにちょっと言及するにとどまっている。支払差額説は根拠なきものであるにしても，ともかく流通論的貨幣価値理論である。しかしそれ

— 259 —

第2部　貨幣価値について

はクナップよりはるか以前に存在し，貨幣の対内価値および対外価値なるその区別と共に，国家主義者（例えばレキシス）によってすでにずっと以前に述べられていた。クナップと彼の学派はその形成に何ら資する所がなかったのである。

1) クナップ，前掲書206頁，214頁。
2) レキシス，『国家学辞典』(3. Aufl., VI Bd., S 987 ff) 中の『紙幣』の項。

だが国家主義的学派は，貨幣国定説がドイツ，オーストリア，ロシアにおいて容易にそして速やかに支配的学説となり得たことに対して責任がある。それは流通論すなわち交換および価格の理論を無用のものとして，社会経済学の取扱うべき問題の範囲から抹殺し，社会生活のあらゆる現象を，君主と他の権力者との権力闘争の発現としてのみ主張しようと試みた。ついには貨幣を他の何物でもなくして権力の創造物として表現しようと試みても，それは国家主義的学派の理論の論理的発展に過ぎない。より新しい世代の国家主義者は，経済学では何が問題であるかをすらほとんど知らなかったから，クナップの不完全な論述を貨幣論と思い込むに至ったのである。

3　貨幣を指図証券と名付けるなら，それは畢竟異論の余地なき比論 (Analogie) というべきであろう。この比較は，あらゆる他のそれと同じく，不完全なものであるにしても，貨幣の本質を具体的に理解することを，多くの者に容易にすることがあるかもしれない。もちろん，事を明白にすることには，比論は決して役立ち得ない，かつ貨幣の指図証券説を論ずることははなはだしき誇張であった，なぜなら比論を単に証明するだけでは，幾分なりとも条理ある論拠をもって主張し得る何らかの貨幣価値理論へ達する道はなかったからである。『指図証券』比論からして貨幣価値論に手を着ける唯一の可能性は，指図証券を制限された空間の『入場券』の如きものと解し，入場券発行が増加すれば各入場券の所有者に支配される空間がそれに応じて減少するということであった。しかしこの思考過程の危険な点は，この比喩から出発すれば，必ずや全貨幣量

## 第9章 貨幣理論の分類

と全商品量の対応に達せざるを得ないこと，しかしてそれはそのよるべからざること贅言を要しない最古にして最も原始的な数量説の一つのいう所と異ならぬことであった。

かくして指図証券比論は貨幣論の叙述中にあわれむべき生存を長らえていたが，そこでは人々が考えた如く，一般に理解し易い表現手段として以上の意味をかち得ることはなかった。その不明瞭な所論を指図証券と呼ばれることを喜んだベンディクセンの著作においてすら，指図証券の観念には余り大なる意味が認められていない。極めて最近に至り，シュムペーターによって指図証券比論から出発し真の貨幣価値理論に達せんとする，すなわち流通論的指図証券説を完成せんとする独創的な試みが企てられた。

指図証券から出発して貨幣価値理論を構成せんとするすべての試みが予期せねばならぬ根本的困難は，入場券の比喩において入場券の総数に対し，支配される総空間が対立するように，貨幣量に他の総体を対立させねばならぬことである。かかる対立は，貨幣を指図証券と認め，その特殊性はそれが一定の物体ではなくして財貨量に対する分け前で表示される点に存するとする理論にとって，必然的である。シュムペーターは，ヴィーザーが初めて展開した思考過程を完成して，貨幣量から出発せずにすべての貨幣所得の総額から出発し，それに対してすべての享楽財の価格総額を対立させることによって，この困難を回避せんとする。このように対立させることは，もし貨幣が享楽財を買うこと以外の用途を持たぬとすれば，根拠あるものであるかもしれない。しかしこの前提は直ちに明らかな如く，全く不当である。貨幣は享楽財に対立するばかりでなく生産財にも対立し，かつ特に重要なことは，貨幣は生産財の享楽財に対する交換に役立つばかりでなく，はるかにしばしば生産財の生産財に対する売買にも役立つことである。かくしてシュムペーターは貨幣として流通するものの大部分を簡単に考察から除外することによってのみ，その理論を維持し得ることになる。彼は言う，商品に対しては，貨幣量のうち流通する部分のみが実際

## 第2部 貨幣価値について

に対立する。この部分のみが所得額に対する直接の関係を保ち，それのみが貨幣の根本機能を果たす。それ故『我々に関係のある流通貨幣量から』なかんずく次のものが除外されねばならない。

1. 退　蔵　金
2. 『活動していない (unbeschäftigt) が使用を待つ額』
3. 現金準備，それは『経済主体が予期せざる要求に備えるため，それ以下に現金保有高を決して減少させない』額の意味に解せられねばならない。

しかしこれらの額を除外してもまだ充分ではなく，なお一層進まねばならぬ，けだし『所得総額の理論』は全流通貨幣量とすら関係がないからである。『所得分配物 (Einkommensträger) の諸市場，すなわち土地，抵当，証券市場等に流通する額もすべて除外』されねばならぬと。

1) Schumpeter, Das Sozialprodukt und die Rechenpfennige, (Archiv für Sozialwissenschaft und Sozialpolitik, 44. Bd.) S. 635, 647 f.
2) 同書 665 頁および次頁。

この制限によってシュムペーターは彼の信ずるような，流通領域に活動する貨幣の統計的把握が不可能であることを立証したばかりでなく，彼自身の理論の根底を失わせたのである。退蔵金，活動していない額および現金準備と，爾余の貨幣量との区別に関し述べられているものについては，すでに前の箇所で言及された。『活動していないが使用を待つ額』について論ずることは許し難い。厳密に解すれば——そして理論はすべてのものを厳密に解さねばならぬ——丁度その瞬間に所有者を変えつつあるのではない一切の貨幣は使用を待つのである。それにもかかわらず，それを『活動していない』と呼ぶことは依然として正鵠を欠くであろう，けだしそれは現金保有高の構成部分として貨幣需要に役立ち，したがって，典型的な貨幣職能を果たすからである。今シュムペーターが所得分配物の市場に流通する額をも除外しようとするならば，それでは一体何が残るかと問わざるを得ない。シュムペーターは，幾分なりとも彼自身

## 第9章　貨幣理論の分類

の理論を根拠あるように見せるためには，自己の理論を冒瀆せねばならぬ。彼の理論は我々によって主張される見解，全貨幣需要すなわち現金保有に対する経済主体の全欲望に全貨幣存在量を対応させる見解とは，比較され得ない，けだし彼の理論は全問題の全く一小部分をのみ説明しようとするに過ぎないからである。有用なる理論は，我々に示される全問題を解決せんと努力するものであらねばならぬ。シュムペーターの理論は恣意的に貨幣存在量と貨幣需要とを分裂させ，かくしてしからざる場合には行い得ない対立を行おうとする。シュムペーターは全貨幣量が三つの領域，流通領域，退蔵金と準備金の領域および資本領域とに分配されることから出発するが，もし彼が完全な貨幣理論を与えようと欲するのであれば，所得総額と享楽財総額との対立によって流通領域に対し行う対立を，二つの他の領域に対しても行わねばならぬであろう，なぜならこの二つの領域も貨幣価値の形成に対し無意味のものではないからである。退蔵金と準備金——この不正確な区別をそのままにしておくが——もしくは資本領域に必要な，あるいはそれに供せられる貨幣量の変動は，流通領域における変動と全く同様，貨幣価値形成に影響を及ぼす。完全であらんと欲する貨幣価値理論は，退蔵金と準備金の領域ならびに資本領域における現象による貨幣価値の影響をも，説明することを放棄してはならぬ。

1）　上述147頁以下。

かくして我々はシュムペーターも指図証券説から完全な流通論的貨幣理論を樹立することができなかったことを知る。指図証券説を流通論的貨幣理論たらしめようと試みるに当たって，彼が問題をはなはだしく制限せざるを得なかったことは，包括的な貨幣論が指図証券比論の上には構成され得ないことを端的に示している。シュムペーターがその他の点について彼の卓越せる論述において到達する結果は，他の方法および他の手段をもって流通論的貨幣論により発見されたものと本質的に異ならぬこと，そのことはシュムペーターがその結果をまさしく貨幣理論のうちにすでに見出し，したがってそれを受継ぐことがで

## 第2部 貨幣価値について

きたことにのみ帰せられねばならない。彼自身が提供し得る断片的な貨幣理論からは，かかる結果は決して生じないのである。

**4** 最早，名目主義的貨幣論に対する論難を継続する必要はない。理論経済学にはそれは久しき以前に果たされたのである。それにもかかわらず，名目主義をめぐる論争は訂正を要すべき学説史的誤謬を育成した。

まず第一に『金属主義』なる用語の使用がある。『金属主義』なる用語はクナップに始まる。『重量純分から出発し，打印を目してこの技術的性質の認証とのみ解する著述家』をクナップは金属主義者と名付ける。『金属主義者は価値単位を一定の金属量と定義する』[1]。クナップによって与えられたこの金属主義の定義は全く不明瞭である。価値単位を金属量と考えた挙げるに足る著述家が恐らく存在しなかったであろうことは，よく人の知る所である。いうまでもなく名目主義的貨幣理論を除いてクナップ程価値観念の説明に寡欲な学派はなかった，けだし彼にとって，価値単位は『支払の大きさが表現される単位に外ならぬ』[2]からである。

1) クナップ，前掲 Staatliche Theorie des Geldes 281頁。Die Beziehungen Österreichs zur staatlichen Theorie des Geldes, (Zeitschrift für Volkswirtschaft usw. XVII. Bd) S. 440.
2) クナップ，前掲 Staatliche Theorie 6頁および次頁。

クナップが金属主義という言葉によって何を考えるかは，彼がどこにもそれを明確に述べていないにせよ，もちろん認めるに難くない。金属主義は彼にとって，名目主義的ではない一切の貨幣理論であり[1]，しかも彼は名目主義の教義(ドグマ)を明確に公式化しているから，それによって彼が金属主義をいかなる意味に解するかは全く明瞭である。非名目主義的貨幣理論が単一の現象でないこと，その中には流通論的のものと非流通論なものとが存在すること，この集団の各々は更に種々なる相対立する意見に分れること，これらのことを彼は知らないかもしくは故意に無視している。彼にはあらゆる非名目主義的貨幣理論は一体で

— 264 —

## 第9章 貨幣理論の分類

ある。貨幣を『それ自身，価値ある物質と認める貨幣論以外の貨幣論の存在を彼が知ることを示唆するものは，彼の著作のどこにも見当たらない。経済学上の価値論，しかも一定のそれではなく一切の価値論の存在についても，彼は少しも注意していない。彼が論難するのは，常に，名目主義に対立する唯一のものであると彼が信ずる彼のみに知られた貨幣理論に対してだけであり，これを彼は金属主義と名付けるのである。それ故彼の論難は無益である。なぜならそれは経済学があらゆる他の非流通論したがってまた名目主義と共に，打倒してすでに年久しい非流通論的学説にのみ，常に向けられているからである。

1) 『すべて我国の経済学者は金属主義者である。』Knapp, Über die Theorien des Geldwesens, (Jahrbuch für Gesetzgebung usw. XXXIII, Jahrgang), S. 432.

いかなる著述家も論難するに当たって自己に制限を課さねばならぬ。議論の多い領域において，あらゆる反対の見解を論駁することは不可能である。自己の見解に対し最も危険であると考える最も重要な，典型的な反対意見を選び出す必要がある，そして他のものは黙過する。クナップは，経済学の国家主義的見解に呪縛されて非流通論的貨幣論をのみ——しかもその中でも彼により金属主義的と呼ばれるものをのみ——知るに過ぎぬ現代ドイツの公衆を目標に書いている。彼が公衆の間に得た成功は，彼がその批判を文献にほとんど主張されぬこの見解にのみ向け，それに反しボーダン，ロウ，ヒューム，シニオアー，ジェヴォンス，メンガー，ワルラスおよびすべて他の者を無視したことが正しかったことを示している。

クナップは科学が貨幣に関し述べるものを確かめようとは全く企てない。彼は『教養ある人間が貨幣の本質についてたずねられる時，何を考えるかを』問うに過ぎぬ。次いで『教養ある人間』それ故恐らくは素人の見解に対し，彼は論難の矛先を向ける。そうする権利を誰も彼に否認はしないであろう。しかしやがて後から教養ある人間のその見解を，科学的経済学の見解であると主張することは許せない。しかるにクナップは，アダム・スミスとダヴィッド・リカ

— 265 —

## 第2部　貨幣価値について

ルドの貨幣論を『全く金属主義的』と呼び，『そこでは価値単位（ポンドスターリング）が金属の重量として定義し得ることが教えられている』と附言することにより，正にそのことをやってのけている。クナップのこの主張に対していい得る最も寛大な言は，それが全く事実無根だということである。この主張はスミスおよびリカルドの価値理論上の観念とは峻厳に対立するものであり，彼等の著作のどれによっても全く支持されない。古典学者の価値論とその貨幣理論を少しでも知る者は，クナップがこの場合理解に苦しむ誤謬を犯したことを，直ちに認めるに違いない。

1) Knapp, Die Währungsfrage vom Staat aus betrachtet, (Jahrbuch für Gesetzgebung usw. XXXXI. Jahrgang), S. 1528.
2) クナップ，前掲 Über die Theorien des Geldwesens 430頁。

しかし古典学者は『紙幣』について『憤激』しか表わし得なかったという意味でも『金属主義者』ではない。アダム・スミスは空前絶後といってよい程，『金銀貨幣の代わりに紙幣を代用すること (substitution of paper in the room of gold and silver money)』によって国民経済に与えられる利益を説明した。しかして1816年に刊行された『経済的にして安全なる通貨の提議 (Proposals for an Economical and Secure Currency)』なる著作でこの見解を掘り下げ，貴金属貨幣が国内の現実的流通から全く取除かれる貨幣組織を提議したのは，リカルドに外ならなかった。リカルドの計画に基づいて，前世紀末最初にイギリス領インドに，次いで海峡植民地，フィリピン，最後にオーストリア・ハンガリーに，今日金為替本位（金核本位）と呼ばれるのが常である貨幣制度が，創設されたのである。クナップおよび彼と共に『近代的貨幣理論』に夢中になる人々は，もしこの関連を顧慮していたならば，1900年ないし1911年にオーストリア・ハンガリーによって，遵守された政策を批判するに当たり彼等が犯した誤謬を，容易に避けることができたであろう。

1) 前註書432頁。

## 第9章 貨幣理論の分類

2) 更に321～2頁を参照せよ。
3) リカルドの上に挙げた著作から,次の箇所をのみ引用しよう。『調節よろしきを得た紙幣は極めて大なる商業上の改善であるから,もし偏見が我々をして有用性の少ない制度へ復帰させるならば,はなはだ遺憾である。貨幣目的に貴金属を採用することは,実際,商業の改良と文明化された生活への最も重要な措置の一つと認めてよい。しかし知識と科学の進歩と共に,開化されること少なかった時期にそれにあてられることが極めて有利であった用途から,貴金属を再び駆逐することがもう一つの改善であることを我々が発見することは,同様に真実である。』(Works, Second edition, London 1852, S. 404) リカルドの『金属主義的な憤激』は実際はかくの如きものである。

**5** クナップの学説史的誤謬は遺憾にも他の著述家達にすでに受入れられてしまった。この出発点をなしたものは,クナップの理論をできるだけ好意的に解釈せんとする傾向,すなわちその弱点を穏やかに批判し,できるならそれに何らかの方向の功績を認めようとする傾向である。だがもちろんそのことは,国定説のなかに絶対に見出されぬ物をそれに挿入することなくしては,否,国定説の思考過程と文意に全く矛盾し,他面クナップの学説史的誤謬を受継ぐことなしには不可能であった。

そこではまず第一にヴィーザーの名が挙げられねばならない。ヴィーザーは二つの貨幣理論を相対立させる。『金属主義者にとっては,貨幣はそれ自ら,その素材から,独立の価値を持つ,近代学派にとっては,貨幣の価値は交換対象の価値,商品の価値から派生する。』他の箇所でヴィーザーは更に次の如く詳述している。『貨幣素材の価値は二つの異なる源泉から融合する。それは貨幣素材が多様な工業的用途――装飾用,什器用,あらゆる種類の技術的用途――によって得る使用価値と貨幣が価格支払の手段として得る交換価値とから構成される……鋳貨が交換手段としてなす職能の作用と,貨幣がその工業的用途によってなす作用とは,価値の共通的評価となって融合する……我々は二つの職能の各々は他方が脱落しても引続き存続し得る程独立的であると主張することが……できる。万一金を鋳造することを止めても,金の使用職能が廃止され

— 267 —

## 第2部　貨幣価値について

ないのと全く同様に，一切の金を鋳造目的に独占するために，国家がその工業的使用を禁じようとすることによって，その貨幣職能は廃止されることはないであろう……支配的な金属主義的見解は異なった判断を下す。それにとっては，貨幣の素材価値は貨幣素材の使用価値と同意義であり，それは工業的用途なる一つの源泉を持つに過ぎず，そしてもし貨幣の交換価値が素材価値と一致するならば，その交換価値は単に素材の使用価値を再現するものに過ぎない。支配的な金属主義的見解によれば，価値なき素材から作られた貨幣は考え得られない。けだし貨幣は，――と人はいう――，それがその素材によって自ら価値を持つのでなかったならば，商品の価値を測り得なかったであろうからである。』[2]

1) ヴィーザー，前掲 Über die Messung der Veränderungen des Geldwerts. 542頁。
2) Wieser, Theorie der gesellschaftlichen Wirtschaft, (Grundriß der Sozialökonomik), I Abteilung, Tübingen 1914. S. 316.

ヴィーザーはここに近代的および金属主義的という二つの貨幣価値理論を相対立させる。彼が近代的と呼ぶ理論は，価値を効用に帰するあらゆる価値理論から論理的に生ずる貨幣理論である。ところが効用理論は最近数十年に初めて科学的に形成されたものであり（それに貢献したことはヴィーザーの大なる功績の一つである），それは今日疑いもなく支配的な（金属主義的学説を支配的と呼ぶヴィーザーとは反対ながら，このことは明確に理解されねばならぬ）学説と見なされ得るから，それに基づく貨幣価値理論を特に近代的見解と呼ぶことは恐らく許し得べきことであろう。しかし主観的価値論が過去に長い歴史を閲するが如く，主観的価値論に相応せる貨幣価値理論も，すでに200年以上の歴史を持つことを忘れてはならぬ。かくして例えばすでに1705年にジョン・ロウは貨幣と貿易なる著作において，それを古典的な形で表現した。ロウの所論をヴィーザーのそれと比べる者は，根本的見解の一致を確認し得るであろう。[1]

1) 88頁に引用せる箇所参照。

しかしヴィーザーがここで近代的と呼ぶこの学説は，決してクナップの学説

## 第9章　貨幣理論の分類

ではない，クナップにおいてはそれは全く示唆されてもいない。近代的学説は貨幣価値の問題を無視するクナップの名目主義とは，それもまた『金属主義的』でないということ以外には共通点を持たぬのである。

ヴィーザーも彼の理論がクナップのそれと何の関係もないことを，全く明らかに理解している。しかし遺憾にも彼は，『支配的な金属主義的見解』にとっては『貨幣の素材価値が貨幣素材の使用価値と同意義である』という意見を，クナップから受継いでいる。そこに幾つかの重要な学説史的誤謬が直ちにまぎれ込む。

まず第一に，ヴィーザーは金属主義なる言葉をクナップとは幾分異なった意味に使っていることが明らかに理解されねばならぬ。ヴィーザーは『近代的な』貨幣価値理論を『金属主義的』なそれに対立させ，彼がそれをいかなる意味に使うかを詳細に説明する。それによれば二つの見解は相対立し，一方は他方を排斥する。しかるにクナップは，ヴィーザーが近代的と名付ける学説を，同様に金属主義的であると見なしている。そうであることを示すことは，難しいことではないのである。

クナップは彼の主著において，貨幣問題を取扱った著述家の名前を全く挙げず，またそれについて論ずる著書もそこに引用していない。どこででも彼の論難は，豊富な貨幣上の文献において普通な思惟過程の一つに対して向けられているのではない。彼は常に，彼が貨幣に関する一般的見解と主張する所の『金属主義』に向かってのみ闘いをいどむのである。だが序文で彼は二人の著述家ヘルマンとクニースとを明確に金属主義者と呼んでいる。[1]しかるにヘルマンもクニースも，ヴィーザーによって述べられた『近代的な』学説を信奉する。それは格別奇妙に思われることではない，けだし両者は主観的価値論の根底に立ち，[2]それからして，貴金属の使用価値の根源を貨幣個片と『他の (anderweitig)』使用との二重の用途に認める所の貨幣価値に関する学説が，論理的に生ずるからである。[3]ヴィーザーとクニースとの間には，貨幣機能に対する『他の』使用の

— 269 —

## 第2部　貨幣価値について

脱落の可能性の反応が問題となる限りでのみ，差異が生ずるに過ぎない。だがクナップがその点に決定的な特徴を認めたということはあり得ない，さもなければ彼はそれについて何らか言及したに違いないからである。しかし彼は他の貨幣価値問題についてと同じく，それについても言う所を知らないのである。

1) クナップ, Staatliche Theorie 第1版, VおよびⅦ頁。
2) Zuckerkandl, Zur Theorie des Preises mit besonderer Berücksichtigung der geschichtlichen Entwicklung der Lehre, Leipzig 1899, S. 98, 115 f.
3) Hermann, Staatswirtschaftliche Untersuchungen, 2. Aufl., München 1870, S. 444; Knies, Das Geld, 2. Aufl., Berlin 1885, S. 324.

クナップと彼の学派が描く『金属主義者』は，必ずしも経済学者のなかに探すことを要しない。クナップはなぜ，彼が『金属主義者』なる勝手に作り上げたポンチ絵に対してのみ論難し，その『金属主義者』の口から出たという意見の典拠を挙げることを用意周到になさないかを，極めてよく知っている。クナップの着目する『金属主義者』は正しくクナップその人以外の誰でもない，それは『国定説』を書いたクナップではなくして，彼自身が言う如く，『あらゆる理論を無視して』貨幣制度の『実用性』について講義したクナップであり，経済学における歴史主義の旗手として経済学上の問題の研究は古い行政文書の公表によって代えられ得ると考えたクナップである。もしクナップにしてひどく侮辱された『理論家』の労作を高慢に見ること少なく，彼等の労作を研究することを軽蔑しなかったならば，彼等の考えについて全く誤れる意見を懐いたことを見出したであろう。そのことは，クナップの支持者達についても真理である。彼等の指導者たるベンディクセンは，のみならず彼が以前には金属主義者であったことを明らさまに認めている。

1) クナップ, 前掲 Staatliche Theorie Ⅴ頁。
2) ベンディクセン, 前掲書134頁。

ヴィーザーと共に，貨幣素材の価値が工業的用途にのみ基づくという学説を

## 第9章　貨幣理論の分類

支配的なものと呼ぶことは，決して当を得たものではない。クニースによって否認される貨幣観を，支配的なものと見なすことが許されるであろうか？[1] 近代的理論の成果に基づく限り全貨幣文献が，ヴィーザーのいう意味でも『金属主義的』でないことは，のみならずあらゆる他の流通論的貨幣理論がそうでないのと同じく，全く論議の余地がない。

1) アドルフ・ワグナーは1909年に刊行された Sozialökonomischen Theorie des Geldes und Geldwesens（前掲書112頁）の中で，クニースの著書を現在でもなお『ドイツの理論上の傑作』であると呼んでいる。

ヴィーザーはまさしく『金属主義』なる用語を受継ぐことにより，先進者の貨幣価値理論を見当違いに判断するに至ったのである。彼自身はそれに気付かなかった，何故なら彼は上に引用せる論述を次の如き言葉によって補っているからである。『支配的学説は……貨幣の交換価値に関する独自の理論を展開することにより，みずからに不忠実となる。もし貨幣価値が常に貨幣素材の使用価値によって拘束されるとすれば，貨幣需要，流通速度もしくは信用代用物の数量等の事実は，なおいかなる影響を及ぼし得るであろうか？[1]』この外見上の矛盾の解決は，ヴィーザーが支配的な金属主義的学説と呼ぶものと，『貨幣の交換価値に関する独自の理論を展開する』流通論的貨幣理論との間に，極めて劇烈な対立が存する事実に求められねばならない。

1) ヴィーザー，前掲 Theorie der gesellschaftlichen Wirtschaft. 317頁。

ヴィーザーと同じくフィリポヴィッチも二つの貨幣価値理論，名目主義的な（アダム・ミューラー，クナップその他によって代表される理論，フィリポヴィッチはアドルフ・ワグナーをもこのグループに数える）と名目主義的見解を否認する理論とを相対立させ，この第2説の代表者として，私の『貨幣および流通手段の理論』をのみ挙げる。彼はそれに評語を加えて曰く，貨幣価値を討究するに当たり，物品貨幣の価値はそれが一般的交換手段としての機能に基づく限りでのみ，貨幣価値理論に関係があることを私が認むべきであったと[1]。フィリポヴィッチは

## 第2部　貨幣価値について

クナップの学説史的意見に従うことによって，この場合ヴィーザーと同じ誤謬に陥っている。

1) Philippovich, Grundriß der politischen Ökonomie, I. Bd., (11. Aufl), Tübingen 1916, S. 275.

しかしヴィーザーが貨幣の表券理論および名目理論をしりぞけるのに反し，フィリポヴィッチはその賛成者であることを承認するが，それにもかかわらずそれに流通論的見解と名目主義的見解との差異を全く抹消する特殊な内容を与えている。彼は一方では次の如く断言する，『鋳貨単位（貨幣単位）の本質は，価値単位としてのその名目的通用力である。』他方ではまた，『貨幣単位（鋳貨単位）は実際には貴金属のこの技術的に定められた量ではなくして，その購買（支払）力である。』[1] この二つの命題は両立し難い。前者は先に我々がクナップの定義として見たものであり，第二のものはあらゆる流通論的理論の出発点である。我々はこれ以上尖鋭な対立をほとんど考えることができぬ。

1) 前註。

購買力と貨幣単位とを同一視することはクナップの見解を表わすものでなく，むしろそれに全く反することが彼の著作の多数の箇所から明白に知られる。[1] 貨幣価値について，貨幣の購買力について論じない点に，正に名目主義の——一般にあらゆる非流通論的理論の——特徴がある。フィリポヴィッチによって立てられたかの二つの命題がいかに相いれざるものであるかは，容易に示すことができる。クナップがマルクを定義して『マルクはその前の価値単位たるターレルの3分の1である』と言う時には，彼は彼の理論の意味では形式的に正しい。[2] この定義はいかに無価値であるにしても，それ自身には矛盾を蔵しない。それに反しフィリポヴィッチが次の如く断ずる時には異なる。『1ターレルの3分の1たる銀マルクは，これまでそれによって計算が行われ，かつ経済する人の経験によれば一定の購買力を表示する所の貨幣単位であった。この購買力は新しい貨幣素材によって作られた鋳貨単位に，維持さるべきである，すなわ

## 第9章　貨幣理論の分類

ち金貨としてのマルクは，以前銀マルクに代表されたと同様の価値量を代表すべきである。それ故鋳貨単位の技術的固定は，貨幣の価値単位の維持なる目的を持つ。』これらの命題は先に引用せるものと結合して，単に，ドイツ貨幣制度の改革がターレルの歴史的に伝承された購買力の固定を意図したという意義をのみ，明らかにするにとどまる。しかしそれは多分フィリポヴィッチの意見ではあり得ないであろう。

1) 特に社会政策協会の論文中 (132. Bd., S. 560 ff) のクナップの言葉，更に Erläuterungen zur staatlichen Theorie des Geldes (Jahrbuch für Gesetzgebung usw., XXX. Jahrgang), S. 1695 ff. を参照。
2) クナップ，国家学辞典中の『貨幣理論，固定の一』の項。第3版，第4巻，611頁。
3) フィリポヴィッチ前掲。

フィリポヴィッチはクナップからなおもう一つ別の学説史的誤謬を受継いでいる，すなわち『流通論的貨幣論は，国定強制紙幣の実例を充分に持つ現実』を看過するということである。流通論者のどの著作をとってみても——フィリポヴィッチがかの箇所でそれにのみ言及している私の『理論』も——反対のことを証明する。流通論者が国定強制紙幣の問題を満足の行くように解き得なかったと——それについても議論の余地が無いとはいえないが——主張することはできるが，彼等がその存在を看過したと断ずることは許されない。このことを明確にすることは，多くのクナップの支持者が流通論的貨幣理論は戦時の紙幣経済によって否定されたと，あたかもリカルド以来あらゆる貨幣理論がこの問題を取扱わなかったかの如く考えるが故に，特に重要である。

1) フィリポヴィッチ，前掲書272頁以下。

古典経済学者および同時代の経済学者の貨幣理論観に関するクナップの誤謬は，ヴィーザー，フィリポヴィッチの如き二人の卓越せる，経済学の歴史および文献の精通者に受け入れられたのであるから，貨幣問題に関するドイツの論者の多数が今日学説史的にもっぱらクナップを基として立場を固めても，それ

第2部　貨幣価値について

は驚くに当たらないのである。

**6**　一著述家は金属主義的理論を通貨主義と同一視し，かつ表券理論を『古き銀行主義の変種』と呼んでいる[1]。また他の著述家は次のようにいう『通貨学派の理論は，それが金属貨幣と紙幣を同列に置くことに基づく限り，ある程度の正当さをもって経済的名目主義と呼ぶ』ことができると[2]。両者は共に誤りである。流通手段理論上の有名な両学派の対立を成すものは，全く異なる領域にある[3]。両学派の取扱った問題は，クナップもまた彼の賛成者もかつて気付いたことすらなく，いわんや解決しようと試みたことはなかった。

クナップの名目主義と偶然なそして比較的緊密ならざる関連にのみあるベンディクセンの貨幣創造説は，もちろん銀行主義の粗雑なそして極めて素朴な変種に外ならない。人々が永年の間ベンディクセンの学説を新しきものと見，それが数十年来ドイツに有力であった学説と精々表現形式を異にするに過ぎないことに全く気付かなかったことは，ドイツの経済学理論の衰徴の特に著しい徴候である。

1) Lansburgh, Die Kriegskostendeckung und ihre Quellen, Berlin 1915, S. 55 ff.
2) Bortkiewicz, Die Frage der Reform unserer Währung und die Knapp'sche Geldtheorie (Annalen für soziale Politik und Gesetzgebung VI, Bd., S. 98)
3) さらに 367 頁以下を参照。

# 第 3 部
# 流通手段とその貨幣に対する関係

# 第1章 銀 行 業 務

**1** 銀行業 (Banktätigkeit)——ドイツ語には英語の Banking の如く,本来の銀行業務経営を適切に表現する語形を欠く——は二つの異なる活動部門に分れる。他人の貨幣の貸与による信用の媒介と,流通手段すなわち貨幣によって準備されない銀行券および当座勘定の発行による信用供与がこれである。両業務部門は古来密接に関連する。それらは共通の歴史的地盤に生成したものであり,それ故我々は今日もなおその経営がしばしば単一の企業に結合されているのを見出す。この合一化は単に外面的なそして偶然な契機に帰せらるべきではなく,それは流通手段の特性と銀行業務の歴史的な発展過程に基礎づけられたのである。それにもかかわらず経済学的理論は銀行の両活動部門を厳格に区別せねばならぬ,なぜなら両者の各々を区別して観察することによってのみ,その本質と機能を認識し得るからである。在来の銀行理論の研究の不満足な結果は,まず第一に,両者間に存する根本的差異の顧慮が足りなかったことに帰することができる。

近代的銀行は本来の銀行業務の外に,なお一群のそれと多かれ少なかれゆるい関連にある他の業務部門を経営する。これに属するものとしては例えば両替業務があるが,中世の銀行制度の発端はそれを基礎に発展したものであり,ま

## 第3部 流通手段とその貨幣に対する関係

た銀行業の最も重要な一環たる為替手形はその発生を両替業務に負っている。欧州大陸の銀行は今日もなおこの業務部門を維持するが，しかし銀行以外に，銀行業務を営まない両替店がもっぱらこの業務とその外にも二，三の他の業務，例えば有価証券の売買に従事する。大ブリテンでは，両替業務は最早銀行もしくは銀行商会の業務範囲の一部とは見なされず，外国銀行の支店と旅行代理業者にゆだねられている，したがってイギリスの大銀行の窓口で外国貨幣と両替しようと試みても無駄である。

1) Jaffé, Das englische Bankwesen, 2. Aufl, Leipzig 1910, S. 144 f.

本来の銀行業務と関連し，銀行は更に，その顧客の一般的財産管理なる一群の機能を引受けた。銀行は有価証券を『証券管理 (offene Depots)』として保管管理し，利子および配当証券を期限別に分け，それに帰属する金額を取立てる。銀行は有価証券の抽選に注意し，利札の更新等を世話する。銀行は顧客に代わって取引所への註文を行い，また市場性のない証券の売買をも行う。銀行は金庫室を賃貸し，顧客が錠を下ろすことにより有価物の安全な保管に役立たせる。すべてこれらの業務は，個々の場合に全企業の収益性にとりいかに重要であり，またその国民経済的意義がいかに大であるにしても，我々が上に記した本来の銀行業務と内的な関連はない。

本来の銀行業を投機業務および創立業務と結び付ける紐帯も，外面的なそして弛緩せるものである。欧州大陸および合衆国において国民的生産に指導的地位を獲得した銀行の一般的国民経済的重要性は，今日信用供与に基づくよりはむしろ創立業務に基づいている。商工業に対する銀行の関係の変動と共に，経済組織に実現された変化の重要性は，容易に過重評価され過ぎることはないであろう。したがってそれを最近の経済史の最も重要な出来事と呼んでも，あながち誇張ではないであろう。だが貨幣と爾余の経済財との間に存する交換比率に対する銀行業の影響を観察することには——我々はそれにのみたずさわろうと思う——，その変化は全く意味を持たない。

## 第1章 銀 行 業 務

**2** 信用媒介者としての銀行の活動は，他人のすなわち借りられた貨幣の貸与によって特色づけられる。銀行商会および銀行は，貸付けんがために貨幣を借入れる，そしてそれらに支払われる利率とそれらが支払う利率との差異が——それはなお経営の費用によって削減されるが——利潤の源泉である。銀行業務は信用賦与者と信用受領者との間の媒介者である。他人の貨幣を貸付ける者のみが銀行であり，自己の資本を貸付けるに過ぎぬ者は，資本家であって銀行家ではない。[1] 我々は古典学派のこの見解を受継ぐが，それは術語上の論争の原因とはならぬと思う。我々はスミスおよびリカルド以来習慣的となった術語に違反すべきいわれはないと信ずるが，もし欲するならば，銀行業なる用語を拡張しもしくは制限すればよいであろう。しかし一つのことが必要である，すなわち他人の貨幣の貸与を本質とする銀行の活動を，あらゆる他の業務部門から截然と分かち，それを切離して観察の対象とせねばならぬことである。

1) Bagehot, Lombardstreet, Ausgabe London 1906, S. 21.

信用媒介者としての銀行の活動に対しては，能動的業務と受動的業務との間に有機的関連が作られんことを要求する金科玉条が適用される。銀行の供与する信用は，程度および種類において，銀行自身が要求する信用に相応せねばならぬ。より厳密に表現すれば，『銀行の支払うべき支払債務の期限は，それに相応する債権の実現の期限のこちら側であってはならない。』[1] この時にのみ銀行は支払不能の危険を避けることができる。もちろん危険は存続する。軽卒な信用供与はあらゆる他の商人と全く同様，銀行を破滅させるに違いない。それは銀行業務の法律的構成にも基礎づけられている，すなわち法的には能動的業務と受動的業務との間に関連がなく，したがって他人の貨幣を返還すべき義務は投資の運命によって影響されず，これが回収し得なくなっても存続する。しかし信用賦与者と信用受領者との間の媒介者として，銀行の出現を望ましきものたらしめるものは正にこの危険であり，それを引受けることによって，利益が生じ損失が生まれるのである。

### 第3部　流通手段とその貨幣に対する関係

1) クニース，前掲書第2巻第2部242頁，更に Weber, Depositen-und Spekulationsbanken, Leipzig 1902, S. 106 f.; Sayous, Les banques de depôt, les banques de crédit et les sociétés financières, Deuxième éd., Paris 1907, S. 219 ff.; ヤッフェ，前掲書203頁。

これが，ここで銀行業のこの部門について言うべきことの全部である。なぜなら貨幣とその理論に対しては，信用媒介者としての銀行の地位も，それが以下においてもっぱら論ぜられる流通手段の発行に影響を及ぼし得る限りでのみ，意味を持つものであるに過ぎないからである。

**3**　流通手段の本質を把握するためには，更にさかのぼる必要がある。

交換行為は直接交換に関すると間接交換に関するとを問わず，両当事者の給付が同時に行われるかもしくは両給付が時間的に分離するか，そのどちらかの方法で実行される。第一の場合に我々は現金取引を，第二の場合には信用取引を論ずるのが常である。信用取引は現在財の将来財に対する交換である。

信用取引は二つの集団に分かれるが，両者を分離することたるや，あらゆる信用理論なかんずく貨幣と信用の関係ならびに物財の貨幣価格に対する信用の影響のあらゆる研究の出発点をなさねばならぬものである。一方には，その給付が時間的に先行する当事者に，次の如き犠牲を課することが特徴たる信用取引がある，すなわち交換によって得た財に対する処分権を即座に獲得することを放棄するという犠牲，もしくは，次の表現法を好むならば，譲渡せる財に対する処分権を，それと交換に得た財を受取るまで放棄するという犠牲である。この犠牲には，他方の契約当事者のそれに相応する利得が対応する，すなわち交換によって獲得せる財に対する支配力をより早く得る，または同じことであるが，自己の給付を遅延することが許されるという利益である。両当事者はその履行給付の時間的差異から生ずる利害得失を，価値計算に当たって考慮に入れる。取引契約の交換比例には，個人の価値評価に対する時間的要素の重要性も表われるのである。

## 第1章 銀 行 業 務

　信用取引の第二の集団は，それにあっては以前に給付をなされる者の利得に，以前に給付する者の犠牲が対応しないということによって特徴づけられる。したがって，この種の取引の本質をも成す所の給付と反対給付との時間的差異は，一方の当事者の価値計算にのみ影響し，それに反し他の契約当事者はそれを無意味のものと見なしてよいのである。そのことは最初の瞬間には不可解であり，説明のつかぬものと思われ，したがって多くの経済理論がこの暗礁のために瓦壊した，だがこの取引行為において交換される財の特殊性を考慮すれば，その説明は難かしいことではない。第一の種類の信用取引では貨幣もしくは，それを支配することが快楽を，それを欠くことが不快を呼び起こす物財が，譲渡される。第二の集団の信用取引では，信用を供与する者によって，ある貨幣額の所有が一時断念されるが，この断念は，この場合実現されるある前提の下では，彼に幸福感の減少を課するものでない。何時でも支払われる債権の発行によって貸付を供与する可能性が債権者に与えられるならば，信用供与は彼にとり経済的犠牲を伴わない。もし我々が例えば銀行券発行等によって生ずる技術的費用を度外視すれば，彼はこの形式の信用をただで供与することができるであろう。彼が直ちに貨幣で支払われるか，それとも差当たっては，後に至って支払期日の到来する債権を得るに過ぎないかは，彼にとってどちらでもよいことである。[1]

1) Macleod, The Elements of Banking, New Impression, London 1904, S. 153.

　概念のあらゆる混乱を避けるために，信用取引の両集団に特別な称呼を選ぶことは，至当なことであろう。我々は第一の集団に物的信用 (Sachkredit) なる称呼を，第二のものには流通信用 (Zirkulationskredit) なる称呼を提議する。その用語は，それが特徴づくべき差異の本質を，必ずしも完全に表現するものでないことは認めねばならぬ。だが多かれ少なかれあらゆる技術的用語に対し提起され得るこの非難は，余り重要なものではない。この非難に対しては，全然至当な顧慮を受けなかった当該の差異に関し，これ以上よいそしてこれ以上適

## 第3部　流通手段とその貨幣に対する関係

切な称呼が使用されていないことを指示すれば充分である。いずれにしても流通信用なる用語は，時として使用される発行信用 (Emissionskredit) なる用語が銀行券発行の状態をのみ顧慮して選ばれたのに比すれば，誤謬の機因となることが少ないものである。のみならずこの術語上の論争に対してもまた，すべて同様な見解の相違に適用されること，すなわち問題なのは言葉ではなくして，その言葉によって意味しようとする所のものであるということが，明確に認められねばならない。

　流通信用の特色はもちろん国民経済学者の注目を免れなかった。我々は，銀行券および小切手使用の特殊性に論及することなくして，貨幣価値と信用の根本問題に対し態度を定めたような理論家を見出すことは難かしい。ある種の信用取引の特色のこの認識が，結果として物的信用と流通信用の区別を導くに至らなかったことは，恐らく我々の科学の歴史におけるある偶然な出来事に帰すべきであろう。通貨学派の個々の教義上および経済政策上の誤謬に対する闘争は19世紀の大部分の銀行および信用理論上の研究を占めているが，それは次の如き結果を伴った，すなわち銀行券と銀行的な信用供与の他の手段との同質性を証明し得るあらゆる要素が強調され，上にその特徴を挙げた信用の二つの集団の間に存する重要な差異——それを始めて認めたことは古典学派とその後継者たる通貨学派の不滅の功績である——が看過され勝ちであったということである。

　流通信用取引における個人の特殊な心理的態度は，流通信用の請求権があらゆる点において貨幣に代わって使用され得るという事情に，その原因を持つ。貨幣をもって買いもしくはそれを貸付け，債務を弁済しもしくは租税を納付するために貨幣を必要とする者は，貨幣請求権（銀行券もしくは当座勘定）をあらかじめ貨幣に変えることを強いられず，それを直接支払に使用することもできる。したがって個人にとって貨幣請求権は実際に貨幣代用物であり，それは貨幣と同じく貨幣職能を果たし，それは彼にとり現金 (ready money) すなわち現

## 第1章 銀行業務

在貨幣であって将来貨幣であるのではない。それ故商人が自己の持つ銀行券および補助貨，更に何時でも小切手あるいはその他の手段で処理し得る銀行貸方勘定をも現金に数え入れることが正しいことは，立法者がこれらの流通手段に貨幣で表示されるあらゆる給付に対する法的支払能力を賦与し，かくすることにより取引の創造せる慣習を確認するに過ぎないことが正しいのと同じである。

上述せるすべてのことには，まだ特殊な点，貨幣にのみ特有な性質はない。個別的に定められた物，もしくは一定量の代替し得る物の給付を内容とする，疑いもなく確実な，支払期限の到来せる (fällig) 債権の客観的交換価値は，この物もしくはこの一定量の物の客観的交換価値と少しも異ならない。我々にとり重要なことはむしろ次の点にあるのである，すなわち確実性に関しても，即時的履行についても全く疑いの余地がない貨幣債権は，客観的交換価値の点でそれはそれが表示されている貨幣額と等しいというその理由からして，取引において完全に貨幣に代わり得るということである。パンを獲得しようと欲する者は，パンの引渡を要求する支払期限の到来せる確実な債権の獲得によっても，差当たりその意図を達成したのである。交換によって再び売却せんがためにのみパンを獲得しようとするのであれば，彼はこの債権を再譲渡することができ，あらかじめそれを行使することを強いられない。しかしパンを消費しようとするのであれば，債権の行使 (Einlösung) によってパンを手に入れるより仕方がない。貨幣を除き交換取引に現われるあらゆる経済財は，必然的に，それを使用しもしくは消費しようとする個人の手に達する，したがってかかる財の給付を内容とするあらゆる債権は，遅かれ速かれ実現されねばならぬであろう。それ故個別的に挙げられた財もしくは一定量の代替し得る財（貨幣を除く）を何時でも引渡すべき義務を負う者は，その履行を——しかも多分極めて短時間のうちに——強制されることを予期せねばならない。したがって彼は，彼が何時でも給付し得る以上のものを約束することを，あえてなし得ない。千個のパンを

## 第3部 流通手段とその貨幣に対する関係

即座に支配し得る者は,その一枚一枚が所有者に一個のパンを何時でも要求する権利を与える合札 (Marke) を,千枚以上発行する勇気を持たぬであろう。貨幣にあっては事情が異なる。貨幣はあらゆる人によって,取引において再譲渡するためにのみ欲求され,それが一般に使用し得る交換手段でなくなる時にのみ,使用者もしくは消費者の手に達するものであるから,一定の貨幣額を何時でも引渡す旨が表示されかつ一般にその兌換性についても,更にこの兌換が現実に権利者の要求に基づき直ちに行われる事情についても危惧の余地なき債権が,貨幣に代わって使用され,その債権に内在する権利を義務者に対し行使せんと試みられることなくして転々と人手に渡ることは,極めてあり得べきことである。義務者は,この請求権の所有者が即座的兌換に対する信頼の念を失わず,もしくはこの信頼の念を持たぬ人にそれを譲渡しようとするのでない間は,この請求権が流通にとどまることを期待してよい。したがって彼は,彼がいかなる瞬間にも履行し得るよりも大なる義務を引受けることができる,すなわち用意周到であるならば,債権中彼に対し丁度その時行使される部分を即座に満足させることができれば充分なのである。

貨幣にのみ特有なことは,支払期限の到来せる確実な貨幣債権が取引においてその表示されている貨幣額と全く同じ高さに評価されるということではなくして,むしろ,かかる債権は貨幣の完全なる代用物として,その本質的特性たる支払期限と確実性とが承認されている市場領域において,前もって実現化されることなくして貨幣のあらゆる職能を尽し得るということである。発行者が何時でも兌換し得る以上にかかる代用物を発行し得る可能性は,実にこの事情に基づく。かくして貨幣証券と並んで流通手段が出現する。

流通手段は広義の貨幣存在量を増加し,しかしてそれにより貨幣の内的客観的交換価値の動きに影響を及ぼすことができる。次章はこの影響の研究に充てられている。

**4** 流通手段は預金制度を地盤として発生した,預金は銀行券の発行と,小

## 第1章 銀 行 業 務

切手をもって処理し得る貸方勘定開設の基礎であった。これとは独立に，やがて小額鋳貨が，次いで中額鋳貨が発展して流通手段となった。銀行券もしくは小切手をもって何時でも処理し得る預金の受領は，信用業務に数えられるのが常である。そして法律的にはこの見解は確かに正当である。しかし経済的にはこの場合信用業務は存在しない。我々が経済学的に信用をもって，現在もしくは現在給付の，将来財もしくは将来給付に対する交換と解するならば，問題の業務を信用の概念中に入れることは恐らく可能ではないであろう。預託した額と交換に，彼にとってそれと全く同じ職能を果たす，何時でも支払われる貨幣債権を獲得する貨幣の預託者は，現在財を将来財と交換したのではない。預託によって得た債権も，彼にとっては現在財である。貨幣の預託は彼にとり決して貨幣の効用作用の直接的，即座的支配の放棄を意味しない。それ故彼は，貨幣額と交換に得る債権をも，彼がそれを早く回収するか，遅く回収するかそれとも全く回収しないかによって，異なって評価することがないのであり，そしてこの故にこそ，彼は経済的利益を損なうことなくして，かかる債権を貨幣の交付と引換えに獲得し，給付と反対給付との間の――必ずしも存在するとは限らぬ――時間的差異から生ずる価値不等に対する報償を要求することがないのである。このことが繰返し看過されたことは，信用の本質を信用授与者が供与し信用受領者が享受する信頼の念に認めようとする，長い間を通じ広くひろまった見解に，なかんずく帰せられねばならない。ある人が銀行に貨幣を引渡し，その代わり銀行に対し何時でも支払われる返還請求権を得ることは，もちろん，銀行が何時でも支払う用意のあることを彼が信頼していることを示すのである。しかしこの場合信用業務は存在しない，なぜなら現在財の将来財に対する交換なる本質的要素を欠くからである。しかし貨幣の移転の代わりに譲渡され得る，何時でも支払われる貨幣債権と貨幣を交換する銀行業務は，貨幣流通に深甚な影響を与え現在の全貨幣制度を変形した銀行特有の信用業務すなわち流通信用の供与と，極めて密接な関連があるというその事情も，上に述べた誤れる意見

## 第3部　流通手段とその貨幣に対する関係

の発生にあずかって力があった。貨幣によって準備されぬ銀行券の発行と貨幣によって準備されぬ当座勘定の開設というこの一つの銀行業務のみを，我々は研究しようと思う。けだしこの業務のみが貨幣と貨幣価値に対し重要なのであり，それに反し他のあらゆる信用業務は貨幣流通に何らの影響も及ぼさないからである。

　あらゆる他の信用業務は孤立的に行われ，そして能動的にも受動的にも，正規にそれにたずさわらぬような人々によって実現されることがあるが，流通手段の発行による信用供与の業務は，営業的に信用業務にたずさわる企業内でのみ可能である。この業務の前提が与えられるためには，一定の余り小ならざる範囲で預金が受領され貸付が与えられねばならない。銀行券は，その振出人が周知のそして信用すべき人物である時にのみ，流通し得る。のみならず振替譲渡は，同一銀行企業の顧客の広汎なる範囲か，または振替取引に関与する人の総数が大であるような，幾つかの銀行企業の結合か，そのどちらかを前提とする。したがって信用流通手段の創造は銀行家と銀行にのみ可能である，しかしそれは銀行家と銀行によって営まれ得る唯一の業務ではない。

　我々が論ぜねばならぬ銀行業務の範囲に極めて類似するが，貨幣流通に対し無意味であるがため，特に言及されねばならぬ銀行の一業務がある。流通手段発行の基礎として銀行に役立たぬ預金業務がこれである。銀行がここで展開する活動は媒介的なものに過ぎず，それに対しては他人の貨幣を貸す人という銀行家のイギリスの定義が完全に妥当する。この業務において顧客により銀行に委託される貨幣額は，彼等の現金保有量の一部ではなくして，出納に必要なき貨幣の投資である。一般に両群の預金は銀行技術的形式によっても識別し得る。当座預金は何時でも，すなわち予告なくして支払われるものであり，それに対してはしばしば全然利子が与えられず，またよし与えられるにしても，投資預金に与えられるものに比して低い。それに対し投資預金は常に利子付きであり，通常予告の後にのみ支払われるものである。時の経過するうちに両種の預金の

## 第1章 銀 行 業 務

間の銀行技術的差異は著しく払拭された。貯蓄預金制度の発達は，銀行に，小額の貯蓄預金を告知なくして何時でも引渡すべき義務を負うことを可能ならしめた。投資預金業務において銀行に供給される金額が大となればなる程，大数の法則に従って，一日に払込まれる金額は払戻しの要求される金額と均衡する蓋然性が大となり，銀行はますます小額の現金準備によってその約束を守り得る可能性を確保することができる。この準備金の維持は，出納業務の準備金と結合されるから，銀行にとり一層容易となる。ところで，その貨幣処理を銀行に委託するには余りに些小過ぎる小商人または資力少なき私人は，現金準備の一部を貯蓄預金の形で銀行に委託するという方法で，この事情を利用する。他面銀行の競争が次第に当座預金の利子を高めたという事情は，出納にとって不用でありしたがって投資目的に供され得る貨幣額が一時当座勘定に放置される結果をきたした。これらすべてのことは事物の本質を何ら変え得るものではない，けだしその意義を判断するに当たって決定的であるのは，業務の技術的外的事実ではなくして，経済的性格であるからである。

銀行の立場からは両種の預金業務の間に，両業務部門の準備金を合一し，かくする場合には両準備金が完全に独立している時よりも小額に保たれ得るという可能性によって与えられた関連が，存在する。このことは銀行技術的立場からしては非常に重要であり，両部門を経営する預金銀行の，貯蓄預金をのみ受入れるに過ぎぬ貯蓄金庫に対する優越性を，ある程度説明する。それ故激甚なる競争は貯蓄金庫を駆って，その活動を出納にも拡張させる。銀行制度組織に関してはこの事情は重要である，しかし問題の理論的研究に関してはそれは取るに足らない。

貨幣流通に関しそれのみが問題となる銀行業務部門の本質は，次の如きものである。すなわち顧客のために出納をつかさどる銀行は，上述の理由から，預託された貨幣額の一部分を貸出すことができるということである。銀行がいかなる形でこれをなすか，すなわち預託された貨幣の一部分を実際に貸出すか，

## 第3部 流通手段とその貨幣に対する関係

それとも信用を求める者に銀行券を発行するか，それとも当座勘定を開くかということは，どうでもよいことである。この場合重要なのは，貸付が貸付供与以前には存しなかった基金から与えられるという事情のみである。他の場合に貸付が供与されるのを我々が見る時には，常にこれは現存するそして支配し得べき資産から与えられる。銀行券発行の権利も持たず顧客のために出納業務をも営まぬ銀行は，自己資金とその受入れた他人資金の合計額以上に貨幣を貸出し得ない。銀行券を発行しもしくは何時でも処理し得る当座勘定を開く銀行は，それと異なる。かかる銀行は，自己資金とその支配し得る他人資金以上の貸付供与基金を持つのである。

**5** 通説によれば，自己の銀行券で貸付を供与する銀行は，貸付受領者とその時々に銀行券を受取る者との間に，信用の媒介者として介在する。したがって銀行信用は銀行によって与えられるのではなくして，結局において銀行券所有者によって与えられる。銀行の介在は未知のそして恐らくは信用の乏しい債務者に代うるに，周知のそしてあらゆる疑惑を超越せる銀行の信用をもってし，かくして貸付受領者に貸付金を『公衆』の間に調達することを容易ならしめる目的を持つに過ぎないとされる。例えば銀行によって手形が割引かれ，割引金額が銀行券で払出されれば，銀行券は単に手形に代わって流通するに過ぎないのであり，しからざる時にはその手形が直接支払の代わりに人手から人手へ転々と渡されるであろう。発券銀行制度の発達以前に特にイギリスにおいて手形が大量に流通し，例えばランカシャーでは英蘭銀行の支店がマンチェスターに開設されるまで売買の$\frac{9}{10}$は手形により，わずかに$\frac{1}{10}$が貨幣もしくは銀行券によって媒介された事実を指摘することにより，このことは歴史的にも基礎付けられ得ると信じている。[1] だがこの見解は事物の本質に全く即しない。銀行券を受取り所有する者は，信用を供与するのではなく，現在財を将来財に交換するのではない。支払能力のある銀行の何時でも兌換される銀行券は，流通手段として取引のいたるところで貨幣に代わって使用し得るものであり，したがって誰

## 第1章 銀 行 業 務

も金庫中に貨幣を持っているか銀行券を持っているかによって区別をしない。銀行券は例えば貨幣と同じく現在財である。

1) フラートン,前掲書39頁,ミル,前掲書314頁,ヤッフェ,前掲書175頁。

銀行券は銀行により二つの方法のどちらかで発行される。第一に貨幣と引換えに。簿記的にはこの場合,銀行に対し能動的業務と受動的業務とが問題になるが,実際には,新しい負債に完全にそれに相応する資産が対応するから,その業務は重要でない。この業務から銀行は利潤を得ることはできぬ。反対に,銀行券作製と貨幣準備の維持に支出を要するのにそれに応ずる収益が上らぬから,損失をもらたすものである。それ故,全額準備の銀行券の発行は,流通手段の発行と結合してのみ営まれ得る。第二の可能性は,銀行券が信用を求むる人に対する貸付金として銀行により発行される場合である。この場合にも,簿記的に見れば,能動的業務と受動的業務とが存在するが,経済的には単に能動的業務が存在するのみである。もちろん銀行の貸借対照表からは,このことは推定できない,なぜなら資産勘定には供与された貸付金と現金在高が,負債勘定には銀行券が記入されているからである。もし損益計算に注目すれば,必ずや全過程の真の本質の認識に一層近付くことを得る。損益計算には,その出所を考えさせる利益,すなわち貸付業務によって生ずる利益が記入されている。この利益の一部は,銀行が他人の貨幣の貸出をも行う時には,能動的業務の利率と受動的業務の利率との差異から生ずる。他の部分は流通信用の供与から発生する。この利益を得るのは銀行であり,銀行券所有者ではない,それ故銀行はそれをことごとく収めることができ,時には——銀行券発行ではまれであるが,当座勘定を使用する際にはしばしば——銀行券もしくは勘定の所有者と,その利益を分かつ。しかしいずれの場合にも我々はここに特別の利益を見出すのである。

1) ヤッフェ,前掲書153頁。
2) これはヘルマン(前掲書500頁および次頁)の言う銀行業務の『超過利潤』である。

## 第3部 流通手段とその貨幣に対する関係

　我々は1億ダカットの貨幣が流通する一国を考えてみよう。この国に発券銀行が設立されるとする。簡明をたっとぶため，銀行の自己資本が準備金として銀行業務の経営外に投資され，銀行はこの資本の利子を銀行券発行権の認可に対する報償金として，年々国家に納付せねばならぬと仮定しよう，すなわち二，三の発券銀行の実状に近い仮定である。さて銀行に預け入れられる5,000万ダカットと引換えに，その各々が1ダカットの券面を持つ同額の銀行券が銀行により発行される。しかし銀行は5,000万ダカットの全額を金庫中に寝かせて置かず，4,000万ダカットを外国商人に利付で貸出す。この貸付金の利子は総収益を成すが，それは銀行券作製，管理等の費用だけ減少する。この場合，銀行券所有者が銀行の外国債務者もしくは銀行そのものに，信用を供与したと言い得るであろうか。

　今度は我々の例の本質的でない点を変えることにしよう。銀行がその4,000万ダカットを外国人にではなくして内国人に貸すとする。これらの内国人のうち，AはBにある支払，例えば買入れた商品の価格を支払うべき債務を負っている。Aは自由に使用し得る貨幣を持たないが，彼自身がPに対して持つ所の，3ヶ月で支払期限の到来する債権をBに譲渡する用意があるとする。Bはそれを承諾し得るであろうか？　もし承諾するとすれば，それは彼が今日すでに要求し得る貨幣額を彼自身3ヶ月後に初めて必要とするか，もしくは同一の貨幣額を3ヶ月間無しに済ますことができ，したがってPに対する債権を直ちに求める用意がある誰かを見付ける見込みがある場合に限られる。更にBが今日Cから商品を買おうとし，後者が支払を3ヶ月延期することに同意する場合も起こるかもしれない。万一このことが妥当し，Cが実際に支払の延期に同意するとすれば，彼がそうし得るのは，即座の支払の代わりに，3ヶ月の経過後に始めて期限到来する支払でBをも満足させ得る所の，上述の三つの理由の一つにのみ基づく。これらすべての場合は，まさしく真の信用取引，現在財の将来財に対する交換である。しかるにこれらの取引の数および範囲は支配し得る現在

## 第1章 銀 行 業 務

財の量に依存し,可能な貸付額の総額はこの目的に供される貨幣量およびその他の財貨量の額によって制限される。貸付を供与し得るのは,一時無しに済ますことのできる貨幣もしくは他の経済財を支配する者のみである。今や銀行が場裡に登場し,貸付市場において4,000万ダカットを提供する。貸付目的に使用し得べき基金は丁度この額だけ増加する,そしてこれが差当たり利子の高さにいかなる影響を及ぼさざるを得ないかは,恐らく格別くわしく述べることを要しないであろう。その場合,我々の銀行は,手形を割引くことによって,不便な手形流通に便利な銀行券流通を代えるに外ならぬと言うのは,果たして正しいことであろうか[1]。実際に銀行券は手形の一層取扱い易い形態に外ならぬものであろうか。決してそんなことはない。銀行券は持参人に要求次第何時でも,それ故即座にも一定金額を払渡す可き旨の,支払能力ある銀行の約束を包含するものであり,それはある貨幣額を期間の経過後に支払うべき旨の約束を包含する手形とは,重要な一点において相違する。周知の如く信用制度に何らの役割も演じない一覧払手形のみが,銀行券に比すべきであり,信用取引において普通な手形が通常取るところの形態たる期限付手形 (Zeitwechsel) は,それに比すべきものではない。買入れた商品の価格を貨幣,銀行券もしくは他の何時でも支払われる債権の移転によって支払う者は,現金取引を行ったのであり,90日払手形の引受けによって代償を支払う者は信用取引を結んだのである[2]。

1) これは例えばウィクセルすらやっている。
2) Torrens, The Principles and Practical Operation of Sir Robert Peels Act of 1844 Explained and Defended, Second Edition, London 1857, S. 16 ff.

一層明白ならしめるため,我々は恐らく実状を多くの者によりはっきりさせるであろう些少の変形を,我々の例に加えようと思う。銀行がまず5,000万の銀行券を発行し,その代わり5,000万ダカットを現金で受入れたとし,次いで銀行は更に4,000万ダカットを貸付市場においてその銀行券で発行するとする。この場合は,あらゆる点で,上に述べた二つの場合と同一である。

第3部　流通手段とその貨幣に対する関係

　発券活動は，例えば手形流通の増大と同じく，それによって一層強く信用が要求されるというように，決して特徴づけられてはならない。全然反対に，発券銀行は信用を要求するのではなくして，信用を供与するのである。追加的な手形量が割引市場に到来すれば，それは需要を増大し，したがって利子率を騰貴させる。銀行券の追加量が貸付市場に持ち来られる時には，差当たり逆の効果が生ずる，すなわち銀行券の追加量は供給の増加であり，したがって利子率を当分下落させる傾向を持つ。[1]

1) 前註書18頁。

　銀行券と手形のこの本質的差異が顧慮されずに過ごされたことは，経済学の歴史における最も注目すべき現象の一つである。この点について学説史的研究に重要な問題が課せられている。すでに古典学者の著作に含まれ，更に通貨(カーレンシー)理論(テオリー)によって発展せしめられた実状の認識のきざしが，いかにして後継者の手によって完成されずに破壊されたかを示すことは，なかんずく学説史的研究の任務であろう。[1]

1) 本書の第1版刊行後にも，なお，流通信用の問題を認識しない多数の著作が公にされた。この問題の本質を把握せる著作の中では，次のものが挙げられねばならない。Schumpeter, Theorie der wirschaftlichen Entwicklung, Leipzig 1912, S. 219 ff.; Schlesinger, Theorie der Geld-und Kreditwirtschaft, München und Leipzig 1914, S. 133 ff.; Hahn, Volkswirtschaftliche Theorie des Bankkredits, Tübingen 1920, S. 52 ff.

**6**　上述した所から，在来の観察方法が流通手段の特殊性を参酌することいかに少ないかが充分に明らかとなる。銀行券と当座勘定とを，それが貨幣によって準備されているか否かを問わず，一体的現象と見なすならば，その本質を的確に理解する道が遮断される。もし銀行券もしくは当座勘定の所有者を信用授与者と見なすならば，信用取引の意味が認められていないのである。もしまた手形を無雑作に——それ故純粋の一覧払手形ばかりでなく——『流通手段』として銀行券と同視するならば，事物の核心を究めることが全く放棄されてい

## 第1章 銀 行 業 務

るのである。

　他面，交換行為の本質が流通手段の使用によって変えられると主張するのは，全く誤りである。貨幣によって準備された銀行券もしくは当座勘定の譲渡により実現される交換行為のみならず，流通手段の使用によって実現される交換行為も，貨幣によって媒介された間接交換である。交換行為に基づいて負担せる貨幣額の支払が，貨幣個片の物理的譲渡によって行われるか，それとも貨幣個片を即座に引渡すべき旨の債権すなわち貨幣代用物の譲渡によって行われるかは，法律学的には重要であるかもしれないが，交換行為の本質に対しては無意味である。小切手による支払にあっては，事実上商品が商品に対し交換されるが，それによって原始的な自然交換のはなはだしい遅鈍さが完全に克服されると主張するが如きは，不当である。[1] この場合商品と商品との間には，貨幣によって媒介されるすべての他の間接交換におけると全く同様に，そして直接交換とは正反対に，貨幣が媒介財として介在する。しかし貨幣は独立な価値運動を持つ経済財である。したがって貨幣もしくは貨幣代用物を獲得せる者は，貨幣の客観的交換価値のあらゆる変動によって影響を受ける。このことは銀行券もしくは小切手による支払にあっても，貨幣個片の物理的譲渡による支払におけると全く同様である。しかしてこのことのみが問題なのであり，全商業において，貨幣が物理的にも『回転 (ins Rollen)』するか否かという第二義的な事情が問題なのではない。商品を売り，小切手の手交により支払われ，次いで小切手そのものもしくはこれによって彼の支配にゆだねられた貸方勘定を，第二の購買行為によって買求めた商品の支払に直ちに利用する者は，決して商品を直接商品に対し交換したのではない，彼は二つの独立せる交換行為を行ったのであり，それらは各々異なる場合の二つの取引という以上に，緊密な関連にあるものではない。

1) そのようなのは Lexis, Allgemeine Volkswirtschatslehre, Berlin 1910 (Hinneberg, Die Kultur der Gegenwart, Teil II, Bd. X. 1) S. 122; Lexis, Geld und Preise

### 第3部 流通手段とその貨幣に対する関係

(Rießer-Festgabe, Berlin. 1913), S. 83 f.; 清算取引に関して同様なのは Schumacher, Weltwirtschaftliche Studien, Leipzig 1911, S. 53 f. とそこでの引用.

　ここに提議されたのとは異なる術語が，より合目的であると考えられるかもしれない。それはそのまま承認されねばならぬ。しかし我々は，我々によって選ばれた術語が，これまで用いられているものより，説明さるべき現象の本質を認識するのに一層適当していることが，我々の術語に承認されんことを要求する。なぜなら不正確な，そして外面的特徴をのみ顧慮するに過ぎぬ術語は，銀行理論的研究の往々にして不満足な結果の主要原因ではなかったにしても，その失敗の少なからざる部分がそれに帰せられねばならぬからである。

　経済学的理論は法律的および銀行技術的要素を背後に退かせ，その境界線を法律学もしくは商業学と異なって画することは，もちろん自明のことである。それ故個々の現象の法律的もしくは商業技術的構造に違反することを指摘することが，我々の理論の反証とされ得ないことは，例えば逆に法律学上の争点が経済理論的考量によって決定され得ないのと同様である。

## 第2章 流通手段の発展

**1** かくして流通手段は，一定貨幣額の払渡を要求する，預金によって準備されざる，何時でも支払われる債権であり，その法的および技術的賦性により，貨幣で表示される支払義務の履行上，貨幣に代わって授受されるに適当するものと特徴づけられる。その際法律の死文よりはむしろ生ける実生活が重要であり，したがって法律学的には貨幣約束と認められ得ないが実際的にはかかるものとして，いずれかの機関によって支払を引受けられる物も，流通手段として機能することは，すでに言及された如くである。すなわち近代の補助貨幣および例えば金本位の実施後その回収に至るまでの期間のドイツターレルの如き物象も，それが貨幣証券でない限り，流通手段であって貨幣でないことが示され得たのであった。

流通手段の発行は二つの方法のどちらかで，すなわち銀行的にかまたは非銀行的に行われる。銀行的発行の特徴は，発行された流通手段が発行機関の債務として処理されることである。流通手段は債務として記帳され，発行機関は発行額を所得もしくは資産増加と見なさずして，債務の増大と見なし，それに対しては，もしその処置全体が損失を招くものとして現わるべきでないならば，それに相応する資産の増大が対応せねばならぬとする。このように取扱うこと

## 第3部 流通手段とその貨幣に対する関係

からして，発行者にとり，流通手段をその営利資本の構成要素と見なし，その収入金を消費的ではなくして常に利益を生むようにする必要が生ずる。この投資は必ずしも貸付たることを要しない，発行者は流通手段の発行によって彼の手中に与えられる経営基金をもって，自ら生産的企業を営むこともできる。その顧客のために出納をつかさどる多くの銀行が，時として，貨幣によって準備されざる当座勘定を貸付として開くのみならず，自己の生産に要する生産手段の調達のためにも直接使用することは，周知の如くである。近代的な信用銀行および商業銀行の幾つかは，このようにしてその資力の一部を固定した，だが貨幣代用物の所有者および，彼等を保護すべき使命ありと感ずる国家の立法が，それに対していかなる態度を取るべきかという問題は，まだ決定されていない。発券銀行についても，銀行上の慣習もしくは立法が短期の貸付を『支払準備(Deckung)』として定めるまでは，以前に同様の事例が起こった。[1]

1) ロッツ，前掲 Geschichte und Kritik des deutschen Bangkgesetzes 72頁および次頁。

しかし流通手段を流通に投ずる発行者は，発行された各個の流通手段の価値を，資産増加もしくは所得増加と見なすこともできる。その時には彼は，資産から特別な貸方基金を分離することによって，発行により生じた債務を担保する労を取らない。彼は発行利得を——補助貨幣に関する時には鋳造利得と呼ばれる——，あらゆる他の収入と同じく，平然と懐にねじ込むのである。

かくして流通手段の流通投下の二方法の間には，発行者の態度が問題となる限りでのみ，差異が存するに過ぎない。いうまでもなく，このことは流通手段の価値形成に対し何らかの意味を持つものではない。発行方法の差異は歴史的原因に帰すべきである。流通手段は二つの異なる根底から，一つは預金銀行および振替銀行の活動から，他は国家の鋳造高権から起源を発した。前者から銀行券と当座勘定とが生じ，後者から兌換し得べき国家紙幣，補助貨幣および，実際には何時でも全額をもって貨幣に兌換されるが故に信用貨幣とも表象貨幣

## 第2章 流通手段の発展

とも見なされ得ない鋳造の禁止された通貨とが生ずる。国家もまた流通手段の発行者として，その処理を銀行的なものにますます接近させようとつとめているから，今日両発行方法の差異は次第に抹消されつつある。一連の国家はすでに鋳造利得を特別の目的に供し，全く資産増加として取扱わぬ方針である。[1]

1) 例えば1860年1月31日の貨幣法第8条によって設定されたスイスの鋳造準備基金については，Altherr, Eine Betrachtung über neue Wege der schweizerischen Münzpolitik, Bern 1908, S. 61 ff. 参照。

銀行によって発行される貨幣代用物の二つの様式の中では，当座勘定の方がより古きものである。当座勘定から，銀行券が初めて発展した。銀行券は法律的および技術的には当座勘定と区別されるが，経済的にはそれと全く区別されない，したがって銀行券をぬきんでさせるものは，銀行券を取引に特に適当させ，特に流通力のあるものたらしめる銀行技術的ならびに商業技術的および法律的特殊性に過ぎない。銀行券は容易に移転し得べく，移転の形式において貨幣に最も類似する。それ故に，銀行券はより古い銀行的貨幣代用物たる当座勘定を凌駕し，非常な勢で取引に浸透することを得たのである。中額および小額の支払には，銀行券は当座勘定が殆んど及びもつかなかった程大なる長所を発揮する。ようやく19世紀の後半に至り，銀行券と並んで当座勘定が再び有力になった。大取引では，小切手および振替支払は技術的にしばしば銀行券に立ちまさっている。しかし当座勘定による銀行券の部分的駆逐の最も主要な原因は，決して取引の内的要求に求められ得るものではない。当座勘定は，時として何らの根拠，証明なしに主張されるのが常であるように，銀行券よりも『一層高い』貨幣代用物の形式ではない。銀行券が多くの国々で当座勘定によって駆逐されたのは，人々が銀行券の発達を人為的に阻止し，当座勘定を人為的に助成したからである，けだし人々は通貨理論(カーレンシーテオリー)の学説に基づき，銀行券の過剰発行をのみ，貨幣と爾余の経済財の間に存する交換比率の安定に対する危険と認め，当座勘定の過度の増加はそう認めなかったからである。

第3部 流通手段とその貨幣に対する関係

　流通手段制度の経済学的考察にとっては，銀行券と当座勘定との対立は背後に退く。一般に一方の形式がより適当している支払と，両方の形式が共に適当している支払とが存在する。もし発展をその成行に任せれば，このことは疑いもなく一層明白に現われたであろう，何故ならどちらか一方だけの流通手段を使用することがその技術的性質上余り適当と思われない場合にも，往々にして今日それが人為的に試みられているからである。

　**2**　銀行主義者とその亜流たる，銀行理論問題の近代的論者の著作の主要な特徴をなす流通手段の本質に関する曖昧さは，貨幣代用物と，狭義の貨幣需要を減少させる一連の制度との絶えざる混淆と，更に，また貨幣代用物の内部で貨幣証券と流通手段との間に存する差異が充分に考慮されないという結果をきたしている。

　代替財の一定量によって媒介される交換行為の経済的結果は，数人の取引が同時に履行されねばならぬ時には，時として迂遠的方法，すなわち形式的に観察すれば法的により錯綜せる形象と見えるが，その行為の技術的実現を本質的に単純化し，具体的な場合に交換手段個片の物理的現存を不用ならしめる方法によっても，達成され得る。AはBに1枚の布を与え，その代わり1匹の羊をもらい，また同時にAはCに1匹の羊を与え，彼から1頭の馬をもらうことになっているとすれば，この二つの交換行為は，BがAの委任を受けかつAの計算でCに羊を引渡し，かくすることによって，受取った1枚の布の代わりにAに羊を与えるという彼の負う義務から自分自身を解放し，あわせて受取った馬の代わりにCに羊を与えるというAの負う義務から彼を解放するという方法によっても，実現され得るのである。二つの交換行為を実現するためにしからざれば四つの移転が必要であったのに，この順序を踏めば三つしか要しない。交換行為の実現をこのようにして容易にする可能性は，一定の財を一般的交換媒介物として使用する慣習の発展によって，著しく拡張される。何故ならある人が一定の代替財を，同時に負いかつ要求し得べき場合は，同一の代替物── 一

― 298 ―

## 第2章 流通手段の発展

般的交換媒介物――が交換対象として個々の取引行為に頻繁に現われれば現われる程，増加するからである。貨幣使用の発展は，まず第一に，やむを得ずば直接の交換行為によって履行され得たであろう取引をも，二つの間接の交換行為に分ける。その製品を直接的にも交換することができる肉屋とパン屋は，しばしば彼等の相互関係にも，彼等が他の取引に適用する形式であるところの，貨幣によって媒介される交換の形式を選ぶ。肉屋はパン屋に肉を貨幣に対して売り，パン屋は肉屋にパンを貨幣に対して売る。ここからして，相互的な貨幣債権と貨幣債務とが生ずる。しかもこの場合清算 (Glattstellung) は，各当事者が他方に実際に貨幣を与えるという方法によってのみならず，ただ残高が貨幣支払により決済されるに過ぎぬ差引勘定によっても行われることは明白である。取引がこのようにして反対債権の全部的もしくは部分的相殺によって処理されれば，それは直接交換に比し著しい利益をもたらす，けだし貨幣使用に伴うあらゆる自由が，直接交換を特色づける技術的実行の単純さと結び付くからである。

清算の方法による間接的交換行為の実行は，信用取引すなわち現在財の将来財に対する交換の普及によりその適用可能の機会が増加される瞬間に，極めて著しい飛躍をとげる。すべての取引行為が現金で履行されねばならぬ交換取引のみである時には，清算の方法による実行の可能性は，かのパン屋と肉屋の場合――それにあっては，のみならず需要が双方の側に同時に現われるというもちろん極めてまれにしか妥当しない前提がなされねばならぬ――に限られる。あるいは精々，更に幾人かの人の加入によって小さな集団がつくられ，その内部で取引の清算が指図証券により貨幣の実際的使用なくして行われると想像し得るに過ぎない。しかしこの場合にも，多数の人では一層まれにしか妥当しない同時性の前提が残るであろう。

この困難の克服は，信用が取引を需要供給の出現の同時性の拘束から解き放った時に，初めて可能となった。正しくその点に，貨幣制度に対する信用の大

## 第3部 流通手段とその貨幣に対する関係

なる意義がある。もちろんあらゆる交換がまだ直接交換であった間は，というより貨幣が一般的交換手段として確立していなかった間は，信用の意義は充分にその効果を現わすことができなかった。信用の介在によってのみ，二人の人の間に行われる取引を，例えそれが時間的に分離していても，清算上同時的なものとして取扱うことが可能となる。パン屋が靴屋に1年中毎日パンを売り，彼から一度（例えば年末に）1足の靴を買うとすれば，パン屋による支払もちろんまた靴屋による支払も，——もし第一に一方の側の義務たる給付の支払猶予を，第二に現金履行に代わる差引勘定による給付の決済を可能にする手段が，信用によって与えられたのでなければ——，現金で行われねばならぬであろう。

貨幣によって媒介される交換取引の，差引勘定による部分的決済は，同一人の間に債権と反対債権とが生じ，次いでそれが相殺されるか，または債権が債務者によって獲得され，かくして混同によって消滅するかするまで，債権の譲与が行われるという方法ででも可能である。最近の数十年に小切手の使用や他の方法が新たに加わることにより，その本質に影響することなくして実現を見るに至った地方間および国際間の手形取引では，かかることが大規模に実行されている。この手形取引においても，信用はかかる清算が実行し得べきものと思われる場合の数を，極めて著しく増加する。[1] すべてこれらの場合に，我々は貨幣によって媒介される交換行為ではあるが，貨幣もしくは貨幣代用物の実際的使用なくして，ただ当事者間の清算によってのみ実現される交換行為を見るわけである。この場合貨幣は依然として交換媒介物であるが，その使用はそれの現実的存在から独立している。人々は貨幣を利用するが，現実に存在する貨幣個片もしくは貨幣代用物が実際に使用されることはないのである。現存しない貨幣が経済的職能を果たすのであり，いわば必要な瞬間に背後から実際に立ち現われる可能性によってのみ，それは作用するのである。

1) クニース，前掲書第2巻第1部286頁以下。

## 第2章 流通手段の発展

貨幣によって媒介される交換行為の決済に,清算に依る処理方法を適用することによって,貨幣の交換手段職能が故障なく行われつつ,広義の貨幣需要の減少が生ぜしめられることは,貨幣債権の相殺に基づくのである。貨幣使用の節約は,貨幣の現実的移転の代わりに貨幣債権が移転されることによってのみ惹起される。この移転は債権と債務が遭遇し,債権者と債務者が同一人に合一するまで続けられる。その時には貨幣債権は混同によって消滅する,けだし何人も自己の債権者もしくは自己の債務者となり得ないからである[1]。同一の成果はすでにそれより先に相殺によって,すなわち差引勘定による反対債権の償却によって達成され得る[2]。このいずれの場合にも貨幣債権は消滅し,かくして貨幣債権が発生した源である交換行為は,それによって初めて完全に終了する。

1) 1. 21 §1D. de liberatione legata 34, 3. Terentius Clemens libro XII. ad legem Juliam et Papiam.
2) 1. 1 D. de compensationibus 16, 2. Modestinus libro sexto pandectarum.

債権の譲渡であっても,差引勘定もしくは混同によってそれを消滅に近付けないものは,貨幣需要を減じ得ない。反対に,債権の移転が支払の代わりに行われないならば,それは新しい貨幣需要発生の源泉ですらある。だが『支払の代わり』の譲渡は,貨幣代用物の使用を別とすれば,商業上の取引では決して特に重要な意味を持つものでなかった。すでに支払期限の到来せる債権が問題であるならば,所有者は通常未収の貨幣額を回収することを選ぶであろう,なぜなら絶対に真正であるとは限らない債権の譲渡によるよりは,貨幣(もしくは貨幣代用物)をもって市場で購買契約や他の契約を結ぶことの方が,いかなる場合にも彼には一層容易であろうからである,したがってもし例外的に彼がかかる債権を支払目的に譲渡したとすれば,獲得者は同様な状態に置かれるであろう。支払の代わりにまだ支払期限の到来せぬ貨幣債権を譲渡することは,更に,それが支払の延期に同意せる旨を表明する人々によってのみ受納され得るに過ぎないというもう一つの障害に遭遇する。それ故即座の支払を促し得る場

## 第3部 流通手段とその貨幣に対する関係

合に,まだ支払期限の到来せぬ債権で満足する者は,信用を供与するのである。

取引上の必要は,手形の流通を流通手段のそれに外面上かなり類似させたところの手形の法的構成 (Rechtsinstitut) を,早くから利用した。18世紀末および19世紀の始め頃欧州の商業中心地では,商人が支払の代わりに裏書した手形が流通した。[1] この方法で支払をなすことは一般に行われたから,すべての人は,まだ手形期間の満了しない手形を,直ちに現金を必要とする時にも受納することができた,けだし彼等が支払をなさねばならぬその人々も,まだ支払期限の到来せぬ手形を支払の代わりに受納するであろうことが,かなり確実に予想され得たからである。すべてこれらの移転が,時間的要素を適当に顧慮して,したがって割引を計算して行われたことは,恐らく自明のこととして特に挙げることを要しないであろう。このことは,他の理由からしても例えば手形額面の種々なる大きさの故に容易でなかったこの流通装置の技術的取扱を困難ならしめたであろうが,他面,手形を直ちに再譲渡せずに,全く短時間であるにせよ,それを紙挾み(ポートフイユ)の中に収めて置くその時々の所有者に,利得を提供した。このように使用することによって,手形はある程度まで流通手段の欠乏を補うことができた。たとえ手形の支払期限がまだ仲々到来しなくとも,所有者は何時でも再譲渡することができたから,それを流動的なものと見なしてよかったのである。

1) Thornton, An Enquiry into the Nature and Effects of the Paper Credit of Great Britain, London 1802, S. 29 ff.

それにもかかわらずかかる手形は,銀行券もしくは当座勘定が貨幣によって準備されない限りそうであるような意味の流通手段ではなかった。それは,銀行の恣意的な発行活動の無制限に増加し得べき産物たる流通手段を,完全な代用物として取引において貨幣に代位させる特徴と特性とを欠いていた。技術的な困難からしても決して貨幣代用物程著しく取引に浸透し得ないにしても,振

## 第2章 流通手段の発展

出人と引受人が共同すれば,手形も融通手形の発行 (Wechselreiten) と規則的な延期とによって,無制限に増加し無限の流通期間を持つことが可能である。しかし手形流通の増加はすべて個々の手形の売却を困難にし,市場の資力を狭隘にする。手形所有者は正しく——銀行券または振替勘定の所有者と異なり——債権者 (Kreditor) なのである。手形を受取る者は,その直前の裏書人またなかんずく最初に保証する引受人の信用,同時に振出人と残余の手形義務者の信用をも吟味せねばならぬ。手形を再譲渡する者は,裏書により手形金額の正確な入金の保証をも引受ける。手形の裏書は必ずしも確定的な支払ではなく,債務者はそれによって条件付きで解放されるに過ぎない,したがって手形が支払われなければ,この義務は拡大して復活する。しかして手形の厳密性とあらゆる手形義務者の特殊な連帯責任とは,その構成から除かれることはできなかった,なぜならそれらこそは,手形をして,支払の代わりにするまだ支払期限の到来せぬ債権の譲渡に適当せる用具たらしめる唯一のものに外ならなかったのであり,慣習法上の債務関係はそれにはほとんど適しないからである。手形を支払の代わりに振出しもしくは裏書する慣習がいかにひろまったとしても,この方法で律せられる各個の支払はなお依然として信用取引の性格を保持した。将来初めて支払期限の到来する債権に対して支払われる現在価格の高さは,あらかじめそれぞれ個々の場合に当事者の特別な合意によって確定される必要があった,したがって手形流通が著しく膨張しもしくは万一手形義務者の仕振の確実さについて不安の念が現われれば,手形をまだどうにか忍び得る条件で発行する (plazieren) ことは一層困難となった。のみならず振出人と引受人は,延期手形の発行によるにしても,満期日の手形資金を適当な時期に準備せねばならなかった。これらすべてのことは,何らの摩擦なくして貨幣の如く転々流通する流通手段については存在しない。

　支払制度の近代的組織は,差引勘定による債権決済の場合を計画的に招致する目的を持つ制度を,実現する。その個々の萌芽はすでに中世に存在していた

## 第3部 流通手段とその貨幣に対する関係

が，清算機関の大規模な発展は前世紀のことに属する。関係者間に絶えず発生する債権は手形交換所において清算され，差引残高のみが貨幣もしくは流通手段の移転によって決済される。清算制度は広義の貨幣需要を減少させる最も重要な制度である。

銀行制度の文献では，通常，手形交換所の清算によって生ずる広義の貨幣需要の減少が，流通手段の使用拡張によって生ずる狭義の貨幣需要の減少と充分に区別されないのが常であり，そこに多くの曖昧さが胚胎している。

**3** 大多数の文化国の国内取引では，今日，貨幣によって媒介される交換行為を実現するために貨幣を実際に使用することは，貨幣代用物によって大部分駆逐された。更に貨幣代用物の中では，流通手段がますます大なる地位を占めつつある。同時に，貨幣によって媒介される取引行為の中でも，反対債権の差引勘定によって処理されるものの数が増大する。ある国々では清算取引によって処理されぬほとんどすべての国内売買が，貨幣を使用せずに，貨幣によって準備されない銀行券および当座勘定，それからその語の本来の意味の補助貨幣ならびに何時でも貨幣と交換し得る他の鋳貨によって，行われている。また一方，他の国々では流通手段の発展が同じ段階に達していなかった。だが法的不安が，貨幣代用物流通の不可欠の前提をなす発行者の確実性に対する信頼の念の発生を阻害する国々を度外視すれば，国内取引の大部分があらゆる現金移転を避けもっぱら流通手段を利用して行われないような領域は見出されない。ただ中額取引にのみは，売買に貨幣個片を使用する余地が残されている。ドイツおよびイギリスでは，戦前20ないし100マルク，1ないし5ポンドの支払は，しばしば金貨の引渡によって行われるのが常であった，しかしそれ以下およびそれ以上の支払は，その一部分のみが貨幣により準備されるに過ぎない銀行券もしくは当座勘定の譲渡によって，ほとんどもっぱらなされた。他の国々においても事情は似通っていた。

ドイツおよびイギリスの如き一群の国家では現金の流通が一般になおある役

## 第2章 流通手段の発展

割を演じたこと,これらの国々では現金の流通が流通手段と貨幣証券によって駆逐されなかったこと,そのことは立法上の干渉にのみ帰すべきであった。銀行券の本質に関するある理論的見解と関連せる理由からして,人々は小額銀行券の流通に反対すべきであると信じた。[1] イギリスにおける1ポンド銀行券に対する抗争は,ソヴリン金貨の完全なる勝利をもって終わりを告げ,この勝利はイギリスの国境を越えて意義を持った。けだし大陸において数十年にわたり小額銀行券の本質について有力であった不利なる所見は,イギリスの見解に基づいたからである。しかし,秩序ある司法と発達せる銀行制度を持つ国家では,取引における現金の使用は何らの困難なく,同数の小額銀行券 (kleine Notenappoints) の発行によって代位され得るであろうことは確かである。

1) Baird, The One Pound Note, its History, Place and Power in Scotland, and its Adaptability for England, Second Edition, Edinburgh 1901, S. 9 ff.; Graham, The One Pound Note in the History of Banking in Great Britain, Second Edition, Edinburgh 1911, S. 195 ff.; ニコルソン,前掲書177頁以下, Jevons, Investigations in Currency and Finance, New Edition, London 1909, S. 275 ff.

流通手段ならびに貨幣証券によって現金移転を駆逐することが完全に実現された一群の国々では,この目的は特殊な状況の下で独特な方法で計画的に目指され,そして達成されたのである。銀本位の国々は——我々はその中でまず第一に英領東インドを挙げるが,(日本を除く) 他のアジア諸国,更に多くのアメリカ諸国の状態もそれに似通っていた——,本位大論争が金単一主義に有利に決定された後には,世界金本位へ加入することを強制されているのを痛感した。だがイギリスもしくはドイツの制度を模倣せる貨幣制度へ移行することには,非常な困難が伴った。もし金貨をそれらの国々の流通に引入れようとすれば,巨額の金が動員されねばならなかったが,それは欧州貨幣市場の激動と大なる犠牲を払ってのみ実現し得たであろう。しかるに諸政府はいかなる犠牲を払っても,一方金価値を高めて欧州市場を不安ならしめないように,他方銀価値を

## 第3部 流通手段とその貨幣に対する関係

も必要以上に下落させないように努力せねばならなかった。インドのイギリス政庁は，母国の貨幣市場に不利な影響を及ぼし得るようなことを一切企てることを敢えてしなかった，同様に当分銀本位にとどまっているアジアにおけるインドの競争国に対する顧慮から，銀価の下落を促進し，それによって支那，日本,海峡植民地,ならびに他の銀本位国に対するインドの競争力を，たとえ外見的に過ぎぬにせよ，一時的に弱める何らかの処置を取ることも敢えてしなかった。したがってインド政府の任務は，金を多量に買入れもしくは銀を売却することなくして，膨大な植民帝国の金本位への移行を成し遂げることであった。この問題の解決は必ずしも非常に困難ではなかった。ある程度まで情況は，70年代の終わりに銀の自由鋳造を停止せる複本位国におけるのと類似していた。のみならず綿密な科学的研究は，金の流通なくとも金本位を創造することが可能であること，すなわち，母国の金本位とは金準備が少額であることによってのみ区別される金本位をインドに与えるためには，銀ルピーの自由鋳造を停止し，一定率でそれが金に兌換されることを発表し，かつ適当な兌換基金の設定によりその兌換を実際にも行うことで充分であることを，示すに相違なかった。かかる本位制度の計画が精密に完成されているのを見出すためには，リカルドの著作を調べさえすればよかった。リンゼイ[1]とプロビン[2]はこの方法を取り，リカルドを基礎にして，この種の規定の腹案を作り上げた。両者は銀貨造幣所を閉鎖し，ルピーを確定比率で金に兌換し得るものたらしめようとした。法的支払能力は将来もルピーにのみ賦与されるはずであった。両者の提議の間には，二，三の枝葉の点について相違があったが，そのうち最も重要なのは，プロビンはルピーがインドその国において金に兌換されることが必要であると認めたのに反し，リンゼイは兌換がロンドンにおいて，そこに設置されている金準備在高から行われれば充分であると考えたことである。両者の提議は，インド政府によってもまたインド貨幣制度問題の研究のために任命された委員会によっても，退けられた。正常な金本位は現実の金流通をも必要とし，それを欠けば

## 第2章 流通手段の発展

不信の念が喚起されるという意見が，表明されたのである。[3]

1) Lindsay, A Gold Standard without a Gold Coinage in England and India, Edinburgh 1879, S. 12 ff. 1892年匿名で "Ricardos Exchange Remedy" なる標題の下に刊行された同一著者の第2の著作は，私の手に入らなかった。
2) Probyn, Indian Coinage and Currency, London 1897, S. 1 ff.
3) Report of the Indian Currency Committee 1898 (in Stability of International Exchange, Report on the Introduction of the Gold-Exchange Standard into China and other Silverusing Countries submitted to the Secretary of State, October 1, 1903, by the Commission on International Exchange, Washington 1903, Appendix G.) S. 315 ff. ハイン，前掲 Die indische Währungsreform. 54頁以下, Bothe, Die indische Währungsreform seit 1893, Stuttgart 1904, S. 199 ff.

1898年の委員会報告は最も優秀な専門家によって署名され，プロビンおよびリンゼイの提議に対する意思表示は，決定的な点について，イギリス帝国最大の銀行家の意見を基とした。しかし事件の経過と共に，正しいのは理論家であって，彼等を憐笑して見下した政治家および大財政家ではないことが明らかになった。インドで実際に実現されたものは，細目について差異があるにしても，大体にプロビンとリンゼイの提議に一致する。以前に銀本位が支配した他の領域の貨幣制度も，全く同じようにして整備された。インド，海峡植民地，フィリピン，およびそれらの例に倣った他のアジア諸国の今日の通貨制度は，外面的には次の如き特徴を持っている，国内取引では貨幣すなわち金での売買が全く行われないか，もしくは欧米の金本位諸国――それらの国々でも現実の金による売買は，貨幣によって媒介される全支払の総額に比して極めてわずかに過ぎないが――に比べてはるかにまれであるということである。支払取引は銀行券，小切手および振替譲渡の外に，主として銀貨を利用するが，それは一部はなお銀本位時代からのものであり，一部は国家の計算でかつ著しい鋳造利得が帰する国庫の利益のために，政府によって鋳造されるものである。政府により設定，管理される兌換基金は，この銀貨を確定率で金，金為替もしくは他の何時でも支払われる金債権と換え，他方同一率で――僅少な差異が保管，輸送等

## 第3部　流通手段とその貨幣に対する関係

の費用のために参酌された——金を無制限にかかる銀貨と交換する。この制度の仔細の点は種々なる国によって同じでない。しかし法的および銀行技術的細目は，その本質を判断するに当たってはどうでもいいことである。例えば，銀貨の兌換が兌換金庫によって拘束的な法規に基づいて行われるか，それともかかる義務なくして行われるかということは，格別重要ではなく，決定的なのは要求されれば兌換が実際に行われるという一つの事情のみである。[1]

1) 大戦中のインフレーション時代におけるインド通貨の運命については，Spalding, Eastern Exchange, Currency and Finance, Third Edition, London 1920, S. 31 ff. 参照。

かのアジアおよびアメリカ諸国の通貨制度と欧州金本位諸国のかつての通貨制度との間には，根本的な差異は全く存しない。いずれにおいても，支払取引は現金の移転なくして，流通手段の譲渡によって処理される。イギリスおよびドイツでは，それとならんで中額支払に対し現金移転もなおある役割を演じたこと，それに反しインドおよびフィリピンでは，現金移転はほとんど挙ぐるに足らないこと，前に挙げた国々では貨幣によって準備されぬ銀行券流通の割合が，後に挙げた国々におけるより少なかったこと，これらは全く些細なことといわざるを得ない，いわばここに存するのは量的な差異であり，質的な差異ではない。同様に，前者では流通手段が主として銀行券と小切手であったが，後者では主として銀貨であるという事情も重要でない。銀ルピーは実際には，発行者たる国家がその兌換の労を負う金属的紙幣に外ならないのである。[1]

1) Conant, The Gold Exchange Standard in the Light of Experience, (The Economic Journal, Vol. XIX. 1909) S. 200.

百年以上前にこの貨幣制度の計画を初めて展開した[1]リカルドの思考過程にちなんで，この貨幣制度を金為替本位（金核本位）として論ずるのが常である。この称呼はこの制度を特色付ける銀行技術的および通貨技術的特殊性を強調しようとする時にのみ，承認され得る。だがそれによって，かつてのイギリスード

## 第2章　流通手段の発展

イツ型金本位との原則的差異を表現しようと意図するのであれば，この称呼は退けられねばならぬ。かの国々では，金は単に価格の尺度として働くに過ぎず，銀貨が一般的交換手段として使用されると主張することは，正しくない。我々は貨幣の価格測定的機能を論ずることがいかに正当でないかを知っている。リカルドの意味では価値測定と価値尺度とが論ぜられ得たが，主観的価値論の立場からは，このような観念は排斥されねばならぬ。インド，オーストリア・ハンガリーおよび類似の貨幣，銀行制度を持つ他の国々においても，金はイギリスもしくはドイツにおけると同様に一般的交換手段であり，もしくは一般的交換手段であった，したがって両制度の差異は原則的ではなくして段階的に過ぎない。

1) 1816年に公にされた著作，Proposals for an Economical and Secure Currency with Observations on the Profits of the Bank of England. において。前掲 Works 404頁以下参照。

**4** 反対債権の差引勘定によりまたは債権の混同により支払を実現する習慣は，政治的なもしくは地理的な国境に拘束されなかった。地域間の取引においてこそ，かかるものに対する欲求は最初にそして最も強く感ぜられた。貨幣の輸送は常に少なからぬ費用，利子の損失および危険を伴う。種々なる取引から生ずる債権が現金の移転によらずして，差引勘定もしくは混同によって決済されれば，すべてこれらの支出および危険は避けることができる。その点に，遠距離取引において貨幣使用を節約する支払方法が普及する極めて有効な動機が存した。つとに我々は地域間の支払に手形の使用がひろく行われたのを見出す，次いでそれと並んで後には小切手，振替 (Auszahlungen) および電信為替が現われ，それらはすべて，特別な清算機関の媒介なくして市場の自由な営みによって実現される地域間の清算取引の基礎をなすのである。地域的な支払取引では，清算による，それ故現金を用いない取引の処理によって個人に生ずる利益は，地域間のそれに比して少ない，したがって地域的な支払取引にあっては，

第3部　流通手段とその貨幣に対する関係

相殺組織が清算機関の設立によって出現するまでに，一層長い時間を要したのである。

　清算取引は政治的境界を難なく踏み越え，国際的な手形取引および小切手取引においては世界を包括する組織が作られたが，流通手段は，一般にあらゆる貨幣代用物がそうである如く，その通用力が国家的に拘束されていた。国際的に承認され，したがって国家間の取引において，清算されぬ残高を決済する必要がある場合に，貨幣に代わり得るような貨幣代用物，それ故また流通手段は存在しない。国際的な支払取引の現状とその将来の発展の可能性を論ずる時，このことはしばしば看過される。すでに論難されたかの相殺組織と流通手段流通との混淆が，またもやここにまぎれ込む。このことは，国際的振替取引に関し普通行われる議論において，最も明らかとなる。国家的な振替取引では，支払は，しばしば流通手段たる貨幣代用物の移転によって，すなわち振替銀行に設けられる関係者の当座勘定の移転によって成就される。国際的取引には貨幣代用物を欠き，また種々なる方面から提議される国際的振替取引も貨幣代用物を採用しようとはしない。むしろこのいわゆる国際的振替取引は——戦争インフレーションはそれすら再び無くなしてしまったが——国際的貨幣債権の在来の処理方法の外面的形態を変えこそすれ，その本質を変えるものではなかったことが，明らかに認められねばならぬ。諸国の銀行が一致して，その顧客に自己の貸方勘定を直接外国銀行の顧客の貸方勘定に振替える権利を認めるならば，それによって恐らく従来の国際的清算方法 (Methoden der internationalen Skontration) に新しい方法が加わることになるであろう。ベルリンの人にある金額を支払おうとするウィーンの人は，以前には国際的な郵便為替を利用するか，それでなければ取引所でベルリン宛の手形を買い，これを債権者に送るかすることを得た。通常彼は銀行の媒介を必要とし，銀行はまた銀行で外国為替もしくは小切手の買入れによってその業務を遂行したであろう。後には，彼がオーストリア郵便貯金局の小切手取引に加入し，彼の債権者がドイツ帝国郵便局の小

## 第2章 流通手段の発展

切手取引に加入している場合には,ウィーンの郵便貯金局に適当な指図を発することによって,より簡単に振替を行うことができた。これは一層便利であり,かつ従来慣行されていた唯一の方法に比べて,活発な商業生活の要求に一層適当するであろう。しかし国際的な貨幣取引の新しい道は,この取引の疑いもなく極めて称賛すべき制度をもって踏み出されたのではなかった。なぜなら,この国際的振替取引の残高は,その支払が手形によって行われ得ない時には,現金移転によって決済されねばならなかったからである。国際的振替取引は国際的な貨幣輸送を減少したとすら主張することができない。国際的振替取引の採用以前にも,ベルリンの人に支払を行おうとするウィーンの人は,20マルク貨幣を買入れ,小包でベルリンに送ることはなかったのである。

国際的な発券銀行もしくは振替銀行の設立のみが,国際的な貨幣代用物,更にその結果として国際的な流通手段を作ることに役立つであろう。世界銀行によって発行された銀行券とそれによって開かれた振替勘定とがどこででも,あらゆる種類の貨幣債権の決済に使用され得るならば,国際的支払差額の残高を貨幣輸送によって補填する必要は消滅するであろう。世界銀行の銀行券もしくは,世界銀行における振出人の勘定がそれによって処理される小切手の伝送,あるいは世界銀行の帳簿の単なる書換が現金移転に代わり得るであろう。その時には,地域的に集中されずまた国民的清算機関の整然たる組織を欠くとはいえすでに今日存する国際的手形交換 (Clearing) の残高は,現在すでに国民的手形交換の残高が決済されるのと同じようにして決済されるであろう。

国際的銀行機関の設立によって,国際的に流通力を持つ流通手段を創造せんとする提議は,すでに繰返しなされた。もちろん,その言葉が通常使用される意味での国際的振替取引を実現せんとするすべての計画が,かかる提議に数えられ得るのではない。とはいえ,世界銀行もしくは少なくとも国際的銀行組織の設立を要求する著作のあるものには,国際的流通手段の理念がきらめいている[1]。諸々の国を包括するかかる制度の創設がもたらす組織上の問題は,種々な

## 第3部 流通手段とその貨幣に対する関係

る方法で解決され得るであろう。特殊な組織形式および独立の法人格としての世界銀行の構造は，恐らく新しい形象の最も単純な形式であろう。しかしこれとは別に，諸勘定開設のために払込まれた貨幣額の管理および預託と，貨幣代用物の発行とを目的とする特別な中央機関を設立することも可能であろう。傷つけられ易い国家的自負が恐らく銀行業務の地域的集中に反対して持ち出すであろう障害は，世界振替機関および世界発券機関の貨幣準備がそのまま個々の国民的銀行の保管にゆだねられるということによって，避けようと企てられ得るであろう。その時には，各中央銀行の貨幣準備は二つの集団に区別されねばならぬであろう，一つはすなわち支払取引の世界組織の基礎として役立たねばならぬものであり，それはこの世界組織の機関によってのみ処理され得る，第二のものは将来も国民的貨幣取引に役立ち得るものである。更に進んで，国際的銀行券および他の貨幣代用物の発行をも個別銀行にゆだね，後者はその際世界組織の機関によって発せられた訓令に従う義務をのみ負うとすることも可能であろう。種々なる可能性の中どれが最も実際的であるかを研究することは我我の任務ではない，けだし我々に興味を与えるのは，その本質のみであってその具体的形態ではないからである。

1) Patterson, Der Krieg der Banken, Aus dem Englischen von Holtzendorff, Berlin 1867, S. 17 ff: Wolf, Verstaatlichung der Silberproduktion und andere Vorschläge zur Währungsfrage, Zürich 1892, S. 54 ff; Wolf, Eine internationale Banknote, (Zeitschrift für Sozialwissenschaft, XI. Bd. 1908) S. 44 ff.

だが一つの点が特に指摘されねばならぬ。世界銀行の帳簿における貸方勘定が貨幣の全額預入れに対し，もしくは貨幣の全額預入れに対してのみ発生した他の貸方勘定の借方への書換えによってのみ獲得され得るのであれば，また世界銀行は銀行券を貨幣と引換えにのみ交付するのであれば，世界銀行は今日なお国際的支払取引に大なる場所を占める貨幣額の輸送を無用のものとするであろうが，貨幣使用を節約するようにはこの場合作用し得ないであろう。もちろ

## 第2章 流通手段の発展

ん世界銀行はその時にも貨幣需要を引き下げ得るであろう,なぜなら移転は恐らくより急速にかつ摩擦少なく行われるであろうからである。しかし銀行の媒介によって行われるすべての売買は,依然として現金の使用を伴うであろう。もちろん貨幣個片は世界銀行の窖の中にじっと動かないままであり,その引渡を要求する権利のみが移転されるであろう。しかし売買高は銀行の貨幣預金高によって,きっかり制限されるであろう。貨幣額を移転する可能性は,現実の貨幣形態をとったこの貨幣額の存在に拘束されるであろう。国際的貨幣取引をこの桎梏から解放するためには,銀行券を貸付金としても発行し,信用によって貸方勘定を開くこと,すなわちその貨幣準備の一部分を貸出す権利が,世界銀行に認められねばならぬであろう。かくして初めて,国家間の支払取引に,国内的支払取引がすでに持つような流通手段が与えられることになり,それは現存する貨幣量から独立することになるであろう。

かくの如くして形成された世界銀行計画の実現には非常な障害が伴い,近い将来にそれを克服することに成功することは多分ないであろう。個々の国家で使用されている貨幣種類の相違は,この困難の最小のものであるに過ぎない,けだし世界大戦とその結果がもたらしたインフレーションにもかかわらず,我我は一日一日と物品貨幣金を基礎とする世界貨幣統一の状態に近付きつつあるからである。政治的情勢に基づく困難は確かに一層重要である。世界銀行の設立はその国際法上の地位が不明確なために失敗することがあり得よう。いかなる国家も,戦時にその国民の世界銀行における貸方勘定が封鎖される危険にさらされることを欲しないであろう。この点に生存問題が賭けられており,それ故いかに予防手段がめぐらされていようとも,いかなる国際法規も,かかる組織への加入に対する抵抗を放棄させる程,個々の国家を安心させることはできないであろう。[1]

1) 1911年に書き下ろされたこの言葉に,今日何ものも加える必要がない。

しかしながら国際的流通手段の発行に対する最大の困難は,世界銀行組織に

第3部　流通手段とその貨幣に対する関係

加入すべき国家の間に，流通手段の発行に当たり銀行によって遵守さるべき政策について一致が得難いという事情にある。発行さるべき流通手段量の決定だけでも，融和し難き対立を露呈させるであろう。それ故流通手段を発行する世界銀行の創設を目指す提議は<sup>1)</sup>，現状の下ではほとんど顧みられないのである。

1) De Greef, La Monnaie, le Crédit et le Change dans le Commerce international, (Revue Économique internationale. 8ᵉ Année, Vol. IV 1911) S. 58 ff.

# 第3章　流通手段と貨幣需要

**1** なかんずく手形交換所の整備によって達成される清算制度の発達は，広義の貨幣需要を減少する，すなわち貨幣によって媒介される交換行為の一部分は，貨幣個片もしくは貨幣代用物が具体的に流通せしめられることなくして，処理され得る。それによって，貨幣の内的客観的交換価値引下げの傾向が作り出され，それは流通経済の進みつつある拡張の結果たる貨幣需要の著しい増大から生ずるに違いない貨幣の内的客観的交換価値騰貴の傾向を阻止する。流通手段の発達も同様の方向に働く。取引において貨幣代用物として貨幣に代わり得る流通手段は，狭義の貨幣需要を減少させるのである。ここに流通手段の大なる意義があり，ここに貨幣と爾余の経済財との間に存する交換比率に対するその影響が，求められねばならない。

広義の貨幣需要を減少させる最も重要な制度たる手形交換所の設立および発達と同じく，狭義の貨幣需要を減少させる最も重要な制度たる流通手段の発展も，単に経済諸力の自由なる活動に任されていたのではなかった。商人および実業家，君主および国家の信用欲求と銀行家の営利努力とが発展の唯一の原動力ではなかったのである。経済政策もまた，それを助長し促進するために，意識してその過程に干渉した。多量の貴金属在高の有用性を信ずる素朴なミダス

## 第3部 流通手段とその貨幣に対する関係

的信仰が消え，貨幣問題の冷静な観察がそれに代わるに従って，狭義の国民的貨幣需要を減ずることが，卓越せる国民経済的利益であるという見解が強まった。アダム・スミスは，紙幣による金銀の駆逐は高価な取引手段を安価にしてしかも同じ職能を果たす取引手段をもって代えることであるのを指摘する。彼は一国に流通する金および銀貨を，あらゆる飼料および穀物がそれを通って市場に運ばれるが，それにもかかわらずそれ自身の上では何ものも産しない国道になぞらえる。しかるに紙幣発行はいわば空中に車道を通じて，道路の大部分を耕地と牧場に変え，かくして土地および労働の年々の収益を著しく高めることを可能にすると言う。[1] 同様の見解をリカルドもいだく。彼もまた，紙幣使用の最も本質的な利益は，流通装置のために国民経済が負う所の費用の減少であることを認める。彼のいだく貨幣制度の理想は，不変の価値を持つ貨幣の使用が最少の費用で国民経済に保証される状態である。この観点から出発して，彼は国内の現実的流通から貴金属貨幣を駆逐せんことを目指す提議を公式化する。[2]

1) スミス，前掲書第2部28頁，78頁。
2) Ricardo, The High Price of Bullion a Proof of the Depreciation of Bank Notes (Works, a.a.O.) S. 263 ff; Proposals for an Economical and Secure Currency (ebendort) S. 397 ff.; 上述312頁以下を見よ。

古典学者が貨幣需要を減少させる支払方法の本質について展開せる見解は，すでに18世紀に知られていた。古典学者の著作へ採り入れられ，ここで素晴らしい叙述を与えられたから，この見解は19世紀および20世紀にも一般的承認を保証された。時としてこの見解に向けられた反対論は，沈黙した。貨幣を節約する支払方法をできるだけ発達させることは，あらゆる国々で銀行政策の目標を成している。

物品貨幣が使用されている時には，貨幣を節約する支払方法の普及による貨幣需要減少の利益は明白である。我々はその際，清算制度と流通手段の発展が

## 第3章　流通手段と貨幣需要

　貨幣経済の完成によって惹起される貨幣需要の潜在的増大と少なくとも歩調を合わせ，その結果，しからざれば貨幣使用拡大の結果として生じたであろう貨幣の内的交換価値の激烈な騰貴が，不利なものと解されるその附随現象と共に，完全に避けられたことを全く度外視している。貨幣したがってまた貨幣素材の交換価値の騰貴は，貨幣素材の生産に著しい刺激を与えたであろう。他の生産部門の資本および労働が貨幣素材生産に，具体的にいえば貴金属採掘に向けられたであろう。個々の企業にとって，このことは疑いもなく収益性の増加を意味した。しかし国民経済の具有状態 (Versorgungsstand) はそのために悪化したであろう。貨幣目的に役立つ貴金属存在量の増加は個人の地位を改善せず，その欲望充足を高めなかった。なぜなら貨幣職能は，より少量の貨幣量をもってしても同様に果たすことができたであろうからである。しかして他面，人間の欲望充足に直接役立つ経済財の具有は，しからざればその生産に使用されたであろう資本と労働力の一部がもし貴金属採掘に振向けられたならば，量的に悪化せざるを得なかったであろう。生産方向の推移を別としても，貨幣的用途から生ずる貴金属の価値騰貴の結果，工業的用途に供される存在量が減少することによって，──なぜならある量がこの用途から他の方へ移されるから──具有状態の悪化が現われる。これらすべてのことは，我々が貴金属を自ら生産せずして輸入する国民経済を考えるならば，特に明らかとなる。かかる国民経済においては，費用額は，追加的貨幣素材を交換によって得るために外国に交付されねばならぬ商品量に表わされる。貴金属を自ら産出する国でも事情は原理的には同じであるが，ただ他の生産部門をゆるがせにし貴金属採掘を優遇することによって生ずる具有状態毀損の算出方法のみが異なる，それは恐らく認め難いであろうが，理論的には同様精密に把握し得るものである。貨幣的用途へ貨幣素材が流出することによって生ずる附加的損害の大きさは，貨幣的用途のために他の用途から取去られる素材量によって，常に与えられている。

　信用貨幣もしくは表象貨幣が使用される時には，清算による支払方法と流通

## 第3部 流通手段とその貨幣に対する関係

手段使用の拡大によって，貨幣の内的交換価値の騰貴が避けられるというもちろん有力ではあるが唯一つの要素のみが現われ，他の根拠はこの貨幣制度においては消滅する。国民的な貨幣装置を最少の費用をもって建設し活動状態に維持する経済原理は，この場合には他の方法で達成されねばならない。例えば紙幣券を最少の生産費をもって製造することが目指されねばならぬ。この問題に対しては，貨幣的な貴金属需要の減少の問題に対するが如き量的重要性が決して認められないことが，直ちに知られる。たとえいかに綿密な注意が紙幣の装飾に払われるにしても，紙幣製造の費用は貴金属生産の費用に決して近付くことすらできない。その際，なお紙幣の手の込み入った製造は犯罪的偽造をも防止し，したがってこの理由からしてもこの領域での節約は考えられるはずがないことが顧慮されれば，信用貨幣もしくは表象貨幣を使用する際に流通装置の費用を減少するという問題は，物品貨幣を使用する際と全く異なる本質を示すことが明らかとなる。

　**2**　貨幣需要の発展に対し，清算による支払方法と流通手段が持つ意義を余す所なく評価するためには，貨幣需要変動の性質を明らかに理解することを要する。

　貨幣需要の動きは，その発展の客観的前提に関する限り，あらゆる国民経済において同一の法則の妥当性を認識させる。貨幣によって媒介される交換方法の普及は貨幣需要を高め，間接交換の減退，自然交換への復帰はそれを減少する。しかし現在何らの役割も演じない間接交換適用範囲の変動を度外視しても，一般的な国民経済の発展によって制約される貨幣需要の大なる変動が行われる。人口の増加，分業の進歩，それと手をたずさえて進行する交換取引の普及は，個人の貨幣需要，したがって個別経済の貨幣需要の総計たるに過ぎぬ国民経済の貨幣需要をも増大させ，人口の減少，流通経済の退歩はその縮小を生ぜしめる。これは貨幣需要形成における大なる変化である。この大なる変動の内部で，より小なる週期的変動を看取することができる。かかるものはまず第一に景気

## 第3章 流通手段と貨幣需要

の循環,すなわち近代の経済生活に特有な高揚と沈滞,好況と不況の循環によって惹起される[1]。景気の波の高低は常に数年の週期を包含する。しかし個々の年,四季,月,週,否一日の中にすら,貨幣需要の高さの著しい変動が存在する。貨幣によって媒介される取引契約の締結は一定の時期に集中し,またそうでない場合にも,買手側の取引契約履行をある期日に集める慣習は,貨幣需要の差異に影響する。日々の市場では,貨幣需要が市場時間中にその前後に比して強いということは余り現われることがないかもしれない。取引行為が週,月,年市場に集中する場合には,貨幣需要の週期的増減ははるかに明瞭に認められる。労働者の賃金および使用人の給料を一日毎にではなくして,週毎に,月毎にもしくは四季毎に支払う慣習は同じ方向に作用する。借地料 (Pachtschillinge) と家賃 (Mietzinse),貸付利子と年次償却金も通常一定期日に支払われる。仕立屋,靴屋,肉屋,パン屋,本屋等の勘定,医師の謝礼等はしばしば一日毎ではなくして定期的に決済されるのが常である。すべてこれらの制度に内在する傾向は,一定日を清算日,支払日として定める商人の慣習によってはなはだしく強められる。月央 (Medio) および月末 (Ultimo) はかかるものとして特別の重要性を獲得し,月末の中では更に季末が特に重要である。しかしなかんずく,一国民経済内で年々なされる支払は秋に集中するが,そのことに対しては,自然的原因からして農業の繁忙期が秋であるという事情が決定的である。すべてこれらの事実は繰返し極めて詳細に統計的に証明されたものであり,したがってそれは今日銀行制度および貨幣制度に関するあらゆる論述の共有財産である[2]。

1) 景気変動が流通手段政策に依存することは,390〜1頁を参照せよ。
2) ジェボンス,前掲 Investigations in Currency and Finance 8頁, 151頁以下, Palgrave, Bank Rate and the Money Market in England, France, Germany, Holland and Belgium 1844–1900, London 1903, S. 109 f. 138 f. ラフリン,前掲 The Principle of Money 409頁以下。

**3** 貨幣と爾余の経済財との間に存する交換比率に影響を与えることなくして,現存する貨幣存在量の大きさをその時々の貨幣需要の高さに適応させる能

第3部　流通手段とその貨幣に対する関係

力が，通常，信用制度とますます繊細化する銀行組織および銀行技術によって達せられたといわれる支払制度の弾力性に帰せられるのが常である。かくして次の如く言われる。一方に信用流通手段の量と銀行の取引行為 (Handlungen des Bankwesens) もしくは貨幣引渡に代わり得る二契約当事者間の取決め，他方に貨幣の量との間には，前者を後者に固定的に従属させる確固たる関係を欠く。貨幣とその代用物，すなわちそれ故貨幣存在量と交換および支払行為との間の確定的な数量的関係の代わりに，取引は銀行施設と信用制度の組織によって極めて著しく貨幣量から独立せしめられた。貨幣，支払，信用制度の今日の組織は，貨幣の数量的関係の変動を均衡して作用させず，価格をできるだけ貨幣存在量から独立させる傾向を持つと。また他の者によっては，この適応力は流通手段にのみ，すなわち準備されざる銀行券，準備されざる当座勘定にのみ帰せられる。

1) シュピートホフ，前掲 Die Quantitätstheorie 263頁および次頁。
2) ヘルフェリッヒ，前掲 Studien 151頁および次頁，シューマッヘル，前掲書5頁以下。
3) White, An Elastic Currency, New York 1893, S. 4.

　この主張の真実性を吟味しようとすれば，まずその主張を，清算制度と流通手段発行の効果の混淆から生ずる曖昧さから解放せねばならぬ，そのためには両者の各々が別々に考察されねばならない。

　反対債権を差引勘定によって決済する慣習が必然的に伴う広義の貨幣需要の減少は，第一に，期限を同じくする債権と反対債権の数と大きさによって制限される。2人の主体の間では，与えられたる瞬間に彼等の間に相互に存する以上の債権と金額とが相殺されることはあり得ない。第三者に対する債権が支払の代わりに譲渡され，それが譲渡人と債務者 (debitor cessus) によって，後者の所有する前者に対する債権と相殺されることにより，差引勘定の適用範囲は拡張され得る，そして今日あらゆる重要な商業地に存する清算機関はかかる譲渡

## 第3章 流通手段と貨幣需要

の障害をなす技術的および法律的困難を除去し，それによって相殺制度の普及に極めて大なる貢献をなした。それにもかかわらず清算制度は一層完成することがなお可能である。相殺によって決済され得るような極めて多くの支払が，依然現金支払によって決済されている。あらゆる支払，消費者と小売業者の日常の小売取引の支払においてすら，——恐らく実際上の理由から容易には実現し得ないであろうが——まず差引勘定による決済が試みられる程極めて発達せる清算取引を想像するならば，我々は清算制度の発展の第二の限界に遭遇し，しかもそれは第一のものとは反対に打ちかち難きものである。与えられたる瞬間に履行さるべきあらゆる貨幣移転の完全な相殺は，個別経済の所得および財産状態とその現金保有の大きさに何らの推移も現われない国民経済の不変状態においてすら，個人の貨幣収入と貨幣支出とが時間的に一致し，その結果各人が受領せる貨幣額を直ちに再び支出し，何人も不意の不確実な支出のために或る貨幣額を『現金 (Kassa)』として用意しようとしない時にのみ，可能であろう。だがいやしくも貨幣がなお一般的交換手段として需要される間は，この前提は妥当しないばかりか決して妥当し得ないが故に，清算取引によって処理し得る移転行為の最高額は固定的に制限されることになる。国民経済の広義の貨幣需要は最も完成せる形態の相殺制度によっても，状況から与えられた最低限度以下には圧縮され得ない。

その時々の事情の下で清算取引の発展に開かれているこの余地の内部で，実際に清算取引がどの程度発展するかは，決して貨幣需要と貨幣存在量の比率の形成に左右されない。一方もしくは他方の相対的減少は，相殺制度の発達に対し，自発的に直接または間接の影響を及ぼし得るものではない。相殺制度の発達は常に特殊な原因に帰せられねばならない。清算による処理の進みつつある普及は，取引の増大的発展が貨幣需要をつり上げるのと丁度同じ程度に，それを圧し下げると仮定することが正当でないことは，清算制度の拡大が貨幣需要増大のテンポを決して凌駕し得ないと推測することが正当でないのと同様であ

## 第3部 流通手段とその貨幣に対する関係

る。二つの発展系列はむしろ相互に完全に独立している。両者の間に関係が存するのは次の範囲内においてのみである，すなわち貨幣の内的客観的交換価値騰貴の傾向が比較的強く現われる時期には，清算取引を一層発展させるという方法で貨幣需要を減少することにより，この傾向を意識的に阻止しようとする努力が，貨幣の内的客観的交換価値減少の傾向が存する時期よりも，一層強力に推し進められる理由があるという範囲内でのみであり，しかももちろん，貨幣の購買力騰貴の阻止が貨幣価値政策の目標として認められると前提してである。しかしその時には最早，貨幣の内的客観的交換価値の決定要素の自動的修正が問題なのではなくして，それに干渉するための政策的実験が問題なのであり，したがってどの程度この方策が成功するかは疑わしい。

　かくして，貨幣の内的客観的交換価値を動かさずに，貨幣存在量と貨幣需要との不均衡の出現を——それはしからざる時には貨幣と爾余の経済財との間に存する交換比率のそれに相応する，自動的に喚起される変動によってのみ除去され得る——排除する力を清算制度に帰することが，いかに正当性の少ないものであるかが容易に認められる。清算取引の発展は貨幣供給と貨幣需要の比率を規定する爾余の要素から独立している。したがって貨幣需要に対する，相殺制度の拡張もしくは退歩の効果は独立的現象であり，それは他の原因から市場において貨幣商品間の交換比率に影響する傾向を，強めることも弱めることもできるのである。売買の数と大きさの増大がそのまま貨幣需要の形成に作用し得ないことは，恐らく自明のことであろう。新しい売買の一部は清算によって処理されるであろう，なぜならこの部分も他の事情にして同じであれば (caeteris paribus)，今後もあらゆる売買のうち以前と同じ可除部分を処理するように拡張されるであろうからである。売買の他の部分に関しては清算取引の拡張が在来の程度を超えて行われる時にのみ，清算による決済が行われ得るであろう，しかしかかる拡張は決して貨幣需要の増大によって自動的に喚起され得るものではない。

## 第3章 流通手段と貨幣需要

**4** 流通手段の弾力性の学説，一層正確に表現すれば，その時々の広義の貨幣需要へのその自動的適応の学説は，近代の銀行理論上の議論の中心点にある。この学説が事実に一致しないこと，もしくは少なくとも通常それが宣明され理解される形式では事実に一致しないことが示されねばならぬであろう，けだしこれを立証することによって，同時に数量説の反対者の最も重要なる論拠の一つも崩壊するからである[1]。

1) 上述136頁および次頁。

トゥーク，フラートン，ウイルソンおよび彼等の初期のイギリスおよびドイツの門弟たちは，銀行券流通を増大しもしくは減少する力が発券銀行の掌中にないと教える。彼等は言う，流通銀行券の量は売買手段に対する国民経済の需要によって与えられる。売買の数と額が増大すれば，売買手段もその数と額とが増大し，売買の数と額とが減退すれば，必然的に売買手段もその数と額とが減少せざるを得ない。流通銀行券の量の膨張収縮は商業界に行われる変動の原因ではなくして，常にその結果たるに過ぎない。銀行の態度はその際単に受動的であり，銀行は総流通高を規定する事情に影響を与えずして，それによって影響される。一般的な生産および価格状態によって制約される限界以上に銀行券発行を膨張しようとするいかなる試みも，直ちに過剰銀行券の還流によって水泡に帰せしめられる，なぜなら取引は売買を成就するためにそれを必要としないからである。反対に一銀行の銀行券流通を恣意的に減少させるいかなる試みも，間隙が直ちに他の競争銀行によって満たされるという結果を惹起するに過ぎない。例えば銀行券発行が法律的に制限されているために，このことが可能でなければ，取引は自ずら，銀行券に代わる流通手段例えば手形を創造すると[1]。

1) Tooke, An Inquiry into the Currency Principle, London 1844, S. 60 ff. 122 f.; フラートン，前掲書82頁以下, Wilson, Capital, Currency and Banking, London 1847, S. 67 ff., ミル，前掲 Principles 395頁以下, ワグナー，前掲 Geld-und

### 第3部 流通手段とその貨幣に対する関係

Kredittheorie 135頁以下。この問題におけるミルの論理性の欠除に関しては，ウィクセル前掲書78頁および次頁参照。

銀行学派の理論家がこの点について銀行券に関し述べている所を当座勘定にも適用すれば，それは彼等によって述べられた，当座勘定と銀行券との本質的類似に関する見解に合致する。この意味に，流通手段の弾力性の学説は今日一般に解されており，かつこの意味でのみ，それはそもそも幾分かの根拠を持つかの如く弁護され得るのである。更に，流通手段は銀行券として現金兌換のために提出されるためであるにせよ，貸方勘定として引出されるためであるにせよ，発行銀行に対する公衆の不信の念からしてこの銀行に復帰するのではないことが，一般に承認されたものとして仮定される。この仮定もトゥークとその門弟たちの理論と一致する。

1) ラフリン，前掲 Principle 412頁。

銀行学派の根本的誤謬は流通手段発行の本質を誤認する点にある。銀行が手形を割引し，もしくは他の方法で貸付を供与する時には，将来財を現在財に対し交換するのである。発行機関はそれが交換において引渡す現在財すなわち流通手段を，いわば無から創造するから，その量の自然的制限は，すでに現在貸付市場で現在財と交換される将来財の量が固定的に制限されている時にのみ，問題とされ得るであろう。しかしそういうことは決してない。外部的事情によって，確かに将来財の量は制限されるが，それはすでに現在，市場に貨幣形態をとって提供されている将来財の量ではない。流通手段の発行者はその要求する利子報償を，自然的資本利子すなわち現物資本が貨幣の媒介なしに現物で貸付けられる場合に需要供給によって確定される利子率以下に低下させることによって，流通手段に対する需要を高めることができるが，それに反し銀行利率が自然的資本利子以上に高められるや否や，反対に流通手段に対する需要は全く無くならざるを得ないであろう。貸付市場に現われる，貨幣および貨幣代用物に対する需要は，結局，資本材に対する需要もしくは，消費の信用に関する

## 第3章 流通手段と貨幣需要

時には,享楽財に対する需要である。『かね』を借りようとする者は,もっぱら他の経済財を調達するためにこれを必要とするのである。たとえ彼が現金準備を補塡しようとするに過ぎないにしても,このことは与えられたる瞬間に他の財と交換する可能性を得る目的以外を持つものではない。期限の到来せる支払履行のために貨幣を必要とする時にも,事情は異ならない,この場合には,受取った貨幣をもって他の経済財を購入しようと意図するのは,正しく支払受領者である。

1) ウィクセル,前掲書V頁。

貨幣と爾余の経済財の間に存する交換比率の形成に対し決定的であるところの,貨幣と貨幣代用物に対する特殊的需要は,他の経済財を売買する際の個人の態度にのみ表現される。例えば貨幣のパンに対する交換が問題である場合にのみ,その交換される経済財たる貨幣と商品に対し交換に関与する個人の価値評価において与えられる順位が確かめられ,それに従って行動される,次いでそれから,数字的に明確な具体的交換比率が生ずる。しかるに再び貨幣で返還される,貨幣による貸付が欲求される時には,かかる考量は問題とならない。その時には現在財と将来財の価値の差異のみが顧慮され,かつそれのみが交換比率の形成,利子率の高さに対し決定的である。

事実銀行説は,発行者の意思に依存しない確定的な事情によって制約される以上の流通手段が流通せしめられ得ないことを,証明することもできないのである。それ故銀行説はその主要目標を,過剰の流通手段量がすべて流通から再び発行機関に追い返されるという主張の証明に向けた。貨幣とは反対に,流通手段は支払としてではなく貸付として市場に現われると,フラートンは教える,したがって貸付が返済されれば,それは自動的に銀行に還流せざるを得ないと[1]。確かにそうである。だが彼はその際,債務者が貸付額の返還に必要な流通手段量を,新しい貸付金の借入によっても調達する可能性を看過している。

1) フラートン,前掲書64頁。

## 第3部 流通手段とその貨幣に対する関係

　次いで，すでにフラートンおよびその一派の他の著述家に見出される思考過程を敷衍し，イギリスおよび大陸の銀行業のある種の制度——それはもちろん誤ってそれに認められるのとは全く異なった意味を実務に対して持つが——に依倚して，近代の銀行理論的文献は，弾力的な流通手段制度の設立に対して持つ短期の商品手形の意味を強調した。すなわちもし支払制度が支払手段に対する需要と直接因果的に関連せしめられるならば，著しく変化する需要へ極めて完全に適応する能力が支払制度に賦与され得ると。シューマッヘルによれば，それは銀行券によってのみ行われ得るのであり，ドイツでは，銀行券が経済生活の強度と共にその量の増減する商品手形を基礎とすることによって，それが達成された。常に異なる個々的の金額で表示され，その有効性が時間的に制限され，その真正さが多数の個人の信用に懸っているために，制限された流通力ほか持たぬ利付きの商品手形の代わりに，周知の半公共的な機関により大量に，常に同一の端数のない額で，時間的制限なしに振出され，それ故金属貨幣に近いはるかに広汎な流通力を持つ銀行券が，割引業務によって発行される。次いで割引手形の支払によって反対方向の交換が行われ，銀行券——もしくはその代わりに金属貨幣——が流通する支払手段の量を減少させつつ，銀行に還流する。もし貨幣が前給付の代わりに反対給付を要求する指図証券と定義されることが正しければ，引受けられた商品手形を基礎とする銀行券は完全にこの概念に一致する，なぜなら銀行券は給付と反対給付を相互に密接に結び付け，反対給付を媒介した後に規則正しく流通から再び姿を消すからである。商品手形によって作り出された，銀行券発行と経済生活とのかくの如き有機的結合によって，流通支払手段の量が支払手段に対する増大する需要に自動的に適応する結果が達せられる。このことが一層完全に行われれば行われる程，貨幣自身が価格に影響する価値変動をこうむることがますます無くなり，価格形成はますます商品市場における需要供給の形成によってのみ決定されることになると。[1]

1) シューマッヘル，前掲書112頁および次頁。

## 第3章 流通手段と貨幣需要

　以上の議論に対して、我々はまず、銀行券と他の貨幣代用物、貨幣によって準備されない銀行券と爾余の流通手段との間に本質的差別を立てることが、何によって是認され得るかという問題を提出せざるを得ない。小切手によって何時でも処理され得る当座勘定は、小額取引および一定の支払にそれを使用し難きものと思わせる二、三の重要ならざる技術的および法律学的な点を別とすれば、銀行券と同様に有用な貨幣代用物である。銀行が手形金額を銀行券で払出すことによって手形を割引くか、それとも振替勘定の貸方へ記入することによって手形を割引くかは、銀行技術的には出納掛りにとり重要と思われるある差異が存するかもしれないが、経済学的な観点からすればどうでもいいことである。同様に、銀行が流通手段を手形割引業務によってのみ発行するか、それとも他の短期の貸付をも供与するかということも、重要ではあり得ない。手形は法律学的および商業技術的に特殊な性質を持つ債務証書の一形式に外ならない。国民経済的には手形債権と、それと同じ真正さと同じ支払期限を持つ他の債権との間には、何らの差異も見出され得ない。更にまた商品手形は、信用取引の締結によって発生した未決済の帳簿上の債務と、単に法律学上異なるに過ぎない。したがって商品手形に基礎を置く銀行券流通の弾力性の学説は、信用売に基づく短期債権に対する融資 (Belehnung) によって発生する流通手段流通の弾力性の学説と結果を同じくする。

　ところで、信用買と信用売の数および範囲は、流通手段の発行者たる銀行によって遵奉される信用政策から決して独立しているものではない。信用条件の加重はその数を減じ、その緩和はそれを増大させるに違いない。即時に貨幣を必要としない者のみが、代金の支払を猶予して売ることができる、しかしこの場合には銀行信用に対する要求は全く現われないであろう。しかるに即座に貨幣を必要とする者は、この取引から生ずる債権を直ちに貨幣に変え得る見込みを持つ時にのみ、信用売の契約を結ぶことができる。他の信用授与者はそれが所有するのと丁度同じだけの現在財を、貸付市場の用に供し得るに過ぎない。銀行

## 第3部 流通手段とその貨幣に対する関係

はしからずして,流通手段の発行によって新しい現在財を調達することができる。銀行はそれに向かってなされるあらゆる信用要求を満たし得る。しかしこの要求の大きさは,銀行が信用供与に対して要求する価格にのみ依存する。銀行が利子要求を自然的資本利子の水準以下に引き下げれば——そしてそもそも銀行が流通手段の新規発行によって儲けようとするのであれば,それをなさざるを得ない,けだし銀行は新しい信用供給を持って市場に現われるのであるから——,この信用要求は増大するであろう。

銀行により流通手段の発行によって供与された貸付金の返済期限が到来すれば,いうまでもなくそれに相当する額の流通手段が銀行に復帰し,それにより流通量が減少せしめられる。しかし同時に銀行により新しい貸付が与えられ,新しい流通手段が流通に流入する。もちろん商品手形説の支持者は次のように異議を申立てるであろう,すなわち新しい商品手形が発生し割引を求めるために提出される時にのみ,流通手段のそれ以上の発行が起こり得ると。それは全く正しい。しかし新しい商品手形が発生するや否やは,まさに銀行の信用政策に懸っているのである。

我々は商品手形の過程,より正しく表現すれば,商品手形の連鎖の過程を描き出してみよう。綿花商が綿花を紡績業者に売ったとする。彼は紡績業者宛に手形を振出し,後者によって引受けられた3ヶ月手形を銀行に割引かせる。3ヶ月の経過後,引受手形は銀行により紡績業者に呈示され,彼によって支払われる。その間に綿花を紡ぎ,紡糸を織匠に売却した紡績業者は,織匠宛に振出し彼によって引受けられた手形を切ることによって,必要な現金額を調達する。所でこの二つの売買取引が成立するか否かは,主として銀行割引率の高さに依存する。売手,第一には綿花商,第二には紡績業者は,直ちに貨幣を必要とする,それ故売手は3ヶ月後に支払われる代金が割引料を差引いた後,それ以下では彼が商品を売ろうと欲しない額に少なくとも達する時にのみ,代価の支払を猶予して売却を行うことができる。この計算において銀行割引率の高さにい

## 第3章　流通手段と貨幣需要

かなる重要性が与えられるかは，格別説明することを要しない。我々の例は，売却された商品が手形の期間たる3ヶ月を経過して消費者に達し，信用を直接要求することなくして彼により支払われたと仮定する時にも，証明力を失うものではない。なぜなら消費者がこの目的に使用する金額も，労銀もしくは企業者利得として銀行の信用供与によってのみ可能にされた取引から彼等の手中に入ったものだからである。

我々は割引のために提出される商品手形の量がある時には膨張し，ある時には再び減少するのを見るからといって，この動揺が個別経済の貨幣需要の変動から説明されると，早急に結論してはならぬ。唯一つ許容される推論は，銀行によって現在定められている条件では余り多数の信用申込がなされないということである。流通手段銀行がその能動業務の利率を自然的資本利子に近付ければ，銀行に向けられる要求の規模は減じ，またその利率を引下げ，その結果自然的資本利子から著しく下方に遠ざかれば，この要求は増大する。流通手段銀行の流通信用に対する要求が動揺する原因は，その遵奉する信用政策以外には求められ得ない。

銀行はその権内にある所の，流通手段の発行によって流通信用を賦与するという力によって，貨幣および貨幣代替物の総流通量を無限に増加することができる。銀行は流通手段の発行によって広義の貨幣存在量を増加し，もって，しからざれば貨幣の内的客観的交換価値の騰貴を招来せざるを得ない貨幣需要の増大の，貨幣価値形成に対する効果を麻痺することができる。また貸付供与の制限によって広義の流通貨幣量を減少させ，もって，何らか他の原因によって生ぜざるを得ない貨幣の内的客観的交換価値の減少を避けることができる。そのことは，すでに述べた如く，事情によっては起こることがあるかもしれない。しかし流通信用賦与の全機構と流通手段が発生し再び発行機関に復帰する様式とは，必然的にかかる結果を導くとは限らない。例えば広義の貨幣需要の減退もしくは狭義の貨幣存在量の増加によって貨幣の内的客観的交換価値が減少す

## 第3部 流通手段とその貨幣に対する関係

る丁度その瞬間に,銀行が流通手段発行の増加を生ぜしめることも全く同様に起こり得るのであり,その時には銀行はその干渉によって,貨幣の内的客観的交換価値を変形する既存の傾向に拍車をかけることになるであろう。流通手段流通は誤って主張される如く,貨幣の内的客観的交換価値に影響することなくして自動的に貨幣需要を貨幣存在量に適応させるという意味で,必ずしも弾力的であるのではなく,それはどのような制限をもいれる余地があるのと同じく,どのような膨張,全く無限の膨張すらいれる余地があるという意味でのみ弾力的なのである。流通する流通手段の量は自然的制限によっては縮小されない。もし何らかの理由からそれを制限しようとすれば,それは目標を意識せる人間の干渉(銀行政策)によって何らかの方法で拘束されねばならないのである。

これらすべてのことは,もちろん,あらゆる銀行が流通手段の発行に当たり同一の原則に従って行動するか,もしくは全く唯一の銀行のみが流通手段を発行することを前提してのみ妥当する。多数の競争者と並んで業務を経営する個個の銀行は,独立の割引政策を取ることはできない。競争者の態度を顧慮して流通信用業務の利率を最早それ以上引下げ得なければ,銀行が——顧客範囲を拡張することなくして——より多くの流通手段を流通せしめ得るのは,それと競争関係にある銀行の信用条件に比し低からざる利率においても,流通手段に対する需要が存する時にのみ限られる。かくの如くして我々は銀行が貨幣需要の週期的動揺をある程度まで考慮に入れるのを見る。一致的行動を欠くために独立の利子政策を遵奉することが不可能である限り,銀行は貨幣需要の変動と平行して流通を増減する。それによって銀行は貨幣の内的客観的交換価値の安定に貢献する。それ故その点では流通手段流通の弾力性の理論は正しい,それは原因を全く取違えたにしても,市場に現われる現象を正しく把握したのである。しかるにこの理論は,それが認めた現象を説明するのに誤れる原理を用いたばかりに,流通手段流通から生ずるところの,市場を支配する第二の傾向を理解する道を,自己に全く遮断することになった。この理論は銀行が一致して

## 第3章 流通手段と貨幣需要

行動する限り，流通手段流通の不断の膨張したがって貨幣の内的客観的交換価値の下落が生ぜざるを得ないことを看過する可能性があったのである。

**5** 1875年3月14日のドイツ銀行法（第17条）は銀行的な兌換準備を手形に限る旨を法律的に規定し，その手形はしばしば実務上に商品手形たることを要すと解せられたが，実際はこの制限には，普通主張されるのとは全く異なった意味が認めらるべきである。この制限は銀行券発行を弾力的にするものではなく，また誤って信ぜられる如く，その国の貨幣需要と有機的に関連せしめるものですらない，これらすべてのことはつとに克服さるべかりし錯覚である。この制限はまた，それに帰せられる所の，銀行券の兌換可能性を維持するという意味を持つもつでもない，このことはなお後に一層詳細に論ぜられねばならぬであろう。

金属的に準備されざる紙幣発行，それ故銀行券の形態の流通手段発行の制限は，ピール条例の発展たるドイツ銀行法の根本的傾向である。そしてこの目的のために課せられた多数の種々なる形の障害の中では，銀行券発行に対応する資産の投資に関する厳格な規定も，少なからず重要な地位を占めている。この資産は単に債権ではなくして手形債権から成立たねばならぬこと，その手形は精々3ヶ月の期限を持つものであらねばならぬこと，それには通常3人，少なくとも2人の支払能力ありと知られる義務者が保証せねばならぬこと，これらすべてのことは銀行券発行を制限する。すでに初めから，国民的信用需要の著しい部分は，銀行から遠ざけられる。恐らく商品手形の概念を法律的に定義することが不可能なために，それに関し明文の規定が銀行法に採用されなかったとはいえ，疑いもなく立法者に意図された如く更に進んで兌換準備を商品手形にのみ限ることも，同様な効果を持つものである。いずれにしてもこの制限によって結局流通手段の発行が束縛されたことは，次の事実から最も良く明白となる，すなわち商品手形の数は銀行法出現の当時すでに限界に達しており，爾来，信用需要がその間著しく増大したにもかかわらず，商品手形の数は減退の

## 第3部 流通手段とその貨幣に対する関係

一路をたどったため,ライヒスバンクが信用供与の規模を減少することなくして,投資のためにかかる手形をのみ選び出そうとすると,困難に遭遇するという事実である。[1)]

1) Prion, Das deutsche Weschseldiskontgeschäft, Leipzig 1907, 120 ff., 291 ff.

**6** 銀行に向けられる貸付申込は,貨幣の譲渡を求める申込ではなくして,他の経済財の譲渡を求める申込である。貸付を得んとする者は資本を求めるのであって,貨幣を求めるのではない,すなわち彼は貨幣形態の資本を求めるのである,けだし貨幣を支配することによってのみ,正しく彼の必要とするあらゆる現物資本を市場で獲得する可能性が提供されるからである。ところが百年以上も前からその本質が経済学者にとり極めて難しい謎であった異常な現象の核心を成すのは,信用を求める者の資本に対する欲求が銀行により貨幣代用物の発行によって充足されるということである,もっともその際資本要求が仮りに充足されるに過ぎぬことは明らかである。銀行は無から資本を創造することはできない,しかし流通手段が資本に対する渇望をいやし,かくして貸付受領者に実際資本財に対する支配権を保証するのであれば,我々はまずこの資本の流れの発する源を探求せねばならぬ。その源を発見することは別に難しいことではないであろう。流通手段が貨幣代用物として貨幣のあらゆる職能を果たし,人間の広義の貨幣存在量を増加するのであれば,流通手段の発行は貨幣と爾余の経済財の間に存する交換比率の形成に対しそれ相応な効果を伴うに相違ない。流通手段で供与された貸付の受領者に対する資本供給の費用を負うのは,出現しつつある貨幣の内的客観的交換価値の変動によって損害をこうむるすべての人々であり,しかしてその全過程から生ずる利得は流通手段の発行者――それはもちろん時として他の主体と利得を分けねばならない(例えば利付の当座勘定もしくは発券銀行の純益に対する国家の関与を考えてみよ)――ならびに信用受領者の得る所となる。

銀行に向かって信用を求める企業家は常に資本の不足に苦しんでいるが,彼

## 第3章 流通手段と貨幣需要

等を駆って手形割引を求めさせるものは決して本来の意味の貨幣の不足ではない。この資本の不足は事情によっては単に一時的のものであるかもしれない，しかし他の場合には永続的のものであることもある。年々歳々絶えず短期の銀行信用を要求する多くの企業にあっては，資本の不足は永続的状態である。

　ここで我々が取扱わねばならぬ問題に対しては，企業家の資本不足の原因が奈辺にあるかはどうでもいいことである。それが設備資本の不足であるか，それとも運転資本の不足であるかということすら，差当たり枝葉末節のこととして顧慮しなくともよい。我々は時として設備資本の部分を流通信用によって調達することは至当でないが，それに反しこの種の資本調達は運転資本に対しては危険性が少ないという意見が主張されるのを聞く。最近の銀行政策上の論究では，類似の議論が大なる役割を演じた。人々は銀行がその発行する流通手段の主要部分を，運転資本ではなくして設備資本を求める工業的企業に対する信用供与に使用し，かくしてその資産状態の流動性を危くするに至ったことを非難し，流通手段発行によって生ずる債務に反対項目として対応する資産の状態を，流動し易い投資に限る法的規定を要求した。当座勘定の形式を取る流通手段に対し同様のことを命ずるかかる規定がいかなる意味を持つか，かかることはすでに以前に通貨学派の学説の影響を受け，いかにして銀行券発行に対し行われたかは，既に言及された。なお先で再び立ち返って論ぜられねばならぬであろうが，この制限もあらゆる類似のそれと同じく，流通手段の無限の増加の障害としてのみ実際的価値を持つことが，明確にされ得たのである。

　各企業の運転資本の一構成部分を成すものとしては，また企業目的のために用意された現金準備がある。企業が何らかの理由から現金在高を増加することを余儀なくされれば，それは企業資本増大の原因と認められねばならない。企業がこの目的のために信用を要求すれば，それは任意の他の原因から，例えば機械的設備等の拡張のために現われる信用需要と全く区別され得ない。

　さてすでに以前に述べたものに何ら新しいことを付け加えるものではないが，

## 第3部　流通手段とその貨幣に対する関係

　今や，それによって貨幣および資本取引の二，三の重要な過程が一層明らかにされ得る一現象に注意が向けられねばならぬ。取引の慣習はあらゆる種類の支払の期限を一定の日に集中させ，かくしてこの日には他の日よりもはるかに強度の貨幣需要が現われざるを得ないことは，すでに繰返し言及された。週末，半月末，月末，四季末への支払期限の集中は，貨幣需要それ自体と共にもちろん企業の資本需要をも著しく高める要素である。一定の日に，この日もしくは次の日に支払期限の到来する債務と同額の入金を確実に予期し得る者が，それを直ちにこの債務を支弁するために用い得るのは稀有の場合である。支払技術というものは，すでに二，三日前から必要な資金を自由に処理し得るように調達することなくして，債務を正確に履行することが常に可能である程進歩せるものではない。銀行に支払うべき手形を9月30日に引取らねばならぬ者は，通常この日以前に手形資金の用意をせねばならない，したがって手形の支払日になって初めて流入する金額は，大抵の場合この目的に使用し得ないことが立証されるであろう。いわんやその日の入金を，同じ日に空間的に離れた土地でなされねばならぬ支出を支弁するために使用することは，全く実行し難い。それ故主要な支払期日 (kritische Zahlungstermine) には，急速に出現して再び急速に消滅する，個々の企業の高まれる貨幣需要が現われざるを得ない。この貨幣需要ももちろん資本需要である。屁理屈屋の理論家は商人的語法にくみして，貨幣需要と資本需要との微妙な区別を行うのが常である，すなわち彼等は短期の信用に対する欲求を貨幣需要として，長期の信用に対する資本需要に対立させる。多くの混乱を惹起したこの術語を保持することはほとんど意味がない。このいわゆる貨幣需要は真の資本需要に外ならない，このことは決して忘れてはならぬ。企業によって現金在高を補充するために短期の貸付が調達される時には，将来財の現在財に対する交換という真の信用取引が存するのである。

　これらの支払期日に現われる，貨幣したがって資本に対する企業家の高まれる需要は，流通手段銀行に向けられる貸付申込の増大となって表われる。流通

## 第3章 流通手段と貨幣需要

手段のうち，第一等の役割を演ずるのが当座勘定ではなくして銀行券である国国では，このことは割引のために発券機関に提出される手形量の増加に，そしてこれがまた実際に割引かれれば，銀行券流通の増加に認められる。だが主要な支払期日を中心とする銀行券流通のこの規則的な増減は，決して国民経済に存在する総手形量の増大をもって説明され得るものではない。新しい手形，特に短期の手形が振出され，それが割引のために銀行に提出されるということはない。むしろ正常的な商業上普通の期間を持つ手形は，満期の少し前に換金される。それまで手形は非銀行家もしくは，その顧客範囲が余り広くないためにせよ，現存する法律上の障害のためにせよ，流通手段発行が制限されている銀行によって，紙挟み(ポートフイユ)の中にしまって置かれたのであり，貨幣需要が増大する時に初めてそれは大発券銀行に向かうのである。中欧の中央発券銀行の銀行券流通の膨張が国民経済の中で振出された手形量と有機的に関連するという主張が，いかに正当性の少ないものであるかはそれによって知られる。手形の一部分のみは銀行により流通手段の発行によって割引かれるが，他の部分は流通信用を要求することなくして運行を終わる。しかして両部分の量的比率がいかにして形成されるかは，全く流通手段銀行側の遵奉する信用政策に依存する。

1) 主要な取引期日の少し前に私的銀行によってライヒスバンクで行われる再割引の一部は，私的銀行の資本不足に由来するのではなくして，むしろ，ほとんど支払期限の到来せる債権を回収のためにライヒスバンクに移転する目的に出るのである，けだしライヒスバンクはその広汎なる支店網によって最も安価にこの任務を果たすことができるからである。プリオン前掲書138頁および次頁参照。

銀行立法は各季末における貨幣需要の異常な膨張を特別に考慮した。1909年6月1日のドイツ銀行法改正法第2条は一般に5億5,000万マルクと定められた無税の銀行券発行額を指示に基づき各暦年の3月，6月，9月，12月の末日に作製さるべき租税計算に関しては，7億5,000万マルクに拡張した。それによって銀行が数十年来守るのを常とした処置が是認されたのである。それらの

## 第3部 流通手段とその貨幣に対する関係

主要な支払および清算期日には，企業家の信用需要が高まり，したがって自然的資本利子の利率も高くなる。しかし流通手段銀行は割引利率を全く引上げないかもしくは少なくとも自然的資本利子の騰貴に完全に一致する額だけ引上げることをせずに，貸付利子の上昇を阻止しようとした，その結果はもちろん流通手段流通額の膨張とならざるを得なかった。国家の銀行政策は，疑いもなく貨幣の内的客観的交換価値の安定に資する銀行のこの慣行を，一般に妨害しなかったのである。1909年のドイツ銀行法は，その慣行を直接に支持しようとした最初のものであった。

**7** かくして貨幣の内的客観的交換価値に影響することなくして，流通する流通手段量が動揺する貨幣需要へ自動的に適応するということは問題とならない。したがって貨幣流通のいわゆる弾力性を指摘して数量説の実際的意味を否認するあらゆる論述も，誤りたることを免れぬ。流通手段存在量の増減は自由な銀行制度において，広義の貨幣需要の増大または減退と直接もしくは間接の自然的関連にないこと，貨幣存在量の増減が狭義の貨幣需要の増大もしくは減退と関連がないのと同様である。流通手段銀行が目的を意識してそれを達成しようとする限りでのみ，かかる関連が存する。それを別とすれば，元来相互に独立せる二つの発展系列の間の結合は，政策によって——例えば広義の貨幣需要が増大する時期に流通手段の増加を目指し，かくすることによってしからざれば予期されねばならぬ貨幣の内的客観的交換価値の騰貴を阻止しようとするが如き政策によって，人為的に作り出されるに過ぎない。貨幣の内的客観的交換価値の動きを近似的に測ることすら不可能であるため，我々は前世紀に地球上のほとんどすべての国々に現われた流通手段の増加が，貨幣量の増加と一致して広義の貨幣需要の増大と歩調を合わせたか，それに遅れたか，あるいはまたそれを凌駕したかを判断することができない。ただ少なくとも広義の貨幣需要の増大の一部分が貨幣および流通手段の流通量の増加によって，貨幣の購買力に対する効果を奪われたことだけは，確実に認めることができるのである。

# 第4章　流通手段の貨幣への兌換

**1** 貨幣代用物はその支払能力があらゆる疑惑を超越せる人々に対する，何時でも支払われる貨幣債権として，その表示されている貨幣額と全く同じ高さに評価されるということは，何も事珍しいことではない。もちろん次の如き問題が現われて来る，そもそもその支払能力があらゆる疑惑，最少の疑惑をすら超越せる程全く確実な人々が存在するであろうかと。まだ前日には誰もその支払能力を疑おうとしなかった銀行が，不名誉にも倒壊した例はすでに一再にとどまらぬことを指摘し得るであろう。かかる出来事の思い出は人間の記憶から全く消え去るわけにはいかなかった，したがってそれは貨幣と，貨幣で表示される何時でも支払われる貨幣債権との評価における少なくとも些少の差異を——この債権が人間の予見では全く確実であると見なされねばならぬ時ですら——生ぜしめざるを得ないのであろう。銀行券および小切手に対するある種の不信が生じ，次いでそれから必然的に貨幣に比して貨幣代用物が低く評価されざるを得ない根源が，かかる問題によって露わにされることを承認せねばならぬ。しかし他面にはまた，貨幣を貨幣代用物と交換せんとするすべての要求が直ちに充足されるのでないとすれば，個人をして貨幣代用物を貨幣より高くすら評価させる一連の理由が存在するのである，しかしそれについてはなお後に

## 第3部 流通手段とその貨幣に対する関係

論ぜられるであろう。更にすべてこれらの事情を全く度外視しても，今日では最早流通手段の質についての疑惑は維持され得ないことがなかんずく明確にされねばならぬ。比較的小額なおよび極めて小額な貨幣代用物では——その中では補助貨幣が最も重要な地位を占める——かかる種類のすべての危惧は全く問題とならない。しかし巨額取引の要求に応ずべき貨幣代用物にあっても，損失の可能性は現状では存在しないも同様であり，少なくとも大中央銀行によって発行されたものについては，それは一定貨幣種類の貨幣的地位の剥奪によって貨幣所有者を脅かす危険に比して大ではないのである。

　貨幣と，同額の貨幣を直ちに引渡すべき旨の確実な債権との，完全な等価性から，かくて全貨幣制度に対し極めて重要な結果が生ずる，すなわちかかる債権は貨幣に代わり，貨幣が授受さるべきところではどこでも授受され得るということこれである。交換行為は貨幣によって媒介される，その点は依然として変わりが無い。買う者は貨幣をもって買い，売る者は貨幣に対して売る。しかし交換行為の実現は必ずしも貨幣額の授与によって行われるのではない，それは等額の貨幣債権の譲渡もしくは振替によっても行われ得る。かくて上に数え上げた条件を満たすかかる貨幣債権は，その獲得者が一人として債権を実現しようとする欲求を感ずることなくして，転々流通する。実際かかる債権は全く完全に貨幣のあらゆる職能を果たすのである，それでは何のために兌換の労が負われるのであろうか？　ひとたび流通せしめられた債権は流通にとどまり，それは貨幣代用物となる。銀行の確実性に対する信頼の念が動揺しない間は，また顧客が相互の取引に必要とする以上の貨幣代用物を銀行が発行しない間は——その際銀行によって発行される貨幣代用物を貨幣の代わりに受領する者は，すべて銀行の顧客と見なされねばならぬ——，貨幣代用物の基礎となる請求権が，兌換のための提出（銀行券の場合）もしくは引出（当座勘定の場合）によって行使される結果を生ずることは全くない。したがって発行機関は，その顧客範囲外の人々と取引する必要が所有者を強制して兌換させるに至るまで，貨幣代

## 第4章 流通手段の貨幣への兌換

用物が流通にとどまることを予期してよい。実にこのことこそ，そもそも流通手段を発行する可能性，すなわちそれに包含された即時的兌換の約束を守るために必要な金額を用意することなくして，貨幣代用物を流通せしめる可能性を発行機関に与える所のものである。

それにもかかわらず，流通手段を発行しそれが表示されている貨幣額との等価性を配慮する機関は，その所有者がこの流通手段を貨幣代用物として承認しない人々に支払をなさねばならぬ時に貨幣と交換するために提出する流通手段を，即座に兌換することをなし得なければならぬ。この方法によってのみ，一方に貨幣他方に銀行券と当座勘定との間の価値の差異の出現が，阻止され得るのである。

**2** 流通手段とそれが表示されている貨幣との等価性を配慮しようとする発行機関は，所有者の不信の念からそれに復帰する流通手段の兌換を実現するために，予防手段を取らねばならぬという見解がしばしば主張された。この意見に賛同することはできない，それは兌換準備金の意味と目的を全く誤認している。不信の念が所有者を駆って発行機関の窓口に殺到させる時に流通手段兌換の可能性を発行機関に与えるということは，兌換準備金の任務ではあり得ない。流通手段の流通力に対する信頼の念は個別的の現象ではなくして，一領域のあらゆる経済主体の全部によって共にされるか，それとも全く存しないかどちらかである。流通手段の使用価値の前提は，それが表示される貨幣額との完全な等価性であり，この等価性は住民の一部分においてのみ発行者に対する信頼の念が動揺しても，直ちに消滅する。他の誰も疑わない銀行の支払能力を確かめるために，銀行券を兌換のために提出する田舎者の如きは，銀行の恐れる必要がない喜劇的人物に過ぎぬ，したがって彼のためには何ら特殊な予防手段や施設を必要としない。しかし流通手段を発行するいかなる銀行も，すべての人が換金のために銀行券を提出しもしくは当座勘定を引出し始めれば，支払を停止せざるを得ない。銀行は恐慌に直面して無力である。いかなる制度もいかなる

第3部　流通手段とその貨幣に対する関係

政策も，かかる瞬間に銀行を助けることはできない。このことは，その支配し得ない貨幣額を支払うべき義務を銀行に負わせる流通手段の本質から，必然に生ずる所である。

1) リカルド，前掲 Proposals 406頁, Walras, Études d'économie politique appliquée, Lausanne 1898, S. 365 f.

最近2世紀の歴史ではかかる惨事の実例は一再にとどまらない。人々は銀行券所持者と当座勘定の所有者との突撃につぶれ去った銀行に対し，それが不注意なる信用供与，その資力の固定もしくは国家に対する前貸金の授与によって崩壊を惹起したことを非難し，銀行指導者を厳しく弾劾した。国家自身が流通手段の発行者たる場合には，人々は多くは，銀行の経験的原則に反するその発行方法を目して，兌換維持不可能の原因となした。この見解が誤解に基づくことは明らかである。例え銀行はそのあらゆる資産を短期の，比較的短時間に換金し得る投資に投じたとしても，債権者の要求に応ずることはできないであろう。そのことは，銀行の債権がある期間の経過後に始めて支払われ得るものであるのに，銀行の債権者のそれは即座に支払うべきものであることからしても，当然である。

そのように流通手段の本質中には解き難い矛盾が蔵されている。流通手段の貨幣との等価性は，それが何時でも権利者の請求により貨幣に兌換されるであろうという約束およびこの約束が適当な予防の処置によって有効なものにされるであろうということに基づく。しかしそのことは——それもまた流通手段の本質から生ずるのであるが——銀行が貸付けた金額を即座に流動化し得ない限り不可能である。流通手段の発行が銀行的に行われるか，それとも非銀行的に行われるかを問わず所持者の信頼の念が消滅すれば，即座の兌換は常に実現を期し難い。

**3** 流通手段を発行する機関は恐慌の結果に対して全く身を守り得ず，すべて深刻な取付け (run) には抗し得ないという，すでにリカルドによって明らか

## 第4章　流通手段の貨幣への兌換

にされた認識から，もし欲するならば，流通手段創造の禁止を要求する結論が得られるであろう。多くの著者はこの道を歩んだ。彼等はある時には金属的に準備されない銀行券の発行の禁止を，ある時には完全な金属的準備の基礎の上に処理されない振替取引の禁止を要求し，またある時には――それは全く論理的であるが――二つの要求を結び付けた。[1]

1) 例えば Tellkampf, Die Prinzipien des Geld- und Bankwesens, Berlin 1867, S. 181 ff., Erfordernis voller Metalldeckung der Banknoten, Berlin 1873, S. 23 ff.; Geyer, Theorie und Praxis des Zettelbankwesens, 2 Aufl., München 1874, S. 227. 参照。

　歴史はこれらの要求を軽く片付け去った。もし貨幣の能率が流通手段の創造によって極めて著しく強化されたのでなかったならば，貨幣経済的取引の進みつつある普及は貨幣需要の激烈な増大を導いたことであろう。流通手段の発行によって貨幣の内的客観的交換価値の騰貴に伴う動揺が避けられ，貨幣装置の費用が低下されたことは過去も現在も変わりがない。流通手段は発行者に有利な収益源を開き，発行者とそれが貨幣に代わって流通する国とを富ませる。近代の銀行制度の初期にあっては，このことはなおそれ以上の役割を演じた，なぜなら銀行の信用媒介業務はそれだけが営まれた時代にはほとんど収益あるものではなかったのに，流通手段の発行によって，その草創に伴った種々なる障害を越えさせる確固たる支柱が信用媒介業務に賦与されたからである。

　全額保証なしに銀行券を発行することと，小切手および振替取引の基礎として役立つ預金を貸出すことの禁止は，銀行券発行のほとんど完全な禁圧と小切手および振替制度の強度の抑圧と同意義であろう。かかる禁止にもかかわらず銀行券が発行され当座勘定が開かれるならば，それに伴う何らの利益も生じない費用を負担する用意がある何人かが見出されねばならない。それが発行機関であることは稀有の場合であろうが，かかることもないとは限らない。アメリカ合衆国は取扱い難い銀貨によって取引に課せられる不便を除去し，それによ

第3部　流通手段とその貨幣に対する関係

り通貨政策的理由から促進しようとした銀ドルの使用普及の障害を排除するために，銀貨証券を作った。合衆国はまた，同様に通貨政策的考慮から金貨証券を作り，もって公衆の紙幣使用の偏愛にもかかわらず金貨を流通せしめようとした。銀行券，小切手もしくは振替譲渡を利用することは，これがために銀行に特別な報償が支払われねばならぬという条件であっても，技術的理由からしてはるかにしばしば公衆の利益である。貨幣個片の物理的使用には時としてある種の困難が伴うが，それは預託せる貨幣額から請求権を譲渡する場合には消滅する。大金を保管し火事，洪水の危険，盗難掠奪からそれを守ることは，個々の商人いわんや私人にとっては必ずしも容易な事ではない。記名式の預金証書およびその一枚一枚が権利者の署名を受けて初めて意味を持つ小切手帳は，現在の所有者が不正によってそれを獲得したその不正の痕跡をその滑かな表面にとどめない鋳貨に比して，不正者の襲撃にさらされることがはるかに少ない。しかしあらゆる個人的関係を脱却した銀行券も，嵩張った金属片よりも容易に自然的災害を防ぎ，悪漢の目を免れることができる。かくして集積せる貨幣の貯蔵所，銀行の金庫は，悪漢仲間の大胆な企てにとり骨折甲斐がある故に一層魅力ある襲撃対象となることはもちろんであるが，しかしこの場合にはほとんど完璧な安全性を保証する予防策を講ずることができる。同様にこれらのものについては，火事水害の如き不慮の出来事による損害の防止が高度に行われ得る。銀行資産を政治的権力者の手出しから遠ざけることは一層困難であったが，これも時の経過と共に達成され，スチュアートあるいはダヴォースト(Davoust)の強襲の如きは後には行われなくなった。銀行の媒介による支払を採用するもう一つの動機を与えたものは，鋳貨の重量純分を日々のあわただしき取引中に識別することの困難であった。かくして鋳貨改悪の結果，アムステルダムおよびハンブルグの有名な銀行の創立を見るに至った。アムステルダム銀行の顧客がすべての払込および払出に対し支払わねばならなかった$\frac{1}{40}$％の手数料は，銀行通貨の確実性が提供する利益によってはるかに凌駕された。最後に運送費の

## 第4章 流通手段の貨幣への兌換

節約および比較的に取扱い易いことも，同様，特に銀本位いわんや銅本位の国々では問題になった著しい利益である。かくして日本においては既に14世紀の中葉に，富裕なる商人によって発行された紙幣が非常に愛好されたが，それは重い銅貨の輸送に伴う費用と不便を避ける手段を，紙幣が提供したからである。[3]
地域間の振替および小切手取引ならびに郵便為替業務の発達前に時として銀行券が硬貨に対して得た打歩は，この点からして極めて自然に説明される。[4]

1) Hepburn, History of Coinage and Currency in the United States, New York 1903, S. 418.
2) Dunbar, Chapters on the Theory and History of Banking, Second Edition, New-York 1907, S. 99.
3) Kiga, Das Bankwesen Japans, Leipziger Inaug-Diss. o. J. S. 9.
4) Oppenheim, Die Natur des Geldes, Mainz 1855, S. 241 f.

かくして流通手段発行の禁止は，決して貨幣代用物のあらゆる銀行的な発行を抑圧するものではないであろう。その時にも貨幣証券は出現し得るであろう。また流通手段創造の禁止は時として主張される如く，銀行制度に対する死刑の判決を決して意味するものではない。銀行には依然として，信用媒介業務，信用貸 (Kreditieren) の目的のための信用受領が残されるであろう。銀行に対する参酌ではなくして，貨幣の内的客観的交換価値の形成に対し流通手段が持つ意味の正当なる評価が，流通手段発行の抑圧を不可とするのである。

**4** 貨幣代用物を知らないために，これを貨幣の代わりに取引において受領しようと欲しない人々と取引関係に入ろうとする場合，貨幣代用物の所有者はこれを貨幣に変えようと志すに違いない。彼は貨幣代用物中に包含された請求権を実現するために，貨幣代用物と貨幣との等価性を配慮する機関に向かう。彼は銀行券（もしくはまた補助貨幣等）を貨幣と兌換するために提出し，当座勘定を引出す。その結果として，貨幣代用物を発行する機関は，顧客相互の取引の要求に応ずる以上に，貨幣代用物を流通せしめ得ないことになる。すべてそれを超過する額は流通から発行機関に還流し，発行機関はその全業務の基礎を

## 第3部　流通手段とその貨幣に対する関係

なす信頼の念を動揺させることを欲しないならば，それを貨幣と交換せねばならぬ。その貨幣代用物が制限された流通力しか持たぬ数個の銀行が並存する状態にのみ，このことが妥当するということをこの場所でなお明確に述べることは，前章までにすでに述べられ次章でも述べられるはずのものに照らし合わせ，恐らく無用のことであろう。貨幣代用物を発行するのが唯一の銀行であり，その貨幣代用物が無制限の流通力を持つのであれば，流通手段発行の拡張には制限が存しない。あらゆる銀行が貨幣代用物を発行するに当たり流通の膨脹を単一の原則に従って行うように合意して行動する場合も，結果は同じであろう。

それ故顧客が使用し得る以上に貨幣代用物を発行することは銀行には可能でなく，すべての超過は銀行に還流せざるを得ない。貨幣証券の超過発行に関する限り危険はないが，過度の流通手段が発行されるや否や破滅的となる。

したがって流通手段銀行の業務執行の主要原則は，明白単純に，顧客範囲内部の取引のためのその需要に応ずる以上に，決して流通手段を発行しないということである。この命題を実地に移すことは，もちろん極めて大なる困難を伴う。なぜならば顧客のこの需要の大きさを確定すべきいかなる手段も無いからである。正確な調査が不可能であるために，誤り易い不確実な経験の処置がそれに代わらざるを得ない。とはいえ，慎重にして経験ある銀行指導者は――そして圧倒的多数の者がこの範疇に入るのである――それを立派にやってのけるのが常である。

流通手段銀行そのものとしては，個々別々に顧客範囲を政治的境界を越えて伸張するに過ぎない。数ヶ国に支店を持つ銀行ですら，貨幣代用物の発行に関しては，個々の支店に完全な独立性を認めている。現在の政治的情勢では，種々なる国家に住所を持つ銀行企業を画一的に経営することは，ほとんど可能ではないであろう，それに銀行技術的，法律的，最後に通貨技術的困難も障害を成している。更に個々の国家内では通常，流通手段銀行の二つの範疇が区別され得る。一方には，銀行券発行の唯一もしくはほとんど唯一の権利を持ち，そ

## 第4章　流通手段の貨幣への兌換

の年功と資本力により，なお一層それが全国においてうける非常なる名望により，特殊地位を占める特権を賦与された銀行があり，他方には発行権を持たず，その名望と支払能力に対する信用がいかに大であるにしても，その背後に国家の全権威を持つ銀行とは貨幣代用物の流通力に関し競い得ない一群の競争する銀行がある。二つの範疇の銀行の政策には異なる原則が適用される。第二のグループの銀行に対しては，還流する貨幣代用物を兌換するために，それをもって中央銀行の流通信用を何時でも要求し得る一定額の資産を用意すれば充分である。かかる銀行は可能な限り流通手段流通を拡張し，その際もしそれに引かれた限界線を逸脱し，流通手段の一部が兌換のために提出されれば，その割引いた手形を再割引しもしくは有価証券を質入れすることにより，中央銀行においてこのために必要な資金を調達する。それ故流通手段銀行としての地位を維持するためにそれが取らねばならぬ政策の核心は，中央銀行が信用供与の満足すべき基礎と認める資産項目を常に充分多量に所有することにある。

　中央銀行には，かかるより力強いかつより威信ある施設の後楯がない。中央銀行は孤立無援であり，したがってそれに準じて政策を樹てねばならぬ。過度の流通手段を流通せしめたため，所持者によって兌換を求められれば，中央銀行には兌換準備金が与える逃路以外は開かれていない。したがって中央銀行は，その流通手段流通が決して顧客の需要に応ずる以上の額にならぬように，是非とも注意する必要がある。この額を直接確かめることはすでに言及せる如く可能ではない。単に間接に確かめることのみが問題になるに過ぎない，すなわち流通手段によって充足せしめ得られない広義の国民的貨幣需要の部分が，いかなる大きさであるかが確定されねばならぬ。これは銀行の顧客範囲に属さない人々との取引，それ故外国との取引に必要な貨幣量である。

　国際取引のための貨幣の需要は二つの異なれる要素から構成される。第一には，個々の国々における貨幣需要の大きさおよび強度の比率に生じた変動の結果として，貨幣の客観的交換価値がいたるところ同一水準を保つ均衡状態が回

## 第3部 流通手段とその貨幣に対する関係

復されるまで輸送される貨幣額である。この理由から必要となる貨幣移転は避け得られない。もちろん大なる貨幣額——もし仮定すれば——世界の全貨幣存在量が預けられ, それが貨幣証券発行の基礎すなわち貨幣によって全額準備された銀行券の発行もしくは貨幣によって全額準備された当座勘定開設の基礎とされる国際的預金機関が設立されることを, 想像し得るであろうう。その時には恐らく貨幣個片の物理的使用が消滅し, かくして事情によっては費用の本質的低廉化が起こり得る, まさしく紙幣の輸送もしくは銀行帳簿の書換が貨幣個片の物理的使用に代わるであろう。だが過程の本質はかかる外面的要素によっては影響されない。

国際的貨幣移転の他の機因を与えるものは, 商品および役務の国際的交換状態によって惹起される支払差額の超過である。これは反対方向の移転によってもう一度決済されねばならぬ。それ故清算取引の完成によって, これを全く排除することは原理的には可能である。国際的な外国為替業務および最近これに連繋しつつある類似の業務では, ほとんどすべてのかかる貨幣移転を相殺する精緻な機構が発達した。一方はロンドンからニューヨークへ, 他方はニューヨークからロンドンへ金を運ぶ2隻の船が大洋で遭遇するということは, 最早極めて例外的に起こるに過ぎない。国際的貨幣移転は通常貨幣需要と貨幣存在量の比率の推移によってのみ制約される。そのうち実際的に最大の重要性を持つのは, 新たに採掘された貴金属を世界のあらゆる領域に分配する貨幣移転, すなわちイギリスがしばしば仲介者の役割を演ずる過程である。それを別とすれば, 異常なる原因が個々の国々の貨幣需要の相互的比率を急激に推移させるのでなければ, 国から国への貨幣移転は特に広範なものではあり得ない。この場合行われる変動は, 一般に, 新生産により貨幣在高が増加する際に起こる変動に比して, 劣るかもしくは少なくともそれを余り凌駕しないものであることを認めてよい。もちろん大雑把な評価によって支持されるに過ぎないが, このことにして正しければ, 貨幣の購買力水準の平均化に必要な推移は, 大部分もし

## 第4章　流通手段の貨幣への兌換

くはことごとく，追加的貨幣量の分配が変更されることにのみ表われるであろう。

　経験的に次の如き推定的仮定 (schätzungsweise Annahme) に達することが可能である，一国の相対的貨幣需要すなわち他国の貨幣需要の大きさおよび強度に比較せる大きさおよび強度における貨幣需要は——その際貨幣需要はいずれも広義の意味である——，近い将来，貨幣と流通手段とを合計せる流通量がこの総量の現在額の一定部分以下に減少する程，減退することはないであろうと。かかる仮定は無論多かれ少なかれ恣意的な臆断に基づいており，したがって予期せざる出来事がすべてのかかる計算をあとから覆すことなきを保し難いのはもちろんのことである。だがこの額が極めて綿密に想定されているばかりでなく，更に，一時的性質を持つに過ぎないにせよ，商品および役務の国際的交換状態からも一国から一国への貨幣移転の必要が生じ得ることが適当に参酌されているのであれば，国内に流通する流通手段量がこの額を越えて増加されず貨幣証券も発行されない間は，兌換準備金の集積は全く無用と思われ得るであろう。なぜなら流通手段発行のこの限界が逸脱されない間は，仮定の基礎をなす評価が正しいことを前提とすれば，流通手段の兌換に対する要求が提起されることはあり得ないからである。例えばドイツ帝国に流通している銀行券，帝国紙幣，補助貨幣および当座勘定の量が，その支払準備として銀行の金庫中に預けられている額だけ減ぜられても，貨幣制度および流通手段制度には何らの変化も生じないであろう。外国と貨幣によって媒介される交換取引を行うドイツ国民経済の能力は，それによって全く影響されぬであろう[1]。流通手段の性格を持つのは貨幣によって準備されない銀行券，当座勘定等だけであり，価格形成に対する効果が——それを述べることが我々の書物のこの第3部の任務である——認められるのは，貨幣によって準備されたものではなくして，これらに対してのみである。

　1) この例は，1914年以前に存した状態を基礎とする。

## 第3部　流通手段とその貨幣に対する関係

　流通する流通手段額が，外国取引に対する貨幣需要の予想的最高額によって与えられた限界以下に保たれれば，更に特別な事情が問題とならない限り，兌換準備金の維持は全く放棄され得るであろう。この特別な事情とはすなわち次の如きものである。ある貨幣額を外国の支払に必要とし，貨幣代用物を貨幣と交換する必要に迫られる者が，これをなすのに多数の両替行為によって，恐らく労力と時間をも浪費して必要な貨幣個片を調達するという費用のかかる方法でしかなし得ないのであれば，このことは貨幣代用物と貨幣との完全な等価性を危くし，前者の逆打歩の発生をきたすであろうということである。それ故現実に流通している貨幣量が外国との取引に充分であるにしても，ある適度の額の兌換準備金がこの理由からも維持されねばならない。その結果，全額準備された銀行券および全額準備された当座勘定は——それはこの形態の取引の利用に公衆を慣れさせるために，元来は必要であった——，同一の外形を持つがしかし本質的に異なる流通手段と並んで今日もなお存続せねばならぬことが明らかになる。その一小部分すら貨幣で準備されぬ，それ故全く流通手段の性格を帯びる銀行券流通もしくは当座勘定流通は，今日の状態でも実際的に不可能である。

　もし我々が自己をのみ唯一の頼りとしている銀行の兌換準備金に注目すれば，外見上全く無秩序な多様性に気が付く。貨幣代用物殊に銀行券形態で発行される貨幣代用物の種類および額について，一部分は商人的慣行により一部分は立法によって発達せしめられた全く異なる構成を持つ一連の規定が存在する。ここでその種々なる体系について論ずることは適当であるとは思われない，けだしこの仰々しい名称は，その多数のものが貨幣および流通手段の本質に関する誤れる見解に立脚した経験的に得られた規則には，余りふさわしからぬものだからである。しかしそれらすべてのものの中に表現されている一つの思想がある。すなわち流通手段発行は自然的制限に遭遇しないから，何らかの人為的制限によって拘束されねばならないということ，これである。その避け難き附随

## 第4章 流通手段の貨幣への兌換

現象たる貨幣の内的客観的交換価値の減少を伴う流通手段の無限の増加が推し進められるべきであるという貨幣価値政策上の先決問題は，それにより暗々裡に否定的に解答されている。

流通手段流通を人為的に制限する必要の認識は，その厳格に科学的な基礎についても，はたまたその経済政策的基礎についても，19世紀前半の経済学的研究の成果である。その認識の勝利は，我々の科学の歴史がほとんど知らぬ程激烈な，数十年の長きにわたる議論の結末をなし，同時に流通手段発行の領域における不確実な実験の時期に終止符を打っている。それに続く数十年はこの基礎に攻撃を加え，しばしば不当に批判し，同時にまたその時期を歪んだものたらしめる多くの欠陥を露呈した。しかしこの時期も，準備されざる銀行券発行の制限の原則を銀行法から取除くことはこれを拒否した。この原則は，一般に銀行券の形態をとる流通手段発行のみが制限され，次第に広さを加えつつある当座勘定の形態のそれは制限されない事情にかんがみ，その実際的重要性が今日二，三十年前に比し小となっているとはいえ，今日もなお文化国家の銀行政策の主要な構成部分を成している。

東インド，フィリッピンおよびそれらを模倣せる地域の貨幣および流通手段制度は，もちろん異なる形式をまとったものではあるが，同様に流通手段発行を制限している。政府によって管理される兌換準備金と流通する流通手段量とを直接数的に関係づけることはなされなかったが，それを行うことは，新本位への移行の瞬間に現存する存在量の大きさが綿密に確かめられなかった事情にかんがみても，技術的困難に遭遇したことであろう。だが国内通貨の形態の流通手段の新規発行は，他の国々で補助貨幣その他の発行が規定されたと同じように，国家に（大抵は立法府の特別な行為に）留保された。

**5** 安全性 (Sicherheit) および流動性 (Liquidität) なる用語は，一銀行の状態に関し，常に必ずしも正確に適用されるものではない。それらは時として同意語と見なされるが，支配的見解はそれを二つの異なる状態と解する。だがも

## 第3部　流通手段とその貨幣に対する関係

ちろん多くの場合，明確な概念規定と区別はなされていない。

　清算の結果少なくともあらゆる銀行債権者が完全に満足せしめられるような資産状態を持つ銀行が，安全なものと呼ばれるであろう。流動性とは，完全にのみならず時宜を失せずに，すなわち債権者に支払猶予(モラトリアム)の如きものを求めることを余儀なくされることなくして，銀行のあらゆる負債を支払うことを銀行に可能ならしめる銀行資産の状態である。流動性は限定された安全性である。流動的であるすべての企業は——なぜなら同じことが信用取引を行うすべての経済について妥当するから——同時に安全であるが，逆に安全であるすべての企業が同時に流動的であるのではない。支払期日に債務を支払い得ない者は，3ヶ月もしくは6ヶ月後に，その間にかさんだ経過利子および遅滞によって債権者に生じた他の費用を含めて支払い得るであろうことが全く疑問の余地がなくとも，その資産状態は非流動的である。

　経済法は古来，全業務執行に当たり流動性に注意すべき義務を各人に課する。この要求が最も典型的に表われるのは，商人的取引においてである。債権者に支払猶予を求めねばならぬ者，事態を手形引受の拒絶にまで至らせる者は，後にすべての未済債権を完全に支払うことができるとしても，その商人的名誉を危くした。我々が上述する所により信用媒介銀行の業務執行の原則として知り得た，すべての債権を期限に正確に支払うことにつとめねばならぬという規則は，あらゆる企業に適用されるのである。[1)]

1)　前述279頁および次頁——この『銀行的支払準備の原則』は銀行にのみならず，同様にあらゆる企業に適用されることは，もちろん多くの場合注意されない，例えば Schulze-Gaevernitz, Die deutsche Kreditbank (Grundriß der Sozialökonomik, V. Abt., II. Teil) S. 13.

　流通手段銀行にとっては，慎重なる挙動というその原則を遵守することは，不可能の事である。流通手段の一部分——極めて大なる部分——が流通過程にとどまり，それから発生する請求権が少なくとも同時には行使されないことを

## 第4章　流通手段の貨幣への兌換

恃むことは，流通手段銀行の本質を成すものである。その挙動に対する信頼の念が動揺し，債権者が窓口に殺到するや否や，流通手段銀行は崩壊せざるを得ない。したがってその努むる所は，すべての他の銀行および一般にすべての企業の如く，投資の流動性を求めることではあり得ずして，安全性をのみその政策の目標となし得るに過ぎない。

このことは看過されるのが常である，けだし人々は発行された流通手段の，短期の貸付による支払準備を流通手段の本質および機能に特に適当せるものと呼び，一般の流動規則を流通手段銀行の特殊状態に論理的に適用する時には，この支払準備が表面上流通手段銀行に適当せる投資方法と映ずるが故に，この支払準備に特に銀行的支払準備なる称呼を賦与しているからである。流通手段銀行の資産が短期の手形から成るか，それとも抵当貸付から成るかは，一般的取付けの場合には差異のないことである。銀行が直ちに巨額の貨幣を必要とすれば，資産の売却によってこれを調達するより外はない，けだし興奮せる大衆が窓口を包囲し，兌換のために銀行券を提出しもしくは当座勘定の返還を要求する時には，あと30日の期限を持つ手形の満期を待ち得ないこと，なお30年解約告知し得ない抵当債権の満期を待ち得ないのと同じだからである。かかる瞬間には精々未収債権の換金性の大小が問題となり得るに過ぎない。ところがその場合事情によっては，長期の，否解約告知し得ない債権すら，短期のものより容易に売却し得ることが立証されることがある，むしろ国債や抵当権は恐慌期には，商品手形よりも恐らく早く買手を見出し得るであろう。社会でうくる信頼に関し，大抵の国家に銀行の二つの範疇が存することはすでに言及された。通常銀行券発行の権利を持つ唯一の銀行でもある中央発券銀行は，その半国家的もしくは全国家的管理とその全挙動が服せしめられる厳格な統制とにより，特殊な例外的地位を占める。かかる銀行は，——その業務が中央銀行のそれ程明確でなく，利益のためにはしばしば責任を負い得る以上のことを敢えてし，少なくとも一群の国家においては，本来の銀行業務たる信用媒介および流通手段

第3部　流通手段とその貨幣に対する関係

の発行による信用供与の外に更に一連の危険な事業，例えば創立業務をも営む他の流通手段銀行に比して，高い権威を受ける。これらの第二級の銀行は，中央銀行の地位が動かされることがないのに，事情によっては公衆の信頼を失うことがある。この場合にはこれらの銀行は，それ自ら——資力が尽きた時には，事実他の場合にもなすように——中央銀行の信用受領者として立ち現われ，かくしてその義務を正確に遵守し得る地位に置かれることにより，自己の流動性を維持することができる。その限り，日々支払うべき債務に，親銀行により前貸金供与の充分なる基礎と認められる資産が対応すれば，これらの銀行の資産状態は流動的であると主張し得る。一部の銀行はこの意味ですら流動的でないことは周知の如くである。個々の国々の親銀行および中央銀行は，発行せる流通手段の支払準備として，外国の姉妹機関によって融資し得るもの (belehnungsfähig) と見なされる資産をのみそなえれば，同様に流動状態を達成し得るであろう。しかしその時にも，流通手段銀行制度を流動的に維持する概念的不可能性の命題は依然として有効であろう。すべての銀行に対する信頼の念の同時的動揺は，必然的に一般的崩壊を招来せざるを得ないであろう。

1) Wagner, System der Zettelbankpolitik, Freiburg 1873, S. 240 ff.——流通手段銀行の業務に関しこの『金科玉条』は，『ナポレオン1世陛下の命令によりかつ大蔵大臣モリエン伯の仲介により1810年5月29日ルアーヴルからフランス銀行へ送られた』有名な『文書』に古典的に表現されたのである。（私の引用は Wolowski, La Question des Banques Paris 1864, 83頁～87頁の複写する所による。）『銀行は第一にその紙幣の持参者に対し保有手形の換金によって，そして紙幣の持参者の次にはその株主に対し，株主の各々によって提供された資本部分を彼等の間に分配することにより，絶えず負債を償却し得る地位にあらねばならない。——決して破滅しないためには，銀行は常に破滅に対し準備せねばならぬ (Pour ne jamais finir, une banque doit être toujours prête à finir.)（87頁）けれどもモリエンは，その銀行券を『精々2, 3ケ月期限の良好なそして有効な為替手形と引換えに』ほか発行しない銀行は，必ずや『3ケ月以内に』銀行券を流通から回収し得ることを疑わなかった。

第4章　流通手段の貨幣への兌換

2) 合衆国において連邦準備法による銀行組織の新制度以前には，恐慌時における親銀行の欠如は，手形交換所に加盟せる諸銀行のその都度形成される組織によって代用された。

　資産を短期の貸付に投資することは，もちろん債権者を一定の，余り長からざる時間内に満足させる可能性を銀行に与える。しかしそのことは信頼の念の動揺に対しては，銀行券および当座勘定の所持者が，その債権として持つ貨幣額の即時的支払を同時に銀行に求めない時にのみ，充分であることが立証され得るであろう。かかる仮定は実現性に乏しい。不信の念は，全く存しないか一般的であるかどちらかである。流通手段銀行の特殊状態なる観点からして，資産状態の流動性を少なくとも形式的に保証する唯・一・つの手段が存するであろう。流通手段銀行が，何時でも返済を請求し得る権利を持つという条件でのみ，その貸付金を貸出す時には，流動性の問題は流通手段銀行にとりもちろん簡単に解決されるであろう。一般的な国民経済的立場から観察すれば，それは問題の解決ではなくして問題の転位に過ぎないことは無論である。銀行の資産状態は貸付受領者の資産状態を犠牲として，単に外見上流動的にされ得るであろうが，後者に対し全く同じ克服し難き困難が発生する。なぜなら銀行の債務者は借入額を筐底に秘めては置かず，生産的投資に振向け，それから遅滞なく借入額を引上げることは全く不可能だからである。それ故問題は決して変わらず，依然として未解決である。

　**6**　流通手段銀行が投資に関し通常短期の貸付に優先的地位を認め，しばしば立法により少なくとも輿論によってそれを強いられるという事情が受くべき意味は，一般にしかし不当に信ぜられるように，決してそれにより表面上流通手段の兌換が容易にされるという点に求められ得るのではない。我々は銀行のこの政策が過去において流通手段制度を重大な動揺から守り，この原則の無視は常に手痛く報いられたこと，そしてこの政策の維持は現在および将来についても重要であることを確認するのであるが，それは流通手段の銀行的支払準備

## 第3部 流通手段とその貨幣に対する関係

の擁護者が挙ぐるのを常とする理由とは全く異なった理由からである。

第一の，余り重要でない理由は，短期の貸付で行われる投資の安全性は長期のそれに比して一層良いものと判断され得ることである。品質の点について，極めて多くの短期の投資を凌駕する多数の長期の投資が存在することは確かである。しかし一般に投資の安全性は，一般的には市場の状態特殊的には信用受領者の状態を次の数週もしくは数ヶ月見極めさえすればいい時には，数年もしくは数十年が問題になる時に比して，確実性が大であると判断され得るのである。

第二の決定的な理由はすでにくわしく論ぜられた[1]。流通手段の発行による信用供与が，短期間の後に返済さるべき貸付に限定されるならば，それによって流通手段発行額も自らある程度制限される。流通手段銀行は短期の貸付をのみ供与するのが望ましいという原則は，数世紀の経験の結晶である。それは常に誤解される運命を持った。しかしこの原則の遵守は，流通手段発行を制限する重要な機能を果たすのである。

1) 上述331頁および次頁。

**7** 安全性の問題の解決は流通手段銀行にとり，信用媒介銀行にとってよりも一層困難であることはない。流通手段が確かな投資に対してのみ発行され，慎重なる挙動によっても必ずしも避け得られない損失に対する保証基金が，自己資本により作られるならば，銀行はその支払約束に挙げられた期限を厳守しないにしても，その発行する流通手段の交換を完全に実行し得る地位に自己を置くことができるのである。

それにもかかわらず支払準備の安全性は流通手段に関し従たる意味を持つに過ぎない。少なくともある意味では，安全性が全く消失しても流通手段の流通力を破綻させることがない。流通手段は非銀行的にも発行され得る。補助貨幣を発行する際，国家が造幣利得を補助貨の兌換にあてられた特別の準備金に繰入れないのはその場合であるが，事情によっては個片の金属価値が部分的安全

## 第4章　流通手段の貨幣への兌換

性と見なされることがある。もちろん国家の資力中には，何らかの特別準備金が提供し得るよりはるかに大なる安全性が包含されている。他面発行されたすべての流通手段が発行者の資産により全額準備され，その結果兌換は時間の問題に過ぎず一般には問題となり得ないという事情も，決してその流通力の支柱として役立ち得るものではない。なぜなら流通力はもっぱら発行者による即座の兌換の期待に基づくからである。

　このことを看過したことは，流通手段の発行を非流動的な支払準備金によって（例えば抵当権によって）保証せんとするあらゆる提議と試みの欠陥である。交換のために提出される貨幣代用物が直ちに貨幣と全額兌換されるならば，この兌換に必要な現金準備の外に集積された財貨量は，流通手段と貨幣の等価性の維持のためには無用である。しかし貨幣代用物が遅滞なく貨幣と全額兌換されないのであれば，どこかに何らかの財が支配されており，貨幣代用物の所持者がこの貨幣代用物中に包含された請求権に基づき主張し得べき要求は，それによって何時か満たされるであろうことを指示しても，それはこの請求権が貨幣と等しく評価される結果を生ぜしめ得るものではない。兌換は疑わしく，最も良く行ってある時間の経過後初めて行われるであろうから，貨幣代用物はその表示されている貨幣額よりも低く評価されるであろう。かくしてそれは貨幣代用物ではなくなる，しかしそれにもかかわらず売買手段として取引に役立つならば，独自の評価に服し，それは貨幣代用物ではなくして信用貨幣である。

　信用貨幣すなわち一般的交換手段として役立つ支払期限なき債権に対しても，特殊な基金による『支払準備』は無用である。債権が貨幣として授受され，それによって単なる債権としてそれに賦与される価値を超える交換価値を得ている間は，かかる特殊な基金は問題とならない。支払準備規定と支払準備基金の意義は，この場合にも流通手段におけると同じく，間接にそれが発行される量の限界を確定する点にあるのである。[1]

1)　ニコルソン，前掲書67頁および次頁。

## 第3部　流通手段とその貨幣に対する関係

**8** 兌換基金の目的は，その真正さに対する不信の念から銀行に返還される貨幣代用物を兌換することではなくして，銀行の顧客に，顧客でない者との取引に必要な交換手段を用立てることに過ぎないから，少なくとも兌換基金の一部分を，貨幣でなくしてしかも顧客でない者との取引に貨幣と同様に使用され得る物から構成しようとする考えは，至極もっともなことであった。かかるものとしては，外国の貨幣代用物に限らず，国際的清算取引の基礎をなす一切の請求権，それ故まず第一に外国為替（外国市場宛の手形）が包含される。銀行の顧客範囲内の取引に対する顧客の（広義の）貨幣需要によって与えられる程度以上に貨幣代用物を発行することは，可能でない。顧客範囲の拡張のみが流通膨脹の基礎を用意し得るであろうが，それは，その活動が政治的境界に拘束される国民的中央発券銀行のよく成し得る所ではない。だが兌換基金の一部が外国の銀行券，それから外国為替，外国小切手および短い期限をもって解約を告知し得る外国銀行における貸方勘定に投資されれば，銀行がその顧客の外国取引のために貨幣をのみ用意する時に比し，銀行の発行せる貨幣代用物の一層大なる部分が流通手段に変えられ得る。この方法により流通手段銀行は，その発行せるほとんど全部の貨幣代用物を流通手段に変えることすらできるのである。多くの国々の私立銀行は最早その状態に遠くはなく，貨幣代用物から成る現金在高 (Kassenstand) の保有によって，その発行せる貨幣代用物の即座的兌換に備えるのが常である，もっともこの貨幣代用物が貨幣証券である限り，かかる支払準備を基礎として発行される貨幣代用物は流通手段の性格を持たない。中央発券銀行は比較的最近になって始めて，貨幣代用物および外国為替を兌換基金に入れることを認めるに至ったのである。

　かつて金細工師が彼のところに保管された貨幣の一部を貸付けることを決意した如く，中央銀行もまたその金属準備を一部分外国為替および外国におけるその他の貸方勘定に投資することに着手した。準備金の一部をロンドン宛ての外国為替で保持することを常としたハンブルグ振替銀行は，その例の先鞭をつ

## 第4章 流通手段の貨幣への兌換

けたのであったが，19世紀の最後の25年間に一群の中央銀行が追随した。その発生についてと同じく，外国為替保有の発達についても，もっぱら銀行の利益に対する顧慮が決定的であった。兌換基金の一部を外国為替および他の容易かつ迅速に換金し得る外国貸方勘定に投資することによって，準備金維持の費用を減少することが意図されたのである。二，三の国々では国内の割引業務が充分な収益をもたらさないので，中央発券銀行は外国手形の獲得に向かった[1]。このようにして費用を節約せんとしたのは，一般に比較的小さな，財政的に脆弱な国々の中央発券銀行と国家的兌換金庫とであった。全世界を以前より貧しいものたらしめた大戦の後には，この先例は広く模倣された。兌換基金全部を外国に対する金債権に投資せんとする政策が一般的となり得ないことは明らかである。もし世界の全国家が金核本位制に移行し，兌換基金を金にではなくして外国に対する金債権で保有せんとすれば，貨幣職能は最早全く金を要求しないことになるであろう。金価値のうち貨幣としての用途に基づく部分は全く消滅するであろう。兌換基金を外国為替に投資する金核本位制は，金本位制度を転覆する。それについては最後の章でなお論ぜられねばならぬであろう。

1) Kalkmann, Hollands Geldwesen im 19. Jahrhundert, (Schmollers Jahrbuch, XXV. Bd.), S. 1249 ff.; Witten, Die Devisenpolitik der Nationalbank von Belgien (ebend, XLII, Bd.) S. 625 ff.

第3部 流通手段とその貨幣に対する関係

# 第5章 貨幣，流通手段および利子

**1** 貨幣流通と資本利子の高さとの間に存する関係を研究することが，本章の任務である。貨幣量と貨幣需要との間に存する比率の変動が貨幣と爾余の経済財との間に存する交換比率の高さに影響することは，すでに説明された。今や，そのようにして惹起された交換財の貨幣価格の変動が，高次財と第一次財とに同じ程度に作用するか否かを吟味することが残されている。我々はこれまで貨幣と享楽財との間に存する交換比率の変動にのみ注目し，貨幣と生産財との間に存する交換比率を無視した。この処置は，享楽財の価値形成が本源的であり生産財の価値形成はそれから派生せるものであるから，恐らく正当であろう。資本財もしくは生産財はその価値をその予想的生産物の価値からひき出す，しかしそれにもかかわらずその価値はこの予想的生産物の価値全額に達せず，通常それ以下である。資本財の価値がその予想的生産物の価値に達しないその差異が資本利子である，それ故現在財と将来財との間の自然的価値差異が資本利子の本源である。貨幣と交換財との間に存する交換比率の，貨幣側にある決定原因から生ずる価格変化が生産財と消費財とで異なる程度に表われるとすれば——そしてこの可能性を信ずる考えは無雑作にはしりぞけられ得ない——，その価格変化はその結果として資本利子の高さの変化を伴うものであろう。こ

## 第5章　貨幣、流通手段および利子

の問題と，第二の，もちろん多くは独立して取扱われる次の問題は同一である，すなわち資本利子の高さは流通手段を流通せしめる銀行の信用政策によって影響されるか？　銀行は流通手段発行によって可能にされる能動業務の利子率を，その技術的経営費によって与えられる限界まで引下げ得るか？　ここで我々が直面するのは，流通信用の無償性という極めて論議された問題である。

1) この章全体においてベーム・バヴェルクの資本利子論の術語と思考方法が踏襲されているが，このことは決して，私が彼の資本利子論に賛同し，我々の科学のこの主要問題を満足に解決する学説と認めることを意味するものではない。だがこの書物の範囲は，その中で利子問題に関する私自身の見解を述べることを許さない，したがってこのことは私の希望する所によれば余り遠からざる将来に刊行される特別な研究に留保されねばならぬ。かかる事情にあっては，ベーム・バヴェルクの理論を基礎に私の論述を展開せざるを得なかった。彼以後に利子問題に向かったあらゆる者の研究は，ベームの偉大な業績を基礎とするのであり，将来それを行う者の研究もそうであろう。彼こそ始めて，利子問題の認識に達する道を開いたのであり，彼こそ始めて，利子問題を貨幣価値問題と体系的に関係づけることを可能ならしめたのである。

門外者はこの問題がすでに久しい以前に解決されたと考える。貨幣は，現在財が売買される時のみならず，現在財が将来財に対し将来財が現在財に対し交換される時にも，一般に使用し得る交換手段としての職能を果たす。生産行程を始めるために資本財および労務を獲得せんと欲する者は，それを買入れるためにまず貨幣を必要とする。資本財を直接交換によって移転することは，最早すでに久しい間行われていない。資本家は生産者に貨幣を前貸し，生産者はこれをまず生産財の買入れと労働者の賃金支払に使用する。充分な自己資本を持たぬ企業家の需要は，現物的生産財にではなくして貨幣に向けられる。資本需要は貨幣需要の形式を帯びて現われ，したがって資本需要は外見上貨幣需要である。だが我々は現象の本質を誤ってはならぬ。人が貨幣過剰および貨幣不足と呼ぶのを常とするものは，実際は資本過剰と資本不足である。貨幣の真実の不足もしくは過剰は，決して直接に——すなわち貨幣の内的客観的交換価値に

第3部 流通手段とその貨幣に対する関係

対する影響とその附随現象の迂路を経ることなしに——国民経済において感知され得るものではない。なぜなら，貨幣の効用作用はもっぱらその購買力に依存するが，この購買力たるや全貨幣需要と全貨幣供給とが一致するように何時も形成されねばならぬが故に，国民経済は貨幣によって国民経済とその成員とに得られる最高の効用を常に享受するからである。

このことは過去において長い間認められなかったし，今日もなおしばしば認められない。事業規模を市場の情況によって定められた範囲を超えて拡張せんとする企業家は，好んで貨幣不足を訴える。いかなる割引利率の引上も，銀行の処置の狭量さ，もしくは信用供与の許容し得る範囲に関するこれらの規定を作る立法者の不合理さについて，新たなる苦情を呼び起こす。流通手段の増加は，経済生活のあらゆる害悪を克服する万能薬として讃美される。インフレーション主義的傾向はその通俗性の少なからぬ部分を，類似の思考方法に負っている。しかもかかる見解に服するのは門外者のみに限らない。ダヴィッド・ヒュームおよびアダム・スミスの有名な論述以来[1]，専門家の間ではこの点につき完全な一致が見られるが，それにもかかわらず，資本存在量の大きさおよび構成が利子の高さに影響しないこと，利子の高さは信用供給と信用需要によって定められること，もし銀行の行為能力が法律上の規定により弱められないならば，銀行は利子率を高めることなくして，それに向けられる最大の信用需要すら充足し得ることを，証明せんとする著述家が年々歳々繰返し名乗りを挙げるのである[2]。

1) ヒューム，前掲書308頁以下，スミス，前掲書第2部243頁以下，更にミル，前掲書296頁および次頁をも参照。
2) 例えば Georg Schmidt, Kredit und Zins, Leipzig 1910, S. 38. 参照。

深いところに眼の届かぬ皮相的な観察者は，かかる見解を証明するように見える多くの徴候を発見するであろう。銀行券流通が法律上許容される限度を超えて増大する恐れがあるため，発券銀行が割引利率の引上を行う時には，その

## 第5章 貨幣、流通手段および利子

処置の直接の原因は，立法者が銀行券発行権を統制するために執った規定にある。割引利率の引上の結果として起こるもしくは少なくとも起こるはずの，いわゆる貨幣市場――短期の資本投資のための市場――における利子率の一般的硬化 (die allgemeine Versteifung) は，それ故国家の銀行政策の責に帰するのがある程度正当であるように見える。中央銀行が銀行利子を引上げるだけでは望む所の貨幣市場の一般的引締りを達成し得ないと信ずる時には，その処置は一層著しいものとなる，すなわちその時には，他の国民的流通手段銀行が短期の貸付取引において要求する利子率を直接引上げることを目指す処置が，中央銀行によって取られる。英蘭銀行はこの場合公開市場でコンソル公債に金融させ[1]，ドイツライヒスバンクは割引のために国庫証券を提供するのが常であった。すべてこれらの過程を，市場現象の埒内におけるその機能を考慮することなくして，それだけ切離して観察すれば，立法と利己的な考慮によって導かれる銀行の政策とが，利子率の騰貴に責任があると結論するのがもっともなように思われる。経済生活の錯綜せる関連の不完全な認識は，すべてこれらの法律的規定を資本主義に有利であり生産階級に不利である処置と思わしめる[2]。

1) 取引は英蘭銀行がコンソル公債の一部を『貨幣と引換えに』売り，同時にそれを『掛けで (auf Rechnuug)』買戻すという方法で行われる。『掛けの』価格は，近く支払期限の到来する利子の大部分を包含するから，前者に比して高い，そして両価格の差が，英蘭銀行がこの借入金に対し支払う報償を成すのである。そのようにして英蘭銀行に課せられる費用は，英蘭銀行が現在貸付業務の大部分を手に入れることによって償われる。ヤッフェ，前掲書250頁参照。
2) 例えば Arendt, Geld-Bank-Börse, Berlin 1907, S. 19.

しかし支配的な銀行政策の擁護者達も，必ずしも適切に論証したのではなかった。我々は『本位の防衛』とか『過当投機の防止』とかいうスローガンの背後にある問題を，彼等が余り深くつきつめないことに気が付く。長ったらしい評論は，何物をも証明し得ない多数の統計的資料に飾られてはいるが，その中では，背後にある理論上の大問題に少しでも触れることは臆病に避けられてい

## 第3部 流通手段とその貨幣に対する関係

る。最近数十年の銀行政策上の文献を見渡せば，多数の無価値の公刊物と並んで記述的性質を持つ優秀なる研究も見出されることは承認せねばならぬであろうが，その理論的内容はわずかの光輝ある例外を除けば，通貨主義と銀行主義との大論争が残した前代の学術上の著作にははるかに及ばぬこともまた否認し得ないであろう。

昔のイギリスの銀行制度理論家は，断乎として問題の核心を把握しようとした。彼等が研究の中心点に置いた問題は，銀行による信用供与に対し限界が存するか否かということである，すなわちそれは信用の有償性の問題と一致し，資本利子の問題と極めて密接に関連する。その信用賦与を割引率の高さを変えることによって調整する可能性は，英蘭銀行に対し19世紀の最初の40年間には限られた程度に与えられたに過ぎなかった。英蘭銀行は1837年に至り始めて廃止された利子制限にかんがみ，割引利率を5％以上に引上げることを許されず，また決して4％以下に低下させなかった。[1] 当時，資本市場の情況に手形保有量 (Portefeuille) を適応させる最も主要な手段は，割引業務 (Eskomptierung) の拡張および制限であった。そのことは，なぜ昔の銀行理論の著述家が多くは銀行券流通の増加および減少を論ずるに過ぎないかを，それ故時局がすでに割引利率の引上および引下をもって例証することを正当とした時に，なお長く続けられた論法の理由を，説明する。このことは事物の本質を何ら変え得るものではなく，どちらの問題にあっても，銀行の信用賦与が支配される資本存在量を越え得るか否かのみが論争点なのである。[2]

1) Gilbart, The History, Principles and Practice of Banking, Revised by Michie, London 1904, 1. Bd., S. 98.
2) ウィクセル，前掲書74頁，もちろん多くの個所で，すでに当時の著述家も利子歩合変動の問題を論じている，例えばトゥーク，前掲書124頁参照。

この問題を否定する点で両派は一致した。我々はそれに驚かぬであろう。経済現象の本質の認識は，このイギリスの著述家達にあっては極めて深められて

## 第5章　貨幣、流通手段および利子

いた，彼等は当時の理論的文献の根本的学識を，自己の観察に基礎づけられた経済生活の洞察と結び付けた。智力の厳格に論理的な訓練は，彼等をして迅速かつ容易に本質的なものを非本質的なものから分離せしめ，外面的なものをそれが包む核心と誤認することから守った。資本利子の本質に関する彼等の見解がいかにはなはだしく分れていようとも——科学の発展段階が進んだ後に始めてその意味が完全に表われるに至ったこの重要な問題について，多くの者は概して漠然たる観念を持つに過ぎなかったが——，次の点に関しては彼等の間に全く疑問が存しなかった，すなわち一般の国民経済的発展によって与えられる資本利子の高さは，貨幣需要の減少によって達せられるところの，生産目的に供せられる財貨存在量の増加が問題とならない限り，貨幣および売買手段の流通量の増加もしくは減少によっては畢竟影響され得ないということこれである。

しかるに先へ進むと両学派の道はわかれた。トゥーク，フラートンおよびその門弟達は，銀行が取引の需要を越えて銀行券発行額を増大する力を持つことを，断然否認した。彼等の意見によれば，銀行的な売買手段は，与えられた価格水準においてその時々に必要な売買が現存する貨幣量によって成就され得るという方法で，取引のいかなる時の需要にも適応する。流通が飽和するや否や，いかなる銀行も，紙幣を発行する権利を持つか否かを問わず，その上は自己資本もしくは預金者の資本から信用を賦与し得るに過ぎない。[1] この見解に対し，オーヴァーストン卿，トーレンスその他の見解は峻厳に対立した。後者は銀行券の発行をほしいままに拡張する可能性が銀行に与えられていることから出発し，いかなる経路を経て市場の攪乱された均衡が回復されるかを証明しようとする。[2] 通貨学派は貨幣価値と，商品価格および利子率に対する信用授与の影響との，完全にまとまった理論を立てた。通貨学派の学説は経済的価値の本質に関する薄弱な根本観に立脚し，その数量説の解釈は純機械的であった。だがその故に決して通貨学派をとがめてはならぬ，けだしその賛成者は当時の経済学的見解の水準を越えようと欲せずまた越え得なかったからである。彼等が研究

### 第3部 流通手段とその貨幣に対する関係

の対象としたより狭い範囲——それは依然広範なものであるが——では,彼等の活動は大なる成功を収めた,そのことは彼等によって置かれた基礎の上に建設を続ける後世の人々が,感謝の念をもって認むべきであった。実際彼等の活動をけなすことは今やあらゆる銀行理論上の著作の動かすべからざる内容の一部であるように思われていることにかんがみ,このことはなかんずく明確に認められねばならない。通貨主義者の体系が示す諸々の欠陥の故に,その敵手の批判は容易な業であった。その批判によって銀行主義の賛成者は疑いもなく大なる功績を収めた。彼等の行為がそのことに限定され,自己を通貨主義の体系の批判者とのみ呼ぶのであったならば,そのことからして彼等を非難することはできなかったであろう。彼等が貨幣制度および銀行制度の包括的理論を作り上げるという要求を持って立現われ,その警句的評語をかかるものと思い誤った点に,彼等の影響の不吉なものがあったのである。彼等は古典的理論——その欠陥は曲飾さるべきではないが,論理的な鋭さと錯綜せる関連の深い洞察とは何人も否認し得ない——に代うるに,一連の必ずしも正確に公式化されたものではなくかつしばしば相互に矛盾する主張をもってした。それによって彼等は,メンガーの努力が結実し始めない前には我々の科学に一般に行われていた貨幣問題のあの取扱方法に先鞭をつけたのである。[3]

1) トゥーク,前掲書121頁以下,フラートン,前掲書82頁以下。ウィルソン,前掲書67頁以下。これらの著述家の思考過程を,ワグナー前掲 Die Geld-und Kredittheorie der Peelschen Bankakte 135頁以下はたどっている。
2) トーレンス,前掲書57頁以下, Overstone, Tracts and other Publications on Metallic and Paper Currency, London 1858, passim.
3) ウィクセル,前掲書1頁以下。

フラートンおよびその門弟達の宿命的な誤謬は,兌換銀行券も永続的に流通過程にとどまり,かくして流通貨幣量の増加と結果を等しくする流通手段による流通の充満を生ぜしめ得ることを看過することであった。貸付として発行される銀行券は貸付期限の経過後自動的に銀行に再び還流するという,フラート

## 第5章 貨幣、流通手段および利子

ンの強調することがよし正当であるにしても，それによってはまだ，銀行が貸付の不断の更改により銀行券を引続き流通に維持し得ないか否かについて，何事も述べられていないのである。銀行主義の立場の中心点をなす主張，くわしくいえば，公衆の需要に応ずる以上の銀行券が流通せしめられ，永続的に流通中に維持されることは不可能であるという主張は，根拠なきものである，なぜなら信用に対する需要は固定的な大きさでなく，それは利子歩合が低下すれば増大し，騰貴すれば減少するものだからである。しかるに発券銀行は何はさて置き，特にそのために新たに創造される流通手段によって供与する貸付の利子歩合を，銀行経営に使用される資本の限界効用によって置かれる限界まで，それ故実際的にはほとんど零まで引下げる可能性を持つから，トゥーク学派の全構造は崩壊する。

イギリスの有名な両学派の論争の学説史的叙述を試みることは，かかる企てがいかに魅惑的であろうとも，我々の任務ではない。ただ次のことのみは指摘されねばならぬであろう，すなわち極めて誹謗された通貨学派の著作中に，一般に信ぜられるより，特にドイツで——そこでは人々は通常これらの著作をその反対者の著作からのみ，それ故トゥーク-ニューマーチの価格史のドイツ訳，ミルの原論および，取扱われている問題の本質を理解する力を持たぬ銀行主義のドイツ的焼き直しから知るに過ぎない——信ぜられるよりはるかに多くの有用な考えと豊かな思想とが包含されていることである。

我々は貨幣の内的客観的交換価値の形成と利子率の高さとに対する，流通手段創造の影響の研究に手を着ける前に，貨幣量の変動と利子の高さの変動との関係の問題になお瞬時を費さねばならぬ。

**2** 貨幣存在量と貨幣需要の比率の変動は究極において利子の高さにも影響を及ぼさざるを得ない，だがそれは通俗的見解が信ずるのとは異なる経路によってである。市場取引に関与する諸経済の貨幣保有量の大きさと利子率の高さとの間の直接的関係は存せず，貨幣の内的客観的交換価値変動の結果として現

## 第3部 流通手段とその貨幣に対する関係

われる社会的な所得および財産分配の推移の迂路を経て始めて，間接的関係が形成される。

　貨幣存在量と貨幣需要の比率の変動およびそれから生ずる貨幣と爾余の経済財との間に存する交換比率の変動の直接的効果は，物品貨幣が使用される時には，工業的目的に供される貨幣素材量の変動が生ずる範囲内でのみ現われ得るに過ぎない。その他の，すなわち非貨幣的用途に供し得べき貨幣素材の量の増大もしくは減少は，国民的生計基金 (nationaler Subsistenzfonds) の増大もしくは減少を意味し，したがって利子率の高さに影響する。この現象の実際的重要性が全く取るに足らぬものに過ぎないことは，ほとんど言及の要がない。例えば，生計基金が南アフリカにおける最近の金発見によって受けた増加，もしくは新たに採掘された全貴金属がもっぱら工業的用途に流入したとすれば生計基金が受けたであろう増加すら，日々行われる資本形成に比していかに小なるものであるかを考えてみよ。人にとってはどうであろうとも，我々にとっては，ここで問題になっているのは貨幣素材の非貨幣的使用可能性とのみ関連するに過ぎぬ現象であることを，明確に理解することのみが重要なのである。

　ところで貨幣機能そのものに関しては，この場合一切のことは懸かって，追加的貨幣量が生産財と享楽財の調達に均等に使用されるか否かにあることを示すために，あらかじめ警言を費すことを必要としない。追加的貨幣量が享楽財に対し市場に存する需要とそれに対応する高次財に対する需要を正確に同じ割合で高め，もしくは流出する貨幣量がこの需要を正確に同じ割合で減少させるならば，利子率の高さに対するかかる変動の永続的影響は問題となり得ないであろう。

　我々は社会的な所得および財産関係の推移を貨幣の内的客観的交換価値の運動の本質的附随現象として認めることができた。しかるに所得および財産分配の変動は，すべて資本利子の高さの変化をも招来する。100万クローネンの所得額が1,000人の人々に，100人に2,800クローネンずつ，900人に800クロー

## 第5章 貨幣、流通手段および利子

ネンずつ与えられるように分配されるか，それとも 1,000 人すべてに 1,000 クローネンずつ与えられるように分配されるかは，差異のないことではない。一般に大なる所得を支配する個人は，小なる所得を持つ個人に比し，一層よく将来をおもんばかる。個人の所得が少なければ少ない程，将来財に対する現在財の過重評価は大である。逆に，富が増加すると共に，将来に対する配慮，したがって将来財の評価も高まる。[1]

1) フィッシャー，前掲 The Rate of Interest 94頁および次頁。

貨幣存在量と貨幣需要の比率の変動は，それによって惹起された財産および所得分配の推移の経路によってのみ，利子率の高さに永続的に影響し得る。貯蓄活動が高められるように財産および所得分配が変えられるならば，畢竟現在財と将来財の評価関係も後者に有利に推移するに違いない。けだし利子の高さに対し決定的な要素たる国民的生計基金が，予備金 (Rücklage) の増加によって変化せざるを得ないからである。国民的生計基金が大であればある程，利子は一国民経済においてますます低位にある。[1] かくてそのことから，貨幣存在量と貨幣需要の比率の一定の変動に，利子率の高さに対する同一の効果を常に帰すること，例えば増大する貨幣存在量は利子率を低下させ，減少する貨幣存在量はそれを騰貴させることを主張するが如きは，いわれなきことが直ちに明らかとなる。そのどちらの結果が生ずるか否かは，常に，財産分配が資本蓄積に有利であるか否かに懸かっている。しかしそれはすべての個々の場合に，その特殊な量的形成に応じて異なり得る。具体的資料の知識なくしては，一定の確言は下され得ない。

1) ベーム・バヴェルク，前掲書第2部 622頁。

これが国民経済の貨幣需要と貨幣存在量との間に存する比率の変動の，利子歩合に及ぼす持続的影響である。この影響は貨幣の内的客観的交換価値の運動によって惹起された所得および財産分配の推移の結果たるものであり，この推移と同じくその効果が永続的である。しかし過渡期には，一時的性質を持つに

第3部　流通手段とその貨幣に対する関係

過ぎないが，更に利子歩合の高さの他の推移が現われる。貨幣の内的客観的交換価値の変動の一般的国民経済的附随現象は，貨幣価値変動が市場のいたるところで同時にかつ均等に出現しないことによっても発生することは，すでに指摘された，すなわち貨幣価値変動は一定の点から発し，それが完全に貫徹されるまで徐々にのみ伝播する。この過程が続く間は，それこそかの所得および財産分配の変動が発するところの源泉たる較差利潤 (Differentialgewinn) もしくは較差損失が形成される。それによってまず第一に影響を受けるのは，通常企業家である。貨幣の内的客観的交換価値が下落すれば企業家は利益を得る，なぜなら彼はその生産費の一部分を，貨幣価格の高まれる水準にまだ相応しない価格で支弁し得たに反し，製品はすでに，それまでに生ぜる推移を顧慮して形成された価格をもって売却し得るからである。貨幣の内的客観的交換価値が騰貴すれば，企業家は損失をこうむる，なぜならその時には製品の代償として，それまでに生じた価格水準の下落に相応する価格しか得られないのに反し，彼自身はまだ高い価格で生産費を支弁せねばならなかったからである。第一の場合には，過渡期中企業家所得は増大し，第二の場合には減少する。このことは利子の高さに影響なしにはとどまり得ない。余計にもうける企業家は，より高い利子を代償に支払う用意があり，また高い利得への同じ期待によってさしまねかれる貸付希望者の競争によって，それを強いられるであろう。その業態が思わしくなくなれば，企業家はより少ない利子ほか与え得ないであろうし，また貸付授与者は競争の圧迫によって企業家に従わねばならぬであろう。したがって下落する貨幣価値は騰貴する利子を，騰貴する貨幣価値は下落する利子を相伴う。これは貨幣の内的客観的交換価値の運動が休止するまで続く。それが休止すれば，一般的国民経済的状況によって与えられる利子率の水準が再び出現する。[1]

1) フィッシャー・ブラウン，前掲書58頁以下。

　　したがって利子歩合の変動は貨幣需要と貨幣存在量の比率の変動の直接の結

## 第5章 貨幣、流通手段および利子

果として現われず，むしろ，これによって惹起された貨幣の内的客観的交換価値の運動に伴って出現する社会的な財産分配の推移によって初めて生ぜしめられる。貨幣の内的客観的交換価値の変動と利子歩合の変動との関係はいかにして形成されるかというしばしば提出される問題は，のみならず由々しい概念上の混乱を包含する。現在財と将来財の評価関係の変動は，貨幣の内的客観的交換価値の変動と異なる現象ではない，両者は共に究極において同じ要素によって制約される現存する経済状態の不可分な変革の一部分である。かくの如く我々はそれらに適当な顧慮を払うことによって遅れを取返し，第2部に包括された我々の論述が余白のまま残した間隙をうめたのである。

**3** 流通手段の発行による広義の貨幣存在量の増加は，発行者に有利な社会的財産分配の推移を意味する。流通手段の発行が銀行的方法で行われれば，この推移は資本形成に特に好都合である。何となればその時には，発行機関はその過程から得られる資力増加を，直接に生産行程の開始および実行のたびであるにせよ，間接に生産者への貸付によるにせよ，もっぱら生産的に使用するからである。したがって流通手段発行によって生ずる現在財の供給増加の直接的結果として貸付市場に出現する利子歩合下落の一部は，通常永続的のもの，すなわち過程の進行と共に他の人々の財産の減少から生ずる反動によって打消されぬものであるに相違ない。銀行の広汎な流通手段発行が資本形成の有力な刺激であり，それによって資本利子率の下落に貢献したことは，高度の蓋然性をもっていい得ることである。

今や一つのことが綿密に注意されねばならぬ，すなわち銀行的流通手段の増加もしくは減少が社会的な財産分配の推移の迂路を経て招来する資本利子率の低下もしくは上昇は，この流通手段の増加もしくは減少と直接の数的関係にないことである。このことは，財産状態のかの推移と現存する国民経済の財貨存在量の使用方向の変動との間に，何ら直接的関係が存在しないという事情からしても，明らかである。財産状態の推移は個々の個別経済をして，しからざる

## 第3部 流通手段とその貨幣に対する関係

場合になされたであろうのとは異なる経済的決断をとらしめる。個別経済に支配される財は異なって処理され，現在的（消費的）および将来的（生産的）用途の間に異なる方法で分割される。そのことからして，もし個別経済によって行われる用途の変更が相互に相殺されず，一方もしくは他方への過剰を示すならば，国民的生計基金の大きさの変動が生じ得る。この国民的生計基金の大きさの変動が資本利子率の変化の生ずる直接の原因であり，それはすでに証明された如く，広義の貨幣存在量の変動の大きさと運動方向によって一義的に決定されず，むしろ社会的な財分配の全構造に左右されるから，広義の貨幣存在量の変動と資本利子の変動との直接的関係は構成され得ないのである。だが広義の貨幣存在量のいかに大なる増加によっても——この増加が流通手段の増加によって行われると，狭義の貨幣存在量の増加によって行われるとを問わず——，資本利子が決して消滅せしめられ得ないことは，直ちに明らかであるに違いない。かかることは，生起する推移が国民的生計基金を著しく増加し，その結果生計基金が現在および将来のあらゆる可能の考え得べき要求を満足させることができる時にのみ起こり得るのであり，その場合にはあらゆる財は自由財とならざるを得ないであろう。財価値の消滅と共に財の価値評価の差異も，したがって我々の福祉に対し現在財および将来財が持つ重要性の差異に基づく価値評価の差異も，消え去るであろう。社会的な財産分配の推移の結果として生じ得る国民的生計基金の増大は，あらゆる経済財を自由財にする程，決して著しいものとなり得ないことを証明する精密な論拠は存しない，しかし問題の数量を算定する能力を我々に与える目測の力が，この挙げ得ない論拠を完全に補充する。国民的生計基金の発展に対し貯蓄心が持つ効果の意味についても，事情は同様であろう。この方向の精確な論拠を挙げることはできないが，それにもかかわらず例えば倫理観の変遷に基づく国民の貯蓄心の向上は，あらゆる財が自由財の性格を得る程国民的生計基金を増大させ得ないであろうことを，我々は主張し得ると信ずるのである。流通手段流通の増加によって喚起された財産分

## 第5章　貨幣、流通手段および利子

配の推移の結果として現われる国民的生計基金の増大に関しては，我々は更に進んで，それは決して非常に顕著なものではあり得ないと安んじて主張してよいであろう。この主張を演繹的もしくは帰納的に証明すべき何らの可能性も我々は持ち合わせないにしても，それは直ちに正しいと呼び得るであろう。そして我々はそれをもって満足して差支えない，けだし我々はこの証明し得ない主張の上に，何らかそれ以上の思考を組立てる積りはないからである。

　今我々が直面している問題はすなわち次の如くである。銀行は流通信用を供与するに当たり，疑いもなく利子率をその営業費（例えば銀行券の作成，人件費等）によって与えられる水準まで引下げ得るということである。銀行がこれをなせば，他の信用授与者も競争的顧慮からそれに追随することを強いられる。かくて，銀行の処置が資本市場——すなわち現在財と将来財が相互に交換される市場——の状態によって制約される利子率の高さを自動的に回復する他の諸力を喚起しないならば，銀行は全く随意に利子率をかの水準まで下落せしめ得るであろう。我々の眼前にあるこの問題は，信用の有償性もしくは無償性の標語の下に知られている銀行理論の主要問題である。

　この問題に認められる大なる原理的実践的意味はしばしば誤解された。それにはなかんずく，この問題に与えられた必ずしも適切でない公式化に罪があった。現状では流通信用の無償性の問題はほとんど現実性を持たないように見え，また純理論的問題にたずさわる嗜好は現代の国民経済学者の間には必ずしも大でないから，この問題は不注意に無視されたのである。この問題を等閑に付することが日常の必要にのみ注目している人々の立場からしても，いかに是認されないものであるかを示すためには，問題の立て方をわずかに変えるだけで充分である。すでに見た如く流通手段の新規発行によって，社会的な所得および財産分配の推移を経て間接に，資本利子の高さに変動が生ずる。然るに新たに貸付市場に到来する流通手段は，現在財の新しい供給として直接利子を低減するように作用する，しかもこのようにして惹起された利子率の引下と前に挙げ

## 第3部 流通手段とその貨幣に対する関係

たもう一つの利子率の動きとの間には，差当たり何らの関連も発見され得ない。両者を調和させる力は存するのかどうか？　流通手段の増加は現在財と将来財が交換される市場において，その結果として生ずるかの社会的分配の推移よりも差当たりより強力な影響を及ぼすということは極めてありそうなことである。もしそうだとすれば，流通手段の増加によって疑いもなくまず現われる利子低落は決定的なものであるのかどうか？

　これまで我々の科学においてこの問題に与えられた取扱は，決してその重要性にふさわしいものではない。多くの場合その真の本質は誤解された，そしてそもそも問題の立て方からして誤っている場合，解決の試みが失敗に帰せざるを得なかったのは当然のことであろう。しかし問題の核心を正しく把握した少数の理論も，もつれを解かんとしてわき道に外れてしまったのである。

　一群の著述家にとっては，この問題はほとんど困難をもたらさないように見えた。彼等は流通信用業務の利率をその営業費によって与えられた限界まで下落させることが銀行にとって可能であるという事情から，信用を無償でもしくはより正しくいえばほとんど無償で供与することが可能であると無雑作に推論して差支えないと信じた。したがってこの学説は暗々裡に資本利子の存在を否定する。利子はこの学説にとっては，広義の貨幣の一時的譲渡に対する報償である。実にその素朴なこと何ものにも劣らない見解である。科学的批判がそれを無視したことは当然である，けだし例えごくわずかにしてもそれに言及するには価しないからである。とはいえ，まさに利子の本質に関するこの見解が通俗的意見に広汎な地歩を占め，繰返し新たに述べられ，かつ銀行政策の手段の基礎として推奨されることを認めないわけには行かぬであろう。[1]

1) ドイツの銀行改革に関する最近の文献，例えば上に（360頁）引用したシュミットの著作を参照してみよ。学説史的叙述はロウ，シェスコフスキー，プルードン，マクロードその他がどの程度この学説の創始者であり賛成者であると見なされるべきかを研究せねばならぬであろう。

## 第5章 貨幣、流通手段および利子

　支配的な学説が我々の問題に対して取る立場も，それに劣らず根拠のないものである。それはこの点について銀行主義の賛成者の先例にならい，問題の存在を断乎として否認することで満足する。それはまたほかの態度を取ろうにも全く取り得ないのでもある。取引に流通する流通手段の量は——我々が先に説明したような意味で——決して需要を超え得ないという見解を持つ者は，必ずや，銀行には無償で流通信用を供与する可能性が与えられていないという結論に達せざるを得ない。すなわち，銀行はその許容する貸付に対し，原価を超える代価の報償を断念することはできる。しかしそれによっては，さもなければ銀行に流入する流通手段発行に基づく利子収益が貸付受領者の掌中に帰するという以外は，事態の本質は変わり得ないのである。流通する流通手段の量を随意に増加することができないために銀行が克服し得ない流通手段の有限性は，国民経済に妥当する資本利子の高さに対し利率政策が及ぼす影響の度合を狭少な範囲にとどめる。したがって，流通手段銀行が流通信用を供与する際の利率と，一般的な国民経済事情によって爾余の信用取引に対し与えられたるものと見られる利率との間には，わずかな差異ほか現われ得ないというのである。

　我々はこの議論のどこに誤謬が潜んでいるかを確かめる機会をすでに持った。銀行から取引に流れ込む流通手段の量に対しては，銀行に向けられる割引申込の数と規模が確かにその限界を成している。しかしこれとても銀行の信用政策に依存しない大きさではなく，能動業務の利率を削減することによって，公衆の信用要求を無限に高めることが銀行に可能である。しかも銀行は，トゥークおよびフラートンの正統的追随者によっても争われ得ないことであるが，あらゆるこれらの信用要求に応ずることができるから，銀行は随意に流通手段発行を拡張し得る地位にある。もちろん個々の銀行は，競争者が異なる行動を取る限り，当然な理由からこれをなすことはできない，しかし孤立した国民経済もしくは全世界のあらゆる流通手段銀行の総体が一致的行動を取ればこれをなし得るのである。唯一の流通手段銀行が活動する封鎖的国民経済を考え，更に自

## 第3部　流通手段とその貨幣に対する関係

明のことであるが，その銀行によって発行される流通手段が一般的信頼をうけ，取引において躊躇なく貨幣代用物として使用されると仮定すれば，支配的銀行理論の主張の薄弱さは極めて明らかに証明される。かかる状態では銀行の流通手段発行に対しては，銀行が自ら課する以外の制限は存しない。

　しかし通貨主義理論が我々の問題に与える取扱いも満足をもたらし得るものではない。私の見る限り──広汎な学説史的研究はもしかすると異なる結果を生むかもしれないが──，それは流通手段インフレーションの結果を，世界経済に幾つか独立の銀行群が共存する場合について吟味するにとどまり，その際これらの銀行群が統一的な流通手段政策と信用政策を取らないという仮定に基づいている。19世紀前半に関しては実際的にほとんど現実性の無かった一般的な流通手段の増加という場合は，その研究範囲に入れられなかった。かくして通貨主義も問題の原理的側面に注目する機会を持たなかったのである。この重要な問題を解明するために行われねばならぬすべてのことは，今初めてなされねばならない。なぜなら，ウィクセルが企てたかの極めて注目すべき試みも成功したとは言い得ないからである。だがいずれにしても，問題を明白に公式化したことは彼の功績である。彼は自然的資本利子すなわち実物資本が貨幣の媒介なしに現物で貸付けられる場合に需要供給によって確定される利子率と，貨幣利子すなわち貨幣もしくは貨幣代用物をもってする貸付に対し要求され与えられる利子率とを区別する。貨幣利子と自然的資本利子は直ちに一致するとは限らない，けだし銀行にとっては流通手段発行額を随意に拡張し，かくて貨幣利子に圧迫を加え，原価によって与えられた最低限度まで低落させることが可能だからである。それにもかかわらず貨幣利子が遅かれ早かれ自然的資本利子の高さに合致せねばならぬことは確かであり，まさにいかなる経路によってこの終局的一致が達せられるかを示すことが必要なのである[1]。ここまではウィクセルに賛成せざるを得ない。だがそれから先の論議が反対論を呼び起こすのである。

## 第5章　貨幣、流通手段および利子

1) ウィクセル，前掲書Ⅴ頁以下。

ウィクセルによれば，いかなる時にもまた国民経済状態のいかなる情況においても，その利率では商品価格の一般的水準が最早上にも下にも動こうとする傾向を持たぬ貨幣利子の平均率の高さが存在する。彼はそれを正常的利子率と名付けるが，その額はその時の自然的資本利子の高さによって規定される，とはいえ両者は我々の問題にとって重要でないある理由からして，必ずしも完全に一致するとは限らない。今何らかの原因によって，貨幣利子の平均率がごくわずかな額だけその正常的高さ以下に定められかつそれが維持されると，累進的な，かくてついにはあらゆる限度を越える価格騰貴をきたさざるを得なくなり，『それはいうまでもなく銀行をして遅かれ早かれ利子率を引上げさせるであろう』と。ところで問題が価格騰貴に関する限り，このことは一応承認されるであろう。しかしその時にもなお，なぜ商品価格の一般的騰貴が必ずや銀行をして利子率を引上げさせるに至るかは，依然として了解し難い。流通手段流通を制限する法律上の規則もしくは商人的な銀行の慣例によって与えられた規則に，その動機があることは明らかである，また他の銀行の行動を必然的に顧慮しなければならぬことも同じ方向に作用する。しかしウィクセルがするように，その発行を法律的に制限されない流通手段のみが取引に流通し，したがって流通手段発行を無限に拡張することが全く銀行の自由であるという仮定から出発すれば，なぜ騰貴する価格と増大する貨幣需要が銀行をして流通信用の供与に対する利子率を引上げさせるに至るか理解し難い。ウィクセルもこれを説明する理由として，金貨および銀行券に対する取引の需要は価格水準が高まれば大となること，それ故貸付けられた金額はことごとく銀行に還流するわけではなく，むしろ一部は公衆の手中に留まるということ以外には挙げることができない。したがって銀行の債務額は増大するのに反し，銀行準備は減少し，それは自ずから銀行をしてその利子要求を引上げさせるに違いないというのである。だがウィクセルはこのように証明することによって，彼の研究を出発させ

## 第3部 流通手段とその貨幣に対する関係

る仮定と矛盾に陥っている。現金在高と，流通手段の発行によって生じた債務とそれとの割合を考慮することは，彼の描く仮定上の銀行に対しては何らの役割も演じ得ない。彼は初め正当にも非常に強調した流通手段だけの流通という最初の仮定を，ここに至って突然に忘れてしまったように見えるのである。

1) ウィクセル，前掲書 V 頁以下，111 頁，さらに The Influence of the Rate of Interest on Prices, (The Economic Journal, Vol. XVIII, 1907), S. 213 ff. 参照。
2) ウィクセル，前掲 The Influence of the Rate of Interest on Prices, 215頁。

ついでにウィクセルは流通手段流通に引かれた第二の限界にもちょっと言及している。彼は言う，自然的資本利子の平均的高さに相応するより低い利率を定める銀行にとっては，貴金属を工業用に使用することによって生ずる限界がある。貨幣の余りに小なる購買力は金生産を阻害し，他の事情にして同じであれば金の工業的消費を増大する，かくて消費が生産を凌駕し始めるや，不足は銀行の現金高から取去られるに違いないと。このことは物品貨幣を使用する場合には完全に妥当し，流通手段の増加は，それによって惹起された貨幣の客観的交換価値の低落が貨幣素材の貨幣的使用に基づく価値をほとんど吸収してしまうや否や，停止されざるを得ない。すなわち言う，貨幣の客観的交換価値が貨幣素材の工業的用途によって与えられた水準まで低下するや，それ以上のいかなる低落も——それはもちろん貨幣代用物の購買力をも同程度に襲うに相違ない——貨幣素材を工業用に必要とするすべての人々をして，最も安価な源として銀行の窓口に向かわしめるに違いない。流通手段を貨幣と交換することによって特別な利益が獲得されるが故に，銀行はその発行をそれ以上拡張することができない，かくしてかの限界を越えて発行された流通手段はすべて直ちに銀行に還流せざるを得ないと。

1) ウィクセル，前掲 Geldzins und Güterpreise 104頁および次頁。
2) ワルラス，前掲 Etudes d'economie politique appliquée. 345頁および次頁。

だがこのように確証しても，我々の問題の解決には一歩たりとも近寄るもの

## 第5章　貨幣、流通手段および利子

ではない。貨幣素材の低落する客観的交換価値がそのもう一つの用途によって与えられた水準に達するや否や、それ以上の流通手段発行を制限する機構(メカニズム)は物品貨幣についてのみ活動するのであり、信用貨幣にあってはそれが金で表示されている場合に限られ、表象貨幣にあっては全くこの機構は働かない。より重要なのは第二の要素であるが、その限界ははるかに遠く、それに近付くまでには流通手段発行の増加になお広い余地が残されている。ではこの遠い限界内で貸付利率を随意に低下させることが、もしかすると銀行に可能なのではないだろうか？　決してそんなことはない、今我々はそれを実証せんと試みようと思う。

**4**　流通手段銀行は一致的行動を前提すれば、その発行を無限に拡張することができる。貸付利率を引下げることによって資本需要を刺激し、いま上に言及した限界線を度外視すれば、自己の管理費が許す点までそれを押し進めることは銀行のよく成し得る所である。それによって銀行は貸付市場における爾余の競争者、すなわち自ら創造したのではない流通手段を貸与するすべての者をして、同様にそれに応じて低下させることを強制する。かくして貸付利率は流通手段銀行により、差当たりほとんど零まで低下され得る。このことはもちろん流通手段が住民の間に無制限の信頼をうけ、したがって誰も不信の念から、流通手段の本質を成す即座の現金兌換の約束を実現してくれという要求を持って、銀行に立向かわないことを前提してのみ妥当する。兌換のための銀行券提出と当座勘定の引出は、銀行の顧客範囲以外の人に対する支払に必要な貨幣需要に基づいてのみ生ずるであろう。かかる要求に対し、銀行は必ずしも貨幣引渡によってのみ応ずることを要しない、この場合には自己の顧客が支払をなそうと望むその人々が顧客範囲に属している銀行の流通手段が、同じ機能を果すのである。それ故、銀行にとっては貨幣から成る兌換基金を保持する必要が消滅し、他の銀行の流通手段から成る準備金がそれに代わることができる。もし世界の全流通手段制度が唯一の銀行に集中すると考えれば、我々の仮定に従

## 第3部 流通手段とその貨幣に対する関係

い，いかなる銀行券提出もあるいはまた預金勘定の引出も全く消滅する，否狭義のいかなる貨幣需要も消え去り得るのである。かくて我々の仮定は決して恣意的なものではない。流通手段の流通は発行機関が公衆の完全な信頼をうけるという前提の下にのみ可能であることは，すでに示した如くである。けだし不信の念が少しでもきざせば，流通手段流通という空中楼閣は直ちに崩壊せざるを得ないからである。更にあらゆる流通手段銀行は，その流通手段流通をできるだけ拡張する目的を追求するものであること，銀行はこの努力をなすに当たり，今日では銀行券および預金準備に関する法律上のもしくは取引慣行上の規則によって妨げられるに過ぎず，公衆の反対によって妨げられるものでないことはよく知られていることである。流通手段制度のかの人為的な制度が全く存在せず，個々の流通手段銀行の間に一致的行動についての協定が得られるならば，貨幣使用の完全なる消滅は時間の問題に過ぎぬであろう。したがって上述の仮定を我々の研究の基礎とすることは，充分に是認されるのである。

　我々の仮定が正しければ，先に言及した物品貨幣本位が存続する際の限界を除き，実際的には流通手段発行に最早何らの限界も存しない。その時には貸付利率と貨幣の客観的交換価値に対し，なお銀行の経営費の高さが下限をなすのに過ぎず，ちなみにそれは著しく低位にある。銀行は信用条件の緩和によって流通手段発行をほとんど無限に拡張し得る。それに伴って，貨幣の内的客観的交換価値の下落が進行せざるを得ない。流通手段が銀行的に発行される場合に貨幣減価のたどる道は，狭義の貨幣存在量の増加もしくは流通手段の非銀行的発行の際にそれが取る道と，幾らか異なるかもしれない，しかし過程の本質は同一である。なぜなら，貨幣の内的客観的交換価値の減少が鉱山所有者，表象貨幣もしくは信用貨幣または補助貨を発行する国家から始まるか，それとも新たに発行される流通手段が貸付によって供せられた企業家から始まるかは，ほとんどどうでもいいことだからである。

　公衆の不信の念が目覚めることなしに，流通手段の増加が実際無限に続けら

## 第5章 貨幣、流通手段および利子

れ得るかということに頭を悩ますのは無駄なことであろう。我々が取扱う原理的な問題に対しては，この疑問はほとんど意味がない。我々が研究を行うのは，貨幣の客観的交換価値と貸付利率がほとんど零まで低められ得ることを示すためではなく，むしろ我々のすでに証明した如き起り得べき貸付利率と自然的資本利子との背馳から，いかなる結果が生ずるかを吟味するためである。それ故今示された如く，物品貨幣が使用される際に流通手段の増加は，貨幣の内的客観的交換価値が貨幣素材の工業的用途によって与えられた水準までほか引続き低下せしめられ得ないということも，我々にとってはほとんどどうでもいいことなのである。

流通手段銀行が貸付利率をその時々に全国民経済事情によって制約される資本利子率（ウィクセルの自然的資本利子）以下に引下げる可能性を持つならば，かかる状態からいかなる特殊の結果が生ぜざるを得ないかという問題が生起する。それは持続されるのであろうか，それとも二つの利子率のこの背馳を除去する力が自動的に喚起されるのであろうか？　一瞥しただけでも極めて興味深く思われるに違いなく，いわんや精細に研究すれば近代の経済生活の多くの事象を理解する上に最も重要なものの一つであることが判明するこの問題が，これまでほとんど真剣に取扱われなかったことは奇異な現象である。

流通手段発行の増加が貨幣の内的客観的交換価値の形成に対して及ぼす影響については，ここでこれ以上論ずる積りはない，それはすでに以前に論じ尽されたのである。現在我々の任務とする所は，流通手段銀行が一致的行動を取る時考え得べき自然的資本利子と貸付利率の背馳から，いかなる一般的な国民経済的附随現象が生じ得るかまた生ぜざるを得ないかということを吟味することだけである。その際銀行が自然的資本利子率以下に利率を引下げる唯一つの場合のみが顧慮されねばならぬのは自明のことであろう。反対の場合，すなわち自然的資本利子率以上に銀行利率を引上げることは，問題にならない。けだしかかる行動を取れば銀行は貸付市場の競争から脱落し，それ以上何ら注目すべ

第3部 流通手段とその貨幣に対する関係

き附随現象が出現しないからである。

　資本利子率の高さは経済的になお許容される最後の生産長期化と最早許容されない次の生産長期化の収益性によって制限され，その方法は，その助けによってかかる長期化が実現されるその資本単位が，前者の生産長期化の剰余収益よりも常に多くの利子を負担せねばならぬことによってである。その場合に選定される生産期間は，処分し得べき全生計基金がその期間中，丁度労働者群の賃金支払に必要にしてかつ充分であるだけの長さであることを要する。なぜならそれが短か過ぎれば，最早すべての労働者が全期間中扶養されるわけにはいかず，その結果は働かざる経済要素の圧迫的供給であり，それは必ずや，それに襲われた組織の転覆を強制してやまぬからである。さて貸付利率が，市場に作用する力の自由な営みによって形成される資本利子率の自然的高さ以下に引下げられれば，企業家にとって，より長い生産期間を選定すべき可能性と必要とが生ずる。より長い生産迂回の選定は生産収益の絶対的増加をもたらすが，相対的には収益の減少が現われる。なぜなら資本主義的生産迂回の増大する長期化は，絶えず剰余収益をきたすが，ある点からは逓減する大きさの剰余収益となるからである。かくて，より長い生産迂回は，企業家がより少ない収益性にもかかわらず利益があると判断する場合にのみ選定され得る。貸付利率が自然的資本利子と一致する限り，かかることは起こらない，この時にはより長い生産迂回の選定は損失を受けてのみ可能なのである。他面貸付利率の引下は必ず生産期間の長期化をも招来する。けだし新たに生産活動に流入する資本は，新たな生産迂回が選定される時にのみ使用され得るからである。しかしながら，新たに選定されるいかなる生産迂回も，より遠い迂回でなければならぬ，すでに選定されたものより短かい新たな生産迂回は見出され得ない。なぜならあらゆる資本部分はまず最も収益性が高いが故に最も短期の生産迂回に投ぜられ，あらゆる短期の生産迂回がすでに占められている時に初めて，より長期の生産迂回に資本財が使用されるからである。

## 第5章　貨幣、流通手段および利子

1) ベーム・バヴェルク，前掲書第2部611頁以下。
2) ベーム・バヴェルク，同書151頁以下。

だが生産期間の長期化は，労働者および企業家をより長い期間養い得る程生活資料が増加されるか，それとも生産者がより長い期間同量の生活資料をもって暮しを立てていくように彼等の要求が減ぜられたか，そのどちらかである時にのみ実現し得るように見える。しかるに流通手段の増加は，それによって惹起された貨幣の内的客観的交換価値の減少の進行中に財産関係の推移を生ぜしめ，それはますますもって貯蓄活動の強化と生計費の低減をきたし得るものである。貨幣減価はまた事情によっては，すなわち物品貨幣が使用されている時には，貨幣素材の或る部分を貨幣的用途から工業的用途へ流失させることにより，直接的にも財貨存在量の増加を招来する。この要素が問題となる限り，確かに流通手段の増加もまた我々が立証し得た如く，自然的資本利子率の低下を惹起する。だが我々が研究せねばならぬ場合はこれとは異なる。問題なのは流通手段発行の増加によって惹起された自然的資本利子の低減ではなくして，流通手段銀行によって企てられ爾余の貸付市場が追随せねばならぬところの，それ以上の銀行利子歩合の引下なのである。銀行がかかる行動に出る能力があることはすでに立証された如くである。

今や情況は次の如くである。中間的生産物の増加が生ぜず，生産期間を長期化する可能性が与えられていないにもかかわらず，長期化された生産期間に相応する利子歩合が貸付市場に実施される。かくて究極においては許容し難くまた実現不可能であるにもかかわらず，差当たり生産期間の長期化が有利なように見受けられる。しかしこれがやがていかなる結果となるかについては，いささかも疑いの余地がない。生産に活動中の資本財が消費財に変わらないうちに，消費のために成熟した生活資料が消耗し尽される時点が必然的に到来する。この瞬間は資本利子の下落が貯蓄への刺激を弱め，それと共に資本形成のテンポを緩めるだけに一層速やかに生ぜざるを得ない。生活資料は選定された生産過

## 第3部 流通手段とその貨幣に対する関係

程の全期間中，労働者を維持するためには余りにも乏しいことが立証される。生産と消費は日々新たな生産が開始され，他のものは終結するように継続的に行われるから，この生活資料の欠乏はしばし享楽財の絶対的不足が人間生存の継続を危殆ならしめるようには現われず，単に消費に供される財貨量の減退として出現し，それが消費の制限を強制するのである。市場では消費財の価格が騰貴するのに反し，生産財の価格が下落する。

　これが銀行の干渉によって攪乱された貸付市場の均衡が再び回復される一つの経路である。銀行により選定された，自然的資本利子率以下で貸付を与えんとする政策と共に始まる生産活動の増加は，まず第一に生産財の価格を騰貴せしめる，それに反し消費財の価格は同様に上昇するにはするが，程良い程度でのみ，すなわち賃金の上昇によって騰貴せしめられる範囲内でのみ上昇するに過ぎない。かくて銀行の流通信用政策から発し，貸付利率を低落させる傾向は当分は強化される。しかし間もなく逆転が始まり，消費財の価格は上昇し，生産財のそれは下落する，すなわち貸付利率はまた上昇し，再び自然的資本利子率に接近する。

　ところでこの逆転は流通手段量の増加と共に始まる広義の貨幣存在量の増加が，貨幣の内的客観的交換価値を低下せしめることによって強化される。しかしこの貨幣減価が進行中である限り，すでに示された如く貸付利率は，貨幣の内的客観的交換価値が不変であれば要求されそして給付されたであろう高さを越えて上昇せざるを得ない。

1) 二つの動きは反対方向に進行し，その結果両者が相殺されることはすでにミルが強調し（ミル，前掲 Principles 391頁および次頁），インフレーションにより惹起された利子歩合の騰貴は，銀行的に発行される場合の銀行券の追加量（および生産的に使用される限り金の追加量）が銀行利子を低落させるように作用するという事情によって，阻止されることを示そうとした。

　最初のうち銀行はその利率政策を妨げるこの二つの反対傾向を，流通信用業

## 第5章 貨幣、流通手段および利子

務の銀行利率を引続き引下げ新しい流通手段量を取引に注入することによって，阻止しようと試みるかもしれない。しかしそれによって広義の貨幣存在量が増加すればする程，ますます貨幣減価は急速に進行し，利率の高さに対するその反動はますます強烈となる。銀行はなおも流通信用を膨脹するようにつとめるかもしれない，だが利率の上昇をとどめることはできぬ。流通手段流通のこれ以上の拡張が最早可能でない点に達するまで流通手段量の増加を続ける決意を銀行が示しても，——しかしてそれは物品貨幣が使用される際銀行が現金支払の停止を強制されることなくしては，最早流通手段および貨幣単位の購買力がそれ以下に下落し得ない限界に達したためであっても，あるいは貸付利率の引下が銀行経営の技術的費用によって与えられた線に達したためであってもどちらでもよい——，最早目指す成果を挙げることはできぬであろう。なぜなら雪崩の如く膨脹する流通手段発行は，その終末が見極められなければ，恐慌的に始まりあらゆる限度を越える流通手段および貨幣単位の内的客観的交換価値の減退を結果するからである。[1]その時には貸付利子も恐慌的にあらゆる限度を越えて上昇する。かくて銀行はついには自然的資本利子率を低く定めようとする爾後の努力を中止せねばならぬ。資本市場の情況によって与えられ，ただ銀行の干渉により攪乱されたに過ぎぬ高次財の価格と第一次財の価格との関係はほぼ回復されるが，その際消え難い痕跡として，貨幣側から発する貨幣の客観的交換価値の一般的上昇が残存する。生産財と消費財との古い価格関係の元通りの回復は可能でない，なぜなら一方において銀行の干渉の結果として財産分配の推移がすでに生じたからであり，他方において貸付市場の自動的健全化は，余りに遠い生産迂回に投資された資本の一部を失われたものと思わせる恐慌的現象の下でのみ行われ得るからである。今や収益の上らぬものと立証された用途から他の使用方法へ，あらゆる生産財を移すことは不可能である。一部分は救い出すことができず，したがって全く利用されないかあるいは少なくとも経済的に余り利用されずに放置されざるを得なくなり，いずれの場合にも価値の

### 第3部 流通手段とその貨幣に対する関係

損失が存在する。例えば人為的に拡張された銀行信用の助けによって，4％の収益性ほかない企業が創立されたと仮定しよう。貸付利率が4％半である限り，かかる経営の設立は考え得られなかったのであり，貸付利率が流通手段発行の拡張によって3％半に下落して初めて可能にされたのである。今や上述した如くに反動が始まり，貸付利子は再び4％半に上昇する。その時にはかかる事業の経営継続は最早有利なものではない。かくて経営が全く休止されるか，あるいは企業家がより小なる収益をもってひとまず満足した後に経営が続けられるか，そのいずれであるにせよどちらの場合にも私経済的のみならず国民経済的に見ても価値の損失が生じたわけである。より重要な欲望の充足に役立ち得る経済財が重要性の少ない欲望の充足に使用されたのであり，したがって使用方向の変更によって，犯した過誤を償うことが可能である範囲内でのみ損害が防止される。

1) 上述220頁および次頁。

**5** 我々の銀行理論は通貨主義理論のそれと同じく，ついには恐慌理論に達する。もちろん通貨学派はこの問題をも根本的に研究したわけではなかった。通貨学派は流通手段銀行の流通信用の無限の拡張がいかなる結果を惹起するかを問わなかったし，また自然的資本利子率を永続的に引下げることが銀行に可能であるかも問題としなかった。それはより狭い目標を掲げ，一国の銀行が他国の銀行よりも強度に流通手段発行を膨脹すれば，いかなる事態が生ぜざるを得ないかを吟味することをもって満足した。かくて通貨学派は対外的涸渇の学説と19世紀中葉迄のイギリス経済恐慌の解明に到達したのである。

我々の恐慌理論の力を借りて最近数十年間の経済恐慌の解明に資せんとする時には，銀行は行い得たであろう流通信用の膨脹と，流通手段発行の拡張をその極限まで決して行わなかったことに注意せねばならぬ。銀行それと共に以前の恐慌の記憶がまだ消え去らぬすべてのものが不安の念を抱いたためにせよ，あるいは銀行が流通手段流通の最高限度に関する法律規定を考慮せねばならな

## 第5章 貨幣、流通手段および利子

かったためにせよ，銀行は常に極限に至るずっと以前にとどまった。かくて恐慌は，爆発せざるを得なくなる前に出現した。この意味でのみ，流通信用の抑制を経済恐慌の原因もしくは少なくとも直接の動機と呼ぶことがやはり正しいのだという主張を理解し得るのである。すなわち銀行はますますもって流通信用業務の利子歩合の引下げを続け，かくして強気的投機の崩壊を延引すべきであったというのである。この最後の言葉の延引に重きを置けば，この議論は直ちに同意し得る。確かに銀行は崩壊を延引することはできる，しかしやがてはついに上述した如く，流通手段流通のそれ以上の拡張が最早不可能な瞬間が必ずや到来するに違いない。その時には破局が生ぜざるを得ない，しかも貸付利率が自然的資本利子の水準以下にあった時間が長ければ長い程，また資本市場の情況によって是認されない生産迂回が多く選定されればされる程，ますますその結果は重大であり，強気的投機の奇形的隆起に対する反動は強烈なのである。

第3部　流通手段とその貨幣に対する関係

# 第6章　流通手段政策の諸問題

## A　緒　　言

　**1**　欧州およびアメリカの諸国が流通手段の発行に関して取った政策は，通貨学派の出現以来大体において，銀行が流通手段発行の拡張によってついには経済恐慌に終わらざるを得ない暴騰の機因を与えないように，銀行に何らかの制限を課さねばならぬという思想によって導かれてきた。しかし他面において再三再四それに反対する運動がこの政策の統一的傾向を打破った。人々は流通信用政策上の手段によって利子歩合を低位に維持しようとつとめ，『安価な貨幣』（すなわち低い利子）と合理的な（すなわち高い）価格とを実現しようと望んだ。20世紀の初頭以来この運動は著しく力を得，戦時および戦争終了後の一期間それは極めて有力であった。

　流通手段政策のこの異常な動揺は，それが解決せねばならなかったまた解決せねばならぬであろう具体的任務を論ずること以外によっては述べることができない。問題は常に同一であるにしても，それが取る形態は変化する。しかるに問題をあらゆる被覆から脱せしめることこそ肝要なのであるから，あらわにされるがままに問題を受取らねばならぬ。それ故以下においては，第一に大戦前の時代が問題をいかに提出したか，次に大戦後の時代はそれをいかに提出するかを区別して観察したいと思う。

第6章　流通手段政策の諸問題

B　大戦前の時代における流通手段政策の諸問題[1]

**2**　ピールの銀行条例とその成立の基礎となった思想は，今日もなお流通手段発行の問題に対するあらゆる国家の態度の規範を成しており，最早イギリスの銀行立法の例を模倣しなかったかあるいはそれ程忠実に模倣しなかった国々もその影響を免かれることができなかった。この場合奇妙な現象が我々を迎える，すなわち，あらゆる国々の国民経済学上の文献が金属的に保証されない銀行券流通の固定的制限制度に対して極めて激烈な熱情的な攻撃の鉾先を倦むことなく向け，ピール条例を目して誤れる学説の不幸な立法的結果と呼び，通貨主義理論を久しい以前に否認された偽りの仮説の体系と述べ続けていたのに，立法は次から次へと，貨幣によって準備されない銀行券の発行を制限する処置を取った。しかも奇妙なことにも政府のこのやり方は，その展開する銀行理論上の見解の正当なる帰結としてそれを最も激しく弾劾せねばならなかったであろう人々の間に，万一なされるとすれば極めて微温的な非難を受けるに過ぎなかった。銀行券の超過発行の可能性を否認し，『弾力性』をその本質的特徴と呼ぶ銀行主義理論から出発すれば，貨幣によって準備されるものにせよ，あるいは準備されないものにせよ，銀行券流通のいかなる制限も有害なものとして立証されねばならないという結論に必然的に達すべきはずである。けだしその制限は，貨幣の内的客観的交換価値の変動なしに貨幣存在量の貨幣需要への適合を実現するという銀行券発行の主要機能を減殺するからである。トゥークの賛成者にとっても，金属的に準備されない銀行券流通の銀行的保証にしかるべき考慮が払われることは有益なことと思われたかもしれないが，金属保有量と銀行券流通との間の一定比率の遵守についての規則はこれを排撃すべきであった。しかるにこれらの著者の理論的叙述とそれから引き出す適用との間には越

## 第3部 流通手段とその貨幣に対する関係

え難き矛盾が支配する。真面目に取るに足る著述家のほとんど誰一人として，準備されない銀行券流通を制限する種々なる制度を本質的に揺り動かし得るような提議をあえてする者はなく，唯一人として断乎とその完全な撤廃を要求する者はいない。この論理性の欠如よりもより良く近代の銀行理論の内的不確実性と非独立性を特徴付け得るものはない。重大な弊害を阻止するために銀行券発行が何らかの方法によって制限されねばならぬということは，今日もなお銀行政策上政府の持つ叡智の追求すべき目標と見なされている。しかるに反対のことを立証したと信ずる科学は，結局再三再四，今日最早何びとも証明し得ずすべての人が否定し得ると信ずるこの独断に屈服する。イギリス人の保守主義は当時の最良の人々が関与した数十年にわたる精神上の闘争の結果と思われる法律を自ら覆すことを妨げる，かくて世界第一の銀行の実例はあらゆる他の銀行に反応する。国民経済学者の二世代の演繹的結論は，銀行実務の経験の結晶である見解を揺り動かすことはできなかったのである。

1) B節の論述で現在もしくは今日という言葉が使われる場合には，1912年頃の意味である。

通貨主義理論には多くの重大な誤謬が附着している。そのうち最も重大なものは銀行券と当座勘定との本質的類似性を認め得ない点にある。反対者達は体系のこの弱点を巧みに探知し，最も鋭い攻撃をそれに向けた。しかし通貨学派の理論は小切手および当座預金の本質に関するその見解と共に存亡するものではない。通貨主義理論の支持者の非難を沈黙させるためには，それをこの一点について修正し，銀行券発行に関して展開された命題を当座勘定の開設にも適用すれば充分である。この点について犯された誤謬が銀行主義理論によって犯されたものに比べれば軽いことは，恐らく特に論ずるまでもないであろう。のみならず，古典的銀行理論の礎石が置かれた当時のイギリスの預金制度すら比較的少しほか発達していなかったことを考慮に入れれば，更に銀行券による支払と小切手によるそれとの法律的差異も間違いの機因を与え易かったことを顧

## 第6章 流通手段政策の諸問題

慮すれば,この誤謬はゆるすべきものに思われる。

1) トーレンス,前掲書8頁以下。
2) トゥーク,前掲書23頁以下。

しかしピール条例にとっては,それを作った理論の外ならぬこの欠陥が,有利なものであることが判った。いわばこの欠陥は,それなくしては取引の発展に耐え得なかったであろう弁をピール条例に取付けたのである。ピールの体系が流通手段発行を制限するあらゆる他の体系と等しく持つ根本的誤謬は,国民経済の増大する(広義の)貨幣需要を計算に入れ,金属的に準備されない銀行券発行部分の拡張を予期していない点にある。ピール条例は過去に関し,流通手段の一定量の創造と,貨幣の内的客観的交換価値の形成に対しそれが持つ結果とを認可するが,この流通手段発行の影響を再び除去するためには何らなす所がない。しかし同時にピール条例は,資本市場と貸付市場を動揺から守るために,将来に関しそれ以上の流通手段の発行によって,増大する貨幣需要を部分的にもしくはことごとく満足させ,かくて貨幣の内的客観的交換価値の騰貴を緩和しもしくは全く阻止し得るすべての可能性を放棄する。それはあたかも流通手段の創造を全く抑圧し,それによって貨幣の内的客観的交換価値の安定に対しそれが持つあらゆる利益を断念しようとするのと同じである。それは畢竟あらゆる流通手段の絶対的反対者の提議とほとんど異なる所のないアイゼンバルト博士流の治療なのである。

だが通貨主義理論家の計算には遺漏があった。彼等は貨幣によって保証されない当座勘定の流通手段的性質を看過し,したがってこれに対し,金属的に保証されない銀行券に対するのと同様の規則を定めることを怠った。流通手段の発展が銀行券発行に基づく限り,それはピールの銀行条例によって阻害されたが,流通手段の発展が当座勘定の開設に基づく限り,それは全く妨げられなかった。それによってイギリス銀行制度の技術は,ロンドンおよび周辺の銀行券発行権が英蘭銀行の独占的特権を成していたという事情によりすでに以前から

## 第3部 流通手段とその貨幣に対する関係

動きつつあった方向に推し進められた。当座預金制度は銀行券制度を犠牲にして発達した。このことは国民経済的観点から見れば，銀行券と当座勘定が同一の機能を果たすが故に，どちらでもいいことである。かくしてピールの法律が目指した所のものは達成されなかったか，もしくは少なくともその創始者が意図した程度と方法においては達成されず，銀行券として抑圧された流通手段は当座勘定の形態において発展した。

いうまでもなくドイツの銀行文献は銀行券と当座勘定との間に本質的区別を見出し得るという意見であったが，もちろんそれを証明することはできなかった，否本来それは全く試みられなかったのである。まさに数年来あらゆる論議の中心にある銀行券か小切手かというこの問題におけるよりもはなはだしく，ドイツの銀行理論の内的弱点が我々に示されるところはない。同様に銀行券と小切手との間に根本的な差異が存しないことをイギリスの銀行主義理論家から学び，しかもこれを繰返し強調する者は[1]，もし銀行券制度が預金銀行ならびに当座勘定 (Kontokorrent)，帳簿信用および手形交換所制度を備え持つ小切手に比し，『信用経済発展のより初期のそしてより低度の段階』[2]であると主張するならば，少なくとも綿密な証拠を挙ぐべき義務があろう。だがイギリスおよびアメリカを指摘することは，この議論の正当性の証拠と見なすことは不可能である，特にピール条例および一般に銀行券発行の制限の断乎たる反対者の口から出る場合にはそうである。なぜならば，アングロ・サクソン系諸国における当座勘定制度の著しい優勢と銀行券の後退とが外ならぬかの法律に帰せられるべきものであることは間違いないことだからである。実にドイツの銀行理論上の文献は見る者に誠に快からぬ観念を与える奇妙な矛盾にまき込まれているのである[3]。

1) Rentzsch, Handwörterbuch der Volkswirtschaftslehre, Leipzig 1866. 91頁のワグナーによる『銀行券』の項参照。
2) 同書201頁のワグナーによる『信用』の項参照。
3) シューマッヘル，前掲書62頁以下におけるこの矛盾の批判参照。

## 第6章 流通手段政策の諸問題

イギリスおよびアメリカにおいて——異なる方法でまた異なる原因から, しかし同一の根本思想からして——行われた銀行券の駆逐とそれに応ずる当座勘定の進出は, 預金銀行の組織が容易ならぬ恐慌の時にも全体の信頼を維持することが可能である程の確固性を得ていなかった事情と結合して, 重大なる混乱を招いた。イギリスにおいてもアメリカにおいても, 恐慌時に銀行券に対する信頼の念が維持されたのに反し, 当座勘定の形態の流通手段を流通させる銀行に対する信頼の念が動揺せしめられるということが繰返し起こった。国民的取引組織の一部のこの崩壊が間違いなく惹起せざるを得なかったであろう結果が, いかなる方法で避けられたかは周知の如くである。イギリスにおいては大量の流通手段の脱落によって流通に生じた間隙を, 英蘭銀行が自己の銀行券の発行強化を進んで引受けることによって満たそうとした。法律上この方便が不可能であったアメリカにおいては, 手形交換所預金証券 (Clearing-House-Certificates) が同じ目的に役立った。[1] 両国ではこの手段を法律的なものにすることが企てられた。だがロウ法案は議決されず, アメリカにおいてもアルドリッチ・リーランド法 (Aldrich-Vreeland Act) は部分的成功をもたらしたに過ぎなかった。[2]

1) Cannon, Clearing-Houses, their History, Methods and Administration, New York 1900, S. 79 ff.
2) その後連邦準備法がアメリカにも恐慌を鎮静するため銀行券を発行する基礎を与えた。

銀行再流通を制限する多くの体系のいかなるものも, 流通手段創造の拡張に対し永久に超え難い障害を課することはできなかった。このことは銀行券の形態における流通手段の新規発行を全く禁止するピール条例についてのみならず, 貨幣によって準備されない銀行券の増加にある余地を認める国々の発券銀行立法についても同様に妥当する。1844年のイギリスの法律と例えば1875年のドイツの法律との間には, 外見上根本的な差異が存するように見える, すなわち一

## 第3部 流通手段とその貨幣に対する関係

方は金属的に準備されない銀行券発行を永久に固定的に制限するが，他方は銀行券流通の可除部分が金属的に準備され，流通手段流通の一定額の超過が課税されることを要求するにとどまるから，一定限度内の将来の拡張を予期している。したがってまず第一に，それによって流通手段発行の拡張に与えられる余地の広さが問題である。その余地が準備されない銀行券流通の発展を自由に放任する程大であれば，ドイツ法の効果は——そして同じことは同一の原理に従って作成された（例えばオーストリアの）法律のみならず，例えばフランスのそれの如く他の方法で銀行券流通を制限しようとするものにも妥当する——イギリス法のそれと原理的に異なっていたであろう。しかるにそれは余りにも狭いことが立証されたから，その効果は本質的には異なる所がなく，単に段階的のものに過ぎない。すべてこれらの法律は銀行券形態の流通手段発行を制限したが，当座勘定のそれには何らの制限も課さなかった。銀行券発行の困難化は当座勘定の利用普及を促進せざるを得なかった。銀行券に代わって預金勘定が前景に現われた。そのことは流通手段制度の発展にとって必ずしも無関係のことではなかった。銀行券は中小の取引においては技術的に当座勘定にまさっていた，したがって銀行券が有用な貨幣代用物である多くの場合について，小切手もしくは振替譲渡の利用は排除された。この場合には銀行券の形態における流通手段の制限は，あらゆる流通手段発行一般の制限として作用せざるを得なかった。アメリカ合衆国の立法は当座勘定の形態における流通手段発行の制限をも採り入れているが，しかしこれは銀行の一部，すなわち国立銀行にのみ適用されるに過ぎないから，その重要性はアメリカの当座業務と，同様の規則が定められなかった他国のそれとの間に著しい差異を生む程に大なるものではない。

　流通手段発行の無限の拡張の決定的障害を成すものは，もちろん，一般に流通手段の一定形態に関するに過ぎぬ銀行券発行の法律的制限ではなくして，統一的な世界銀行の欠如もしくはあらゆる流通手段銀行の共同的行動の欠如である。銀行が流通信用の拡張について相互に了解に達しなかった限り，流通手段

## 第6章 流通手段政策の諸問題

流通は緩慢には増加されるが,決して雪崩の如く膨脹することはあり得ない。いかなる個々の銀行もその増加の途中,前方へ小さな一歩を踏み出し得るだけであり,次いで他のものが追随するまで待たねばならぬ。あらゆる銀行はその利率政策を他の銀行のそれに順応させることを強制されるのである。

**3** 中央発券銀行の割引政策の本質については極めて曖昧な不正確な観念が流布している。その主要任務としてしばしば銀行の現金在高の防衛が挙げられること,あたかもこれが犠牲を払うに価する目標たり得るかの如くである。また一方では,他の銀行の状態を顧慮して割引政策を行う必要は全く首尾転倒せる立法によって銀行に課せられたものに過ぎぬこと,安価な貨幣――二重の意味で,すなわち購買力少なき貨幣および低い貸付利子――の理想を実現するためには,時代遅れの規範を撤廃すれば充分であるという見解も,少なからず流布している。

ただの一瞬たりともこれらの理論の反駁に費すことは惜しいことであろう。我々が貨幣と流通手段の本質について述べ得たすべてのことに照らし,銀行の割引政策上の手段の目標が何であるかは一瞬たりとも疑問視される余地はあり得ない。あらゆる流通手段銀行はその能動業務の利率を他の流通手段銀行のそれとある程度一致させることを強いられる。利率はその水準以下に低下することは許されない,けだしそれ以下に低下すれば,数的にもちろん増加する顧客によって他の銀行の顧客に対する支払に必要とされる貨幣額が増加し,その結果銀行の支払能力が危うくされるからである。銀行は割引利率を高めることにより自己の支払能力を擁護する。しかしそれは兌換基金――流通手段の価値を維持する上にそれが僅少な意味ほか持たないことは我々が指摘した所である――の防衛を通じてではなくして,むしろ,競争銀行の利子要求の引下による流通手段流通のあらゆる人為的拡張,それと共に流通手段の兌換要求の増加も避けられるということを通じて達成されるのである。割引政策は兌換準備に関する法律規定が存しない時にも,銀行はこれを行わねばならぬであろう。

## 第3部　流通手段とその貨幣に対する関係

　ドイツでは数年来ライヒスバンクの割引政策上の手段の一つ一つが，国内的もしくは国際的貨幣市場の状態に対する顧慮によって左右されたかどうかが論争されている。この問題は，それが多くの場合提出される形では，無意味である。今日法律規定（関税等）もしくはその他の障害によってほとんど拘束されない資本財の自由移動性は，統一的な世界市場を形成する結果を生んだ。世界貿易の潮流中にある諸国民の貸付市場では，純利子は最早国家的観点ではなくして，国際的観点に従って形成される，したがって国内で獲得し得る自然的資本利子ではなくしてどこであろうとも獲得し得る自然的資本利子が，その形成の基礎を成している。貨幣と爾余の経済財との間に存する交換比率があらゆる場所で同一である如く，高次財の価格と第一次財の価格との比率もどこででも同じである。もし資本財の自由移動性を制限しようとすれば，近代的世界貿易の全組織は完全なる変化をこうむらざるを得ないであろう。この要求を揚げ，外国における資本投資の禁止もしくは少なくとも著しい制限を擁護する声が，ドイツに無くはない。かかる政策を実施する見込がいかに少ないものであるか，今日世界経済に参加することを欲するか否かは最早一国民の自由意思によらないものであることを証明するのは我々の任務ではない。しかし一国民が国際取引に参加するや否やまた参加する限り，その市場は世界市場の一環に過ぎず，価格形成は単に国家的ばかりでなく国際的に決定される。仮りにアメリカに事情の変化が生じたために，ドイツ帝国内の資本利子が，それを規定する国内の要素に変動が起こることなくして騰貴するとすれば，それは例えば外国の収穫事情に基づいた穀物価格の騰貴と同じく異様なことではあり得ないのである。

　政治は国家的市場が拡大し世界市場と合一するに至ることを容易に肯じなかった。かつて数世紀前に都市経済から国民経済への発達に対してなされた抵抗よりも，19世紀および20世紀が世界経済への発達に対してなす抵抗の方が強いものである。当時地方的な特殊利益を抑圧した民族的共同体の意識はこの場合には存在しない，かくて近代政治の基調をなす国家的対立の鋭い強調は経済的

## 第6章　流通手段政策の諸問題

統一運動に対し，これが何びとにも損害をもたらし得ないであろう時ですら，恐らく妨げとなるであろう。生産者の立場から見れば，低価格はあらゆる害悪中最大のものと思われる，したがって競争力ある生産者はあらゆる国々において行使し得るすべての手段を挙げて，世界市場の低廉なる商品を国家的市場から遠ざけようと努力する。しかしながら，それぞれ個々の場合に彼等が成功するか否かは，その少なからぬ部分，相対立する利益が政治に及ぼし得る影響の強度いかんに依存する。なぜならあらゆる個々の商品について，高い価格を望む生産者の利益に対し，市場を外国の低廉な競争に開放しようとする消費者の利益が対立するからである。双方の集団の闘争によって初めて決定が下される。資本取引の自由の問題が論議される時には，力の分布がこれとは異なる。債権者の利益はそれが債務者の利益と衝突する場合には，常に憂目を見ることはすでに言及された如くである。資本家の利益はほとんど一度として政治に代表されることはない。何びとも外国からの資本の輸入に対しては，それによって国内市場の資本利子が下落せしめられ資本家の所得が減ぜられるが故に，反対の意を表明するものはない。反対に，利子歩合ができるだけ低位にあることは国民経済の利益であるという見解が一般に極めて有力である。国際的資本取引に債務者としてではなく債権者としてのみ問題となり得る欧州の資本豊富な国家では，この政策は資本の国外投資を阻止する運動となって表われる。この観点は，近代国家がそれからして資本輸出を判断する唯一の観点でないことは疑いない。あるいは賛成し，あるいはそれに反対する多くの他の観点がそれと共に働くが，ここでは次のことだけを指摘するにとどめよう。すなわち，しばしば商品は支払が延期されその結果引渡された現在財の代わりに将来財が得られる時にのみ輸出されるものであること，それ故この事情だけでも資本輸出を促進しもしくは少なくとも阻止しない必要があるということである。[1] しかし我々は，諸国家が資本輸出に対して取る政策は他の観点と並んで国内の利子歩合を低位に維持せんとする努力によっても左右されるというこの一つのことをしっかり

## 第3部 流通手段とその貨幣に対する関係

と把握せねばならぬ。また他方では,債務者としてのみ資本取引に関与する資本の乏しい国々では,同じ理由から資本輸入が促進される。

1) Sartorius von Waltershausen, Das volkswirtschaftliche System der Kapitalanlage im Auslande, Berlin 1907, S. 126 ff.

国際的な資本の流れに影響を及ぼすことによって国内の利子歩合を下落させようとする努力は,いわゆる貨幣市場すなわち短期の資本投資のための市場に特に激しく現われる。いわゆる資本市場すなわち長期の資本投資のための市場では,干渉によって成功を収める可能性は同程度には与えられていない。いずれにしても取られた処置の効果は後者よりも前者においてはるかに速やかに生ずる。それ故貸付利子に影響を及ぼさんとする傾向は,資本市場におけるよりも貨幣市場において大とならざるを得ない。だが繰返し新たに貨幣市場の干渉に対する要求を発生せしめる最も重要な原因は,流通手段銀行と流通信用の本質に関し一般に支配する謬説に求められねばならない。比較的僅少な金流出が富める国の強力な中央発券銀行をして割引利率を引上げさせるならば,人々は割引率引上によるのとは異なる方法で金流出を阻止すれば,有害と見なされる利子歩合の上昇から国民経済を守ることができると信じがちである。人々はその国が世界取引に編入されることによって国内利率の世界利率への自動的適応が行われることに気付いていない。自己の国民経済を世界資本取引の共同体から除外することは,通貨政策および銀行政策的手段のみによっては達せられないことが全く看過されているのである。大輸出国において実に輸出貿易により最大の利益を収めているその人々によって,信用の『低廉化』のための処置が要求されるということが起こり得るのは,まさにこの故に外ならない。外国の出来事に基づいて割引利率が引上げられる度毎に,何時でも金を輸出用に交付すべき中央発券銀行の義務を免除するという方向に銀行制度の改革を主張する機会が与えられる製造業者達が,利率の上昇の有効な阻止はその国を国際的取引から全く隔絶した上で資本輸出を抑圧することによってのみ達成され得るこ

第6章　流通手段政策の諸問題

とを明瞭に理解するならば，彼等は間もなく考えを改めることであろう。そしてこの問題の学術的取扱いにはまだ遺憾な点があるにしても，この関連の認識がある程度まですでに一般化したことは恐らく認めてよいであろう。ドイツおよびオーストリアでは今日最早，国家的市場の閉鎖を要求する範囲の人々のみが通貨の『孤立』をも主張するに過ぎないのである。

　我々の議論の真実性を証明するためには，最早長々しい説明を要しない。それにもかかわらず，低い利子歩合の愛好者達によって推奨される手段を一つ一つ吟味し，その適用が予期された成功を収めることいかに少ないかを示すことは無駄なことではないであろう。

　**4**　我々はまず第一に，金購入の困難化もしくは価格引上により，国際的市場の情況によって制約される高さ以下に割引利率を維持し得ることを信ずる諸体系について述べたいと思う。これらのうち最も重要かつ著名なものはフランス銀行によって行われる金打歩政策 (Goldprämienpolitik) である。

　フランス銀行は5フラン銀貨に今日もなお法律的に法貨の性質が認められている事情にかんがみ，その銀行券を自己の選択に従い金あるいはこの鋳貨片に兌換する権能を持っている。フランス銀行は時として，輸出目的の金の購入を困難ならしめるためにこのことを利用する。一般的にはフランス銀行は銀行券と交換に何らの障害なく金を交付する。同様にそれは5フラン銀貨をその義務がないにもかかわらず金貨と交換し，それによってこれに貨幣代用物の性質を賦与する。ところでもちろんこの可能性は国内取引の必要のためにはほとんど利用されることがない。銀行券と5フラン銀貨は住民の無制限の信頼をうけ，したがって貨幣代用物としてのその利用価値は何ら問題にならない。これに反し輸出のために金の交付を求められると，銀行はこの要求に常に必ずしも直ちに従わない。銀行はいわゆる合法的な貿易の必要のためには，すなわち外国から購入された商品なかんずく穀物および綿花の対価支払のために必要である時には躊躇なく金を交付するのを常とする。だが誰かある人が金を利鞘稼ぎの目的に

第3部 流通手段とその貨幣に対する関係

購入しようとすれば,彼は簡単にそれを調達することはできない。フランス銀行はこの目的のためにはフランスの金貨たるナポレオン貨を決して交付せず,金地金および外国金貨を通常次のような方法で——すなわちフランス銀行の法定買入値段たる純金1キロ当たり3,437フランの金価格に1,000分の4ないし8と算定される一定せぬ金額を附加するという方法でのみ交付する。その定率はかつて公式に告示されていないから,この『金打歩』の高さを精確に挙げることは不可能である。

1) Rosendorff, Die Goldprämienpolitik der Banque de France und ihre deutschen Lobredner (Jahrbücher für Nationalökonomie und Statistik, III. Folge, XXI. Band, 1901) S. 632 ff. ダンバー,前掲書147頁以下。

金打歩政策の目標は,金の流出を阻止するために銀行が国際的貨幣市場の情況を顧慮して割引率引上に着手せねばならぬ時期を,何とかしてできるだけ延引することである。フランスの金融政策にとっては,低い割引利率ははなはだ重要である。第三共和国政府はそれが支持されている国民層のために,この階級の最も主要な財産投資である公債の優越的地位を侵害するおそれのある一切のことを避けねばならない。例え一時的にせよ高い割引率は常に公債市場にとって危険を意味する。公債所有者中のある者は,その資本をより有利に投資するために,証券を売却せねばならぬと考えさせられるかもしれない,そしてそこから発して市場をおおう不安の念は相場を不当に強く傷つけざるを得ないであろう。だが打歩政策に誤って帰せられたまた帰せられている意味は認め難いにしても,その目指す結果はある程度まで達成されることもまた否定し得ないのである。

フランスの低い割引利率をフランス銀行の上述の処置に帰することはなかんずく誤りである。フランスにおける利子歩合は他の国々におけるよりも低いが,それは全く他の原因に帰せられねばならない。フランスは世界の最も資本豊富な国であるが,その住民は活動欲と企業精神をほとんど持たない。かくして資

## 第6章 流通手段政策の諸問題

本は移動を強いられる。だが資本輸出国において貸付利子は，総利子中に包含された危険割増金を全く度外視しても，資本輸入国におけるよりも低位にある。一連の心理的要素が国内および外国投資の収益性を比較するに当たり，他の事情にして同じであれば，資本家をして後者よりも前者を選ばせる。このことはなぜフランスにおける長期および短期投資の利子が，他の国々例えばドイツ帝国におけるよりも少ないかを充分に説明する。そこには一般的な国民経済的原因が働いており，銀行政策および通貨政策的手段はそれに何らの影響も及ぼし得ないのである。フランスの貸付利子の高さと外国のそれとの間に存する比率は，フランス銀行の打歩政策によっては，一般的な国民経済的情況により与えられる比率から長期にわたり押し隔てられることはあり得ない。フランス銀行は経済生活の運行を支配する法則の上に立つものではない。それもまた，その割引利率の高さを決定するに当たり，自然的資本利子の高さにしかるべく考慮を払わねばならぬ。フランス銀行はその国の貨幣市場に影響を及ぼしつつあるあらゆる他の流通手段銀行と同様に，自分自身の支払能力に対する危険が生ずる程国内の資本家にとって外国での資本投資が誘惑的に見えないように，国内の短期投資の貸付利子をできるだけ高騰させることにつとめねばならない。フランス銀行も外国への金流出を有効に阻止するためには唯一つの手段を持つに過ぎぬ，すなわち割引利率の引上がこれである。[2] 打歩政策の適用は，国際的貨幣市場の状態によって必至なものとなった割引率引上を一瞬間延期する結果を持ち得るに過ぎない。打歩は貨幣輸出を高価にし，それによって利鞘業務の収益性を減少する。フランスと外国の利子歩合の差異が外国の利子歩合が低落することによって，間もなく再びフランスに有利に変化を受けるであろうという見解が流布していれば，投機の僅少な利得が打歩によって余りにもはなはだしく縮小されるから，利鞘業者は金輸出を全く中止するであろう。フランス銀行はこのようにして，短期間だけ必要であったであろう割引率引上を，事情によっては避けることができるのである。だが外国での短期の資本投資が打歩によ

## 第3部　流通手段とその貨幣に対する関係

る金購入価格の引上にもかかわらず利得を得る見込みがある程,利子歩合の差異が著しければ,もしくは,外国のより高い利子歩合が利鞘業務の結果を危うくするような低落を余りにも直ぐにこうむらないことが認め得られれば,フランス銀行もまた利子歩合引上の処置を取らねばならぬ。

1) Kaufmann, Das französische Bankwesen, Tübingen 1911, S. 35 ff.
2) この点についてはローゼンドルフによって,前掲書640頁以下および論文 Die neue Richtung in der Goldpolitik der Bank von Frankreich (Bank-Archiv. VII. Jahrgang, 1907) 72頁以下にフランス銀行の報告書から引用された個所を参照,そこでは割引率引上が『現金を擁護する唯一の知られたる手段』と呼ばれている。

中央銀行は為替相場の悪化によって制約されるよりも常に幾分輸出限界(金現送点)を押し進めつつ,打歩を継続的に引上げることによって貨幣輸出を全く阻止することができるという主張が行われた。[1]それは疑いもなく正しい。その処置はあまねく知れ渡りかつ繰返し適用されたものであり,人呼んで現金支払の停止というものである。それを試みる銀行はその発行する流通手段から貨幣代用物の性質を取り去るのであるが,その銀行券および当座勘定が取引において引続き一般に使用し得る交換手段として役立てば,それは信用貨幣である。その価値変動は独立的のものとなる。今やもちろん銀行は全く独自の割引政策を行うことができる,したがって銀行は支払不能の危険を冒すことなくして,その能動業務の利子歩合を欲するがままに低下してよい。しかしその場合には,流通手段発行の拡張によって自然的資本利子の水準以下に貸付利子を低落せしめようとつとめる銀行政策が,いかなる結果を惹起せざるを得ないかが明らかとなる。だがこの点についてはすでに詳細に論ぜられた。ここになお重要な第二のものがある。銀行の干渉の結果として貸付利率が国際的情況によって与えられる利率水準以下に人為的に保たれれば,その資本を外国で投資しようとする資本家の運動は,国内利率と外国利率のへだたりが広くなればなる程それだけ激烈に現われるであろう。外国の資本財がより強く,国内のそれがより弱く欲求されるが故に,外国の一般的交換手段に対する需要は高まるであろう。そ

## 第6章 流通手段政策の諸問題

の時には為替相場の悪化によっても,以前その銀行の銀行券および当座勘定がまだ貨幣代用物であった時に存していた銀行信用貨幣と世界貨幣なる金との間の交換比率の回復へ立返ろうとする力は,決して自動的に喚起され得ない。貨幣の取引機構は二つの貨幣種類の交換比率を,それらの各々と爾余の交換財との間に存する交換比率によって自然的なものとして与えられた高さに,もたらすように作用する。しかしこの場合金交付を拒絶する国に不利な推移を受けたのは,自然的交換比率そのものに外ならない。『自主的』利子政策は必然的に,進行する貨幣減価を招来せざるを得ないのである。

1) Landesberger, Währungssystem und Relation, Wien 1891, S. 104.

金打歩政策の多くの闘士たちも,彼等が意図するようにそれを適用すれば間違いなく,貨幣の内的客観的交換価値を急速に減じつつある信用貨幣もしくは表象貨幣本位を導かざるを得ないことを決して否定しない。反対に,彼等はまさにこの点に特別の長所を認める傾向がある,けだし彼等は多かれ少なかれインフレーション主義者なのであるから。[1]

1) ランデスベルガー,前掲書105頁および Über die Goldprämienpolitik der Zettelbanken, Wien 1892, S. 28. 参照。

だがフランス銀行は決してこのように打歩政策を行わない。それはいかなる事情があっても決してそれ以上には打歩を高めない確固たる限界を遵守する。$\frac{8}{1,000}$ がかつてそれによって要求された最高の打歩率であろう。そしてそれは決して銀行側の誤謬ではなくして,状況に基礎付けられたものである。$\frac{8}{1,000}$ の金打歩の結果として現われる通価の減価は,フランス政府およびそれに支配される銀行当局にとってなお耐え得るものと思われるが,それ以上の減価は全国民経済に対する見通し難き反応を顧慮して避けようとされる。したがってフランスの金打歩政策は金輸出を阻止することはできず,単に一瞬間延引し得るに過ぎない。ところでこのことは,割引利率の引上が全く行われずに済まし得る程利子歩合の差異が著しからずかつ短期間に過ぎ去る時ばかりでなく,すでに

## 第3部 流通手段とその貨幣に対する関係

もともと貸付利子率が低廉であることを意味する。だがその代わり外国の利率が相対的に低い時期には，利子率が高いことになる。資本家にとって投資のため資本をフランスへ移転することが有利と思われる程，外国の貸付利率が下落しても，彼等はこの状況の長期的持続が予期し得るかあるいは差異が極めて顕著でなければそれを行わない。

なぜなら後に状況が逆になった際に必要なこの資本の再移転が，高い費用をかけてのみ成就し得ることを彼等は恐れるに違いないからである。かくして金打歩政策は金の流出に対し障害をなすばかりでなく，フランスへの金の流入をも困難にする。金打歩政策はある時期には貸付利子を低下させるが，他の時期にはそれを騰貴させる。この政策はその国を国際的資本取引から隔絶せず，それへの関与を困難ならしめるに過ぎないが，しかしそれは双方の側に対してである。したがってその効果は——その強度は過重評価されてはならぬ——なかんずく，フランスにおける短期投資の利率が他の国々におけるよりも安定的であることに現われる。それは例えばイギリスにおける程決して低くは下落せず，また決してそれ程高くも上昇しない。このことはロンドンおよびパリの貸付利率の動きを比較すれば全く明らかに示される。

金打歩政策は決してそれに帰せられた効果を発揮し得るものではないという認識は，実際にもますます拡がりつつある。以前この政策をもって万能薬と信じた声は，漸次沈黙しつつあるのである。

**5** フランス銀行に金打歩政策を行う可能性を与える法律的前提は，純粋な金本位諸国ではこれを欠いている。金貨の外に，法律が中央流通手段銀行の利益のためにも無制限な支払能力を賦与するところの貨幣代用物は，表象貨幣もしくは信用貨幣が存しない場合には，流通手段の貨幣への兌換は打歩によるいかなる価格引上もなしに行われねばならぬであろう[1]。だが実際にはこれらの銀行も近時，フランス銀行の上述の処置と単に量的に異なるのみで原理的には全く異なる所のない政策を適用している。

## 第6章　流通手段政策の諸問題

1) ドイツ・ライヒスバンクはターレル銀貨が無制限の法的支払能力を賦与されており，したがってフランスの5フラン貨に類似した地位を占めていた当時にも，繰返し暗示されたにもかかわらず，決してフランス流の金打歩政策を行わなかった。これはターレル貨の数が比較的少なかったという事情よりも，むしろバムベルガーの学説が全帝国に及ぼした持続的な影響に帰せらるべきであろう。1870～71年後の時代の銀行および通貨改革の原理と公然と決別することは，支配的な見解を顧慮してあり得ないことであった。

多くの国々の中央発券銀行はイギリスの銀行立法の模範にならい，その銀行券を法的支払能力の賦与されている国内金貨に兌換する義務をのみ負った。近代的貨幣制度の精神と貨幣政策の究極の目標とには，銀行が金輸出者にも地金を法的比率かもしくは少なくとも，地金属を購入する方が鋳造された金属を購入するよりも有利であると思わせない価格で譲渡する義務を負うかの如く，この義務を解するのがふさわしいことであった。かくて英蘭銀行は1889年までの銀行券兌換期を自発的に次のように拡張した，すなわちその銀行券が重量完全な金貨片として持っている価値を，要求があれば地金としても交付すると。そして英蘭銀行は金地金の売却価格を標準金1オンス当たり77シリング10ペンス$\frac{1}{2}$と絶対的に確定することによってこのことを表現した[1)]。大陸の発券銀行はその例にしばらくの間したがった。だが幾許もなくそれは他の処置に賛成し，ついには英蘭銀行も古い政策を放棄し，大陸の姉妹機関によって行われた慣行を採用した。

1) Koch, Der Londoner Goldverkehr, Stuttgart 1905, S. 70 f.

フランス銀行とならび世界の二つの最も重要な流通手段銀行たる英蘭銀行およびドイツ・ライヒスバンクは，輸出目的のためには磨滅した価値少なき金貨をのみ交付する。英蘭銀行が輸出のために引渡すソヴリン金貨は，新たに鋳造されたものに比し$\frac{2}{1,000}$ないし$\frac{3}{1,000}$悪いのを常とする。ドイツ・ライヒスバンクから輸出のために金貨を引出す者は，専門家の平均的計算により（標準7,965に対し）7,943ゲヴィッヒトの，それ故$\frac{1}{4}$％強鋳造価値以下の20マルク金

## 第3部　流通手段とその貨幣に対する関係

貨を受取る[1]。金地金は英蘭銀行によって時として全く交付されず，時として1889年まで行われていた唯一の価格たる77シリング10ペンス$\frac{1}{2}$を超える価格で交付されるが，英蘭銀行は77シリング11ペンスまで地金売却価格を高めるのを常としている[2]。

1) コッホ，前掲書81頁および次頁参照。
2) Clare, A Money Market Primer and Key to the Exchanges, Second Edition, London 1893, S. 22.

これらの処置と効果については，フランスの金打歩政策に関し述べられたものに格別付け加えるべきことがない。差異は――前述した如く――量的なものに過ぎず原則的なものではないのである[1]。

1) 不当にもローゼンドルフは金引渡の際のイギリス，ドイツの銀行のやり方とフランス銀行によって行われた金打歩政策との間に，原理的な差異を認め得るといっている（前掲 Die Goldprämienpolitik der Banque de France, 636頁）。彼はその見解を次のことによって基礎付ける，すなわち後者がしばしば国内金貨の引渡をまったく拒否し，かくて理論的にいえば打歩の額を無限に高め得るのに対し，フランス銀行とは反対にその銀行券を常に名目価値で国内金貨に兌換し，その金を取引に対し拒もうとは決して試みなかったイギリス，ドイツの銀行は，地金の売却価格を単に鋳造費と磨滅の額まで騰貴せしめ得るに過ぎないという事実である。ローゼンドルフは『理論的には』フランス銀行が打歩を無限に高め得ることを指摘して論証するが，それによって彼はその著作の他の叙述と鋭い矛盾に陥っている。フランス銀行は法律がそれを禁止しなくとも実際にはそれを行っていない。しかしもしフランス銀行がそれを行えば，それによってフランス貨幣制度の性格をまったく変えるであろう，だがフランス政府と議会とがかかる処置の結果たる信用貨幣本位への移行を是認し得ないであろうことは疑いの余地がない。

金輸出を困難にするために適用される他の『小細工』も全く同様な結果を持つ。例えばドイツ・ライヒスバンクはベルリン外で輸出目的に金を引渡すことを銀行法第18条の条文を引用して停止するが，それは金輸出者にベルリンから輸出地までの金輸送の危険と費用が負わせられることによって，金輸出を高価

## 第6章 流通手段政策の諸問題

ならしめるのである。

**6** フランス銀行の営業報告書では，金打歩政策は金を投機目的に銀行から引出すことを望む人々に対してのみ向けられるという主張が，繰返しなされている。銀行は金購入がフランス貿易の合法的必要の充足に関する時には，それに何らの障害をも課さないというのである。[1]『合法的』需要とその対である『非合法的』需要の概念は説明されていない。この差別の基礎にある観念は明らかに，商品貿易と資本取引が全く別々の，何らの関連もない経済行為の二部門であり，他方に影響を及ぼすことなくして一方を阻害することが可能であるという観念である。すなわち利鞘稼ぎのための金引渡を拒否しても，輸入業者にのみはその購入品の支払に必要な金額が何らの障害なく用立てられれば，外国商品の購入を高価ならしめ得ないというのである。

1) 1898年の報告書（12頁および次頁）に曰く『我々が大なる金属準備を維持し，それをできるだけ節約しようと努力しても，我々は同時に商業の利益を忘れてはならず，また最も合法的な必要すなわちフランス市場の食糧供給のために要求される支払手段を拒んでもならぬ。』

この議論は詳細に吟味すれば恐らく根拠あるものといい得ないであろう。資本取引が財貨交換一般の一変種に過ぎないことを全く度外視するとしても，また観察をもっぱら金引出の銀行技術的問題に限定すれば，銀行は貨幣譲渡を求める種々な申出を差別的に取扱うことによって達成せんとする目的を，実現し得ないことが明らかとなる。実際かの原料輸入も，利子歩合の差異なる原因からして金輸出が有利と思われなければ，一部もしくはことごとく商品輸出の対価をもって支払われるであろう。輸入業者は銀行から貨幣を購入せず，むしろ，フランスの輸出業務に由来する外国為替を市場で買入れるであろう。利鞘業者に対し打歩のない金交付を拒否するために外国為替相場がほぼ打歩の高さだけ上昇するのに，輸入業者に対しては銀行によって打歩のない金が譲渡されるということは，いうまでもなく輸入業務の優遇である。そして事情によってはそ

## 第3部 流通手段とその貨幣に対する関係

れが消費者にとっても利益となることはあり得ることであるが，それは全く輸入業務における競争条件に依存する。いずれにせよ為替相場はそれにもかかわらず，銀行の避けようとする変動をこうむり，輸出のための金現送点は打歩の額だけ上方に移されるのである。

最後に『合法的』および『非合法的』金需要の区別は，輸出目的に関しては実行し難いことが認められねばならない。輸入商品の支払のための需要が合法的，利子歩合の差異を利用する目的をもってする一時的資本投資のための外国為替の購入が非合法的と呼ばれるのであろう。しかしその間にはどちらの範疇にも編入され得ない多くのものが残存する。外国の政府，公共体および会社が例えば借入金残額中からフランスの金融機関に保持している預金の引出を，フランス銀行が妨害することは果たして可能であろうか？ あるいは，利鞘業務を行うことを意図する人々に外国為替の引渡を拒否すると繰返し主張されていたオーストリア・ハンガリー銀行が，外国から自国有価証券を投機的に買戻すのを妨げることが可能であろうか？[1]

1) 前掲『オーストリア・ハンガリーにおける現金支払の法律的採用の問題』に関する私の論文1,017頁を参照。——オーストリア・ハンガリー銀行がこの方法もしくは他の方法でフランス銀行の例を模倣しようとすれば，それはフランスの姉妹機関によって達成されたのとは正反対の結果を得るであろう。フランス銀行と同じく，その行為によって金流出を阻止するばかりでなく，金流入をも阻止するであろう。債権国たるフランスにおいては，このことは債務国たるオーストリア・ハンガリーにおけるのとは全く異なる意味を持つ。そこでは例外的場合にのみ起こり得る資本輸入の阻止は危険のないものである，しかるに外国からの不断の資本供給にまたねばならぬこの国ではそれは全く異なる結果をきたすであろう。後になって資本を回収することに伴う困難の可能性を顧慮して，オーストリア・ハンガリーへの資本の輸入がウイーンと外国の利子率との間に著しい開きがある時に初めて可能であるという事実は，この国の利子歩合を永続的に高めざるを得ないであろう。他面オーストリア・ハンガリーの資本の輸出も反対方向への著しい開きがある時に初めて収益があるという事実は，この不利を相殺しないであろう，なぜならオーストリア・ハンガリーから西欧諸国への資本輸出はまれな例外的場合にのみ問題となるからであ

## 第6章 流通手段政策の諸問題

る。

**7** その金在高をできるだけ大ならしめようとする中央発券銀行の努力は，打歩政策およびこれに類似した制度の正反対である手段を適用する結果を招いた。銀行は金輸入に対してそれが支払う価格を引上げることにより，金輸入によって輸入者に課せられる出費を減じ，それと共に下方の金現送点を一層低位に移そうとする。

この手段に入るものとしては，金輸入者に対する無利子もしくは低利の前貸金の供与というイギリス，フランスおよびドイツには知られていない慣行がある。[1] 更に金を本店ばかりでなく国境に近い支店においても買入れるという慣習がある。[2] だが恐らく最も興味深いのは一定種類の金貨をその金価値を越える価格で買入れるという慣行であろう。もし銀行が金輸出者に地金もしくは自国の鋳貨の代わりに，彼が金を送ろうと意図している国の鋳貨を引渡せば，それはこの鋳貨の金純分に相当するより高い価格を獲得し得る。なぜならば輸出者は改鋳の費用を節約し，交付された自国貨幣個片の磨滅によって生ずるであろう損失を避けるからである。それ故，銀行は将来何時かそれへ向かって金輸出が行われるであろうことが予想される国々の金通貨に対しては，その純分に相当するより高い価格を承諾し得るのである。[3]

1) コッホ，前掲書79頁, Die Reichsbank 1876–1900, Berlin 1901, S. 146.
2) Obst, Banken und Bankpolitik, Leipzig 1909, S. 90 f; Hertz, Die Diskont-und Devisenpolitik der österreichisch-ungarischen Bank, (Zeitschrift für Volkswirtschaft, Sozialpolitik und Verwaltung, XII. Bd., 1903.) S. 496.
3) コッホ，前掲書79頁以下, ヘルツェ前掲書521頁, Spitzmüller, オーストリア国家辞典第2版第2巻300頁の "Valutareform und Währungsgesetzgebung" の項参照。

これらの手段は外国銀行によって行われる打歩政策および類似の手段の適用に対抗する武器と呼ぶことによって最も良く特徴づけることができる。A国の銀行がAからBへの輸出のための上方の金現送点を高めようとすれば，B国の

第3部　流通手段とその貨幣に対する関係

銀行はそれを下へ移そうと目指す。Aにおいて輸出目的に磨滅した鋳貨のみ交付されても，それによって追求された目的は，もしBにおいてA国鋳貨に対し金純分を超える価格が支払われれば空しきものとなる。手段と対抗手段は相互に大部分相殺され，その結果しからざれば銀行の干渉によって生じたであろう金現送点の間のへだたりの拡大が避けられることは，極めてあり得ることである。

**8**　自由なる取引に比較的非常に多くの金が流通しているドイツ帝国では，この数年間小切手および振替取引の拡張によって金を流通から引上げ，ライヒスバンクの金庫中に導き入れようとする努力がますます強く現われている。この宣伝が追求する目標は1907年5月2日のベルリン商業会議所長老の廻章に次の如く特徴付けられている。曰く，ドイツにおける高い利子歩合が帰せらるべき原因は一部分次の事情に根ざしている，すなわちドイツの住民は外国の住民以上に，商業的および非商業的取引に生ずる支払の履行に現金的流通手段（金および銀）を使用するが，それに反し流通手段として金および銀，ならびに銀行券および帝国国庫証券の利用に代わるのに適当している手段すなわち振替および小切手取引にはまだ充分に慣れていなかったという事情である。あらゆる支払の著しい部分を振替もしくは小切手によって果たすことに成功すれば，それにより巨額の流通手段すなわち金および銀ならびに銀行券が節約され，これらの節約された流通手段は発券銀行殊に中央発券機関たるライヒスバンクの金庫中に集積されるであろう。このことが実現すればする程，ライヒスバンクの充足すべき流通手段に対する需要はますます減じ，ライヒスバンクの現金在高はますます強大となり，それはライヒスバンクおよび全国における利子歩合の低減に著しく寄与するであろうと。[1]

1) Proebst, Die Grundlagen unseres Depositen-und Scheckwesens, Jena 1908. 1頁以下をも参照。

この議論の中に，近代の銀行政策の基礎にある理論的見解の弱点が最も明瞭

## 第6章 流通手段政策の諸問題

に現われている。かかる命題を読む時, 我々は自己の眼を疑いたくなる。利子歩合の高さが流通手段に対する需要に依存するというのであり, 中央発券銀行の現金在高の強化に, 全国の資本利子を引下げるしかも著しく引下げる効果が帰せられているのである。しかもそれは決してある単なる個人の意見ではなくして, ベルリン商業会議所なる大いに尊敬すべき団体の意見であり, それは誰でも知っている様に, ドイツの経済政策に指導的地位を占める階級一般の意見でもある。国民経済現象の本質に関するその他の見解がまだはなはだしく分れているのに, この一点についてはあらゆる党派が協定を結んでいるように思われる。しかし我々がこの根本的誤謬を一瞬度外視しても, その展開された理論はいかにせせこましくまた弱々しく, なかんずくいかに矛盾するものであろうか。70年代の銀行立法によって確定されたライヒスバンク銀行券の準備率は触るべからざるもの (noli me tangere) と見られている。この規定に変更を加え, 3分の1準備の代わりに例えば4分の1もしくは5分の1準備をもってする可能性については, 全く考えられていないのである。かの法律の条文は, それが作られた前提が変更されても, 維持しようというのである。貨幣による準備が考慮されることなくして, 当座勘定の形態を取る貨幣代用物が増加されれば, 流通手段量は増大する。またもやここで, 銀行主義理論の理論的に正しい部分すら実際の政策に何らの影響も及ぼし得なかったことが明らかになる。繰返しトゥークおよびフラートンは銀行券と当座勘定 (彼等はそのононо小切手について述べている) の間に原則的な差異が存しないことを指摘する。彼等の近代の後継者達は, この疑いもなく確実な事実から結論を引き出す勇気がなく, 銀行券が問題になるか当座勘定が問題になるかによって, 流通手段を差別的に取扱うことを主張するのである。[1]

1) この数年間に初めて, 有力な人々の見解にこの点に関し緩慢ながら変化が行われ始めている。

ドイツにおいて自由取引に流通する金の一部分と銀行券の一部分とが当座勘

## 第3部 流通手段とその貨幣に対する関係

定の形態の流通手段によって代えられれば,無用となった金が外国からの資本財の購入に使用される限りでのみ,それは利子歩合の減少をきたし得る。金属的に準備されない銀行券を金属的に準備されない当座勘定をもって代えることは,この点に関しては無意味である。金属的に保証された銀行券が金属的に保証されない当座勘定によって代えられる限りでのみ,貨幣証券の増加を犠牲として流通手段流通の増加が生じ,それによって金が外国への交付のために解放される。しかし同じ結果は銀行券の準備率の減少によっても達成され得るであろう,だが通説はこのより簡単な手段が他のものと同様危険のないものでありもしくは同様に危険なものであるにもかかわらず,それは通用し難いものであると考える。このようにして不用となった金が外国に交付されれば,それに応じドイツ国民経済の支配し得る他の経済財の存在量が増大する。それにより,貨幣の内的客観的交換価値の一般的低下が生ずることなくして外国がドイツ帝国から突き放された金の量を収容することを前提として,例え全く些少なものであるにせよ利子歩合のある下落が達成され得るであろう。しかるに小切手および振替取引のドイツの擁護者達がかかる提議を持って現われる時,彼等はそれについては考えないのである。彼等が当座勘定の形態の流通手段流通の拡張を擁護するのは,その時には銀行券の形態で与えられるライヒスバンクの流通信用を要求する信用申込の数と規模が減退するであろうことを期待するが故である。しかして彼等はそれからして貸付利子の高さの下落を切に期待するのである。すべて上に述べたことには重大な誤謬が含まれている。貸付利子の高さは広義の国民的貨幣存在量に依存するものではなく,いわんや流通手段流通の大きさに依存するものではない。ライヒスバンクがその利率政策において,自然的資本利子率と貸付利子率との間に開きが生じないように努力することを強制されるのは,法律上の準備規定によるのではなくして,自己の支払能力に対する必然的な顧慮によってである。

　その流通信用組織にいわゆる単一準備制度が支配するあらゆる国々では——

### 第6章 流通手段政策の諸問題

そこでは貨幣代用物の即時的兌換に必要な貨幣準備が中央銀行によって管理され，一旦緩急の際にはあらゆる流通手段銀行が究極においてそれに救いの手を請わねばならぬ——，この銀行の指導者達が最初に外国への金の流出に気が付く，そして最初にそれを阻止するための予防策を講ぜねばならぬのも彼等である。なぜなら，彼等の庇護にゆだねられた機関が最初の襲撃にさらされるからである。したがって中央発券銀行の割引率引上は時間的に，公開市場および私立銀行の顧客取引における信用条件の硬化に先立つのを常とする，かくして浅薄な批判者達は早まって，このあとなるが故にこれに由る(post hoc ergo propter hoc)と推論しがちである。この見解よりも誤れるものはない。私立銀行および爾余の貨幣の貸手はその利率政策において，発券銀行の処置には何らの考慮を払わなくとも世界市場で行われている資本利子率には適合せねばならぬ。事実，中央銀行からと同じく，それらのものからも利鞘かせぎの目的の金額が引き出されることがあり得るであろう。資本の自由移動性が阻止されない間は，個々の国の流通手段銀行は独立的な流通信用政策を追求することはできないのである。

## C　戦後の時代における流通手段政策の問題

**9**　インフレーションが貨幣制度を破壊したところではどこででも，通貨政策の第一の目標は紙幣印刷機の休止である。このことが実行に移され，しかもついには貨幣の内的客観的交換価値の引上も望ましからぬ附随現象を惹起することが学び取られ，まず貨幣価値の安定が必要であることが認識されると，できるだけ速やかに金核本位を設定しようと目指される。このことは例えば1922年末以来オーストリアで行われた所であり，爾来この国では少なくとも当分の間ドル相場が安定している。しかしてドル相場の持続性は与えられた状態の下

## 第3部 流通手段とその貨幣に対する関係

では,金価格の持続性をも意味する。したがってオーストリアはドル核本位そして間接に金核本位を持つことになる。これがドイツ帝国,ポーランド,ハンガリーおよび多くの他の欧州諸国においてまず目指すべき目標と見られている通貨制度である。欧州の通貨政策的思想は今日,金本位への復帰なる希望を越えるものではない。このことは極めて理解し易いことである,なぜなら金本位はこれまで大体において満足に機能したからであり,それは貨幣の内的客観的交換価値の不変性という実現し得ぬ理想は保証しなかったが,政府と動揺常なき政治的意図の影響から貨幣制度を解放したからである。

だが金本位制度はすでに大戦以前に埋没してしまっていた。個々の売買の際に金を具体的に使用することから駆逐することと,金在高を大発券銀行の窖に集中することとがその発端をなした。次の措置は,一群の国家が中央発券銀行もしくはそれに代わる兌換金庫の金準備を現物の金ではなくして,外国に対する種々な種類の金債権の形で保有することに移ったことであった。その結果貨幣的用途に役立つ金保有量の大部分が,漸次に二,三の少数の大発券銀行に集中され,これらの銀行は以前中央発券銀行が個々の国の中央準備銀行になった如く,世界の中央準備銀行になった。大戦がこの発展を呼び起こしたのではなかった,大戦はそれをいくらか促進したのに過ぎない。今日でもまだ,工業的用途に供されないすべての新しく産出された金が,一機関に流入する程にはなっていない。依然として英蘭銀行および二,三の他の国家の中央発券銀行は大なる金保有量を支配し,依然としてそれらの中の二,三のものは年々の金産出高の一部分を収容している。だが金の価格変動は今日決定的に,連邦準備局が追求する政策に依存する。もし今日行っている程度にアメリカが金を収容しないならば,金価格は下落し,商品の金価格は騰貴するであろう。ドルが金の確定量を表わす限りアメリカは過剰な金の入国を許し,金と引換に商品を無制限に交付するが故に,これまで金価格の急速な下落が避けられたのである。しかし著しい犠牲を伴うアメリカのこの政策は何時変更されるか判らない。その時

## 第6章 流通手段政策の諸問題

には金価格の変動が生じ，それは必ずやすべての他の金本位国において，それ以上の価格騰貴を避けるために本位を金から離脱することが有利ではないかという問題を発生させるであろう。スエーデンが一時金貨鋳造所の閉鎖によってスエーデンクローネを旧平価以上に高めようと試みた如く，今日なお金本位に執着しもしくは金本位に復帰せんとする意図を持つ他の国々も，これにならうかもしれないのである。それは金価格のそれ以上の崩落を意味し，貨幣的用途に対する使用価値を一層減ずるであろう。アジアの金需要を別とすれば，今日すでに金はその価格変動が政府の干渉を受けぬ商品ではなくなったと言っても，それは余りにはなはだしい誇張ではないであろう。金価格の動きは今日，本質的には一政府すなわちアメリカ合衆国政府の態度に依存する。[1]

1) Keynes, A Tract on Monetary Reform, London 1923, S. 163 ff.

　この長期にわたる発展の結果について予測され得なかったことは，将来金価格の変動が依存するのが一政府の政策に過ぎないであろうという事情のみである。アメリカがこのようにして，他の国々に対し今日それが持っているような経済的優越性を獲得するであろうこと，他の国々——イギリス，フランス，ドイツ，ロシア等——が少なくとも一時金から離反するであろう時に，アメリカのみは経済的大国家中ただひとり金本位にとどまるであろうことは，戦争という事件の結果である。だがアメリカだけではなくして，アメリカと並んでなお四つもしくは五つの他の政府がその政策によって金価格に決定的な影響を及ぼすとしても，事態は本質的に異ならないであろう。そのことは，金核本位を貧しい国々の彌縫策としてばかりでなく，一般的通貨政度として推奨した金核本位の愛好家達が看過した所であった。彼等は金核本位が結局は貨幣価値政策上金に認められる最も重要な性質，その価格変動が統治の衝にある政治家の影響から免れているという性質を，金から奪う結果になることを顧慮しなかった。金核本位が提議され宣伝されたのは，金の王座を奪うためではなかった。リカルドは貨幣職能の費用を減ずることを欲したに過ぎなかったのである。19世紀

### 第3部　流通手段とその貨幣に対する関係

の最後の10年代以来銀本位もしくは信用貨幣本位を離れようとした多くの国々では，現実に金が流通する金本位の代わりに金核本位を採用することによって，金への新しい需要の発生が金価格の騰貴と商品の金価格の下落を結果することをも阻止しようとしたのである。だが金核本位の擁護者を導いた意図が何であるにしても，金核本位の普及の結果は疑いの余地があり得ない。

　金核本位が固執されると，遅かれ早かれ，金よりもより良くその価格の変動を調節し得る表象貨幣本位をもって，金核本位に代えることが一層有利ではないかという問題が提出されるに違いない。けだし，金価格の変動が政治的干渉に決定的に依存するとすれば，なぜ政策に全く自由行動を認めてはならないのか，それを制限してもその制限の及ぶ所は価格政策上の恣意を狭い範囲にとどめるのに充分でないのに，しかもなお幾らかでも制限しなければならないのか，その理由は解し難いからである。新しい金の調達のために全世界に課せられる費用は，それが最早貨幣制度を政府の干渉から独立させる結果を保証しないが故に節約され得るであろう。

　これを避けようとすれば，ただ一つの出口が残されているに過ぎない．すなわち金核本位から再び現実的な金使用へ復帰することを試みねばならぬこと，これである。

　**10**　金の現実的使用への復帰は，余り歓迎されぬ附随現象を生ぜしめざるを得ないであろう。それは金価格の騰貴，もしくは同じことであるが商品価格の下落を結果するであろう。このことが一般に望まれないこと，またなぜ望まれないかということはすでに論じた如くである。この価格下落は，金を流通から駆逐する過程が生ぜしめた価格騰貴と同じ程の不満を生ぜしめるであろうことは，確実に予期し得るのである。そして間もなく，不景気を惹起した責任が再び金本位に帰せられることは，恐らく余りに多くの聡明さを要することなくして，今日からすでに予言し得るであろう。価格を下落させ利子歩合を高騰させるといって，またもや金本位が非難されるであろう。そして再び，金本位を何

## 第6章　流通手段政策の諸問題

とかして『緩和する』ことを目指す提議がなされるであろう。すべてこれらの危惧にもかかわらず，現実的な金本位へ復帰することが有益ではないかという問題が真剣に考究されねばならない。

　インフレーション政策の再来を完全に不可能にしないまでも著しく困難にする必要からだけでも，金核本位を離脱し現実的な金使用を再び採用すべきいわれがある。貨幣政策上の国家主義は最近数十年現実的な金流通を制限しようとしたが，それは中央発券銀行に金在高を集中することによって現行の銀行法を廃止することなくしてインフレーションを行おうと試みたからであり，また戦争資金を蓄積しようとしたからであり，更にはきたるべき大戦の際にインフレーション政策の余地を作るために，住民をして金貨使用の習慣を脱せしめんとしたからに外ならない。

　この努力に反対しても，戦争もまたインフレーションも妨げ得ないであろうことは事実である。戦争目的の国債募集を禁ずるカントの提議[1]は極めて素朴であり，この禁止の中に信用貨幣の発行を包含せしめるに至っては一層素朴なものであろう。戦争を克服し得るのは，いかなる戦争も破滅と殺りくに外ならないことを認め，勝利者にとって勝利も有害であることを知るが故に戦争を惹起することを欲しない自由主義的思想のみである。自由主義が支配する限り，戦争は存しないであろう。しかし戦争の利害得失に関し他の見解が存する場合には，巧妙に案出された規定をもって，戦争を不可能ならしめることはできない。戦争が有利と認められれば，その国の貨幣制度を規定する法律によって，戦争の遂行を妨げられることはないであろう。かくして，1914年にあらゆる交戦国がただ一言の反対論も敢えて発せられることなくして全通貨立法を変更した如く，いかなる戦争もその最初の日に戦争を妨げる一切の法律を一掃するであろう。将来の戦争政策を通貨立法によって阻止しようとすることは無意味であろう。それにもかかわらず，将来一国の内部で現実的な金流通を放棄すべきか否かという問題が論ぜられる場合，戦争を困難にするための議論が不注意に無視

## 第3部 流通手段とその貨幣に対する関係

されてはならないことは承認されてよい。住民が日常の取引に現実の金を使用することに慣れているであろうならば，いずれにしても欧州の諸国民が1914年になしたより一層強く，インフレーション政策に抵抗するであろう。戦争の貨幣制度に及ぼす影響を否認することは，政府にとって必ずしも容易に成し得ることではなく，むしろ政府は戦争政策を是認することを強いられるであろう。現実の金流通の維持は個々の国民に著しい負担を課し，差当たっては一般的価格下落を結果するであろう。この点については恐らく疑いの余地がない。それにもかかわらず，戦争，革命および破壊の準備に役立つのとは異なる要求が貨幣制度になされるのであれば，あらゆるこれらの不利益は甘受されねばならぬであろう。

1) Kant, Zum ewigen Frieden (Werke, Insel-Ausgabe, V. Bd.) S. 661 f.

この観点からして，銀行券種別の問題にいかなる態度を取らねばならぬかという問題が研究されねばならぬであろう。最小額の金貨の少なくとも数倍に達しない銀行券個片の発行を禁止すれば，日常生活の用に金貨が使用されるに相違ない。それは国際的通貨協定によって最も良く実現されるであろう。この協定への加入は，懲罰関税によって容易に強制し得るであろう。

**11** 最近数年の経験によって，久しい以前に確定的に決定されたと見られるのが常である問題が，再びよみがえってきた。恐らく数十年来なされていた如く，銀行自由の問題を完全に決着したものと見なすことは，最早許されないことなのである。兌換されないために無価値になった銀行券についての香しからぬ経験は，銀行券発行権を二，三の少数の特権を賦与された機関に限定する結果を招いた。だが発券銀行制度の国家的統制によって得られる経験は，かつての銀行自由についての経験に比し，比較を絶する程不利なものである。ドイツの発券銀行制度の終末に比べれば，歴史上知られているあらゆる発券銀行および振替銀行の崩壊は一体何であろうか？　銀行自由の制度に対して述べられたすべての異議は，今日発券銀行制度の国家的統制制度に向けられるべき異議に

## 第6章 流通手段政策の諸問題

対しては，著しく遜色のあるものである。当時銀行券発行の自由に反対して唱えられた国家主義的論拠は，我々にとりすべての力を失った。実にあらゆる領域におけると同じく，銀行制度の領域でも国家主義は無力だったのである。

19世紀の自由主義的立法が発券銀行制度を国家の濫用から守らんがために築いた堤防は，余りにも脆弱なことが立証された。通貨制度を防衛するために作られたあらゆる法律的規定を無視する程，容易なことはなかった。いかなる政府，最も無能力なまた最も薄弱な政府ですら，何らの困難なくそれをやってのけた。銀行政策は金本位によって避けようとされたもの，すなわち貨幣価値の政治的勢力の影響への依存を惹起した。そして政府は自己の身につけた権力を考え得る限り最悪に使用したのである。それにもかかわらず，爾余の政治的およびイデオロギー的前提が同じであったとしても完全に銀行自由が存在すれば，結果は異なったに違いないもしくは異なったかもしれないと無雑作に主張することはできないのである。

我々は次のように仮定しよう。世界大戦勃発前の二世代欧州のいたるところに銀行自由が支配していた。そして銀行券はどこででも法律的支払手段となっていなかった。いかなる人も銀行券をその真正さのみならずその良否をも吟味し，未知の銀行の銀行券は拒否することに慣れていた。だが有名な大銀行の銀行券は，法律的受領義務が適用されていなかった時代の大中央発券銀行の銀行券と同様に，躊躇なく転々流通していた。世界銀行カルテルの危険は存在していないから，銀行は銀行券を常に現金に兌換する必要を顧慮するだけでも，低い利子歩合によって銀行券発行をはなはだしく拡張することを余りに強く試みることができなかった。少なくともこの面から危惧されねばならぬ弊害は，発券銀行制度の法律による統制制度の下におけるよりも強くは現われなかった。それ故に大戦勃発に至るまで，その制度は現実にあった制度より良くも悪くもなかった。以上のように仮定しよう。しかし肝要なのは，1914年7月28日以後その制度はより良くその地位を保ったかどうかという問題である。恐らくこの問題

## 第3部 流通手段とその貨幣に対する関係

は否定されねばなるまい。交戦国の政府もまた中立国の政府も一挙に全銀行立法を覆滅した如くに，政府は銀行自由が支配していた時にも同じように行動することを得たであろう。それらは政府紙幣の発行という手段に訴える必要は全然なかったであろう。単に，国家へ貸付を供与する義務を銀行に課し，現金支払義務の停止と銀行券の強制流通によって，かかる貸付を供与することを銀行に可能ならしめるだけでよかったであろう。二，三の技術上の副次的問題は異なる方法で解決されねばならなかったであろうが，しかし結果は同じことであったろう。なぜならば，政府をして銀行制度を破壊することを可能ならしめたものは，銀行組織の技術的，法律的もしくは国民経済的欠陥ではなくして，政府に戦争イデオロギーと国家イデオロギーとを賦与する権力であったからである。輿論が政府にそうする道徳的権利を与えたが故に，政府は貨幣制度をその支配下に置くことができたのである。『必要の前に法律なし』とは，——この信条を信奉する公然さの故にはなはだしく誹謗されたドイツ政府ばかりでなく——あらゆる政府がその企図することをすべて弁護することを得た原理であった。

銀行制度を将来国家主義の濫用から幾分なりとも有効に防衛し得るものとしては，すでに述べた如く，精々小額銀行券の禁止がある位のものであろう。それ故銀行の自由ではなくして，かえって銀行券発行の自由に対する侵害である。もちろんこの一つの禁止を別とすれば，銀行券発行を他の点についてはあらゆる法律的制限，したがって無論あらゆる法律的特権（銀行券の法的支払能力）からも解放することは全く可能であろう。しかし銀行の自由そのものに，あしきインフレーション政策の再来を不可能ならしめるという特性を認めることはできないのである。

財政的戦争準備の動機を別として，特殊的には発券銀行，一般的には流通手段銀行の集中化，独占化および国家的監督のために挙げられる理由は，全く根拠のないものである。最近数十年間に銀行に関する文献は余りにも取引技術的細目に熱中し，余りにも遠くあらゆる国民経済的考慮から離れ去り，余りにも

## 第6章　流通手段政策の諸問題

はなはだしく極めて浅薄な国家主義的論議の影響をこうむったので，銀行自由に反対する動機を知ろうとすれば，二，三世代前の銀行文献と政策を支配した理念に立返らねばならない。発券銀行制度の統制は国民中の貧しき無智な人である商取引を知らず商取引に縁遠い労働者，サラリーマン，官吏，農夫等を，銀行の崩壊によって損害をこうむることから守ろうとするのであった。すなわち貧しい人が，その価値を吟味することができぬ銀行券を受取ることを強制されないようにしようとするのである。これが全く無力であることを示すためには，この議論を引用しさえすれば充分である。いかなる銀行政策も貧しき人に，最近数年間の国家主義的銀行政策より大なる損害を加えることはできなかったであろう。

　当時決定的なものと見なされていた論拠は通貨主義の観点であった。それによれば全額金によって保証されないあらゆる銀行券発行は危険なものと見られる。したがって経済恐慌の再来を予防するためには，それは制限されねばならぬ。通貨主義理論の根本的意義および通貨学派が提議した手段が有効たり得たか，有効であったかまた依然として有効たり得るかについては，ここでは最早繰返すことを要しない。通貨主義が注目するあらゆる危険は，一国のみならず世界の流通手段銀行が統一的に行動する時にのみ存することを我々はすでに立証し得たのである。しかしてこの統一性はあらゆる個々の国家の発券銀行制度が独占化されることによって，困難にされないばかりかむしろ反対に本質的に容易にされるのである。

　大戦前の数十年銀行自由に反対して主張された論拠は，通貨主義者が代表したものとは正反対のものである。銀行が国家によって支配されるのを見ることを欲したのは，まさしく人為的手段により国内の利子率を，銀行自由が完全なものであれば兌換の可能性を顧慮する必要から要求されたであろう水準以下に，引下げようとしたからである。あらゆる流通手段銀行制度の礎石である現金兌換義務をできるだけ有名無実のものたらしめようとする努力がなされた。あら

## 第3部 流通手段とその貨幣に対する関係

ゆる些細な，だが共同すれば一時的には必ずしも効果のないものでもない手段——それが当時銀行政策と呼ばれるのが常であった——はそれを狙ったものである。割引率引上の必要を何とかして避けることが最近数十年の銀行政策の目標であった。自然的利子率の水準以下へ銀行利率を引下げることを阻止するあらゆる自然的障害と法律的に作られた障害を回避することに努力が払われた。割引政策の必要を避けること，これこそあらゆる銀行政策のあこがれの的であり，それはもちろん大戦の勃発がインフレーションを自由に放任した時に初めて実現され得た願望なのである。

発券銀行制度および全流通手段銀行制度の国家的統制に対する賛否の理由を，法律命令に対する国家主義的偏愛にとらわれずに研究すれば，銀行自由の最後の擁護者の一人が到達したのと何ら異なる所のない結論に達する。『紙幣発行に固有な危険は一つほかない，すなわち債務のいかなる署名者もそれを何時でもまたどこででも履行するように厳重に拘束されることを要請する普通法上の義務から，紙幣発行が解放されているという危険である。この危険は独占制度の下では無限に大でありかつ脅威的である。』[1]

1) Horn, Bankfreiheit, Suttgart 1867, 376 f.

**12** 一般的な景気変動は銀行の流通手段政策の情況から説明することができるという認識が再び地歩を占めれば占める程，ますます熱心に経済生活における波動の高低の交替を除去することを目的とする方法が求められる。通貨学派は一般的経済恐慌の周期的再来を，金属的に保証されない銀行券の最高量を制限することによって阻止しようとした。通貨学派の理論が気付かず，したがってその政策が開けたままに残して置いた間隙を，銀行券の発行によって行われるものばかりでなく全流通手段発行の制限によって埋めることは，至極もっともなことである。その時には流通手段銀行は最早，自然的利子率を低く定めることによって新しい流通手段量を取引に導入し，それによって差当たり業況の見せかけの繁栄——それにはやがて必然的に崩壊，恐るべき経済恐慌が続かざ

## 第6章　流通手段政策の諸問題

るを得ない——を惹起することはできないであろう。

　この適切な処置を取る決意がなされるかどうかは，恐らく，銀行の流通手段政策一般，特に大中央発券銀行のそれが近い将来取るであろう形態に依存するであろう。個々の銀行または一国もしくは数ヶ国の銀行全体をもってしても，他の銀行が共同しなければ，それだけではその流通手段発行を拡張し得ないことはすでに示された如くである。全世界の流通手段銀行のこの暗黙の協定は容易に成立せず，またよし成立する時にも，信用供与の拡張の或る，いずれにしてもまだ狭い範囲にとどまったことは，この数十年流通手段政策の余りにも極端な逸脱を防止する上に極めて有効な保障を与えた。この点について戦後の情況がどうなるかはまだ知り得ない。万一流通手段銀行にとってその流通を拡張することがより容易になったとすれば，流通手段発行を制限する処置は，経済活動の永続性に対する最大の危険なしには放棄され得ないであろう。

　世界大戦直前の数年間，金の内的客観的交換価値は絶えず減退した。1896年以来商品価格水準は間断なく騰貴した。一方において金生産の発展，他方において流通手段使用の普及によって説明さるべきこの動きは，大戦勃発後には一層著しく強められた。金は一群の人口の多い国々の流通から姿を消し，金がなお以前と同様に引続き貨幣機能を果たしている狭隘な領域へ流出した。それによって金の交換力が減ぜざるを得なかったことはもちろんであった。インフレーション政策を取る領域ばかりでなく，金に執着した領域でも価格水準は上昇した。今日紙幣本位を取る諸国民が再び金の使用に復帰するなら，金の内的客観的交換価値は上昇し，商品と役務の金価値は下落するであろう。金に復帰しつつある本位に金核本位の形態を与えれば，このことは緩和され得るが，しかし金を貨幣として使用することの再普及の反応が全く生じないわけにはいかぬであろう。この反応はあらゆる国々が再び金本位を維持するに至って初めてやむであろう。その時にはほとんど30年来続いている金の減価が再び進行するであろう。

## 第3部 流通手段とその貨幣に対する関係

　この見込は余り好ましいものではあり得ない。かかる事情なので理論家と政治家の関心が特別の興味をもって，まさにできるだけ不変の購買力を持つ貨幣の創造に着目する提議に，向かわざるを得なかったことは怪しむに当たらない。

　貨幣の購買力を固定せんとするフィッシャーの計画の根本思想は，商品本位をもって，金本位に代えることである。以前には貴金属本位を補充するために商品本位が提唱された。それによれば，貨幣で表示され，ある時間の経過後に初めて期限の到来する債務は，一般に拘束力がある法律規定によってか，あるいは当事者間の特別の契約上の協定により，それが表示されている貨幣の名目額ではなくして，債務の返済当時の購買力が負債発生当時借入れられた金額の購買力に等しい貨幣額をもって，返済されねばならないというのである。それ故貴金属は他の点については引続き貨幣的地位を認められ，計表本位 (tabular standard) は単に繰延支払の標準 (standard of deffered payments) と見なされるに過ぎないわけである。しかるにフィッシャーは更に進もうとする。すなわち商品本位は貴金属本位を単に補充するばかりでなく，むしろ完全にそれに取って代わらせようとする。彼は金核本位の根本思想と計表本位との巧妙な結合を案出することによってこれを達成しようとするのである。

　金核本位においては取引に流通する貨幣代用物は金に──もしくは金為替にも──兌換し得る。金への兌換はフィッシャーも維持しようとするが，彼の構想にあっては流通する貨幣表象は最早一定重量の金ではなくして，計画採用の際の貨幣単位の購買力に相応する金の量に兌換するというのである。ドルは──フィッシャーによって作成されたアメリカのための法律案によれば──可変の購買力を持つ金の確定量ではなくして，不変の購買力を持つ可変の金の量となる。指数算定のために手を加えられる価格統計上の乗冪によって，月々どれだけドルの購買力が前月に比し，上昇もしくは下落したかが決定される。次いでそれに基づき，1ドルに相当すべき金の量が増減される。ドルは兌換機関に

## 第6章　流通手段政策の諸問題

よってこの金の量と兌換されねばならず，またこの金の量と引換えにそれを要求する何びとに対してもドルを引渡さねばならない。

フィッシャーの計画は大規模であり同時に単純である。まず第一に，それはすでに述べた如く決定的な点において不完全なものであるフィッシャー特有の貨幣理論に決して基づくものではないことが，直ちに認められねばならない。[1)]

> 1)　上述129～131頁参照。この非関連性はフィッシャーも特に指摘する所であり(Stabilizing the Dollar, New York, 1920, S. 90)，またその著 The Value of Money (前掲)においてフィッシャー型の数量説に鋭い批判を加えたアンダーソンも同様に立証している。Anderson, The Fallacy of "The Stabilized Dollar." New York 1920, S. 6 f.

我々はフィッシャーの計画を批判するに当たり，指数の科学的正確性と，貨幣価値変動に基づく長期契約の変形を除去する上にそれが持つ実際的利用価値とに対して表明される一切の疑惧の念を，もう一度述べ立てることをまず始めに止めたいと思う。[1)] フィッシャーの計画では指数は月々貨幣単位の購買力の変動を確定するのに役立つべきものである。我々は最短期間の——そしてこの場合最短期間として問題になるのはもちろん月である——貨幣価値変動を確かめる上に，実際上の目的に対し充分に正確である指数が利用され得ないものでもないことを認めたいと思う。だがこれを承認しようとしても，フィッシャーの計画の実施は決して貨幣価値変動の社会的附随現象を除去するのに役立つものでないことを示し得るであろう。

> 1)　前述177頁以下ならびに190～2頁。

しかしそれに手を着ける前に，フィッシャーの提議の実施が実業家の慣行にいかなる要求をなすものであるかを示すのが適当である。

長期の信用取引に対する貨幣価値変動の影響は利子歩合の如何によって排除されるという意見を持つ者は，金本位を補充するために指数本位を実施するのは無用のことであると言うに違いないであろう。だがそれは，その程度も方向

## 第3部 流通手段とその貨幣に対する関係

も予測され得ない緩慢に行われる貨幣価値変動に対しては，全く当たらない。例えば19世紀の最後の10年代の中頃から始まった金の減価は，利子歩合の状態にはほとんど表われる所がなかったのである。したがって長期の信用取引に指数本位を実施することは――その場合ある種の契約については指数計算を適用するかどうかの決定が当事者の合意にゆだねられねばならぬであろう――，もし貨幣価値変動測定の問題を満足のいくように解決することが可能であるならば，決して無用のものと呼び得ないであろう。もちろんその測定を妨げる技術的困難は解決し得ない程に大である。指数方法の科学的不完全性は正確な，それ故一般に承認される計算方法を見出すことを不可能ならしめる。認識上の見地からすれば同様に不完全である多くの可能な方法中，どれが指数を確定するために選ばれるかは恣意である。いずれにせよそれぞれの方法は別々の結果を生むから，債務者と債権者はその方法について意見を異にするであろう。法律もしくは，指数の調査を委託された官庁の行政行為が，その時々に現われて来る問題に対して見出すであろう種々なる解決は，長期の信用取引における新たな不確実性，恐らく金の価値変動よりも信用取引の基礎を一層強く揺り動かすかもしれないような不確実性の源となるであろう。

　フィッシャーの提議が長期の信用取引に関する限り，すべて上に述べたことはそれにも妥当する。またそれが短期の信用取引に関する限り，これにあっては現在の貨幣制度の下においても，貨幣価値の将来の動きが考慮されていることに注意されねばならぬ。長期の信用取引について貨幣価値変動を考慮することは，長い期間にわたる動きの方向と程度を，例え幾らかにもせよ確実に予想することが不可能なことによって失敗する。短い期間すなわち数週または2,3ヶ月については，商品価値水準の動きは多少は予測することができる，したがってそれは短期の信用供与に関連するあらゆる取引において考慮されている。短期投資の市場の謂である貨幣市場の利率は，まさにきたらんとする商品価値の変動についての実業界の意見を表現し，価格騰貴が予期さるべき時には上昇

## 第6章 流通手段政策の諸問題

し,価格下落が予期さるべき時には低下する。利子が取引協約に明文化されている場合には,フィッシャーの提議の実施後,取引技術に必要な修正を加えることは格別難かしいことではないであろう,すなわち新しい状態に適応するためには,将来について商品価格水準の変動に対する顧慮を利率に反映させれば充分であろう。貨幣利子が明文化されておらずむしろ他の協約に包含されているような取引においては,事情は幾らか複雑している。

我々は信用買の例によってこのことを論じてみよう。その際我々は連続する5ヶ月の期間に,指数が各月算術級数的に最初の月の指数の1%ずつ上昇するものと仮定したいと思う(表参照)。

| 月 | 指　数 | ドルの兌換される純金量<br>(単位100分の1グラム) |
|---|---|---|
| I | 100 | 160 |
| II | 101 | 161.6 |
| III | 102 | 163.2 |
| IV | 103 | 164.8 |
| V | 104 | 166.4 |

2月に商品を3ヶ月期限で買った者は,5月には契約を結んだ当時のドルに包含されていたより,各1ドルに付き$\frac{4.8}{100}$グラム余分の純金を支払わねばならぬであろう。しかるに予期される一般的価格騰貴は,彼が2月に結んだ購入契約においてすでに考慮されていたのである。すなわち買手と売手が近い将来の価格形成について抱く見解は,約定された代価中にすでに表現されていたわけである。ところが,代価は約定された金額のドルの支払によって履行されねばならないから,この価格騰貴は二度考慮されることになる。だがそれは明らかに不可能である。したがって信用買およびそれに類似した信用取引を締結する際には,手続の変更が生ぜねばならぬであろう。

純粋の金本位の状態の下で1月にある商品を期限3ヶ月,代価105ドルで買う者は,指数本位の採用後には,金ドルをもって買うより高値で買わないため

## 第3部　流通手段とその貨幣に対する関係

には以前になしていたのとは異なる方法で，予期される金価値の変動を考慮せねばならぬであろう。彼がこの金価値の変動を正しく3ドルと想定すれば，$\frac{160.105}{164.8}=101.94$ドルだけ代価として協定すべきであったろう。フィッシャーの計画によって商取引の慣行には異なる技術が必要となり，それは純粋な金本位において必要なものより簡単だと主張することさえできぬであろう。買手と売手は依然として一般的商品価格水準の変動ならびに投機の対象である商品価格の特殊的変動を把握せねばならぬ，かくして彼等の投機上の意見の結果を評価する方法のみ異なるものとなるのに過ぎない。

かくてフィッシャーの体系が，信用取引の際に生ずる貨幣価値変動の社会的附随現象に対して，何を意味するかを知り得る。長期の信用取引に対しては——フィッシャーの体系がそれに対してもたらすものは，繰返し論議され，その欠陥の故にかつて実現されたことのない古い計表本位制度すなわち貴金属本位を補充する商品本位と，何ら異なる所がない——，それは指数方法の根本的不完全性の故に実現不可能である。短期の信用取引に対しては，それにおいてはもともと貨幣価値変動がすでに参酌されているから，それは無用のものである。

だが貨幣価値変動の社会的附随現象は第二の源，すなわち貨幣の内的客観的交換価値の変動があらゆる商品と役務に対し，同時にまた決して同程度に表われるものではないという事実からも生ずる。貨幣価値変動のこの結果に対しフィッシャーの提議は何らの救済ももたらさない。けだしフィッシャーは貨幣価値変動の社会的附随現象のこの源について全く述べる所がなく，貨幣価値変動の社会的影響を貨幣で表示される債務関係に対する反応にのみ認めるに過ぎないからである。

指数には何らかの方法で算定された価格の変化の平均が表現される。だがその価格の動きには，算定された平均的変動よりも程度の強いものと弱いものとが存在し，更には反対方向に変動した価格もある。平均とはかけ離れて価格が形成されるこれらの商品を市場に提供しまたは市場から受取るすべての者は，

## 第6章 流通手段政策の諸問題

　第2部第6章（§3および§4）に述べられた如くにして，金の内的客観的交換価値の変動によって影響をこうむり，その結果ドルの価値が指数に表現された商品価値の平均的変動に適応するのを妨げ得ないであろう。金の価値が減少する際，その買わねばならぬ商品よりも市場に提供する商品の方により早く価格騰貴が現われることによって利益を受ける人々があり，また他方にはその生産し売却する商品をまだ比較的低い，昔の状態に相応する価格で交付せねばならぬのに反し，その需要はすでにより高い価格で充足せねばならぬことによって損害を受ける人々もある。フィッシャーの提議を実施しても，貨幣価値の変動があらゆる爾余の経済財に対して同時にかつ同程度に現われることを生ぜしめ得ないであろう。

　貨幣価値変動の社会的附随現象はフィッシャーによって提議された改革を採用し実施しても除去され得ないであろう。

　**13**　アーヴィング・フィッシャーの提議を論ずることによって，貨幣制度を金から引離す発展がいかなる結果に終わるかも我々に示される。アメリカおよび一般にアングロサクソン系の国々では，指数方法に認められる意義がはなはだしく過重評価されている。すべてこれらの方法には科学的厳密性が欠けていること，それは常にかなり大雑把な結果を明らかにするにとどまること，またどの計算方法が選ばれるべきかという問題は決して科学的手段をもって解決され得ないことが，これらの国々では認められていない。どの計算方法が選ばれるかは常に政治的判断の問題である。貨幣理論家および通貨統計家によって挙げられる方法が，指数方式の上に立てられた貨幣の価値形成をして統治の衝にある党派の政治的決断に依存しない明白な結果を招来すると信ずるならば，それは重大な誤謬にとらわれているのである。貨幣価値と商品価格の動きが価格統計から算出された数によって調節される貨幣制度は，政府がその価値変動に影響を及ぼし得る何らか他の貨幣制度に比し，寸毫も政府の影響から独立しているものではないのである。

## 第3部　流通手段とその貨幣に対する関係

　金市場の現状は二つの可能性，すなわち19世紀のイギリス金本位流の現実的な金使用への復帰かそれとも指数に従い購買力を調節する表象貨幣本位への移行かという二つの可能性の間に決定を促すものであることについては，いささかの疑問の余地もあり得ない。金核本位は国際的協定が各国にそれぞれその力に応じ適当な大きさの金準備を保有すべき義務を課する時にのみ，将来の本位形態として考慮され得るであろう。主として金為替に投資される兌換基金を備えた金核本位は，一般的本位制度としては永く維持し難いものである。

　12年前この著作の初版は貨幣および流通手段の将来の展望をもって巻を閉じた。この論述の重要な点は次の如くである。

　『貨幣価値政策においては，できるだけあらゆる干渉が避けられねばならぬという原則が戦い抜かれた。流通手段はその本質上貨幣とほとんど異なる所がなく，市場において貨幣供給として真の貨幣と同様に作用し，流通手段存在量に生ずる変動は貨幣存在量に生ずる変動と全く同様に，貨幣の内的客観的交換価値に影響を及ぼす。したがって流通手段制度の領域においても貨幣制度の領域におけるのと類似した原則が発現するように助力し，ここでもできるだけ貨幣と爾余の経済財の間に存する交換比率の人間による干渉を除去しようとつとめることは，極めて論理的であろう。流通手段の発行によって高次財と低次財との間に存する交換関係をも一時的に推移させる可能性ならびに自然的利子率と貨幣利率の背馳に伴う有害な結果も，等しく同じ方向に作用するに違いないであろう。人間による干渉が流通手段のそれ以上の発行の抑圧による以外には流通手段制度から排除され得ないことは明らかである。ピール条例の根本思想が再び採用され，当座勘定の形態で発行される流通手段を新規発行の法律上の禁止に包含させることによって，かつてイギリスで行われたよりも一層完全にそれが実現されねばならぬであろう。』

　『一瞥した所ではかくも急進的な処置の実施は，必然的に貨幣の内的客観的交換価値の上昇を結果せざるを得ないかの如くに見えるであろう。だが決

## 第6章 流通手段政策の諸問題

してそうではない。金生産と銀行による流通手段の増加が現在貨幣需要の増大を著しく凌駕し，したがって貨幣の内的客観的交換価値の絶えざる減少をきたしていることは確かなことである。外見上売手による価格の一方的決定も疑いもなく同方向に作用するが，その貨幣価値を減少する効果はすでにくわしく述べた所である。年久しく沈黙しようとしない一般的物価騰貴についての苦情は，統計的に証明も否定もされ得ないこの仮定の正当性を確証するのに役立つであろう。それ故広義の貨幣存在量の増加抑制は，まだ必ずしも貨幣単位の購買力の上昇を結果するとは限らず，その結果はしからずば行われたであろう貨幣価値減少の全部的もしくは部分的無力化に存するに過ぎないことも可能なのである。』

『将来の貨幣および流通手段政策が貨幣の内的客観的交換価値のこれ以上の下落を停止することを試みるであろうことは，全くあり得ないことではない。住民の広汎な層たるサラリーマンおよび労働者は，進行しつつある貨幣価値減少を不当のものに感じている。彼等は必ずや，その是正をもたらし得るであろう計画を熱烈に擁護するであろう。この提議がいかなる性質のものであり，どの程度のものであるかを見通すことは困難である。けだし予言することは国民経済学の任務ではないからである。』

その論述の他の個所で述べたことであるが，例えば，貴金属本位を補充する商品本位たる計表本位制度が注目するような方法で，貨幣制度の改善に努力することは無駄なことであろう。『我々は市場組織をこれ以上完全なものにすることを断念せねばならぬ，そして達成されているもので満足するか，もしくはより良く言えば，達成されているものを固持するように試みねばならない。しかもこのことは，交換装置のこれ以上の改善にもっぱら関心を向け，完成の現段階でそれを維持することを脅威する危険に気付かない人々が，そう信じているらしい程しかく簡単ではないのである。』

『交換取引の近代的組織の存続が将来について保証されていると信じようと

## 第3部 流通手段とその貨幣に対する関係

するならば，それは誤りであろう。それはその内部ですでに破壊の萌芽を蔵している。流通手段の発展は必然的にその崩壊を結果するに違いない。数々の流通手段銀行の間に流通信用政策に対する共通原則に関して協定が行われるや否や，もしくは，多数の流通手段銀行が唯一の世界銀行に取って代わられるや否や，流通手段発行の拡張のあらゆる障害は消滅する。流通手段の増加は差当たり，貨幣の客観的交換価値が貨幣素材のもう一つの用途によって与えられた水準に低下せしめられるまで，続けられ得る。信用貨幣および表象貨幣についてはこの限界は無い，しかし物品貨幣においてもそれは越え難いものとして立証され得るものではない。なぜなら，ひとたび貨幣代用物の使用によって，貨幣により媒介される交換行為の物理的実現に貨幣を使用することが駆逐されれば——そして我々は最早この状態から決して遠く離れてはいない——，その限界を踏み越えた瞬間に兌換義務の停止が表明され，それと共に銀行信用貨幣への移行が容易に実現されるであろうからである。その時には最早銀行技術的職能の費用が発行の限界をなすに過ぎない。いずれにせよ流通手段増加の結果は，かの限界が達せられるずっと以前に，極めて痛烈なものとなるに違いない。』

所で，貨幣制度の崩壊は多数の欧州諸国において極めて急速に現われた。戦時および戦後のあらゆる予見し得る限度を越えるインフレーションは，たぐい稀な混乱をまき起した。我々はまさにこの混乱を克服し，貨幣制度の新秩序に復帰しようとしているのであるが，それは不幸な戦争以前に支配していた秩序と異なる所が少なければ少ない程，それだけ良いものなのである。

それと共に我々が再び得るであろう交換職能の秩序は，この書に繰返し力を籠めて指摘されているあらゆる欠陥を再び露呈するであろう。政府による貨幣制度のインフレーション主義的濫用と銀行による流通手段流通の拡張に対し制限を設けることが，次の時代の任務であろう。

だが貨幣および流通手段政策だけでは，交換を容易ならしめる貨幣および流

## 第6章　流通手段政策の諸問題

通手段の機能の順調なる展開を脅威する危険を防止するために，充分ではあり得ない。貨幣は生産手段の私有に基づく社会秩序の自由市場組織である。政治が生産手段の私有を転覆することを目標としない場合にのみ，貨幣の内的客観的交換価値の最大可能の安定の展開を目指す政策が取られる一般的条件が与えられるのである。

… 

# あ と が き

　この翻訳が日本経済評論社の企画によって再び陽の目をみることになるとは，全く思いがけないことであった。実業之日本社から本書が出版されたのが昭和24年の春であるから，それ以来実に30年以上の月日が経過したことになる。その間に日本語の文体も大分変り，漢字使用の制限なども行われるようになったので，本来ならば再版に当り全面的に手を加えるべきであったが，原書は420ページという大著であり，私自身も企業の経営に当っているので，それは不可能なことであった。したがって校正の段階でできるだけ当用漢字と新仮名づかいを採用することにしたが，翻訳そのものには手を触れなかった。原文に忠実な逐語訳であるため，読みづらい点はお恕し願いたい。

　ここで簡単に著者のルドウィッヒ・ミーゼスについて触れておくと，1881年オーストリアのレンベルグに生れ，ウィーン大学卒業後，同大学の講師を経て教授となり，傍ら商工会議所の理事を勤めた。1930年代にスイスのジュネーブに移り，第2次大戦後は米国に赴きニューヨーク大学の教授として，活発な著作活動を続けてきた。私が昭和23年夏，この翻訳を出したい旨を連絡したところ，その出版を大変喜ぶという懇切な手紙を頂いた。

　ミーゼスの著作は数が多く，かつ内容も多方面に亘っているが，初期の代表作はこの翻訳の原典である "Theorie des Geldes und der Umlaufsmittel" である。この書物は1912年に初版が，そして1924年に第2版が出版され，いまでは限界効用学派の貨幣理論の古典となっている。原著は1934年に "The Theory of Money and Credit" の標題の下に英訳が出され，さらに1952年には原著者の "Monetary Reconstruction" という論文を加えた新版が出されている。また，1936年には "Theoria del Pinero y del Crédito" というスペイン語訳も出てい

## あとがき

る。

本書を読まれる方々のために，原著者が貨幣をどのように分類しているかを紹介しておくと次の如くである。

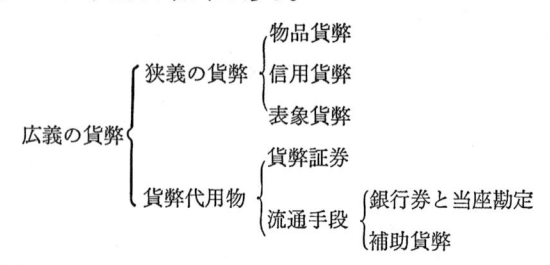

```
広義の貨幣 ┬ 狭義の貨幣 ┬ 物品貨幣
          │            ├ 信用貨幣
          │            └ 表象貨幣
          └ 貨幣代用物 ┬ 貨幣証券
                       └ 流通手段 ┬ 銀行券と当座勘定
                                  └ 補助貨幣
```

最後にミーゼスの著作活動にもう一言附言しておくと，1922年に公にされた，"Die Gemeinwirtschaft" を始め多くの著作で社会主義について極めて鋭い批判を行っていることである。すなわち社会主義経済においては生産手段の公有によって資本財の市場が消滅し，その結果，資本財の価格も存在し得なくなる。生産要素の相対的重要性を表示する価格がなければ経済計算の基礎が失われ，それは必然的に資源の合理的配分を不可能にするというのである。2回の大戦を経て多くの社会主義国が出現したが，これらの国々の経済的能率が，第2次大戦後のわが国や西ドイツのように自由主義と資本主義を標榜する国に比べて著しく劣っていることは極めて興味深い事実である。その意味ですでに1920年代に社会主義経済のもつ根本的問題を指摘した彼の炯眼は，誠に敬服に値すると言うべきであろう。

昭和55年9月

東　米　雄

〔訳者略歴〕

東　米雄（あずま　よねお）
大正6年　東京都に生まれる
昭和15年　東京大学法学部政治学科卒業
昭和16年　合名会社安田保善社に入社，戦後富士銀行に転じ，37年
　　　　　仙台支店次長，調査第2課長などを経て，41年調査部次長
昭和47年　日本カーリット㈱常務取締役，55年同社社長に就任

〈おもな著書・訳書〉
『銀行論入門』有斐閣（1973）
ミーゼス著『貨幣及び流通手段の理論』実業之日本社（1949）


近代経済学古典選集——13
ミーゼス　貨幣及び流通手段の理論

昭和55年10月10日　第1刷発行
昭和55年11月15日　第2刷発行

| 検省印略 | 訳　者 | 東　　米　　雄 |
| | 発行者 | 引　地　　正 |
| | 印刷所 | 三松堂印刷株式会社 |

発行所　（株）日本経済評論社
〒101　東京都千代田区神田神保町3-2
電話03(230)1661(代)・振替東京3-157198

落丁本・乱丁本はお取替えいたします。Ⓒ 1980

中山伊知郎・柴田　敬・安井琢磨監修
# 近代経済学古典選集〈第Ⅰ期〉

チューネン著／近藤康男・熊代幸雄訳
**① 孤　　立　　国**
0343-X　C3333　　A5判　676頁　8500円

150年も前の資本主義の入口にあった時代に書かれた農学と経済学に関する貴重な古典。第1部の差額地代論，第2部の自然価格論の展開に加え，第3部林業地代論を収録する。（1989年）

クールノー著／中山伊知郎訳　荒憲治郎序文
**② 富の理論の数学的原理に関する研究**
（オンデマンド版）1625-6　C3333　A5判　190頁　3500円

マーシャル他の近代理論の展開に大きく貢献した書。独占・複占・完全競争下の均衡の所在を数学的に求め，中でも独占価格理論は今日においてもなお，光彩を放っている。　（1982年）

ワルラス著／柏崎利之輔訳
**③ 社会的富の数学的理論**
（オンデマンド版）1626-4　C3333　A5判　140頁　3000円

本書は，経済現象の相互依存性を連立方程式群の形で示す，一般均衡理論を体系づけた主著『純粋経済学要論』への，理論的手掛りを展開する前駆的論文である。　（1984年）

ジェヴォンズ著／小泉・寺尾・永田訳／寺尾琢磨改訳
**④ 経 済 学 の 理 論**
0347-2　C3333　　　A5判332頁　5800円

財貨の交換価値を限界効用から説明しようとする試みはすでに1862年になされているが，1871年刊行の本書によって，主観価値理論と限界理論とを確立するまでにいたる。　（1981年）

メンガー著／福井孝治・吉田昇三訳／吉田改訳
**⑤ 経 済 学 の 方 法**
（オンデマンド版）1627-2　C3333　A5判　422頁　6500円

主著『国民経済学原理』に対する無理解に反駁するために，本書は書かれた。

　　　　　　　　　　　　　　　　　　　　　　　　（1986年）

パレート著／松浦　保訳
**⑥ 経 済 学 提 要**
　　　　　　　　　　　　　　（未刊）

本書においてパレートは，経済学をいわゆる〈論理的実験的〉な自然科学的方法で構成すべしという方法を詳説，又ワルラス方程式体系を押し進めた経済均衡の数学的理論を大成した。

ウィクセル著／北野熊喜男改訳
**⑦ 利 子 と 物 価**
（オンデマンド版）1628-0　C3333　A5判　250頁　4200円

ウィクセルの学問的地位を不朽ならしめた名著である。内容は貨幣の購買力と平均価格，相対価格と絶対価格，貨幣生産費説，貨幣数量説とその反対論者，貨幣の流通速度他。　（1984年）

ウィクセル著／北野熊喜男訳
**⑧ 価値，資本及び地代**
（オンデマンド版）1629-9　C3333　A5判　248頁　4600円

生産の時間要素を重視し，資本利子と賃金との分配構造を一般均衡理論に結合する。

　　　　　　　　　　　　　　　　　　　　　　　　（1986年）

ウィクセル著／橋本比登志訳
**⑨ 経 済 学 講 義〈Ⅰ〉**
0010-4　C3333　　A5判　510頁　7500円

Ⅰは人口，価値，生産・分配，資本蓄積，付録のカッセル批評，オカーマン批評からなる英語版からの新訳。ウィクセルは実物経済に関する均衡・成長の理論を構築した。　（1984年）

ウィクセル著／橋本比登志訳
**⑩ 経 済 学 講 義〈Ⅱ〉**
　　　　　　　　　　　　　　（未刊）

Ⅱには貨幣と信用との理論を収める。

フィッシャー著／久武雅夫訳
**⑪ 価値と価格の理論の数学的研究**
　　　　　　　　　A5判　191頁　3800円

貨幣理論における不朽の業績貨幣数量説から物価指数論までの分析を無差別曲線分析により解明し，学位論文となったものであり，経済学上の業績として記念碑的地位を占める。（1981年）

フィッシャー著／気賀勘重・気賀健三訳
**⑫ 利 子 論**
（オンデマンド版）1632-9　C3333　A5判　517頁　7800円

時間選好要因と投資機会要因の両者による利子決定理論を展開，さらに利子率と「限界費用超過収益率」との両者による投資決定理論を明示する。　　　　　　　　　　（1980年）

ミーゼス著／東　米雄訳
**⑬ 貨幣及び流通手段の理論**
（オンデマンド版）1630-2　C3333　A5判　444頁　6800円

メンガーによって展開された限界効用理論は，本書において貨幣理論に適用され，ここに一般的価値理論と貨幣理論の緊密な結合が実現される。　　　　　　　　　　（1980年）

貨幣及び流通手段の理論（オンデマンド版）

2004年10月10日　発行

著　者　　ミーゼス
訳　者　　東　米雄
発行者　　栗原　哲也
発行所　　株式会社　日本経済評論社
　　　　　〒101-0051　東京都千代田区神田神保町3-2
　　　　　　　電話 03-3230-1661　FAX 03-3265-2993
　　　　　　　E-mail: nikkeihy@js7.so-net.ne.jp
　　　　　　　URL: http://www.nikkeihyo.co.jp/

印刷・製本　株式会社　デジタルパブリッシングサービス
　　　　　　URL: http://www.d-pub.co.jp/

AB996

乱丁落丁はお取替えいたします。　　　Printed in Japan
　　　　　　　　　　　　　　　　　ISBN4-8188-1630-2

R〈日本複写権センター委託出版物〉
本書の全部または一部を無断で複写複製（コピー）することは、著作権法上での例外を除き、禁じられています。本書からの複写を希望される場合は、日本複写権センター（03-3401-2382）にご連絡ください。